汤之《盘铭》曰：苟日新，日日新，又日新。

《康诰》曰：作新民。

《诗》曰：周虽旧邦，其命维新。

是故，君子无所不用其极。

——《大学》

主　编：高全喜
学术委员：李　强　季卫东　王　焱　高全喜
　　　　　张千帆　曹卫东　杨立范　陈　明
　　　　　谢鸿飞　刘海波

儒者之维

陈明 著

图书在版编目(CIP)数据

儒者之维/陈明著.—北京：北京大学出版社，2004.10
（政治与法律思想论丛）
ISBN 7-301-07885-4

Ⅰ.儒… Ⅱ.陈… Ⅲ.①文化－评论－中国 ②思想评论－中国－现代 Ⅳ.①G12 ②B26

中国版本图书馆 CIP 数据核字(2004)第 094593 号

书　　　名：	儒者之维
著作责任者：	陈　明　著
责 任 编 辑：	王　晶
标 准 书 号：	ISBN 7-301-07885-4/D·0973
出 版 发 行：	北京大学出版社
地　　　址：	北京市海淀区中关村 北京大学校内　100871
网　　　址：	http://cbs.pku.edu.cn　电子信箱：pl@pup.pku.edu.cn
电　　　话：	邮购部 62752015　发行部 62750672　编辑部 62752027
排　版　者：	北京高新特打字服务社　51736661
印　刷　者：	三河新世纪印务有限公司
经　销　者：	新华书店
	650 毫米×980 毫米　16 开本　25.5 印张　380 千字
	2004 年 10 月第 1 版　2005 年 7 月第 2 次印刷
定　　　价：	38.00 元

未经许可，不得以任何方式复制或抄袭本书之部分或全部内容。

版权所有，翻版必究

自　序

这里的文字分为三类：研究、评论和抒怀。①

研究性的文字，最早的是《儒道互补的可能、必然与完成》，是为1988年夏天北戴河知识分子研讨会征文而写。当时我在山东大学哲学系读中国哲学史专业的硕士研究生。文章稍后由郑也夫先生推荐发表在《北京社会科学》。他既是北戴河会议的主持，也是当时知识分子研究领域的代表。也许正因为对知识分子这一知识生产主体比较关注，我对知识的独立性并不是特别强调，即不只是考察知识话语和客观对象之间的联系，而更愿意寻找潜藏着的其与特定主体的意志及社会利益之间的关系。大约同时完成的《象占：原始思维与传统文化》，则对后来的发展有另一种影响。余敦康先生看了此文，称赞"文风和思路都给人耳目一新的感觉"，并向《文史哲》当时的主编郑重推荐。也许因为面子没卖出去吧，他老先生把我安排成了他的博士弟子。因此，我从济南来到了北京，中国哲学史也真正成为了自己一生的事业。

我感觉，作为文化的儒学，不是纯粹的知识，好比由硫磺、木炭和硝组成的火药，其成分是复合的，包含有知识、智慧、意志以及（所要解决的）问题等。相应地，其功能也呈多维性，即同时在人与自然（如人与天地的哲学关系，人从自然性存在到社会性存在的濡化）、人与人（如群己权界、族群认同与整合）、人与自我（如宗教学、伦理学的问题）诸维度承担并释放着功能和意义。所以，我的儒学研究总是将其视为一个整体，即"火药"，从文本和语境的互动中去探寻其意义价值，而不是将它还原为"硫磺"或"木炭"，在它与西方某一专业甚至某一学派文本的比较中来评估其长短高低。如果要对来自以知识论为中心、以价值无涉为标榜

---

① 本书的文章是作者多年研究的结集，很多文章的登载处已经遗忘，因此，这里不再特别标注每篇文章的出处。

的所谓现代学术的批评做出有效回应,要从古代儒家和儒学的传统中开掘出精神的源泉、建立起理论的支点,这应该是我们工作的前提和方向。这不是反知识论,而是强调对儒学在知识类型上的独特性的尊重;在天则所时我曾对汪丁丁和盛洪说:"经济学家是儒学天然的朋友!"——把"经济学家"换成"人类学家"、"社会学家"会同样甚至更为合适。当然,这也不是要否定港台新儒家从哲学角度论证儒学价值合法性的工作;我愿再次强调,它已历史地成为我们民族伟大精神传统中重要的一环。

太阳底下没什么新鲜事物。思想史研究的剑桥学派有历史语境主义一说,与前述个人体会就颇多契合。这里的研究性文字虽然微不足道,但我自己对它在儒学诠解方面所做的尝试却相当自信。如对《大学》这部儒家最经典的政治哲学著作的重新阐释,我自认为就具有发覆起瓿的意义(宋儒在心性论层面开掘致思乃历史情势使然,自有其理论和价值在,但因此便将先秦典籍也窄化为心性学说就大为不妥而有必要调整了)。我们的工作目标,应该是在现代性日趋深化、全球化无远弗届的今天,从儒学入手去努力发现和建构我们民族文化生命的内在性和一贯性;从当代社会所需要之文化功能承担的实践活动中去回应挑战、开拓未来。十年过去,《原道》已基本确立了这样一个同人性学术辑刊的形象;下一个十年,但愿它能在这样的追寻建构过程中发展出一个可以叫做内地新儒家的思想学派。

评论性文字是我对思想文化领域里的一些现象和事件发表的议论和看法。如果说研究性文字的主要对话对象是宋儒或港台新儒家,那么,这些评论性文字的对话对象主要就是当代自由主义思潮以及一些20世纪80年代以来我们社会中一些似是而非甚至积非成是的观念和意识。如"反思一个观念"、"多研究些问题,少谈些文化——五四新文化运动领袖之文化观异议"等,所涉及的问题都很大很大,不仅不是三言两语可以讲清楚,甚至根本就不是随笔所能处理的题材。但我并不想多作论证,因为我越来越倾向于相信,人们坚持一种观点并不需要什么理由,而是他本来就愿意如此如彼。我的这些思考,不愿相信的话,多说无用;愿意相信,简单几句也就足矣足矣。

叫人高兴的是,自由主义者们对传统和儒学已不再像先前那样言语间一派傲慢和偏见。在哈耶克的反建构主义和普通法宪政主义旗帜的启发和导引下，他们从道家和儒家中发现了宪政的本土资源。但高兴之余我也想提醒一句，现代意义上的个体性概念和财产权概念在儒道经典的写作年代尚未萌生；近代，由于种种原因，儒学先驱也未对此给予足够关注。在这一方面，传统能为我们所做的，绝对不会比我们能为它和应为它所做的多出几分。孔子说：人能弘道，非道弘人。文化的发展，从来如此。

抒怀性文字几次都想删除。之所以最终保留下来，是因为作为政治与法律思想论丛之一种，我这一册据说主要是为记录下20世纪90年代内地文化保守主义的声音或身影。事实上，主编《原道》在政治和经济上都承受着压力，生活和情绪都受到一定冲击。这当然并不意味着这些个人化的东西因此就获得了进入公共领域的资格，但是，它多少能够见证，所谓"明于礼义而陋于知人心"的儒学完全可以在一个普通平凡的现代心灵里发育生长。

爱我的，我致以叹息；恨我的，我报以微笑。这是拜伦的诗句。不知从什么时候开始，我被人叫做了文化保守主义者；也不知道，这一称呼后面所蕴含的意思究竟是褒还是贬。我很清楚地记得，十六年前自己有多么激进；我也很清楚的感受到，十六年过去，自己的心底其实一切都没改变。我喜欢这样的句子：回首向来萧瑟处，也无风雨也无晴。

名者实之宾。"如此保守？"、"迂远之思"、"儒者之维"，是为这个集子想的三个名称。决定用"儒者之维"的理由有二：一方面，在当代思想文化的版图中，《原道》和这些文字折射出的无疑是儒家的色调；另一方面，在儒学光谱内部，它们又仅仅属于一个小小的特定的频段。

是为序。

2004年夏于北京半学斋

CONTENTS 目 录

一 评论

自由、自由主义、自由主义者
　　——90年代学术重读之一　3
对"新左派"的印象与分析
　　——90年代学术重读之二　9
学术规范与知识论中心取向
　　——90年代学术重读之三　16
保守：思潮与主义
　　——90年代学术重读之四　21
评朱学勤"从明儒困境看文化民族
　　主义的内在矛盾"　28
张光芒启蒙新论批评　37
"断裂"的深与浅　43
重读吴清源　46
现代、后现代与传统
　　——在一次读书会上的发言　52
反思一个观念　55
多研究些问题，少谈些文化
　　——五四新文化运动领袖之文化观异议　58
英雄、豪杰与圣贤
　　——读《唐浩明评点曾国藩家书》之一　62
此身合是儒生未？
　　——读《唐浩明评点曾国藩家书》之二　67
低调进入及其他　73
在北京大学研究生座谈会上的讲稿　76

《士族与儒学》的主题演讲　　　　　　　　80
我对胡锦涛《在"三个代表"重要思想
　　理论研讨会上的讲话》的解读　　　　96

二　抒怀

紫藤庐及其他　　　　　　　　　　　　　105
《出塞曲》　　　　　　　　　　　　　　111
大马感怀　　　　　　　　　　　　　　　113
谁解陈寅恪　　　　　　　　　　　　　　116
乡愁是一种理念　　　　　　　　　　　　118
等待陌生人　　　　　　　　　　　　　　120
"生命的意义在于爱"　　　　　　　　　122
孤独、寂寞及其他　　　　　　　　　　　125
麻将如人生　　　　　　　　　　　　　　128
《浮生论学——李泽厚陈明2001
　　对谈录》序　　　　　　　　　　　　131
《原道》开卷语　　　　　　　　　　　　135
汇当代英才　原文化大道
　　——答《中华工商时报》记者陶林　　136
《原道》十年的十问十答　　　　　　　　139
在四川大学的座谈与演讲　　　　　　　　142
廖名春《中国学术史论集》序　　　　　　156
卢国龙《宋儒微言》序　　　　　　　　　159

三　研究

中体西用：启蒙与救亡之外
　　——传统文化在近代的展现　　　　　171
新唯识论：理解与批评　　　　　　　　　189
中国哲学合法性危机：学科还是意义？　　216
中国文化中的儒教问题：起源、现状
　　与趋向　　　　　　　　　　　　　　219

目 录

政治与经济:以文化为旗帜
　　——台湾地区"中华文化复兴运动"
　　述评　　　　　　　　　　　　　　　245
从道统政统概念理解历史上文化认同
　　政治认同关系的尝试　　　　　　　256
儒道互补人格结构的可能、必然与完成
　　——对古代知识分子的文化心理学
　　考察　　　　　　　　　　　　　　266
嵇阮的人生哲学与人生道路　　　　　　280
理想的圣人人格与理想的士人人格
　　——郭象玄学新解　　　　　　　　290
禅宗的意义世界
　　——从文化学角度对中国化佛教的
　　解释　　　　　　　　　　　　　　298
《唐虞之道》与早期儒家的社会理念　　　309
民本政治的新论证
　　——《尊德义》解读　　　　　　　324
象占:原始思维与传统文化
　　——从文化人类学角度研究《易经》
　　的尝试　　　　　　　　　　　　337
"大学之道":为学还是为政
　　——《大学》新读之一　　　　　　348
王道的重建:"格物致知"义解
　　——《大学》新读之二　　　　　　363
"以义为利":制度本身的伦理原则
　　——《大学》新读之三　　　　　　379

评论

秋田

自由、自由主义、自由主义者
——90年代学术重读之一

卢梭说，人生而自由，却无往而不在枷锁之中。这句话听来多少觉得有些矛盾，既然"无往而不在枷锁之中"，"生而自由"又从何说起呢？也许卢梭修辞的本意只是要通过凸显天性与现实的紧张或反差，强调社会状况的不尽如人意，以唤起人们追求理想社会的热望。不过在我看来，把自由理解成人的天性的要求与把它说成为人的天生本质之间是有所区别的。在前一种言说中，自由属于价值范畴；在后一种言说中，自由是一种知识描述。

可以说，自由之为物，不思则无有，不求则弗得，主要或完全取决于个体自身对于生命存在之感受体认的强度与深度。我们的经验显然不可能支持这样的本质主义理论：有一只上帝或女娲的神圣之手在人类遗传密码中植入了一种叫做自由的基因，如同"为了播种花儿要开放"一般到时它便自行启动，呈现为人类的行为状态或别的什么社会事实。只有那些真正意识到了自己存在的尊严，确立了自己意志的目标的生命，才会发出这样的呐喊：不自由，毋宁死！

既然自由就是每个人"以自己的判断和理性认为最适合的手段去做任何事情的可能性"，首先是生命体自己的事情，那么，无论作为一种思考、一种愿望或一种事业，自由的内涵自然是极富个体性和情境性的。因此，自由的实现方案也应该是具体问题具体分析地去度身订做，不应也不能机械地或浪漫地企望存在某种放之四海而皆准的方便法门可以一揽子解决所有问题。也许正是出于对自由这种并非必然普遍之性状有着深刻了解，胡适之这位中国自由主义运动的先驱才提出政治上呈现为改良主义色彩的口号，"多研究些问题，少谈些主义"。

本文着意强调的自由属于价值领域而不是知识范畴，至少在康德那里就早已获得了明确论证。这位对理性的功用与局限有着深刻把握的哲学家将意志自由与上帝及灵魂不灭三者并列,指出它们是"思想"、"信念",属于"实践理性的公设"而区别于寻常所谓知识。但另一方面,为自由价值构筑知识学基础的努力也一直没有中断,由此构成了自由主义的宏大思想阵营。但是,我以为从整体上说这种努力的意义与其说在知识学方面,还不如说在价值道德方面,如对专制政治的批判之类。

自由主义理论知识学上的脆弱性不仅反映在其立论前提为一假设,"假设个体先于社会,其行动是选择和目的的产物"(我个人相信这一假设对于人类生活的评价分析改善提高来说乃是必需的),也反映在对由此导引而出的自由概念的合法性论证形式或过程中。在这一过程中,同属自由主义谱系中的大师们的工作完全不像如物理学领域从牛顿到爱因斯坦式的理论范型递嬗进化,而像是一场解释效力相互抵消的智力角逐。而更叫人称奇的则是,人类的自由信念并不曾因此"横看成岭侧成峰远近高低各不同"的矛盾景观而有丝毫受损动摇!合理的解释想必应该是,自由心证,从根本上说,原来就是无需如彼辞费的。

自由主义的鼻祖洛克用自然法为自由提供论证。他认为自由和生命、财产一样,是个人的天赋权利。很显然,洛克预设了人具有某种先天的普遍本质;他所谓天,乃是典型的形而上学范畴内的概念。这在备受哈耶克推崇的苏格兰思想家休谟看来显然是无法成立的。因为在严格区分了事实和价值,区分了实然(is)与应然(ought)两类命题之后,休谟坚信,属于实践哲学的价值是不可能有理性依据的。既然理性与天都不能为自由提供必然性依据,那就从人自身寻找吧。功利主义于是应运而生,并在相当长时间内成为自由主义话语中的最强音。密尔的《论自由》明确指出,"在一切道德问题上,我最后总是诉诸功利的"。功利主义者的思路从那时起便一直强调,自由能够在经济上带来更高的效率,从而为社会带来更多的福利。事情也许的确如此。只是循此逻辑,当一切都被归结为经济这条铁链上之一环,那么道德、政治在哪里?自由在哪里?作为自由之主体的个人又在哪里?

出于种种考虑,哈耶克对功利主义批评严厉,几乎直欲将其革除出自由主义教门而后快。但仔细揣摸,哈氏真正深恶痛绝的似只是"最多数人最大利益"原则潜藏着政治极权主义与理性建构主义的合法化根据,哈氏认为它们是对个人主义这块价值拱心石的最大威胁。从这里不难嗅出这位当代自由主义大师骨子里仍幽幽散发着功利主义的精神气息:他认为自由之必要乃在于自由能为不同文化个体的不同生存方式容留出较大生存空间,从而使人类文化种群的生存延续下去的几率得到提高,因为较多的生存方式显然能够适应较多类型的生存境况。它们之间不存在优劣高下吗?也许。但哈耶克认为人类理性无法判别这一点,因而只能服从自然理性承认存在即为合理。试以此思路与密尔论思想自由相对照,"我们永远不能确信我们所力图窒闭的意见是一个谬误的意见。假如确信,要窒闭它也仍然是一个罪恶"。因为密尔认为思想自由有一大好处,即有助于生成"智力活跃的人民",而这是近代以海外殖民为形式的民族国家生存竞争开始后大英帝国的国运之所系。

到罗尔斯的《正义论》,洛克以来的契约论传统又被重新复活,当然,他仍然是以抽象的个体的人性定义作为自己致思的出发点。也许是由于接受了理论上的批评,也许是由于在实践中有所领悟,在后来推出的《政治自由主义》一书中,罗尔斯的自由主义言说已滤除了普遍主义和本质主义的思想色素,认为自由主义只应该是政治制度层面的教义,不应该也不可能覆盖所有道德、哲学和宗教诸问题,转而提倡"合理的多元主义"——为丹尼尔·贝尔著名的"经济上的社会主义,政治上的自由主义,文化上的保守主义"的折衷主张做出了理论总结。但中国的自由主义者们对此似乎并没太多思考领悟,在许多的文章中,罗尔斯这种基于现实状况与操作可能而作出的向历史主义立场的靠拢或调整被视为"倒退"。

如果说西方自由主义思想大师雄辩滔滔的著述影响了当代中国自由主义者对自由理解的知识化倾向,那么可以说中国社会环境的风霜雨雪则塑造了他们重批判而不是建设的心态与立场。这种先天条件或因素在赋予了这个群体某些优点的同时,也使之整体上不可避免地存在一种激情有余思考不足、批判有余建设不足的缺陷,并由此滋生出一种隐然可感的傲慢:知识的傲慢和道德的傲慢。

知识的傲慢是指自由主义者们基于对自由主义话语在知识学上优越地位的设定而形成的对其他话语形式的鄙夷不屑的倾向或态度。它的具体表现至少有二:贬抑在他们眼中寻找不到自由主义话语的传统文化或文化传统;将一切闪烁着自由光彩的荣耀统统归摄于自由主义。李慎之先生的《中国文化传统与现代化》认为中国的文化传统一言以蔽之就是专制主义,今天仍是中国进行现代化建设的障碍。在当代的中国自由主义者们看来,自由主义是植根于西方文明的特产,因此包括中国文化在内的非西方文明即便不是不知自由为何物,对自由的理解也十分浅薄。这里无法讨论传统文化与自由价值的关系,但只需指出这一论调与自由主义话语中自由乃人类普遍必然的本质之间的逻辑矛盾即可证明问题远非如彼所说的那么简单。我们诚然可以理解李氏项庄舞剑意在沛公,但是,郢书燕说即便效果良好,也不意味着原文本的自性就不再重要而可以恣意读解妄加命名。如果说《河殇》的指桑骂槐尚属于特定情境中不得已的策略选择而情有可原,那么李氏的郢书燕说就只能看作无知而又充满偏见的傲慢而必须有所匡正。把专制归咎于传统并不意味着认识的深刻或深化,恰好相反,它会因为将思维的锋刃从利益结构的肯綮偏移出来,而导致对问题症结的遮蔽(对他来说似乎无所谓误伤的问题)。另外,且不说自由主义作为人类文明形态之一种无力覆盖人类生活的方方面面,仅就自由价值的追求稳立来说,将与一个民族的生命历程互相交融的传统文化以专制之罪封杀,否定的决不只是文化本身,更有这个民族自我实现的生命意志及这一生命意志实现之可能。而自由主义者自身亦将会因失去必不可少的支援力量而陷入孤军奋战的苦局,受损的只能是民族的自由事业本身。

　　与此相比,将一切荣耀归摄于自由主义显得宽宏大量了一些。但它同样既不合于事实情理,也有悖于自由主义本身所再三宣示的文化多元主义立场,仍然让人觉出一种傲慢。陈寅恪对"独立之精神,自由之思想"的讴歌原本应该启发自由主义者们对中体西用之文化保守主义与所谓现代价值观念之关系开展新的深入的思考,但是没有,或者说虽有而情况叫人失望。因为王炎倒是做了一点尝试,但他却是大笔一挥,将陈寅恪命名为古典自由主义者即告拉倒完事。王文主要的根据在陈氏对贵族(文化士族)之社会地位对专制君主有所牵制——"帝王之大权不如社会之潜力"——的肯定认同。循此逻辑,封侯建国的西周五等贵族制社会,岂不成了中国历史上自由主义政治实践的黄金时代?真不知道我们的思想家又该如何去缩短陈寅恪所认同的礼法制度三纲六纪与自由主义众生平等平权之间那天隔地远的距离了。实际上梁启超早就指出过,"贵族政治固民主政治之蟊贼,亦专制政治之寇雠也"。由梁氏之见可知,王文显然是将一个十分复杂的问题非常简单化地处理了,而这无论对人们理解自由主义还是传统文化都是非常不利的。

当代中国的自由主义者们因指点江山激扬文字粪土当年万户侯而遭受某种程度的打压,心理上产生某种受难感乃是正常的应该获得事实上也已经获得了人们的尊敬。但如果因此便把自己视为大战风车的堂吉诃德式的英雄却将别人视为《法门寺》里贾桂式的奴才,这种道德上的荣誉感显然就转变成为了一种道德上的傲慢。很不幸,某种程度上情况确实如此。道德上的傲慢与知识上的傲慢结合,结果是使二者互相强化:道德的傲慢促进自由主义话语的帝国主义使用(自觉不自觉的话语霸权意识);知识的傲慢导致自由与主体间意志关系的割裂。而切断自由与意志主体间的连接,自由就成为超历史的神性的存在而被赋予一种绝对的道德上的价值("堂吉诃德"与"贾桂"的高下尊卑即于焉而剖分)。对于某些个体的自我道德美化也许无需太过小题大做,但与此相关的道德傲慢的另一种表现形式则有必要稍作讨论,即乌托邦化美国。尽管美国人自己从不讳言美国的外交以其国家利益为行动原则,尽管美国人自己也很难在其国家利益与正义之间划上等号。我们就有人以与美国的关系为标尺度量中国国内政治的合理性程度:与美国关系好时中国政治的合理性程序则高,反之则低。常识告诉我们,国与国之间关系的枢轴是利益,连朋友都无所谓永远,又哪能如此以正义之冠加冕USA?像人权高于主权这样的命题在抽象的理论层面或许逻辑上无懈可击,但在现实中是否予以接受则必须看它实际的"意义生成",即对自己是否有利,这在任何国家都不会有例外。美国的宪法也许不失为对自由价值的诠释,但美国政府70年代对南美军政府的资助,对科索沃阿族贩毒和恐怖活动的纵容,对台独势力的鼓励以及由此所唱出的炎炎高调,如果说也有什么原则在,那顶多也只是四个字:美国利益。围堵中国,不只是反共,更是反华。远的不说,请看今日欧洲,俄罗斯不是民主化了吗,可那又怎么样?挤你没商量。理性实用的美国战略家对假想敌的定义十分简单:实力上能够对美国构成威胁的国家。更不用说还有亨廷顿这样的基督教文明中心论者炮制"文明的冲突"的煽动与鼓噪不断了。如果说在民族国家内部自由的原则至高无上,那么在民族国家之间的博弈关系中,自由的原则就十分的脆弱可怜了。罗兰夫人的感慨特别适合于国际政治尤其是美国的外交行为:自由啊自由,多少罪恶假汝之名而行!

乌托邦化美国之后,爱国主义与正常的民族主义情怀情绪在充满道德傲慢的某些自由主义者眼中都自然而然地被认定为有害的负价值。在国外一些学者撰文对所谓中国的扩张表示忧虑之后,国内也有人煞有介事地提醒民族主义可能导向扩张排外的法西斯主义。这就跟当年余英时在《飞弹下的选举:民主与民族主义之间》中把台湾地区与内地之间的问题化约为民主与专制之间的问题一样,把民族主义与"专制"的关系简单捆绑然后加以否定,由反共走向反华。事实上,对立民主与民族主义在历史上是讲不通的。我们知道,"不受外国人统治"曾是自由的第一要义。摩根索在自己的书中总结道,"无论从历史起源还是从其所发挥的政治功能来说,民族主义的思想和自由的思想都密不可分"。对今天的知识分子来说,不接受自由主义的政治主张自然是没有脑子,但不热爱自己的民族和文化并由此而承担一份责任,则同样属于没有良心。

鲍曼最近有本《论自由》面世,认为自由是一种社会关系,一种特权、而且是某一社会关系内的特权。关键的一点是行动是依从于自己的意志还是受制于他人的意志。在今天的语境中,我们讨论的意志主体有二:民族与个人。身为中国人,在这两个层面我都强烈感受到它的缺乏。所以,这两个层面的内容都应该成为今日自由二字的题中应有之义,不可偏废。我认为五四时"内惩国贼,外抗强权"的口号很有必要重申予以继承坚持。这里,我们指出自由主义话语在知识学上的脆弱性,指出当代自由主义者身上存在的某些问题,并不是要贬抑自由的价值和自由主义运动,而是为了使我们能够真真正正从内心的需要体验去拥抱这种价值,从现实的情境中寻求方案来落实这种价值。我认为,对自由的追求首先是对我们作为人的权利和作为人的尊严的追求。我相信,以我们如此认定的自由的价值正当性而不是文本叙述的自由主义的知识合法性为出发点,我们事业的进程会更积极稳妥一些,所获也会更全面受用一些;同时,由于它与传统文化间的紧张或误会变得不再难以化解,因而我们在人类追求自由的壮丽事业中增添进记录表达中华民族对自由之理解和追求的新文本也会变得更加可能。

对"新左派"的印象与分析
——90年代学术重读之二

我一直认为有着十年"文革"记忆等感受的我们这一代学人中,不可能会有什么"左派"主张出现,即使某些文章看去似与所谓左氏系统有染,料必也不过只是别种名号的主义与其思想偶然的部分交叉而已。直到今年在书店翻到一本叫《视界》的杂志时,才悚然意识到,自己真是错了。于是找书、上网,以补课的心情重新审读。但实话实说,获得的印象与先前信手翻阅时并无太多不同,依然是西化的理论资源,浪漫的文化视角,"派性"的言说方式。

有论者在评论新左派与"自由主义"的论争时指出,"无论自由主义还是新左派,都借用了西方的话语体系,西方话语体系的烙印比比皆是"。与论者对此充分肯定有所不同,我认为如果说自由主义者们浑身西方烙印情有可原,新左派西方烙印浑身就有些难以理解了。自由主义者是要以西方的方式解决中国社会中的问题,而新左派则是要以"反"西方的理论叙说,在全球化的洪水滔滔与现代性的无远弗届中指点一条中国社会发展的独特道路,使现代性由单数的 modernity 变成复数的 modernities。在《当代中国的思想状况与现代性问题》中汪晖这样追问:"有没有偏离资本主义的历史形式而产生的现代社会,或者对现代化具有反思意义的现代过程?"

这展现了作者的理论抱负和现实祈愿,应该也是新左派思想结构中最具魅力和潜力的部分。如果他们也像19世纪60年代的俄国民粹派一样,有实践其理想所需的社会调查分析、政治文化战略以及"到民间去"的热情与勇气:由于中国社会独具特色的文化和"国情",我相信此种努力能够获得的资源支持比当时俄国社会所提供的会多出许多,因此,其对西方中心主义方法论和目的论历史观的反对,不仅可使其获得跟那批俄国贵族知识分子相媲美的理论名声,同时,东方式现代化还有可能成就出令中华民族额首称幸的历史功业。

但新左派们是学院派和"杂志人"。他们更感兴趣的似乎是思想的传播而不是思想的深化。在近乎文化生产的流程中,与其责怪他们在采购异域学术原材料时缺少必要的审慎和警觉,不如自我解嘲:本土社会问题之被纳入他们的分析架构作为一次不期而遇的慷慨邂逅,却被预期为一场美丽的约会。因为从他们对中国现实和历史的粗暴判读可以分析出其理论的起点,即不是中国的本土经验,而是西方学院高头讲章里的逻辑前提。"中国对社会主义的坚持并未妨碍下述结论:中国社会各种行为,包括经济、政治和文化行为甚至政府行为,都深刻地受制于资本和市场的活动;也不能简单地将中国社会的问题说成是社会主义的问题。"不是社会主义的问题,当然就是资本主义的问题。汪对症下药("传统马克思主义者关注的阶级、财产权等问题并未消失"),则又让人读到了其"复数现代性"之标准答案:"毛泽东的社会主义思想是一种反资本主义现代化的现代性理论。"往下的文字不仅让人产生"龙种"与"跳蚤"的反差,还有对几十年形成、确立起的理性和常识的挑战,令人直欲无言。还好,从自由主义者、新权威主义者以及"中间派"等人对此均持异议看,理性和常识并不曾被颠覆。

我愿意稍加讨论的是汪晖"'反现代的现代性理论'是晚清以降中国思想的主要特征之一"的命题。首先,它具有某种历史事实的基础,"中体西用"作为启蒙与救亡之外的社会文化发展战略,从曾国藩、张之洞、冯友兰、陈寅恪可谓一以贯之。其次,把它称做"反现代的现代性理论"则大可推敲,因为这种表述理论上显得相当的"依附",更重要的则是与中国近代史的实际经验游离疏远。什么叫"反"?民族的发展乃是一正面的建设,是对自我生命的肯定和追求。理论倘不先立乎其大者,而汲汲于话语的趋奇骛新,再升级换代也只能是灰溜溜的缺少绿意。

非常可惜,这种转换在新左派处是应该期待却又难以期待的。论者发现其"除了引述福柯、利奥塔、阿明和华伦斯坦等人的言论外,并未证明他们的论述与中国历史语境的相关性"。这是因为其问题原本就是从西方语境中抽绎而出,并硬性地嵌入中国社会中来的。如果说其与主张按西方模式解决中国问题的自由主义间的争论是五十步与百步之异的话,新左派似乎更像是那位退百步者。也许我们不应对此太过指责,因为他们追求的原本就不是要解决中国的××问题,而只是想在中国建立××主义或××学派的支部或分部。

问题既来自西方,浪漫的文化视角自是不二之选。这是一种以进为退的策略或姿态,因为它既可紧握避重就轻的批判选择权,又能演绎从乌托邦立论的花腔高音。法兰克福学派的社会批判理论是以发达富裕的资本主义为批判对象而建立起来的,其理论从"本能结构"开始,沿"审美之维"扩展。作为资本主义社会自我完善自我更新之内在机制和潜能的理论休现,这种西方左派话语实际上是"正言若反",即自由主义主流意识形态的功能性补充。作为马克思主义在当代西方的延续,它的启发性固不可忽视,但如果直接就搬运到中国来操练,效果只能是跟"后学"在中国的折腾一样,弄得假作真时真亦假,在直把杭州作汴州的似是而非中,淮橘成枳。

汪晖写道:"在跨国资本主义时代,新启蒙主义的批判视野局限于民族国家内部的社会政治事务,特别是国家行为;对内,它没有及时地把对国家专制的批判转向资本主义市场形成过程中国家/社会的复杂关系的分析,从而不能深入剖析市场条件下国家行为的变化;对外,它未能深刻理解中国的问题已经同时是世界资本主义市场中的问题,因此对中国问题的诊断必须同时也是对日益全球化的资本主义及其问题的诊断。"言下之意十分显豁:他是以超越"新启蒙主义"的批判域限来为当代知识分子重塑辉煌的,即把对专制的批判转向对市场的批判,对"国内"的批判转向对"国际"的批判。毫无疑问,专制/市场、"国际"/"国内"需要面对的问题所在多多,其间的主次、轻重和缓急虽可因仁者见仁智者见智而给出不同排序,但它们之间并不能互相掩盖与替代却是事实和常识。吉登斯指出左派和右派的一个共同之处就是用资本主义概念去解释太多的东西。在中国,由于出发点不同,右派赠给了 capitalism 过多的荣光,左派则强加了过多恶谥。但这里,我必须指出,新左派的四两拨千斤不仅难免避重就轻避实就虚的讨巧之讥,现实影响也更加糟糕。我认为这是非常要命的。

以进为退,实在有哗众取宠之嫌。因为调子虽然越来越高,问题离得却越来越远;批评如此深化,终将沦为批评的退却和逃亡。我们无法否认当今世界的政治经济秩序是由西方主导,游戏规则也难称绝对的公平正义,就像国际法首先是出自海上殖民主义者之间的协商一样,多少向强势力量倾斜。所以,对"世界上三个最富家族财产超过48个穷国财产之和"忿忿然表示抗议和谴责虽不能说有什么不对(我非常崇敬这群朋友对于弱势群体的关注与同情),但动辄就提天下2/3的劳苦大众什么的,多少像作秀。如果我们无法像上帝一样打烂世界重新设计,那么除了与狼共舞别无选择。"真正的猛士敢于正视淋漓的鲜血,敢于直面惨淡的人生。"何况相对于全能国家,市场系统对人性要契合、亲近许多。《视界》一篇对轿车文明进行批判的文章认为,以"私人轿车"的道义性对抗"公家轿车"的特权,"淡化了私人与私人之间的不平等。"文章说,"事实上,将私人同公家摆平之前,私人与私人之间的不平已经更为突出。"在他眼中私人与私人之间的不平等,罪过在"市场"。殊不知,"物之不齐,物之情也",损有余以补不足的人之道,只有在社会产品足够丰富的前提下才有可能实施。市场诚然难说完美,但毕竟人类还没在它之外找到更有效的资源配置平台——姑且把它称为相对最不坏的制度吧。而对其脆弱规则的侵犯,首先应该就是来自坐"公家轿车"的"市长",如马向东者流(试问:哪有不落实为"私人"的公家?)。同一文章还"警策"国内购车族:你们消费汽车,实际上却是被国外汽车厂商所消费。真不知这究竟是在写文章呢还是在被文章写!文化批判的避重就轻,以进为退,这应该算是一个不大不小的例证。

在讨论全球化时,我认为从国家利益出发是一个远比文化批判要好的选择,具体切实。对致力于民族复兴的我们来说,改革开放,融入世界历史进程是迈出了关键的一步。虽然前路如何走并不能完全相信某些自由主义者的言之凿凿,但不能回到"穷过渡"、十年"文革"则是无可置疑的。所以,当读到汪晖指责改革开放对"毛泽东理想主义的现代化方式"的放弃,使中国的现代化不再具有此前的"反现代性倾向"时,我已不知道新左派与老左派的区别究竟何在了。

"派性"的言说方式首先是指新左派是踩着敲打自由主义的鼓点登台。其次指新左派在学界有着相对最为明显的群体特征:思想相对集中于十数人;发表刊物相对固定;观点互相征引发明;甚至知识背景(文学)也相对一致。对于大半个世纪都已没有学派出现的中国来说,"派性"是应该鼓励的;所以这第二点并无太多可议之处。值得一议的是其对自由主义的批评。

从20世纪80年代知识界的努力与国家的现代化目标吻合(双方具有共识实在不是一件应予嘲讽的事)这一前提出发,汪文虚构了主流话语与政府行为在90年代的共谋关系后笔锋一转:"启蒙知识分子作为价值创造者的角色正面对深刻的挑战,面对资本主义市场的现代过程本身的危机……苍白无力。"他们"保护私有产权"的主张,"很容易变成保护特权阶层的化公为私和垄断财富,"体现着"中国知识界的集体道德败坏症"。因为"在这种版本的自由主义中,民主是奢侈的,平等是罪恶,弱肉强食成了自由主义的第一原则"(甘阳语)。相反,新左派则"试图借助于分析的马克思主义等西方理论提出问题"。

对这些文字的反驳澄清首先是自由主义者们的事。我关心的是这些文字现实中的意义生成:一是对自由主义者们所关注问题之真实性的消解;二是对自由主义者们工作所具道德诚信度的质疑。如果这种指控真是基于"严肃"的义理,有着意识形态上的信仰基础,那么新左派与老左派本质上的相通就被坐实;如果不是,那么秘密就只可能存在于话语权力的争夺或曰文化市场的谋划中(当然,还有一种可能性,就是愿望良好而在认知上出现失误——从其文采斐然、气势逼人看,似难成立)。根据其以破为立的切入招式,以最坏的恶意揣测,前述两种情况中的后一种,可能比较最接近实际。

有人说:"1989年以来,尤其在1992年之后,知识界长期处于所谓失语的状态。"这种失语,可能主要是指改革开放以来的自由主义主流话语(我实在不知道今日的新左派当时有谁自外于这一主流)的低潮。整个知识界面临的尴尬是言说的空间有限;可言说的问题也不多;再就是本土的文化资源在遭到几乎是全盘的否定后,被重新审视。众所周知,知识界是靠向社会提供知识和理念获取其生存的条件与尊严的。失语的恐慌迫切需要具备道德勇气和理论创造力的智者勇者去克服超越。但风云际会,阳错阴差,打破沉寂的却是新左派洋泾浜式的念、唱、做、打。

80年代成长起来的学人,思想的灵感之源几乎全在西方。西方的主流是自由主义,既然它已"无地彷徨",寻找的眼光当然只能在非主流的学院派知识体系如法兰克福学派、分析的马克思主义以及批判法学之类上面锁定了。于是，从逻辑理念而不是经验感觉出发就在成为新左派的叙述策略的同时，成为他们的思维模式；对90年代、80年代乃至晚清、"五四"直至十年"文革"诸历史文本的重构亦随之次第展开。因为，这样削足适履是使其文化批判理顺章成的内在要求。由下意识的寻找到自觉不自觉的建构，由于中国问题的复杂性（中国似乎是一切规则的例外），加上文化产业化的现实，新左派的思想在传媒的推动和催化下，渐渐变得像模像样了。不妙的是，其思想主张的"非中国性"甚至可称"反中国性"（而不是什么"反西方性"），必然随着其论证的展开而渐渐显露出来。

如果不是发生有一场颇具炒作意味的与自由主义者的理论热战，我怀疑它是否会拥有今日的万千风情。有人认为这场争论"表明中国的改革面临方向性抉择"，实属放大镜下的宏大叙事。在技术官僚主导的现代化进程中，人文知识分子位置在政治和市场的双重边缘化早已是不争的事实。无聊缘于无奈，但挑起一场口水仗的商业性收获不会大，人文性损失却不小。

思想是需要尊严的。"不患人之不己知，患不能也"。问题也许部分地存在于这里：知识界自身是否确已深思熟虑出更好的补充性、替代性方案可以贡献给中华民族复兴的伟大目标？说实话，我真不知道究竟在多大程度上又有多少个时代制高点是由人文学者所掌握着。新左派自是以批判理论相标榜；自由主义也同样自矜地声称"批判本身即目的"。批判固然是知识分子的天职，建设难道不同样是知识分子的使命？建设，就要有可操作性。90年代学界的兴趣已多从形上思辩转向了经济、政治、法律诸"社会科学"。唯其向现实贴近，责任伦理的意识更有加强之必要。否则，竞躁以为进，矜异以为高，满足于在戏台后边的相互喝彩或聒噪，终不免如春鸟秋虫然，自鸣复自止。

本文是把新左派作为当代中国思想界的一个面相来评析和期待的。一位参与德国社会民主党《基本纲要》起草的西方左派承认，"我们已经很难清晰地描绘出世界和社会的变化，社会民主党本身也发现自己正处在这种两难困境之中"。托尼·布莱尔在谈到同样的问题时说，"老左派抵制这一变迁，新右派则任其发展。而我们应该驾驭这一变迁使其达致社会的团结与繁荣"。与欧洲相比,中国的面目应是更难定义。解释的焦虑有如梦魇,因为任何地方也没有现成的理论可照搬套用。对知识界来说,这是挑战和机会,更是义务和责任。偶然也好,必然也罢,新左派给出了自己的解读,虽很不尽如人意,但我们至少应该感激它率先做出了从整体上对问题进行把握的尝试。对照布莱尔的描述与选择,我们的学界是否也应有所反思和自觉,使自己的努力有机有效地融入到中国式现代性的建构之中去?

学术规范与知识论中心取向
——90年代学术重读之三

20世纪90年代的中国人文学界被一种主智主义或知识论的气氛所笼罩。这种思想或思想趣味、思想方法的主要特征,是把我们所面临的社会实践的问题化约为认知的问题,把人文学科还原成社会科学,即在一种揭示模式(revelatory model)中,汲汲于实证分析与历史分析,以主观与客观是否相符的真假判定命题和陈述的价值,并以此作为推行一些理论拒斥另一些理论的合法性手段或依凭。

在进入理论的分疏前指出这种思想得以孕育发生的特定情境很有必要。其一,是80年代负担着文化使命感的中国知识分子,在四人帮的专制禁锢解除后,对能够满足中华民族精神需要表达中国社会发展欲求的新型意识形态(这里是在中性的意义上使用该词)的努力收效甚微,而之所以不尽如人意的重要原因之一,就是这个知识分子群体自身在知识素养和知识储备方面存在严重欠缺。其二,中国知识分子群体是在惨遭摧折之后,于苦闷低调中步入90年代的,其郁忿难解的千千心结极需某种合理化途径以纾解宣泄。如果说前一个因素为90年代的学术界由激情表达转向理性探求,由思想创造转向学术研究提供了某种要求或合理性的话,那么第二个因素则极可能导致矫枉过正,使这种转进走向极端,以理性探求覆盖激情表达,以学术研究代替思想创造。

事情正是如此。主智主义或知识论中心的倾向到90年代中期已然大行其道,成为学界主流或权威话语。90年代伊始,《学人》、《原学》均以"学术史清理"和"实证研究"相标榜,而天下响应。报刊上,亦是乾嘉风劲吹,钱钟书以其知识的淹通而有学术昆仑之誉,陈寅恪的资料纯熟、外语精通更被传为神话。传媒是浅薄的,其所谓狐狸者既不知狐又不知狸自无需深究,但这种浅薄绝对与当时知识界正酝酿着的学术范式转换有着内在干系。当时学术的背景上正是"思想家淡出,学问家凸显"。到《中国书评》(它的办刊宗旨是"侧重学理性")的"学术规范"讨论,此前于《学人》、《原学》处尚呈不自觉的经验特征的学术行为获得了相对清晰的理论说明,而学术性三个字亦尘埃落定于国际规范之上。明明是清代学风一般迫于强力的委顿,却偏偏采取了咄咄逼人的进攻态势颇叫人百思不得其解,莫不是国际规范四个字提供了道德勇气?

这一切在该刊总第 6 期刊出的杨念群先生的文章中得到了比较充分的表述。杨氏首先将 80 年代的思想学术风气界定为"启蒙语境",并借用一位美国旁观者的智慧(杨氏所谓的中观研究即承袭斯人),将当时知识群体的活动和努力比喻为"神人大巫"式行为,因为他们为建构新型意识形态所择取的思想缺乏知识上的合法性。随即杨氏笔锋一转,"如果无法用一种相对合理的程序去规范思想的内涵及其作用,那么它充其量是一种极其个性化的态度或者信念,一旦这种个性化的东西被毫无规则的普世化或意识形态化,就会发生悲剧性的后果"。因此,杨氏提倡"以学术规范拒斥本质主义",并断定这就是 90 年代学术风气的特征所在。

这里无法展开对 80 年代究竟应该如何评价的讨论,也无法就"学术规范"能否有效拒斥"本质主义"("本质"而称"主义",自是需借助某种"学术规范"的表述然后有可能成立,如黑格尔)向杨氏讨教,但这个命题无疑为本文主智主义或知识论的概括提供了坚强佐证,并为我们的讨论提供了一个实实在在的切入点。首先,这种主张潜藏着的对知识之绝对性的自信本身就是十分可疑的。对知识的自信必然以对理性能力的尊崇为前提,但康德早已指出了理性的限度。罗素认为人类所拥有的知识,无论关于自然、关于社会或者关于上帝与精神,都是相对的片断。《哲学和自然之镜》的作者罗蒂在库恩、费耶阿本德的方向上越走越远,对知识、理性的理解充满反讽的色彩。他认为,自然科学的客观性实际不过是在自由讨论中所要达到的一致性,即"主体间性";至于人文学科,则根本就不应是什么合理性的问题。诚然,实证主义与人文主义双峰对峙二水分流渊源有自,其逻辑对立功能互补维系支撑着人类生存活动的均衡,实难简单断之以是非。如此胪列,无非是想说明主智主义的逻辑前提远非几何公里般普遍为人接受,其理论基础也不是磐石也似的牢固不易摇撼。因此,在打出这个旗号的时候,保持几分清醒注意它的限度乃是十分必要的,就像打出任何别的什么旗号时一样。

其次,这种知识论话语实际上是在对世界进行一厢情愿的化约后,建议所有读书人实现角色转换,由知识分子转换为知识生产者。追求镜子与物式的联系以求取真知,即为了给知识留出地盘,先清空大脑中的一切,如情感意志,本质上乃是以外部性代替内部性,是另一种形式的人为物役。如果说自然科学如此追求尚可理解,而如果认为社会科学和人文学科亦当如此,那就于理难通,也于事实不符了。杨氏引用一位汉学家的讨论对中美学者关于义和团运动的研究分别作为本质主义与学术规范研究的代表加以褒贬:"中国学者强调对历史要做出评价";美国学者感兴趣的则是"如何尽量客观的理解运动的源流、时代背景、发生的原因以及运动发展的逻辑性"。真是好笑,这里难道有什么高下之分或者不合逻辑违背情理之处吗?任何人遭遇情况,第一反应当然是进行意义评估,有利还是有害,即所谓本质主义的定性判断,其次才是工具理性层面的技术分析。中国的义和团运动研究现状或许不能叫人满意,但可以肯定症结不在这里。应该明确一点,对中国人来说,义和团运动是一个与自己有某种活生生的内在联系的事件,而对美国人来说则不是,在他们,简直就与研究博物馆的恐龙没有什么区别。什么情况下中美学者的研究方法、态度可能会发生互换?大概是在中国炸弹"误炸"美国使馆而美国人不敢吭气的时候吧。杨氏可能不这样看,他提倡"以学术规范拒斥本质主义"的依据是,"90年代学人已空前冷静地接受了自己的社会边缘地位"。但我的观察,至少自由派、新左派并非冷静冷漠如许。

更难以让人接受的是第三点。因为清空的大脑泯灭了自身的主体意识,可是接受来的知识话语并不纯粹,必然的结果就是以他人的主体性为自己的主体性却浑然不觉。主智主义与唯理论是哲学上的近亲。理性一词有计算之义,并包含对感性、信仰、情感、经验的轻忽。当人们相信知识所揭示的是世界的本质,因而具有不以人们的意志为转移的某种必然性的时候,理性往往会表现出与常识相背的特征。按照文化科学和自然科学的区分,文化事实因具独特性和不可重复性,关于它的归纳总结属于"个别记叙",但西方学者却先天地具有将其区域性知识普世化的偏好,故其笔下的许多知识常常被意识形态化。这一特征在关涉到东西方关系的话语中表现得尤为明显集中。对于人文学者来说,如果不加反省地接纳套用关于社会历史的所谓规律和尺度,就可能发生逻辑对意志的征服,使理性成为无人身的怪物,最终吞噬生命主体自身。当代中国许多的自由主义者在一定程度上就是在这里陷入千虑一失,因此,虽然我认为这个群体乃是 80 年代精神遗产最合法的继承者,但对其当今所选择的知识化叙事策略效用和成算究竟几何却心存疑虑(这点笔者将另文讨论)。

民主化、市场化并不意味着历史的终结(我认为福山的历史终结论是意识形态化知识的标准文本),民族国家也并未就此失去其作为利益单位的意义,改变的只是游戏规则或形式,而非追逐利益的游戏本身。自由、平等、博爱的三色旗并未能将人类召唤到一处,就像英特耐雄的歌声未曾做到一样。美国人在科索沃和台湾问题上的行为立场无疑是从其自身的意志与利益出发的。"新干涉主义"者们即使其师出有名,也不过是假公济私,而绝非替天行道。周围一些自由主义者相信"人权高于主权"(我认为二者分属不同层面,具体分析完全是情境性的技术性的),甚至于认同李登辉划分中国版图的"七块论",这如果不是出于无知或恶毒,那么,那片障蔽其目光的树叶,在我看来就是主智主义。雷蒙·阿隆曾指出,知识分子在实证的旗号下,极有可能成为权力知识体制中心甘情愿的螺丝钉。如果说在内部环境中学界对此早有警惕,是不是我们今天应该稍稍拓宽眼界,在外部环境中也尽快建立起这种共识?

关于 90 年代学术风气的转变,除开"以学术规范拒斥本质主义"的肯定讴歌,还有求学与践道,尊德性与道问学不同进路或取向互动冲突的中性描述。我个人并不认为过去的十年足以构成一个相对独立的历史阶段,虽说大家已经是跨世纪了,但一切尚在后 80 年代的建构之中——明确这一点我认为十分重要。如果本文业已证明主智主义确实存在着理论上的罅隙,在这个社会转型的时代具有一些消极影响(对学术规范本身的肯定应是不言自明的),那么如何做才能加以克服呢?我认为由知识中心的话语思维范式转向文化中心的话语思维范式是一种值得考虑的选择。文化是一个比知识更加丰富的概念,它不仅包含有对对象的反映,也包含有主体意志的表达,并综合落实为解决应对各类问题的计划和规则。知识是文化的一部分,文化包括知识而不限于知识。从认识的角度说,知识是描述性的,文化则是建构性的;从社会的角度说,知识是超主体、超时空的共相,文化则是有主体、在时空中的殊相。即使撇开意识形态化的所谓知识不论,我认为也应该强调,知识无国界,文化有立场,知识分子有责任。

自由主义者对知识分子的理解实际上跟儒家一样,是相当人文的。彰显文化的立场并不是要制造文明的冲突,对外,是为了求取文明间真正的共处之道;对内,则是旨在唤醒我们知识群体的文化自觉。认知人类学有 emic 和 etic 两种描写理论。前者指该文化中人对自身文化的认知,后者指异文化中人的"科学"观察。所谓文化自觉,简单地说就是自觉尝试采用 emic 的认知方式去感知我们过去已有的文化,去创造我们未来应有的文化。当我们努力这样去做的时候,我们的意志,我们的主体性,就会在广阔的地平线上逐渐清晰的凸显出来。"文化自觉"、"文化操守"和"知识论之后"这样的议论近来频见报刊,可见 90 年代的学术风气确实有不无可议之处,并引起了人们相当的关注。

到哪里找回在信息中丢失的知识?到哪里找回在知识中丢失的智慧?网络时代,21 世纪,但愿这样的诗句不再是我们的梦魇。

保守：思潮与主义
——90年代学术重读之四

在关于20世纪90年代的思想记忆中，如果说谈到自由主义、新左派的时候人们还大致能够根据一些相互关联的人名、观点和刊物完成一幅文化拼图的话，那么，在论及所谓保守主义（派）的时候，同样的工作估计会让多数人一头雾水，并越想越糊涂。虽然早在1995年2月就有人在香港的杂志《二十一世纪》上写下这样的文字：一个强大的保守主义思潮正在中国翻卷起来。

以后学研究著称的北京大学王岳川教授根据哈贝马斯对现代性之态度作出的老保守主义、新保守主义、青年保守主义的三分法，也照虎画猫般将国内的所谓保守主义总结为三种。旧保守主义：包括新儒家、纯学术研究的倡导者等；新保守主义：包括政治上的新权威主义、学术上的反西学主义（在赵毅衡看来，最应该对号就座于此的是所谓后学）等；文化保守主义或社会保守主义：在将新儒学划归旧保守主义后，王氏没有也不可能标列出门派名号，只是泛泛地指出其以反现代性和反美学的文化民族主义为特征。

此前，在文章中表达出对"倾向保守性价值的90年代中国学人"之关注的陈晓明，则以文学评论家的敏锐早早勾勒了他眼中保守主义的发生轨迹或逻辑："反激进主义，恪守学术化立场，推崇保守派价值，回归中国传统文化资源，反省现代性。"——这里的每一环节，都可以在工氏的保守主义家族寻根问祖并光大门庭。没有提及的例外是自由主义者刘军宁，他在《保守主义》一书中的努力就是要证明保守主义"相当程度上是传统主义加上古典自由主义"，"实质是自由主义"。这里说的应该是在英国美国的情形。

不禁要问，什么不是保守主义？我们刚刚经历的果真是一次保守主义狂欢么？这些虽不能说毫无关联却无疑知识谱系迥然不同政治姿态判然有别的诸种思想呼啦啦被驱赶到保守主义的大屋檐下时所呈现出的对比反差矛盾扞格，实在叫人愕然矫舌。如果说有什么问题的话，当然不在这些思想本身，而是保守一词在近代以来被涂抹得越来越浓的贬义色彩，以及使用者在它后面加上主义二字的随意轻率。在我看来，除开少数例外，他们将一种思想指认为保守主义，不过是为了方便地从政治和道德上将其予以否定。

以一个文化保守主义者的身份面对这样一个题目，在进入文化保守主义（——我认为，这应该是保守主义在中国的理论和事实上的真实义蕴）的讨论前，先对这里业已述及的所谓保守思潮稍作讨论，应该是使自己的主题得到深化的前提。

自由主义所呼唤的自由民主诸价值，无疑是人们的生活、民族的复兴所必需的，是时代的主旋律。当刘军宁将自由主义与保守主义联系在一起的时候，保守主义既指经验主义的哲学方法也指历史上由伯克所体现的政治主张。这时的保守主义是褒义词；在美国，它指对运转良好的自由民主制度的满意满足心态。由于对理性的作用范围比较谨慎或者说保守，这种保守的自由主义对传统抱有某种程度的敬意。而甘阳将自由主义与保守主义联系在一起并在保守前加上知性一词的时候，则是贬义了。因为他认为内地"古典倾向"的自由主义者们的主张属于"反民主的自由主义"，即以自由之名否定民主。保守，在命名者这里意味着知性逻辑压倒了人文情怀，对效率的追求压倒了对公平的关注。

新左派以对弱势群体的关注、对国际资本的谴责获得自己存在的价值合法性；以对流行于西方学院中的"西马""新马"的绍述吸收获得在传媒和知识界的影响力。但是，当发现其舶来最新潮的理论话语只为证明大跃进乃至文革的某种合理性的时候，人们不禁一哄而笑。不妨幽一默：如果说知性的保守主义是有脑子没良心，这新左派应该就是有良心没脑子。保守主义的帽子于是从各个方向飞到他们头上——最近二十年以来，它约定俗成的含义是指愚昧僵化、反对改革开放的政治立场或态度。用在这里，于学理虽不无可商，于情理却是自然而然。

因大致相同的理由而获此恶谥的还有所谓后学。后学家们声称，90年代内地的文化及理论批评界的三大话语模式是人文精神、"后国学"

及后学(后殖民、后现代)——我可实在是看不出来。它们从话语与权力的关系出发对西方中心的种种叙事(文化霸权)保持警惕,对《霸王别姬》之类具有东方主义或后殖民色彩的文化事件具有相当敏感,对大众传媒上自由主义者们多少有些天真的世界主义论说及其对西方世界的自作多情多少有点牵制提醒作用,其意义并不因被指"舍近求远,避实就虚"而稍减。但是,对其"脱离中国的历史和现状,机械搬用西方当代理论,在中国的实际环境里形成一种维护现存秩序的保守理论"的批评却并非无的放矢。此外,从所谓多元论出发,后学家们还主张知识分子应该祛除精英意识,"集体自焚,认同市场,随波逐流,全面抹平"。而启蒙知识分子认为精英即意味着批评的勇气和责任。大概正是基于这两点,它被贴上保守主义的标签。

新权威主义所自称的保守主义与被自由主义所指控的保守主义二者间意义是不同的。主张者认为,"20 世纪以来的保守主义实际上是一种具有现代化与变革导向的保守主义。——把传统视为一个民族的集体经验,主张在尊重这种集体经验的基础上,渐进地推进社会变迁"。这里所反映出的哲学上的意义,与刘《保守主义》一书相近,但所引申出的政治观点,却不尽相同。批评者徐友渔等使用该词,正是要指出其政治立场的暧昧和社会作用的消极:"(它)是一种伪经验主义政治学,一种存在即合理的黑格尔式的保守主义、国家主义。"新权威主义的确具有双重性,但那究竟是谄媚妥协还是务实沉潜则难以遽下断语。个人感觉至少这里应该划归值得肯定的那种"保守主义"范畴,虽然私下还多少有些怀疑这萧功秦们是不是有些过于乐观了。我实在不知道,究竟需要多少浪漫才能去幻想我们会有比韩国、新加坡更加理想顺当的发展之途?

推动近百年中国发展的力量源泉在于救亡图存的生命意志,所以,对民族主义是否认同成为任何政治力量获取合法性的关键。其实这也是世界历史发展的通例。但是,由于作为世界知识生产中心的西方具有相对于非西方世界的压倒性优势,民族主义在其晚近的论说中便被表述为一种灰色的负面的存在,常常不加细究地将其与专制、法西斯联系在一起。所以,当部分知识分子(如王小东、吴国光等)开始尝试着从本民族的主体性和丰富性出发探讨其现实和未来的生存策略,表现出民族主义的价值取向时,他们遭遇到了所谓保守主义的指控。在所谓的自由主义者眼中,90年代重要的思想景观就是"狭隘、排外的民族主义的流行"。甚至还有如此煞有介事的美国式或日本式的忧虑:"由于政治体制改革并未与经济体制改革同步进行,而朝野上下透露的民族主义倾向与气氛愈益强烈,中国的发展方向对周边国家和世界将带来什么样后果的问题也使人倍加关注。"据此推断,由反共而反华应该就是他们将民族主义指认为保守主义的原因了。——但愿在目睹了扔向使馆的炸弹、撞向王伟的侦察机之后,这种与中国"威胁"论相呼应的鼓噪会有所收敛;这不只事关他们个人的名节,更影响着自由主义在中国落实的进程。补充一句,保守主义一词在这里的使用某种程度上可以被接受。

  80年代的思想解放运动对于民族生命更新的意义应充分予以肯定,同样应予肯定的是,它的主旋律是自由主义。虽然这种光荣并不只是属于自由主义者,而应该是整个思想界。既属思想运动,加之长期的封闭隔绝,学理的粗疏自是在所难免,后来者当以同情的理解去承接超越。但是却偏有一些人,对80—90年代的转折毫无感觉,蜷缩在阁楼里为刊物的卖点炒作学术规范,却带着知识和道德上的优越感对过去十年向旧体制发起的冲锋加以否定嘲笑。十足以麻木为成熟,以怯懦为稳健,以浅薄为深刻! 据说,还有一种被叫做"中产阶级品格和欲望"(孟繁华)的保守主义,是不是就是这玩意儿呢? 我觉得贯穿90年代的种种语词游戏,即是以此为心理上的起源和支撑。论者指出,"思想家淡出,学问家凸显"的背后是"对80年代精神运动的否定","是对现存秩序的妥协"。所以,这自欺欺人的学术纯粹化努力就被命名为保守主义。唉,保守就保守,干嘛还要主义? 非得主义,犬儒主义岂不更加准确传神?

  千帆过尽皆不是。简言之,保守主义一词在上述语境中实际主要分别是作为激进主义、理想主义、英雄主义以及启蒙精神(自由、平等、博爱诸价值)的反义词在使用,而与英文的 conservatism 本身没有太直接紧密的关联。阅读的经验和体会告诉我,保守主义应该另有属于它自己的用法。同时,我也认为,如果对于解读中国知识分子近代以降的心路历程,对于解释中国社会在面对现代化全球化双重挑战的所作所为所思所想(二者一脉相连),conservatism 确确实实具有 key-word 的意义,那么,还颇有必要在它的前面分别加上"政治的"与"文化的"限定,以保证这一概念内涵的准确与使用的有效。美国学者傅乐诗所编《转变的限度》

一书可以证明这点。史华慈在开篇文章中即指出:"现代中国保守主义主要是文化的保守主义,根本上并不是墨守现行之社会政治现状的社会政治的保守主义。"

保守主义云乎者,只有在所保所守得到确定之后其主义才可明确。虽然有着溯之久远的思想渊源,作为conservatism本义的社会政治的保守主义乃是对1789年法国大革命的反动,其诞生标志就是伯克于1790年推出的《法国大革命反思录》。其所保所守是英国社会的政治传统:人身保护权、财产权、言论自由、信仰自由。伯克认为,英国人民享有的这一切也应该成为世界上一切民族所尊崇的传统,而不容以任何名义以任何方式破坏否定。法国大革命之所以应予谴责,就因为它在乌托邦的蛊惑下以暴力手段摧毁了这一切。

民族主义的理论起源于西方,其在中国的发生乃是西方殖民入侵(伴随着工商文明的传播)的产物。文化保守主义作为这一"挑战—应战"行为系统中的有机组成部分(许多人已指出文化保守主义某种意义上就是文化民族主义;请注意它与文化沙文主义的区别),其所保所守乃是种(生命)和教(传统)——由于儒学训条和政治结构的缘故,种和教二者在当时被认为是一而二、二而一的关系,与伯克那种社会政治的保守主义形成鲜明对照。分别对应于洋务运动、戊戌变法、五四运动,主题均为救亡图存的"变夷之议,始于言技,继之以言政,益之以言教",差别只在对保教与保种之间关系的认知有了变化:由相信二者统一而到怀疑其互相冲突。但是,民族主义的本质特征却没有改变。如鲁迅因觉得"国粹不能保存我们"而反传统,死后的灵柩上却被覆以"民族魂"即是明证。由此我们可以获得比较狭义的文化保守主义的定义(据此,可以从学理上将它与自由主义或其他什么激进主义区分开),那就是倾向于坚持保教与保种存在某种内在关联并力求对二者关系作出证明阐发的各种思想主张。

如果这一界定能够成立,则我们将发现,文化的保守主义与社会政治的保守主义不仅在历史现实中内涵各异,在理论基础上同样区别明显:社会政治的保守主义的哲学基础是经验主义和批判理性主义,文化的保守主义的哲学基础则是生命哲学和实用主义。反对理性宰制是其相通处,但前者是强调理性的有限性(因而尊传统、反建构),后者则是强调理性的手段性(因而在某种情势下既能与国家主义也能与共产主义合作)。指明这一切,并不只是要在文化的保守主义与社会政治的保守主义间作一思维逻辑的概念区分(它们在现实中功能互补),更是为了对近代以来的文化保守主义先辈们寻求富强的行为选择获得更加深刻的理解和同情,使我们在反思和开拓中重建这一精神谱系。这一事业所表征的乃是中华民族伟大复兴的精神维度,理论的清晰和历史的自觉乃是十分迫切的需要(生命哲学和实用主义与中国思想传统的关系,这里无法述及)。从这样的背景下观照,90年代文化保守主义者们的工作还只是处于从自为向自觉转折的过程中。

从文化保守主义的义蕴使用保守主义一词的少数文章均是以儒学为对象,批评其"企图在市场经济条件下重建传统文化"(杨春时)。评价虽不敢苟同,事实却的确如此。余英时作为海外儒学研究重镇,在内地有着持久的影响力。这种影响在90年代就体现在"中国近代思想史上的激进与保守"上。在这个通过反思、反省来纪念五四运动七十周年的演讲中他指出:"中国近代一部思想史就是一个激进化的过程"。从把"文化大革命"作为这个 process of radicalization 的最高峰可以看出他对激进主义的否定态度。同时,从其对"救亡压倒启蒙"的理解,也可以看出他隐约意识到这一切的根源来自于保种的焦虑。鉴于中国现代思想史上最有势力的"自由主义和社会主义大体上都对传统持否定的立场",他呼吁在文化上建构"保守"与"激进"的平衡。他认为社会需要这两种似相反实相成的态度。

激进主义者对此自是不以为然,只是他们的批评实在了无新意,不值一议。代表儒家的呼应文章出自陈来教授之手。在气势颇足的《东方》杂志创刊号上,他以《20世纪文化运动中的激进主义》为题对激进主义给予深刻严厉的批评。在揭示出激进主义滥觞的五四运动之基本思路后,他认为,激进主义的出发点和根本观念有三:强烈的政治指向;以富强为判准的功利主义;以科学、民主排斥其他文化价值的信念。在另一篇文章中,乐观代替了愤懑:"中国文化根于传统的复兴已提到了议事日程。——20世纪是批判和启蒙的世纪,21世纪则将是创造和振兴的世纪,而世纪之交正是整个民族生命贞下起元的转折点"。前面的分析是精彩的,"把戊戌以来政治的问题归结为文化的问题;把政治的偶然性视为文化的必然性"已经点出了陈独秀们之所以将保教视为保种之障碍的社会上和认识上的根源,虽然对功利主义文化观的否定值得商榷。但后面的展望却实在叫人迷惘:那一幅图景是从北京大学的黑版上浮显出来的么?未名湖畔的几种国学刊物可都是一水的乾嘉气——所谓"新国学"、"后国学"呀!

力争较乾嘉诸老更上一层的是《原道》。《原道》"开卷语"中关于中国文化价值拱心石之重建的诉求被一些论者解读为文化保守主义后,第4辑的"编后"干脆公开了自己的这一定位。创刊号由主编陈明所写的"头条"题目就叫"中体西用:启蒙与救亡之外",论证中体西用是与救亡(俄国模式)、启蒙(欧美模式)并列的第三种关于中国社会发展的文化设计,且被一代一代文化保守主义者所阐发坚持。这一思考在《浮生论学》中与李泽厚讨论西体中用时有所推进:中体,就是以中华民族的意志、需要作为社会实践活动的主导原则;西用,就是将一切外来的外在的东西都视为用以满足主体意志欲求的手段、工具。将"体"抽象化处理,是为了化解近代以来保教与保种之间的理论紧张。一般来说,意志(种)总是凝结在文本(教)中,由此而得更好的实现。但历时性的文本与活动性的意志毕竟为二物,当前者不能有效地帮后者实现自身时,冲突就出现了。作者显然希望凭借这一概念架构,将《原道》与近代文化保守主义以及历史上的儒家思想沟通起来。总而言之,继承启蒙情怀,使它区别于或"新"或"后"的国学;扬弃启蒙话语,又使它区别于"激进的自由主义"。

理有固然,势无必至。几乎所有的文化保守主义者都有某种程度的使命感,其行为靠古典式的信念支撑。与港台新儒家的寂寞相似,争创内地新儒学的文化保守主义者们也颇有淡泊之感。但是,即使它的批评者也不得不承认,"其社会文化土壤却很深"。他们相信,其所理解执著的文化保守主义是有着五千年传统同时又富于现代精神的中华民族内在生命力的必然显发,对于民族自我意识的塑造、对于民族认同的持守,具有不可替代的作用,它本质上乃是民族生命的自我调适和更新。全球化、现代化的推进不但不会瓦解它的基础,反而会凸显强化它的意义。但是,无论如何,还是无法理解陈来的乐观。

就我个人言,惟愿十年后面对同一个题目时,写法能有所不同。

评朱学勤《从明儒困境看文化民族主义的内在矛盾》

1999年参加"中国意识与台湾意识"研讨,曾撰文从道统和政统的概念对中国传统,主要是儒家学说中关于政治认同与文化认同的思想进行梳理。文章认为:所谓文化认同是指特定个体或群体认为某一文化系统(价值观念、生活方式等)内在于自身心理和人格结构中,并自觉循之以评价事物,规范行为;政治认同则指特定个体或群体认为某一政治权力机构对其自身及所属生活区域所行使的某些权力(立法、司法、行政等)是可以接受的,因而愿意承担某种义务。

如果这一理解大致不错,那么就可以断定,文化认同与政治认同所指涉的是既相关联(现实中高度互渗)而又相区别(义理上界限分明)的两种心理或社会事实。它们的关联和区别应该说同集中体现于此:政治认同所需的道义合法性依据须由得到认同的文化系统中之价值原则来判别提供;作为文化共同体之民族的发展目标有必要通过搭建政治结构来完成。但前者无疑乃是问题更为关键的维度,因为作为权力之分配和组织系统的"政府"总是某种博弈的结果,而决定这种结果的力量又总是变动不居的(因此道统与政统间几乎是先天地存在某种紧张)。博兹曼说:世界历史业已证明,政治制度不过是文明表面转瞬即逝的权宜手段。每一个在语言上、道德上统一之社会的终极所托,乃是某些基本的思想建构。世世代代人们围绕着它而凝聚在一起,因此,它们标志着社会的延续性。

如果说这里揭示的是文化与政治的关系,那么,洛克所揭示的则更接近政治认同与文化认同的关系:任何政府要证明自己正当合法,只能以承认并支持个人和社会固有的道义权力为基础。对此,萨拜因补充说:"道德秩序是永久的,是自身永恒存在的,政府则不过是道德秩序的要素。"

儒家学说中关于这个问题的思想主要体现在对夷夏之辨与道统政统关系两个论题的阐述中。

夷指文化发展滞后于诸夏的民族社会。夏指采用礼乐文明的中国。夷夏之辨在儒者的论说中一般被理解为对文明与野蛮的区分。春秋以前,夷夏间关系主要是军事上的,夷狄四境为患,"中国不绝如线",故有"尊王攘夷"说,即各诸侯在天子的旗帜下联合对外。换言之,在发生学上,血缘、利益的意义或比重较大。后来,双方力量对比发生变化,而诸夏内部礼崩乐坏,故在针对"乱臣贼子"而删削的《春秋》中,又凸显了夷夏之辨的另一层义蕴:夷夏之别在文明而非血缘,即著名的"夷狄而进于礼乐则中国之"和"诸夏而退于礼乐则夷狄之"。

显然不能就此得出夷夏之辨的前一层意义从此被完全替代覆盖的结论,如许多人所津津乐道者。这既因为孔子以"王者之事"和"如其仁"称许霸主桓公和法相管仲的攘夷之功这一历史事实,也因为倘如是,则将使我们自己陷入这样的逻辑悖谬和现实尴尬之中:全盘使用我族或更"先进"文化符号系统的异族侵入内乱中的国土实施统治乃是可以接受的。

应该说文明本身是无所谓冲突的,历史和现实中所谓文明的冲突,实际上都是以文明为界限、标志或装潢的利益上的冲突。无见于此,不是愚蠢,便是别有用心。

政统道统的分疏见于王夫之的《读通鉴论》:"天下所极重而不可窃者二:天子之位也,是谓治统;圣人之教也,是谓道统。""儒者之统与帝王之统并行于天下而互为兴替。其合也,天下以道而治,道以天子而明。及其分,而帝王之统绝,儒者保其道以孤行而无所待,以人存道而不可亡。"

除开儒者之所抱负是否即为道统可议,应该说王夫之这里对于政治认同与文化认同关系的表述意思是显豁明确的,与博兹曼、洛克诸说法相通相符:文化原则是政权合法性的基础或政治运作调整的圭臬;对于民族或社会的凝聚延续来说,它是某种更深刻更深层的东西。

可以补充一句的是,文化本质上乃是一个民族意志力、创造力的表现和证明,是民族在其生存发展过程中创生并服务于这一目的的。因此,只要民族的生命之树常青,所谓传统自然也就将与时俱进,日新其德。

下面就从上述思想框架出发,对朱学勤《从明儒困境看文化民族主义的内在矛盾》(载《书屋》第八集)中的一些命题论证逐一评点。

朱文认为,"进入21世纪,内地本土一个日益严峻的危机,是上下内外的认同危机。为缓和这一危机,主流意识形态已正在退守民族主义,以图重新凝聚民族的共识"。认同危机,政治的还是文化的?朱文没有点明。由"上下内外"一词看,似是把二者笼而统之了。也许是无意,因为二者关系在全文中都暧昧不清;也许是有意,因为这种笼统对后面一系列观点的形成是必不可少的条件。

斯大林式的政治体制在文革后期即已深陷危机。对于知识分子来说,改革开放意味着政治民主化的希望。80年代以来对它的批判反思,既是原有政治认同发生危机的反映,也是新型政治认同出现重建希望的反映,如五四文化精神的生气勃勃即是民族凤凰的浴火重生。今天,人们心理体验的光谱自是赤橙黄绿青紫各持彩练当空舞,但我相信从根本上说,它们都应该是一种爱国之情的投影。但朱文对文化民族主义的指摘似与此相去甚远。

我不知他凭什么断言"主流意识形态在退守民族主义"?我认为即便如此,对其褒贬祸福也要看其对民族主义的理解深浅与诚信(如处理集团利益与民族利益关系的态度)几何,不宜匆忙结论。因为民族主义一词内涵驳杂,其狭义与西方近代的发展存在结构性共生关系,即"文化单位与政治单位应重合";而在日常中它又常用作对主体某种意志、情感及其外化、论说的总括。在近些年所谓"中国威胁论"的鼓噪中,民族主义的内涵更因帝国策论家的恶意使用而益加混乱。很遗憾,朱氏"文化民族主义"概念提得太过轻率:言之凿凿地声称是对某种现象的概括,又属全文立论的关键词,却没提供哪怕点滴背景材料作为支持。"似乎只要回归本民族传统文化,认同危机即告缓解,民族主义的现代难关亦能度过。"回归传统文化何种认同危机即可缓解,政治的还是文化的?文化认同危机的克服不立足本民族传统,又有何更好路径?民族主义的现代难关云何?其他民族又是如何克服的?凡此种种,文章皆付之阙如。既然提不出事实根据,那就不能不叫人怀疑,这一灵感是否来自异域的启示？

"似乎"二字，显然表示其后面的话语朱氏本人亦不敢太过肯定，由此确立起一个风车似的论敌，放手一搏可谓胆大如斗。要知道，这可是论文而不是随笔。

孔子"微管仲，吾其被发左衽矣"，就其字面上的意义说，表达的是不愿自己所习惯珍爱的生活方式（且不论该语句尚有其他蕴含，如作为战败国国民身份地位的沦替）被异族强行改变，充其量属于所谓"消极自由"吧，朱氏却目为"文化民族主义"之滥觞，是不是有点过甚其词？顾炎武、黄宗羲、王夫之因为身罹明末异族入主中原的变故，其对文化认同、政治认同及其关系的体会远较寻常为深刻，自然被朱氏当作讨论其论题的绝佳个案使用。

渗透着痛切的亡国之恨，寄寓着强烈的故国之思，王船山对中原衣冠与异族风俗严加区隔，可以说是在"政统"的坍塌中通过对"道统"的尊崇，守护着民族最后的尊严，以为东山再起的生机和希望。朱氏此处所引船山诸语（"人不自畛以绝物，则天维裂矣；华夏不自畛以绝夷，则地维裂矣；天地制人以畛，人不能自畛以绝其觉，则人维裂矣。""视情皆善，则人极不立"，乃至"自陷于禽兽"。"壁立万仞，只争一线"），第一段意在强调人对于万物的主体性、对于所属文化的自尊心以及遵从秩序的自制力，第二段则属于对心性问题的看法，虽有严华夷之防和尊华贬夷的意思，但诚如朱氏所言，当作"悲情的理解"。惜乎其性智缺乏，未能也不愿顺是以解，反而做出大义灭亲的高姿态，以"文化自矜"嘲讽之。他认为，王之话语"潜伏着不能正视其他文化的自闭排外心理"。也许也许。但在两军对垒，山河泣血的极端处境里有如此理性冷静之思，除开非常的智者，恐怕就只有道地的汉奸了。

顾有著名的"亡国亡天下"说。在我看来，它应该是特定时代王夫之政统、道统理论在民族外部冲突之关系中的表述。大概是觉着其与所谓"人权高于主权"论的逻辑相通吧，朱氏激动地将其誉为"17世纪中国政治思想的突破"。其实，它表达的乃是这样一种观点：文化担待是超越政治纷争的全民之责。朱氏为之慷慨加冕实在是基于对这样一个常识的无知或歪曲：顾氏所谓"天下"是天子的"家"，"国"则是诸侯的"家"；总之仍是诸夏域中。朱氏所引顾氏之《日知录·正始》，说的正是西晋之亡,不只是亡国,更是亡天下——亡于鲜卑拓跋部,非如由魏到晋之汉家禅代也。

朱氏对这段文字还有颇为自得的演绎("这一逻辑链,隐含有两种逻辑后果:一是,将国家改建随王朝轮回全部放弃,听任"肉食者谋之";二是,国家改建能从保天下的文化认同中自动出现。前一种过于消极,"肉食者谋之",只会谋出一个王朝轮回,不可能挣脱这一轮回;后一种似乎乐观,国家改建是文化坚持的自然后果?其实也同样具有消极成分,值得质疑"),只可惜无法让人看懂。儒家强调"士之仕犹农夫之耕",讲"仕以行义","行义以达道";顾氏"保国者,其君其臣,肉食者谋之;保天下者,匹夫之贱与有责焉"之前"知保天下然后知保其国"乃十分关键的一句,主旨显然是在强调文化原则对于政治认同之指导地位的前提下,指出文化责任的承担是全社会的义务,怎么就能别具只眼反过来推出什么让匹夫放弃对政治关注的逆命题呢?还有"国家改建是文化坚持的自然后果"之类的解读,简直就是把洛克和船山原本表述得清楚明白的问题又故意往迷糊里搅。

对黄宗羲,朱氏讨论的主要是其行为:早岁抗清,晚年认可子弟入朝。朱氏由这一态度变化引出显然已预设了答案的反问:"将民族主义定位于历史文化,能否使民族主义坚持长久?"

历史理性要求对人的行为的评价须以对其具体生存背景的全盘把握为基础。面对亡国的事实,黄作为一介书生对生存还是毁灭的回答当具体问题具体分析。该个案对所谓文化民族主义(姑借用之)是否具有朱氏笔下的撒手锏功用,我表示怀疑,就像倘若其"一死报君王"也不能从另一面解说太多问题一样。一定要以此作为"民族主义定位于历史文化不能持久"的铁证,那首先也得证明黄对满清的抵抗活动是基于所谓文化民族主义。实际问题当不致如此复杂。谚云:朋友来了有美酒,豺狼来了有猎枪。朱氏叠床架屋曲为之说,无非是要说明将民族主义定位于历史文化,不能使民族主义坚持长久,因此不能将民族主义定位于历史文化。我们不妨请朱氏设想一下,若是你自己处于类似境遇,你又会为我们证实或证伪一种什么样的理论呢?

朱说:"从目前可见的历史资料统计,汉民族遭遇过多次异族入侵,每一次入侵都激起激烈的反抗,而越往近代推移,越容易把民族主义的气节只收缩为历史文化的认同与坚守。但我们不得不看到,对异族入主中原的集体抗争,没有一个能坚持到一个世代以上。即以反抗之持续这一特殊角度比较,中国可能还比不上一个弱小波兰。有五千年历史文化的中国,一国三政,汉奸数量之多,大概只有地球上另一个同样以历史文化自负的法兰西可以比拟。如此难堪的当代记录,应该迫人深入一步想,这是一个道德机制问题?还是将民族主义定位于文化认同很难避免的内在矛盾?"

这里的暗示很是心怀叵测:汉奸多与所谓儒家将民族主义定位于文化认同存在相关性。我想请教朱氏:是不是定位于别的什么汉奸就会少些?或者,取消民族主义,那样就无所谓汉奸了,岂不更好?不知他是真不知道还是装不知道,"从历史光荣中寻找文化认同的基础,是世界民族主义的通例"。

朱氏对顾炎武的议论因为存在误读,故对其由此而杜撰出的政治犬儒、政治忠诚诸概念不予置评。但必须指出,其拿周作人出来作论据,实在是太过大胆("文化自矜与政治犬儒之间,可能只隔着一张纸——就看新强权承认不承认他那一点历史文化。""现代史中如周作人下水认同北平日人统治,也未必没有这样的心理理由。"),无知者无畏的傻大胆!因为众所周知,周作人的性格与儒家风马牛不相及,他的文化心理和心态乃是亲日而媚日,自悲且自卑的——在五四一代知识分子中,他的个人主义倾向是最强的(当然,本人无意据此揣测这二者之间的相关性),有人称之为个人至上主义者。

朱说,"中国历史文化的核心究竟为经,还是为史,是个见仁见智的问题"。这个问题提得就叫人丈二金刚摸不着头脑。因为从文章脉络看,经、史分指经典文本与历史事实,二者不在同一层面,强要高下乎其间,跟见仁见智又有什么关系?我不认为这是一时文思搭错,文中颇设计了些诘屈聱牙的问题,清楚明白地都是为了导向其所预设的结论。

至于异类入侵而民众放弃抵抗的尴尬,我认为,揪住文化大兴问罪之师乃是避重就轻转换论题。被打败就是被打败(在扬州十日、嘉定三屠之后),这一责任首先并不是我们这里所谓文化所应承担和所能承担的。比如说,能让"留得青山在,不怕没柴烧"这样的句子为逃跑、投降或叛卖承担责任吗?熟悉欧洲史的朱氏应该知道,蛮族对文明社会的入侵不仅普遍，而且还保持着颇高的成功率。譬如，辉煌的古希腊城邦就曾被马其顿国王菲力普的武力兼并，能因此就否定在抵抗中并不能形成多大战斗力的民主制么？二十五史将元、清列为正统，你说是"政治犬儒"；"驱除鞑虏，恢复中华"，你又可说是文化民族主义。聪明的，请告诉我，你到底想说什么？到底是想跟哪些人哪些观念过不去？

汉代儒生"马上夺天下，马下治天下"这一本具正面价值的话语，其意义正与洛克"论暴力"的宗旨相通，在朱氏笔下却被作为负面案例引入且语带轻薄。他甚至十分兴奋地驰骋想像将其与阿Q精神挂搭起来，然后煞有介事地展开对士大夫阶层的批判。——真该建议他去好好读读《史记》、《汉书》，时间紧则也可翻翻余英时、许倬云。实在没空，就封笔藏拙，总比以其昏昏使人昏昏要好。

朱氏走笔之所以感觉良好是因为早就找好了一根定海神针——胡适。因为胡适有言，"民族主义有三个方面，最浅的是排外；其次是拥护本国固有的文化；最高又最艰难的是努力建设一个民族的国家"。朱氏在注解中说胡适这里的民族国家即是"指具有宪政体系，确立公民个人权利的现代国家制度"。至此，我们总算明白了朱氏与文化民族主义的风车大战三百回合以后自己想要祭出的徽章：政治民族主义。

然而，细研胡氏此语，其所论说应该是关乎彼时民族主义者所应有或所实有的三种状况。其自身所乐见者，应该是致力于现代制度建设的民族主义者，"为祖国造不能亡之因"（胡氏语）；胡氏眼中，民主政治利于发挥调动内部能量，因此是民族振兴的保证和必由之路。这三者间关系非常复杂：从情感看相同，理性分析，则不仅如此。换言之，前者是立场，后者是方案，立场同，方案好商量。论者指出："胡之民族主义情绪终其生不稍减，只是隐与显的问题。"有一种民族主义发展三阶段说，似可为胡氏前说补充：念旧的民族主义、向西的民族主义和（超越念旧和向西的）自觉的民族主义。我认为，胡氏怀着民族情感致力宪政建设，当属第三层境界。

而朱氏的政治民族主义——是不是有点矛盾，由对胡适其人其语的误读而引起的语词矛盾？民主政体的建设就是民族主义的正确定义？依照朱文脉络，答案似确凿无疑或莫须有，因为其泼墨不止，就是为着彰显并扭曲政治认同与文化认同的矛盾关系，即由无视道统与政统间的紧张，夸大儒学对专制的支持，到否定文化对政治的意义，最终以政治认同取代文化认同。问题是，可能吗？以政治认同代替文化认同，那意味着各民族在文化上的同质化甚至空洞化。对照前述博兹曼、洛克、王夫之的有关论述，如果这也可称作是一种理论，那也只能说是一种十分浅薄的理论，既不能征诸历史，也不能解释现实，惟一能昭示的，就是他心底关于未来的憧憬或幻觉。

不妨说说中东。生活在以色列管辖区内的巴勒斯坦人政治上虽属二等公民，但所享有的政治权力却远较其"巴勒斯坦国"国内的同胞为佳。不满虽有，但是，由于他们心中怀有对自己民族未来的设计，没有人会把以色列的军队作为自由的天使来欢呼或呼唤。除非，他们有朝一日成为所谓"政治民族主义"的信奉者——不会的，我想，虽然难保个体沉沦，但不会有一个民族从整体上如此堕落！

制度关怀（应予肯定）造成的情绪化，加上知识结构上的缺陷，使朱氏对传统持否定决绝的态度；在强调制度建设对于一个民族振兴的意义的同时，以之去替代所有其他问题；由对旧体制的否定到对新制度的乌托邦化（涵盖代替一切其他问题），再到对传统的妖魔化，这可以说是朱文失败的"认识论"轨迹。

另一个原因是"心理学"上的：对传统的傲慢与偏见。对顾、王、黄的思想既无全面之了解更无理解之同情，将随手采撷的只言片语匆忙纳入自己所预设的理论框架，就朝着解构文化认同对于政治、民族之意义的方向一路飞奔——可谓快何如之也哉，只是沙滩上足迹轻浅，将其胸襟褊狭态度傲慢的毛病暴露无遗。

根据前文所谓文化本质上乃是一个民族意志力创造力的表现和证明，当代流行的对传统的傲慢和偏见大概是在对民族和自身丧失信心之后，由所谓"反向的文化帝国主义"病灶而产生的精神症候。它与五四一代因"哀其不幸怒其不争"而产生的偏激愤懑形相似而实不同。兹事体大，当另作申述，但这里仅仅拈出其"傲慢"一端，其与鲁迅、胡适等的轻重高下即应判然别矣。

在经济全球化惊涛拍岸、政治民主化浩浩汤汤的今天，文化认同和政治认同都面临着重建的问题。与其说这是一场危机，不如说是一个希望。它的成败关键在于作为民族意志力创造力之体现者的我们这代人能否从自身的内在经验和要求出发去开拓历史和生命的丰富与可能。我认为,这一内在经验和要求既是当下的也是传统的,因为新的文化认同与新的政治认同之重建本质上乃是民族生命新形态之塑造的一个环节。

张光芒启蒙新论批评

不知别人如何,张光芒几篇据说颇受关注的文章,《论中国现代文学的启蒙叙事》、《中国近现代启蒙文学思潮的哲学建构》、《道德形而上主义与百年中国新文学》、《道德实用主义的陷阱》,我读得非常吃力。立意横空出世截断众流、论述自相缠绕自相矛盾。我不知道作者想说的到底是什么,但文章中对启蒙的新定义、对现当代文学的新评价、对今后文学走向的新规划,感觉问题很多很大。

先说第一点。五四以来的中国现代文学,其社会内涵和精神气质乃是中华民族之生命历程的展开和记录。这就决定了我们在对它进行逻辑把握时需谨防概念、方法的暴虐,而对其内在完整性和丰富性给予充分的尊重。张氏虽然反对"完全以西方后现代学说为理论根据"来描述评价,但他在坚持现代性前提下,自己定义并用以读解五四以来的中国现代文学的启蒙视角或进路,仍远谈不上同情的理解。在对自己所谓体系的汲汲追求中,其概念、方法和结论,从西方的历史和思想角度看,是一种知识的错误;从中国的历史和文学的角度看,是一种事实的歪曲。

张说:"启蒙哲学精神与启蒙美学建构表现于审美结构中就是启蒙叙事。……中国化的启蒙哲学与美学精神其特征在于,从人的本能欲望之发掘与提升到人的自由意志之塑造并进而实现创造性的自我。"从文义看,前面的"启蒙哲学精神与启蒙美学建构"与后面的"中国化的启蒙哲学与美学精神"之间应该存在某种同一性,如个别一般普遍特殊或理一分殊的关系,这一论述在逻辑上才能成立。但实际呢?"启蒙运动就是人类脱离自己所加之于自己的不成熟状态。不成熟状态就是不经别人的引导就对运用自己的理智无能为力。要有勇气运用你自己的理智!这就是启蒙运动的口号。"(康德)这应该也就是启蒙哲学的精神。那个运用理智的主体,则是作为感性存在的个人。布克哈特在《文艺复兴时期的文化》中对这一段历史有生动描述与精采论说。它的核心,则是"世界的发现和人的发现"。从哪里发现?教会和神的笼罩下。

显然,在"从人的本能欲望之发掘与提升到人的自由意志之塑造并进而实现创造性的自我"中,只有"本能欲望之发掘"与启蒙勾连。"自由意志之塑造并进而实现创造性的自我"云云,与文艺复兴和启蒙无涉。至于"本能欲望—理性—自由意志—创造自我"和"欲望—情感—自由意志—创造自我"的复式结构,更像是这位业余思想史家对素朴历史的过度诠释或对固有理论的拙劣修改。因为,我没看到作者对材料的归纳和逻辑的推理,大概是诉之于"由胳臂到大腿"的幻想吧。从当时北京大学文化人对再生(renaissance)的渴望和认同,应该是有所谓启蒙主题奏响的。但作为主旋律,充其量也只唱了不足二十年,从所谓半封建半殖民地的社会现实以及由日本侵华战争导致的民族危机看,这种个人本位的启蒙根本就没有也不可能得到充分展开,又岂足以支撑如此"完整"的哲学架构?如果属实,它又体现在哪些作品、哪些作家上?鲁迅具有面对黑暗的勇气,但心底并无多少亮色;巴金有追求幸福的热情,笔下却多是悲剧。郭沫若、茅盾、丁玲么?他们带着爱国热情和理想主义,高唱洪波曲,却在阴差阳错之中,连自己的人格也被扭曲,令人叹息造化弄人!

丰富复杂的新文学在张氏笔下只剩两个字——启蒙,"中国现代启蒙主义的建构虽然是以救国、立国或政治叙事作为缘起的,但当启蒙主义真正进入建构过程之后,政治与国家观念其实已经在某种程度上被抛掉了"。在民族的独立解放面前,个人的自由幸福退居其次,既是中国知识分子的传统美德,也是30年代绝大多数作家的共识。将"救国、立国或政治叙事"与"本能、自由、意志、自我"割裂对立,是不符合历史事实的。虽然强势集团利用前者打压后者,但并不意味着二者无法在理论上调和,更不意味着现代作家在二者间作出了排他性的选择(有些所谓自由主义者指责丁文江等与当局的合作,同样是对近代历史之复合性特征的无知)。"救亡压倒启蒙说"的问题正在于此。它预设了救亡与启蒙的对立,似乎历史应该且只能是启蒙逻辑一元舒展。这样的思想命题适合对专制的批判,却未必适用于对历史尤其是文学史的意义研究。

叫人百思不得其解的是,如此凌空蹈虚的自话自说,还有人称为新体系。在我看来,作为思辩,它太过混乱;作为描述,它完全不合事实。历史是不可重复的,文化(活动和现象)的意义内在于民族生命的发育过程之中。正如五阶段论之类一样,将基于西方历史和社会经验的理论框架用于中国问题的解读时,必须要有主体的自觉,有一个"得意忘言"的转换,切忌生吞活剥照猫画虎。对此,张氏表面看似有所意识,但实际却是五十步笑百步(什么"中国启蒙文学运动自身就包含着自我异化的基因"之类,根本就是霍克海姆《启蒙的辩证法》之东施效颦)。由于学术准备不足,而创建体系的冲动又太过强烈,这种方法论上的病灶于是被放大而成为反面标本。

结合第二点,对现当代文学的新评价,我们对此可以看得更加清楚。因为,所谓"自由意志之塑造并进而实现创造性的自我",只有在运用于实际时,它的内容及其荒谬性才能彻底反映出来。1949—1976年的文学被论者称为反启蒙文学。但是在张氏理解的启蒙文学脉络里,"恰恰是反启蒙文学起到了启蒙作用";因为它有一种"道德形而上主义"。

让我们来看三段话:"像鲁迅的《呐喊》、《彷徨》,对人们认清封建主义的真实面目及批判国民性弱点具有伟大的启示意义,但是面对娜拉出走之后怎样这样一个极具现实意义的命题却似乎无能为力。而《青春之歌》、《闪闪的红星》、《红岩》等作品却实实在在地塑造了一代至几代人的灵魂世界。……受革命乌托邦影响的人则具有坚定的人生信念,总能够像夸父逐日般向着一个既定的神圣目标义无反顾地走下去";"江姐宁愿牺牲也不屈服,对她来说,这一行为更为本质的动力并非解放全中国、解放全人类之美好愿望本身,而在于这种崇高的理想已内化为她一切幸福感、荣誉感、自尊自爱的源泉,随着血液循环而在体内流淌、沸腾、提纯、凝结为个体性的主动追求。从某种意义上说,为此而献身便是其个人主义的自我实现,是她自我价值的最高意义的确认";"只有解放了全人类才能解放自己,这一信念使建国前后的文学取得了逻辑的一致性与承传性。……(并)解决了一个人人都要追问的方向与道路的问题。17年文学不正是将这一答案作为一个新的起点的吗?"

对前者,用不着深入的分析就能看出其荒谬,因为它违背常识:凭什么将两类作品中的两类人物绑到一块,由你按照自己对启蒙的理解打分?《呐喊》、《彷徨》与《青春之歌》、《闪闪的红星》、《红岩》的文学史地位孰高孰低？你想说的到底是文学作品还是现实中的人物事件？对江姐这一形象的解释，更是自作多情强作解人，不仅作者们、领导们不会认同，江竹筠大姐自己恐怕也会更加死不瞑目——你究竟是要褒奖我还是要贬低我？而最后一点，将1949至1966年的文学创作按照自己的启蒙定义评价定位，则多少让人联想起新左派用所谓复数现代性对红色传统的包装。17年有成就也有黑暗，个中曲折需要深入细致的具体分疏。张文概括简单粗暴，最客气的评语也只能是，感觉错位，不伦不类。

不过，我们却可由此大致窥知张氏启蒙新论的后半截内容，"人的自由意志之塑造"、"创造性自我之实现"，即是将崇高的理想内化，凝结为个体性的主动追求。所谓道德形上主义，则是对这一理性感性之结合的美学命名。在张氏笔下，哪怕所谓的理性（理想）属于乌托邦，只要它能解决一个人人都要追问的方向与道路的问题，它就是"人的自由意志之塑造"，就是"创造性自我之实现"，就是道德形上主义。因此，张断定"反启蒙文学思潮不仅不是对启蒙文学的反动，在某种程度上它恰恰是后者自身发展的结果"。他还反问："既然可以置《离骚》的政治/封建性于不顾，而只观照其审美/道德精神，为什么就不能姑且抛离后者的革命语境，而从深层考察其审美/道德的内在秘密呢？"显然，他认为梁生宝的启蒙意义是不言而喻的。把这样一种结合或结构作为启蒙的精髓，作为理解和评价文学的关键，也许不失为有趣的一家之言，但是，它与人们的常识相去实在太过遥远。至于在另一处说"道德形而上主义既是1949—1976年反启蒙文学思潮较之此前与此后启蒙文学的高妙之处，又是它能够长久地戕害人们心灵的内在秘密"，更让人困惑。因为我不知道，他到底是要肯定还是否定1949—1976年的反启蒙文学；或者，是要从社会、人生上否定，而从文学、美学上肯定？文学和道德在他的文本中时分时合，到底怎么回事恐怕他自己也搞不清楚。

文艺复兴以来的启蒙，其旨趣十分明确，就是要把人从其与神的不对称关系中分离出来，把原本属人的东西归还给人，因此，从根本上说它乃是一个批判的概念。而这种批判性，首先就表现在对形形色色的所谓与人性结合之理念的警惕上。所以，有必要提醒，在张氏鼓吹的结构中，如果不明确感性对理性在逻辑和价值上的优先性，而一味强调双方结合的重要性，必然走向启蒙的反面，走向乌托邦，走向宗教。

事实上,在第三点,即其对今后文学走向的新规划中,我们就看到了这种危险。他说:"从道德的角度,尤其是形而上的角度,来反思与重构中国新文学的启蒙精神与反启蒙是极其必要的。"张文三番五次地引用康德的话来说明道德之重要。实际康德处人们对道德的服从乃是意志自由的个体出于幸福的目的,对规律的服从,与张氏将文学将生命的本质道德化并进一步将道德形上化,完全是两回事。"对《青春之歌》、《创业史》、《红岩》等红色文本来说,无论在其艺术生产中,还是在其艺术鉴赏中,革命的因素都已转化为道德的因素,以道德冲动为中介激动着作家感染着读者。"在这里,重要的不是理性的使用、理念的正当,而是是否内化、是否与感性结合。张认为这种道德中介乃美的触媒和酵母,从祥林嫂身上,他也感到了这种美丽。他写道,"主人公形象多是一个政治上愚昧、经济上贫穷、惟独道德上强大的结合体。这就意味着,当他自觉在为自身、为自身的信仰而献身时,他实际上是幸福地做了另一种东西的祭品"。当别人对此提出批评时,他又抱屈说自己与批评者观点一样。冤什么冤!你写下这一切,不正是要从"一种审美道德形而上主义来反观20世纪中国启蒙文学思潮史","以凸显其独特的精神价值"么?

道德,形上,接下来,对了,自然是宗教。所谓形上道德主义的谜底至此终于浮出水面:"上帝就是爱的基督教精神,本身就是先验的,因此这种道德诉求充盈着形上光彩。……基督教承认并正视人间苦难的事实,意识到人的有限,就是同时意识到无限;不满于局限,就是超越的开始,因此任何实用主义都是可笑的,可怜的,都是井蛙之见。……上帝之爱的意义不在于为现代自我回归精神家园提供了一个具体的路径,而在于为现代个人的道德超越指明和确证了终极关怀和信仰的意义。这是深化启蒙精神和升华人性的重要精神导向和资源。"

由道德和乌托邦领衔的体系,不是意识形态就是宗教。在引用一段《圣经》中的故事后,张直言不讳地宣称:通天塔是"人类形而上冲动的外化与象征。道德形而上主义的建构正是为了通往这座伟大的精神巴别塔"。这不禁让我想起契诃夫《黑修士》中的主人公柯甫陵。柯氏因一黑衣修士的启示,听到了主的声音,从而由一个普普通通的大学老师一跃成为"为永恒真理服务"、"为公众幸福不惜一死"的"选民"。冷峻的契诃夫告诉读者,当柯在"为永恒真理服务"时,他其实是个神经病患者;当他没有这种幸福感觉时,他倒是个正常人。柯甫陵最后吐血而死时,脸上挂着幸福的微笑。显然,这位俄罗斯文学的"圣愚"典型相信自己正在"夸父逐日般向着神圣的目标"走啊走。

康德说:"我把启蒙运动的重点,亦即人类摆脱他们加之于其自身的不成熟状态,主要放在宗教事务方面,因为我们的统治者在艺术和科学方面并没有向他们的臣民尽监护之责的兴趣;同时,这一不成熟状态既是一切之中最有害的又是最可耻的一种。"

"断裂"的深与浅

早就知道南京的新生代作家策划了这么一个叫"断裂"的调查,知道有许多记者、观察家对调查义愤填膺,情绪激动,指责这些黄口小儿亵渎神圣,切断历史,无知又狂妄。

我不知道这些名门正派怒从何来,又为什么会如此立论?文学需要的是灵感,是领悟和提炼生存经验的能力,而这一切却并不是通过积累知识,在给定的前提下运用逻辑就可以推理出来的。诚然,状情摹物离不开知识,但一部作品能够感动读者的却只能是作家对生命与生活的独到见解及对这种见解的灵动表述,它更多地有赖于人情练达,世事洞明。宋人爱掉书袋,腹笥可谓丰矣,但宋诗的成就较之于唐诗却瞠乎其后,为什么?诗为别才,非关学也。至于狂妄,在今天的文艺界、学术界那些功成名就的前辈大佬眼中,后来者几乎没有几人能逃此恶谥。确实,早岁哪知世事艰,一腔豪气常伴着几份傻大胆,但这群新生代更多地却是出于对现有的文学秩序以及黄昏中偶像群体的愤怒与不满。咱们的文学殿堂也许金碧辉煌,但神龛上的供奉真有什么神性叫人油然而生敬畏之心吗?狂者进取,狷者有所不为,透过情绪性发泄和玩世不恭的表象,为什么看不到年轻人这份狂妄背后拒绝庸俗、积极进取的本质,从而将它理解为对现实之沉闷虚伪的一种抗议呢?在游戏规则不健全的今天,采取这种无疑有些偏激的表达方式其实是一种无可奈何的选择。即使如此,我还是从他们雪地上撒野般的喧闹中听见有纸糊的高帽子被撕碎的声音,并体验到一种隐隐的快感。

除开韩东的诗,对这个群体已刊出的作品我非常隔膜。作为史学从业者,他们那过于个人化的写作丝毫不能引起我的阅读兴趣。唐浩明与我交换过有关看法,我对小说还是喜欢《曾国藩》这样的东西。我相信题材有大小,品味有高低,思想有深浅。作家一出手便会把自己的底蕴器局展现出来，无法藏拙。我觉得这方面这个群体尚不曾给我们带来什么太大的惊喜。但作为同龄人，我对他们所处的社会情境感同身受，对他们的那股狂狷之气抱有强烈认同。修辞立其诚，试问那些大兴问罪之师的刀笔客，你们自己心中可有一种真正的文学标准在？可曾真诚地向自己提出过这个问题？

韩东说文学家的责任不仅在于描绘现实与现象的世界，同时也在于改造和创造世界。这应该是一种提示，提示我们更应该把这次调查当作一组作家参与社会的活动而不是表达其文学理念的文本来加以解读，就像左拉为德雷福斯案件写下的"我控诉"一样。正是由此视角，我高度评价这一次"断裂"，认为他们的立场无愧于其存在的规定性：60年代出生，70年代受教育，80年代自觉，90年代批判。这难道不正是一代人共同的心路历程？他们出场表态既是历史的必然，也是历史的需要和期盼。

他们对作协的认识，哪一代作家有如此清醒？已有很多回忆文章揭露了发生在这个舞台上的悲剧和黑暗，但笔端常流露出几分哀其不幸、怒其不争的幽怨，而在这个群体身上，我们看到的是自觉的疏离与冷漠。我是球迷，觉得中国足球一大功劳就是在屡战屡败中促使大家不禁要问，所谓的中国足协究竟是一个怎样的机构？它存在的合法性究竟在哪里？从《足球之夜》到《体坛周报》，人们的反思均提升到了体制本身的层面。我相信这是与小政府大社会的改革精神或方向相一致的。那么作协呢？它为中国文学的繁荣所做的工作较之足协为足球腾飞所做的工作是更多还是更少？起的作用是更好还是更坏？足球一败再败，文学则是一退再退，当代文学有堪与现代文学比肩的作家作品么？圈内人士也许要抱怨这种比较太不公平，但现在确实是应该有人出来捅破这层纸的时候了。

同样深刻的还有他们对鲁迅文学奖和茅盾文学奖表现出的萨特式的自尊与清醒。如果说长期的封建专制造成了中国人在人格上的依附性，那么这种特征在文人身上表现得最为突出。中国封建社会的特点是绝大多数的社会资源和政治资源都掌控在帝王手中，所以有二桃杀三士之类的悲剧，而"安得摧眉折腰事权贵，使我不得开心颜"的傲岸也就成为一种叫人敬佩的品格。改革开放二十年过去，我们终于又看到了陶渊明、李白精神的精彩重现。有人说他们的嬉笑调侃是吃不到葡萄说葡萄酸的心理补偿,也许有这种情况,但一竿子打翻一船人则绝对是以小人之心度君子之腹,因为那葡萄明显有问题。我们都知道《白鹿原》获奖是在对初版进行修订之后,而修订前后相比,究竟是更好还是更差了呢?相信读书界的看法与评委会截然不同。至少在我看来,作为小说点睛之笔的朱先生一角,经作者一番刀斧阉割,已使全书充满一种宫廷大内的陈腐气,与其追求成为"民族秘史"的创作初衷完全背道而驰。

学道全要英灵汉子,搞文学更是如此,要有一股逸气。所以我颇欣赏该调查的最后一问,它激发出来的幽默使我感到一阵轻松。但是,我觉得全文的基调是愤怒。应该说愤怒与轻松组合给人的感觉其实并不很好,像是闹剧。我认为,"断裂"应是深刻的,由愤怒转化为深刻的中介是责任感。所谓责任感,简单地说就是个体生命与某种群体生命的接通。这虽只有一步之遥,却既需内在的修炼又需外在的机缘。如果说外在机缘可遇而不可求,那么内在修炼则是可以也应该尽快成为一种自觉意识,因为只有博大的生命才能孕育出伟大的作品。不是说其他的东西都不重要,但对于作家来说作品应该永远是第一位的。有了这个阿基米德点,才有可能去撬动一切,而这个名为断裂的调查,也就会不再仅仅只是某个群体的一组偶发行为,而将变成文学史上一个重要的思想事件。

愿朋友们好自为之。

重读吴清源

如果说中国真有什么国粹，我想围棋应该是最拿得出手的了。国际象棋，电脑"更深的蓝"可以战胜世界冠军卡斯帕罗夫。而围棋，"最深的蓝"恐怕也难耐棋臭如我者何！曾经有人因为围棋的玄妙和与其他棋类游戏规则的旨趣迥异，如落下的棋子不能再行调动，而断言它是外星人送给地球人的礼物。这当然是不能成立的。史称尧作围棋以教丹朱。那是什么时代？部落社会。部落社会的生存方略基本就是各占要津，党同伐异。后来西周的"封建亲戚，以屏藩周"，甚至战国时代的"合纵连横"，都可以看到这种"争城以战"、"争地以战"的农业社会战争样态的印痕。不过，如彼的光荣不能掩盖如此的尴尬：近代以来是日本这个冤家对头体现着围棋的智慧和魅力，并以丝毫不逊于推销其汽车和家电一样的热忱，承担着向世界传播围棋文化的责任。由于怨结太深，中国人面对这样的情境，心底可说是五味杂陈一言难尽。正因郁结着巨大的心理能量，20世纪80年代的中日围棋擂台赛才成为一个意义远远超越体育的社会事件，纹枰上的聂旋风也才被意识形态化地放大为抗日英雄。

如果把围棋与战争作为文化交流和地缘竞争的代名词，那么显然，综合二者，才是我们这几代人所经历的中日关系的全部。如果说这种缠绕纠结在聂卫平身上还只是某种历史的回声和投影，那么，在吴清源先生身上，则应该是十分残酷的真实，就像拉奥孔身上盘绕的蟒蛇一样。以常理推之，这样一种缠绕纠结，应该是全方位地体现在人格、行为以及经历诸方面的。吴先生是高人。照片上的老者，仙风道骨，鹤发童颜。平淡，平淡，还是平淡——这就是由绚烂归于平淡的那种平淡？我觉得不像。我总觉得，这份平淡后面潜藏着某种紧张不安，甚至冷漠荒凉。

我是在阳光灿烂的办公室收到这本叫《中的精神》的书的。很多年前我读过《以文会友》(它应该就是这本《中的精神》的前身),那是由一个围棋杂志内部印刷的,非常朴素的16开本;与现在带腰封,多人作序,大量插图的精包装完全不同。但更大的不同是我的心境。当时我一气读完,印象深刻的是吴氏的天才与怪诞,外加对段祺瑞的失望。天才是吴横扫日本各路高手;怪诞是吴跑到天津加入红卍教以及追随玺光尊。失望则是因为当时就在张自忠路的三号院,即段祺瑞执政府内上班,公干之余经常"手谈"——我们原以为段执政儒雅品高,非一般军阀可比,总爱争自己屁股下面坐的就是段氏的位子。现在,从吴书得知,他不仅好下无理手,还输不起。于是我们有了这样挤兑对方的口头禅:"你怎么跟段祺瑞一样?"后来,北京的燕山出版社还出过一版,好像叫《天外有天》,编辑送我一本,内容大同小异,就搁在书架上一直没动。

使我的心境发生变化的是两本书,它们或多或少与围棋相关。

第一本是《围棋少女》。小说以1931年东北三省沦陷到1937年日本全面发动侵华战争为时代背景,在血腥的世界冲突中,"塑造了一角和平的天地:小小的千风广场,碧影绿叶中,男女主角在刻有棋盘的石桌旁相遇。男人是日本间谍,冷酷而痴情,女人是16岁的中国少女,纯洁而不天真,聪明而残忍。一盘围棋,也是在感情的迷宫中失去自己。每一场棋的开始都是一场美妙的梦,每一场棋的结束都是无情的回归"。作者想表达的是,"在两种非常状态的敌对文化中,男性与女性在对立中相爱、探讨乃至达到升华的可能"。

这位叫山飒的所谓旅法女作家,让我想起了上海的卫慧。但又有根本的不同,卫慧是用她自己的身体写作,而这位山飒则是用民族的文化写作。她这样声称:"我是中国人,代表一种遥远而神秘的文化。"——对法国人"遥远而神秘",对日本间谍和中国少女则是爱的触媒、恨的溶解剂,有这样的文化么?都是些什么呢?围棋?用膝盖思考也不可能!记得二十年前读过一篇陈姓作家的小说《最后一幅肖像》,主题、题材都与此极为相似,不过道具不是中国的文化围棋,而是西方的文化油画。当时就有人撰文批判,谁有空翻出来指向《围棋少女》应该大致不错。"在两种非常状态的敌对文化中,男性与女性在对立中相爱、探讨乃至达到升华的可能"? 深刻的人从这里能找到许多理论的毛病(事实上,我根本就没弄懂这句话到底是什么意思)。我的直觉非常简单:在人为刀俎我为鱼肉的围棋与战争的二重变奏里，只有日本人来这么瞎扯什么文化的超越性才可以解释。

另一本是《杨振宁文录》。据说杨是科学史上继牛顿、麦克斯韦、爱因斯坦之后最伟大的物理学家。但当有人问起他"您最大的贡献是什么"的时候，他回答说："我觉得是帮助中国人恢复了在科学上的自信。"显然，他心底认为自己是中国人，并自觉承担着一份作为中国人的责任。这一自觉源自另一位中国人，他的父亲清华大学教授杨武之先生的教育与熏陶。"中国男儿/中国男儿/要将只手撑天空/睡狮千年/睡狮千年/一夫振臂万夫雄/长江大河/亚洲之东/峨峨昆仑/巍巍长城/古今多少奇丈夫/碎首黄尘/燕然勒功/至今热血犹殷红。"这是他父亲一生都喜欢的歌，也是他自己一生都吟唱的歌。

正因为"身体里循环的是父亲的血液，中华文化的血液"，当1964年，在美国生活了近二十年之后，杨氏决定申请加入美国国籍时心里仍感觉非常的不容易！因为他想到了传统，想到了近代中国所蒙受的屈辱，想到了父亲对自己的期望——回国，那是他"灵魂深处的希望"。是的，"父亲心底的一角始终没有宽恕过我"；1997年参加香港回归仪式时，杨氏仍为此耿耿于怀。他对两弹元勋邓稼先品格的敬爱，对其事业的感动，多多少少包含有欣慰和自责的成分——这位同乡好友完成的，是一份他自己承担有某种责任的工作！或许，直到在美国退休后回到清华园定居，他才会真正有所释怀吧？

从杨书，我可以读到杨氏对中西文化既调和又抵触的体会，读到他在服务祖国与追求科学不能两全时的焦虑。吴书说他获赠香港中文大学荣誉文学博士称号是由杨推荐的。这使我很自然地想到将这二人做一对比。而最想知道的则是，在比杨氏所处更强烈残酷的矛盾冲突中，吴氏内在的心理过程与体验又是怎样一种图景？毫无疑问，吴的一生从根本上说应该从他与围棋的关系上去理解和评价。但是，我觉得，我们不能、也不应忽略这一点，其与围棋的关系是被历史镶嵌在中日文化交流和军事冲突这一特殊社会背景之上的。

迄今为止，吴在国人中的形象曾有三种定位：文化汉奸、抗日英雄和不食人间烟火将围棋技艺和文化演绎升华到人生境界的高人智者。文化汉奸说出现在1942年间的南京。吴和老师濑越宪作、师兄桥本宇太郎应喜欢围棋的"大东亚大臣"青木一男之邀来到为日军所占领的中华民国首都;"桥本先生在南京市内看见了我的人头像和悬赏金。我的模拟像上写着——吴清源文化汉奸(文化奴)"。吴在书中也很清楚自己"成了日本人的工具";"要问我那时的感受,我总觉得很难回答……心情很复杂"。抗日英雄说分别出现在1952年的台岛和1985年的内地:"台湾赠与我大国手称号",沈君山先生誉称其"匹夫而为异国师,一着而为天下法";"我访问中国的时候,听一位先生说:中国抗战战胜日本,是因为得到了美国的帮助。战胜日本的只有吴清源。只有在围棋上,他真正战胜了日本。——大约台湾对我的热烈欢迎,也是出于这样的心情吧。"

现在占据人们心目中位置的是第三种形象:不食人间烟火,将围棋技艺和文化演绎升华到人生境界的高人智者。金庸说自己最佩服的"古人是范蠡,今人是吴清源","这不但由于他的天才,更由于他将这门以争胜负为惟一目标的艺术,提高到了极高的人生境界"。陈平原进一步开掘:"从儿时的痴迷围棋,到老来谈玄说道,吴先生性格中,有超凡脱俗、不食人间烟火的一面"。香港中文大学的《荣誉文学博士吴清源先生赞词》也是沿袭这一思路,但主要强调其人格中对所谓灵境的向往以及中日文化因素的平衡。

确实,从书中,我们不仅可以清清楚楚的看到吴氏在棋艺追求上的焚膏继晷、苦心孤诣,纹枰对弈中的金戈铁马、气吞万里如虎(如战前战后的"升降十番棋"、耄耋之年探索"六合之棋"),同时也可以隐隐约约的看到,吴氏在伦常日用的小事方面并不缺乏计算能力(如为儿子计放弃中国国籍而第二次选择日本国籍),在有关民族国家情感的大事方面时有昏招俗手(如面对"支那人"的蔑称自谓"不那么在乎")。因此,前述两种针尖对麦芒的解读和评判以及高人智者说的美化,分疏起来颇费周折,但它们的后面各有某种社会、心理及事实的依据在,却是确定无疑的。但是,我要说这三种判断都不过是管中窥豹,仅见一斑。如果说文化汉奸说太过偏激、抗日英雄说有些自作多情,近乎政治神话,那么,不食人间烟火将围棋技艺和文化演绎升华到人生境界的高人智者说的文化神话,则纯属浅薄的浪漫主义外加弱智式的简单化。

两极相通。显然,文化汉奸说在吴氏对自己行为的主动性程度这一形势判断上有误,抗日英雄说则不懂得吴氏的成功同样也是日本棋界的光荣。此外,还有这两点错误是共同的:都将围棋与两国关系尤其军事对抗捆绑过紧;仅见其中国人的文化身份,无见其日本人的法律身份。否则我们无法理解周恩来、周至柔、梅兰芳以及杨振宁等这些英雄豪杰对吴氏的重视与推崇。与此相反,高人智者说则走到了另一极端,有意无意地几乎完全无视这两点——仿佛梅逢和靖菊遇渊明,在围棋与天才的因缘中,身处中日纠葛这一风暴中心的吴清源就和晶莹剔透的玉石围棋子一样,上上下下里里外外纤尘不染,丝毫没有折射属于那个时代的苦难煎熬和风云变幻。

事实不是这样。大家应该知道郑孝胥,这可是个货真价实的汉奸。吴书第92页记录了他与郑的交往:"我记得郑先生对我说:任何事物都是自然的。对这句话我很有感触,一直记在心上。我觉得这其实就是《易经》中所说的阴阳的中和。"为什么"很有感触"?"同是天涯沦落人"。为什么"一直记在心上"?心里一直都受到身份认同以及委屈愧疚的困扰折磨需要缓释。至于将它说成"就是《易经》中所说的阴阳的中和",则完全是为出于自我安慰需要的"六经注我"。在我看来,吴氏将自己的生命完全与围棋同一,既是自己自觉自愿的人生选择,也是时代别无选择中的逃避。可以说,其在围棋上之所以能够登峰造极,除开师良友益、资质超卓,别无选择的时代,激逼未尝不是另一个值得重视的因素。将这说成蚌病成珠当然是不准确的。但平和恬淡只是吴氏生命中的一个面相却可以肯定。因为生命不可能彻底围棋化,时代的因素必然渗入其生活和人格,这就使得他不得不去面对某些历史"强加"于自己的东西。撇开所有道德因素的考虑,至少身份认同的困扰应该是吴氏一生挥之不去的梦魇。当然,这不仅是他个人的悲剧,也是历史的悲剧。他将自己定位为"通过围棋致力中日友好的人";晚年,则总爱说世界是个大家庭什么的。不知为什么,我倾向于将这理解为其潜意识中为化解这一紧张而持续萌发的冲动。因为要形成这样的理念,对于经历了百年对抗的旅日华人,比任何其他地区的华人都要困难多多(事实上,他自己就没有带一个日本弟子)。虽然吴氏从未明言,但我想,他所谓一生中的"许多痛苦时刻"应该多少与此相关。当此之时,他总是"背诵白乐天的诗",以这样充满庄禅意味的句子自我排遣:"蜗牛角上争何事？石火光中寄此身。随富随贫且欢乐，不开口笑是痴人。"人生如寄，岂不荒凉！

既然三种判断都不能一柱擎天，我的看法自然就是，三者综合方为吴清源完璧。

"春秋责备贤者"。解构高人智者说的神话，不是要将其与杨振宁比较以高下乎其间，也不是要以另外两种极端的说法哗众取宠，而是在得知有某文化公司兴师动众筹拍反映其生平的电影和电视连续剧后，十分希望能从屏幕看到某种历史真实的精彩回归。打量着书中我们的编剧、导演及演员等一干大腕众星捧月般环绕着吴氏的合影，那乐呵呵的表情委实有些叫人担心，担心其在文化追星的心态中，将吴与围棋的复杂关系，中日之间的恩怨情仇，以及人性在这一纠结中的顽强与软弱、压抑与升华，被抽象化理想化地叙述成一位天才和一种文化的传奇——无知恶俗一如山飒者流在《围棋少女》里的表现。倘如此，既遗漏戏眼、戏份，又糟蹋历史、感情。作为一个怀有期待的观众，能不既忧且惧？

于是，我写下这篇文章。

现代、后现代与传统
——在一次读书会上的发言

1. 现代、后现代都是基于西方社会所处状况给出的社会学、文化学描述和判定。不可否认，它的命题与原则之中具有某种普适性，但整体而言，其所欲解决的问题，在中国并不是一一对应。罗素说中国似乎是一切规则的例外，就表现出这位智者对西方话语及其语境与中国国情间存在某种距离的敏感。

2. 从这套话语的普适性着眼，它可以为我们提供一个参照系，启发思维，增强处理问题的能力。但这既不意味它能代替我们的体验去发现形成学术上的课题，更不能将它视为处理问题的对症下药的处方。换言之，如果无视语境的不同，自蔽于"单线进化/西方中心"的所谓现代观念，生吞活剥，削足适履，就会误读误诊我们自身存在的问题。

3. 后现代主义者从来就不把人文学科视为"纯粹"的知识与真理。哲学要成为时代精神的精华，就必须抓住时代面临的主要问题，并给出自己的回答。所以，我觉得问题意识应该是学者的基本素质与要求。存实事求是之心，去哗众取宠之意，立足问题，在此基础上搞些拿来主义，如此，才能成为各种话语的主人而不只是其言说者。

4. 80年代的知识界是有问题意识的（这是它令我们的回忆十分亲切的原因）。但毋庸讳言，由于当时过于相信西方理论的有效性，我们的头脑几乎被沦为各种主义、思潮的跑马场，因而表现出病急乱投医的浮躁。

今天，十年过去，我想重提"多研究些问题，少谈些主义"。这里，"多"研究些问题，不是"只"研究问题；"少"谈些主义，不是"不"谈主义。我的意思是，在形形色色的主义显得并不怎么有效的情况下，不妨摄定心神，将那些作为或新或旧的思维范型之支撑的各种主义们加上括号，悬置起来。直面问题,潜心于对具体问题的研究,在这样的过程和结论的基础上,形成提炼出新思维。要形成经济学、社会学的中国学派或制度创新,舍此别无他途。

5. 后现代一语统摄后现代社会、后现代性、后现代主义与后现代主义者,四者间关系复杂。作为一种哲学,后现代主义并不怎么"post"。作为其重要原则的对指示性陈述(科学)与命令性陈述(叙事)的异质区分,其根据就在新康德主义对事实与价值的区分,而作为其解构根据的"合法性"要求,则可视为对文化事实均具价值属性之命题的深化,即进一步追问:究竟是什么价值?何种正义?差异在于,李凯尔特等笔下的人是"类"的抽象,而利奥塔等则是社会中具体的个体群体或集团。当人们以社会而不是自然作为致思对象时,作为指称类之概念的"人"就瓦解了。由此又可知,后现代主义对碎片化津津乐道完全是基于当代利益群体间事实上的分化。

从学理上说,这种发展从人类学、社会学那里获得了方法论上的支持——许多成果甚至直接表现为人类学、社会学的形式。

6. 我不愿将后现代主义仅仅理解为否定的哲学。解构,是对固有命题之合法性的质疑。解构整体是由于社会本就不是如早期观念中那样的铁板一块。它导致的并非虚无,而是具体的人与人之间真实关系的呈现,使人们拒斥无条件的作为元话语的叙事知识。如果今天谁欲以人民的名义宣示什么,后现代主义马上会提醒:人民?哪些人?

我们有理由对某些堂皇叙事保持警惕的原因是,它们常常被盗用为使某些集团行为合法化的根据。

7. 但也不应一概反对元叙事或元话语。如果正义不只是一个杜撰的词汇,而科学知识又不能为它提供基础,那么,我们有理由认定,由某些历史叙事中确立的命题与价值是可以作为一般尺度进入知识领域的。它的合法性在于它具有最广泛的有效性或有用性。当然,对于这种作为价值之象征和根据的元话语的求证,以及对其范围的限定需要十分的谨慎。

有论者曰,科学叙事的合法性建立在共享的专业术语上面;历史叙事的合法性建立在共享的经验上面。我想,所谓经验共享应该是指该叙事中所蕴含的激情依然能让你我感动,其所昭示的原则仍为今天的诉求。

8. 如果今天已有某种可以称作后现代研究范式的东西，我想，对思想史的研究来说，它能提供的启发之一就是，不应将事件（尤其历史的）文本化，而应将那些以符号形式呈现眼前的文本事件化，作为真实存在的问题来研究，在同情的理解中把捉它的意义。

9. 进一步，对近代以来本质为科学主义的种种元叙事进行清理应该是思想史研究的重要课题。它的另外一个重要课题就是寻认中国文化的元叙事，即追问中国文化中作为合法化之根据或标准的元叙事究竟是什么？儒家仁民爱物、言必称三代，道家道法自然、主张小国寡民，这些历史叙事的真实语境是什么？这种叙事形式又有什么独特意义（相对于西方的 idea 思辨）？在对现实社会的结构有所判定，对传统文化内在精神谱系稍加清理后，我觉得，这种工作不能轻率地斥之为时髦，而应视为时代精神昭示的新方向。

历史是人文学科之本。作为当下的历史，生活，或者说对生活的介入，才是人文学科确立自己身份、确证自己价值的有效途径。

反思一个观念

在 20 世纪 80 年代以来的文化热中,学界普遍接受了这么一个解释中国近代史进程的理论框架,即传统社会在外力冲击下向现代社会变迁,对应于文化由表及里的器物、制度、价值三层面,洋务运动、戊戌变法和五四运动构成该变迁的三大阶段。这种描述最早出自晚清的曾廉:"变夷之议,始于言技,继之以言政,益之以言教。"后来,殷海光、金耀基、庞朴等当代学人先后在台湾、香港和内地三地对此加以阐释。当然,与曾氏所担忧的"变于夷"不同,殷、金、庞诸氏均旨在论证,西化乃是出自文化科学本身之内在逻辑。于是,整个近代史就被整合成一个认识越来越深刻、行动越来越正确的现代化过程,潜台词则是,当今文化讨论的任务仍然是"打倒孔家店",拥抱"蓝色文明"。

尽管立论者的动机应予充分肯定,但不能不指出这种逻辑在理论上是难以成立的,在现实中也会带来一些消极影响。

首先,这个理论框架所隐含的文化结构说前提不能成立。诚然,文化在外部描述中呈现为物质文化、制度文化与精神文化三个块板。但三者并非由表及里的同心圆,更不是铁板一块,它们只是经由人这个文化主体才获得其统一性或结构关系。物质文化对应于人的物质生活需要;制度文化对应于人的社会分工与合作的需要;精神文化对应于人追求理想渴望永恒的需要。因此,三者间并不直接决定,彼此间的互相影响,均需通过人这个中介环节才能展开完成。从经济决定论到价值决定论,均因忽略了活生生的人之"轴心"地位,而把复杂的社会存在和历史运作过分简单化了。尤其制度一维,某种程度上乃是一种由社会强势集团支配的对现实利益关系的划分,又怎么能够笼统地以(传统)文化目之并寄望于通过文化的批判或建设即可予以改变或改造呢?

其次,对于个体来说,文化塑造其个体人格,对于民族来说,文化反映该民族之气质,但我们却不能据此推出文化宿命主义,得出"借思想文化以解决问题"的结论。佛经是佛陀所说之法,先于众沙门而存在,但作为净饭王太子的乔答摩·悉达多对于所谓佛法而言显然又是逻辑在先。道者生于心,法者因于事,器者应于物。如果道、法、器可以对应于前述文化诸要素,那么这应该是作为特定文化主体(如民族、人类)与诸文化符号之间的真实关系。正因每一文化首先只能是"为人的存在",它就必然内在地包含着自我更新的必要与可能,构成该文化面向未来的生长点。在我看来,关键在于受此文化熏染浸润之人能否挺身而出,承担起自己的责任和义务,法圣人之所以为法,回应挑战,继往开来,而不是从知识的完备性预设出发对古人求全责备,把现实的困境误解成传统的危机。文化的发展从来就有如接力赛,每一代都须尽其所能跑出自己的最大速度,一代一代的成绩就构成一个民族整体的文化景观。前述以变教为寻求富强之前提的观点,则正犯了钱穆先生所谓"指生原为病原"的错误。

此外,即使该理论框架逻辑上能够成立,也与历史事实不尽相符。因为戊戌维新本身并未获得成功,康、梁他们做出的制度安排并未通过实践验证出其效果究竟如何,能否富国强兵或现代化。因此,按照该理论框架,接下来的应该是新一轮制度变革的努力与尝试,否则,变教的五四运动仓促登场显然就有点师出无名了。——戊戌变法与五四运动之间有一辛亥革命,但总不至于有人把五四运动作为辛亥革命的接班人或后续手段来加以定位吧?相反,辛亥革命不在其解释场域之内正是该理论框架存在内在缺陷的明显标志。

应该说,这个理论框架从曾廉的《与友人书》中脱胎而出,依次席卷台、港地区及内地并非偶然。它孕育于知识分子对政治不满而又无能为力的五四时期,既是由此而来的文化激进主义的产物,又为这种文化激进主义提供了知识上的合法性支持,强化了这种心理定势。

文化热的思维特征是以文化为纲,不论什么问题,似乎不"上升"到文化层面即不可谓之深刻。实际上离开对人与人的诸种关系的探讨,将特定社会结构变迁的问题化约转换成观念文化变迁的问题,只会导致对问题之真实性的遮蔽,可能永远也找不到问题的症结。当然,兹事体大,这里无法展开,而只能简单指出该解释框架导致的某种影响,最直接的一点就是对洋务运动、戊戌变法的整体评价过低,对它们的指导思想与具体措施没有足够估价。实际上张之洞、康有为均属于代表民族文化生命力的"圣之时者",正是他们,将民族的危机化作了一次重构传统的机会。半个世纪以来,解释近代史的理论框架均以科学性相标榜,实际近代史的主题与数千年来的主题与每一代人的生活主题并无根本的不同,首先应该从存在的人文性角度来把握。即每一代人总是从历史给定的情境中,从有限的生命存在中,调动自己全部的心智力量,使自己所属的生命共同体战胜挑战,蓬勃生长。和谐、公正和效率则显然是以此为出发点和终极目标的文化所必然追求的。站在某种特别设定的终极立场,给历史人物的生平与志业评分排座次,不仅在理智上显得狂妄,情感上也有些轻佻,因为古圣先贤之名作为文化符号既是一个历史事件,更是一份精神遗产。扪心自问,我们之于时代,是否也有所作为有所贡献因而足以傲视古今?

  陈寅恪先生认为文化的发展须一方面接纳外来之学说,一方面不忘本民族之地位。而该文化之主体以"日新,又日新,日日新"的精神,立足现实,沉潜以对,则不仅是成功实施这一发展战略的前提,我想,也应是陈氏所皈依的张南皮曾湘乡中体西用说之真谛。

多研究些问题,少谈些文化
——五四新文化运动领袖之文化观异议

众所周知,从洋务运动、戊戌变法到辛亥革命和五四运动,中国近代史的进程始终围绕着救亡图存的主旋律展开。五四运动的基本精神,就是"抛弃旧传统,创造一种新的现代的文明以挽救中国"(周策纵)。

确实,胡适认为,"新思潮的根本意义只是一种新态度。重新估定一切价值,便是评定的态度的最好解释。"陈独秀则直截了当:"欲图根本之救亡,所需乎国民性质行为之改善。"

有人正确指出了这是一种"藉思想文化以解决问题"的思维方式(林毓生)。我觉得这种思维方式的确立与新文化运动领导者对文化的两点理解有关,值得讨论。

其一,是把器物、制度、价值理解成一环环相扣之自足系统的文化整体主义。据梁启超《五十年中国进化概论》的描述,"觉得社会文化是整套的"实际几乎是辛亥革命后知识界的共识。陈独秀在《吾人最后之觉悟》中总结了晚清以来中土在西方冲击下关于言技、言政、言教的变革过程。

他从三者实为一整体的前提出发,认为如果对于"教"不能觉悟,"则前之所谓觉悟者,非彻底之觉悟。"

诚然,从外部视角看,一国或一族之文化明显地呈现出某种共同的风格特征。但是,这决不意味着物质文化、制度文化、伦理价值观念即是三位一体。文化乃人类在生存活动中为满足自己的物质需要、社会需要和精神需要而创造出来的功能性符号系统。器者应于物,法者生于事,道者得于心,三者只是通过人这一枢轴而获得某种相关性。尤其制度一维,乃是对现实中各种权力与利益的规定和划分,而在这些方面社会群体间充满了对抗和紧张。

制度一维尚且如此,三维之间又怎么可能如铁板一块,进而希望通过变"伦理"而革"制度"、新"技术",收纲举目张之效呢?

陈独秀、胡适在联合答《新青年》读者问时说,"旧文学、旧政治、旧伦理本是一家眷属,固不得去此而取彼。"儒学确实讲"为政以德"。但它的意思是政治权力及其运作,必须以社会固有的道义及人生固有的权利为基础。"天下之本在国,国之本在家,家之本在身",这里的"国"、"家"都是自然形成的血缘家庭性组织,个体之"身"更是生命最基本的存在形式。

以修身作为政治起点,就是作为主体的人将内在于己的"德"彰显出来,推己及人。对于政治领导者来说,它要求"兴天下之同利,除天下之同害"。这种政治学说的社会历史背景,是以家庭作为基本生产和生活单位的小农经济时代。这样一种生产方式、生活方式与生存方式属于客观存在,在某种意义上具有不可选择性,很难简单地以文化视之。

准此以观,倒是可证明儒家所提倡维护的"教化秩序",不仅在发生学上是自然的,在适应性上也是有效的。按哈耶克的说法,它属于"自生自发的秩序",乃"适应性进化的结果"。但是,以暴力为基础的秦汉帝国所确立的秩序,却是以皇权为轴心自上而下的专制政体,其功能是保障帝王"独享天下之利"。汉武帝鉴于秦二世而亡,故听从董仲舒的建议"推明孔氏",在"霸道"体制中引进某些尊重社会组织原则的王道政治因素。面对以暴力肇始的政权,董氏呈现出二重性,即妥协地承认"王者受命于天",在换取王者对天之权威的承认后,将民心转换成天意,以图对现实政治动作施加影响。这也就是历史上"政治"(或谓治统)与"伦理"(或谓道统)的基本关系。

近代中华民族的危机,根本上在于服务于统治集团利益的专制制度,无法将民众有效地组织调动起来,以适应近代以民族国家为单位进行的生存竞争。胡、陈诸人以偏概全地指"旧政治、旧伦理本是一家眷属",不仅不符合历史事实,也掩盖了现实中问题的症结所在。

其二,为文化决定论。这实际是将文化整体化的逻辑必然。物竞天择、适者生存的社会达尔文主义刺激了志士仁人的爱国热情。从胡适、陈独秀到鲁迅,均认为中国近代的失败是因为"国民性"的问题,而国民性又是受文化决定。陈独秀说儒家"支配中国人心二千年,政治上,社会上,学术上遂造成如斯之果"。"如斯之果"就是胡适说的"百事不如人"。

鲁迅更说,"要我们保存国粹,先得国粹能够保存我们"。把传统文化视为陷民族于生死存亡之地的关键,打倒孔家店自然也就成为克服危机的首选方案。

人作为生物体来到这个世界,经过文化的涵泳才成为社会群体一分子,因而可以说文化相对于个体乃是被给定的,是一种"决定性"的存在。但是,这并不能动摇群体之人相对于文化的主体性。人之对效率的要求,决定了物质文化的进步;对正义的渴望,推动了制度文化的变迁;对精神需要的憧憬,导致了观念文化的发展。

"天行健,君子以自强不息",不难发现,历史上的文化系统均呈现为一个与时俱进的开放性系统。文化决定论的错误在于只看到了文化对人的决定性的另一面。当一个文化不再能够应付挑战,文化的变革就是必要的了。但是,这种变革只能是在回应挑战的实践活动中才能真正完成,因为文化有效性的丧失从根本上说并不是文化本身出了毛病,而是使用该文化的人遇到了麻烦,即意志力的骤颓和创造力的沉沦。当此之时,传统文化既是"拐杖"又是"包袱"。对其消极因素加以清理批判是必要的,但这种批判不等于解决问题本身,更不意味着问题本身的解决。

很不幸,五四新文化运动的领导者正是陷入了这一误区。

他们把"存在"的问题化约转换成"文化"的问题,一方面是因为知识分子在现实中对社会进程本身的影响作用有限,一方面是由于近代中国的危机,很大程度上来自中华民族与诸实现了工业化的帝国主义国家之间的实力对比。这种化约论与社会发展阶段论相结合,中西之争就成了封建社会与资本主义社会的古今之争。于是对立二者,抑此扬彼在理智上变得更加自负,情绪上变得更加决绝。实际上,这个理论框架既无法解释历史上宋明之败于游牧民族的骑兵,其所包含的西方中心的单线进化论预设在学理上也没有合法性。循此思路设计民族的未来,按海德格尔的说法,是依从他人预先给定的可能性而不是从自身的可能性中领会自己。至于《剑桥中国晚清史》把近代殖民主义者与其他民族的利益冲突说成"文化冲突",即使不是自我美化,也属于误导他人。

我们当然无意贬抑五四运动及其领导者,但必须指出,其爱国情怀与虚无主义话语之间是存在某种矛盾紧张需要加以疏解的。

　　我认为,对历史采取纯粹知识论态度是不能把握历史的,因为作为历史观察者的我们原本就是这一民族生命的内在组成部分,并正因此才进入历史。如果不是对种种哲学观点滥加引用,历史在经验的直观中,首先便呈现为生命体在特定情境中以实现自身发展自身的左冲右突。五四运动即是中华民族内在生命能量在促迫之中的勃发。

　　陈独秀、胡适、鲁迅诸人的历史意义首先应当定位于此。至于他们的思想主张,则是生命活动这一抽象进程的具体呈现,属于第二义的存在。胡适晚年撰文谓自己提倡"全盘西化"的用意乃是为了使"古老的中国文化重复活力"。情怀与话语不加分疏,胡、陈、鲁的激烈批判就失去立场而无法理解;有此分疏,我们则可在抽象继承的原则之下,"法圣人之所以为法",最大限度地开拓民族生命发展的可能维度。对于过去无知的人,命中注定要重覆其错。本文挑剔五四新文化运动之领导者在文化观念上的谬误,主要是有感于今天不少人仍在"重覆其错"。流弊所至,便是有的文化获得了过多的荣誉,有的文化则蒙受了过多的羞辱,现实的问题却反而很少触及。

　　为了唤醒自己的主体意识,承担起建设的责任,也许我们应该提倡,多研究些问题,少谈些文化。

英雄、豪杰与圣贤
——读《唐浩明评点曾国藩家书》之一

如果说，以吉字营区区之众围城数年，并最终将南京这个太平天国的所谓首都一举攻陷的曾家老九曾国荃是一豪杰，抬棺西征新栽杨柳三千里、引得春风度玉关的左宗棠左季高是一英雄，那么，文正公曾国藩在人们心目中的形象则主要是一圣贤。这不仅因为他的《讨粤匪檄》从道统立论，指斥洪、杨长毛行天父天兄之教，"举中国数千年礼义人伦，诗书典则，一旦扫地荡尽"，也因为他作为所谓理学名臣，以正心诚意功夫行修齐治平事业，在立德、立功、立言诸方面均创下远过常人的成就。一般而言，豪杰者气势雄浑，英雄者文武秀异。那么圣贤呢？是禀性与天地合德日月合明的既仁且智？抑或格物穷理变化气质然后粹然纯儒？《唐浩明评点曾国藩家书》里的文字在既使这种印象得到某种程度证实的同时，又使循此而展开的思考不免有些惶惑：我们究竟应该怎样去理解曾国藩这样的圣贤？

与曾老九、左季高立身行事元气淋漓一气呵成的流畅相对照，曾氏的规行矩步、遇事瞻循多少给人一种拘谨滞涩，甚至矛盾虚伪的感觉。从书中我们可以看到曾老九富贵还乡将沿途药房高丽参收购一空"人被创者则令嚼参以渣敷之"的憨戆、自恃功勋盖世不满晋抚之授而借病拒诏的率性、履鄂抚之新不足半年即严词参劾党羽甚众且为满籍身份的湖广总督官文的执拗（当年胡林翼"怄气十倍"最终也不得不以容忍妥协收场）、以及后来将秉笔直书颇得士林嘉评的王闿运所撰《湘军志》毁版而另聘才具德行均难孚众望的王定安再作《湘军记》以自我粉饰的蛮横。

至于"以诸葛亮自比，人目其狂"的左宗棠，更有惊动天听并颇为后人津津乐道的所谓殴樊案。官居二品的永州总兵樊燮到湖南巡抚衙门公干,身为师爷的左氏其时深为湘抚骆秉章所倚重,故与其并肩坐听樊的汇报。看到见面和告辞都不与自己打声招呼,憋着一肚子无名火的"今亮"左宗棠在樊燮退至门口时大声将其唤回,故意刁难了几个问题,樊答不上,于是这位左师爷雷霆大发,抬脚便踢:"王八蛋,滚出去!"小小幕府师爷竟敢打骂二品武官,朝廷尊严何在?皇帝接到参折后,朱笔一挥:若查实无误,就地处决!就在左师爷命悬一线之际,胡林翼、郭嵩焘等一干在朝士大夫基于对其脾性的了解和才具的赏识而为之上下奔走纾祸。潘祖荫一段乍看不无夸张,细想却又合情合理的文字使得当初龙颜大怒的咸丰也不禁为之一震:"国家不可一日无湖南,湖南不可一日无左宗棠!"就此逃过一劫的左宗棠本人当然是这一保折最直接的受惠者,但现在如果有谁要再在后面加上作者潘祖荫和大清江山,应该也不能说是特别过分。

  曾国藩对左宗棠的才能是非常佩服的,但对他的性格却很不以为然。左对曾又如何?史称"中兴诸将帅……皆尊事国藩。宗棠独与抗衡,不少屈,趣舍时合时不合"。个中原因一言难尽,我觉得有一点似乎应该可以肯定,就是左觉得曾的性格太缺少魅力。孟子曾用"以志帅气"来描述他所谓的理想人格。这里的"志"主要是指理念目标和意志能力,"气"主要是指情感或情感需要,所以,转换成弗洛伊德精神分析的理论,"以志帅气"就是强调"超我"对"本我"的控制性。宋儒讲的"变化气质",则是这一价值取向的另一表述形式。《清史稿》称,曾国荃"少负奇气";左宗棠"喜为壮语惊众,……刚峻自天性。值军机、译署,同列颇厌苦之。"而曾国藩,则是"以学问自敛抑";"为政务持大体,规全势。善任使,所成就荐拔者,不可胜数"。由此,我们可以根据"以志帅气"和"志以气立"的框架,把英雄、豪杰与圣贤划分为两种不同的人格类型。英雄、豪杰属于后者(英雄豪杰的细分兹不赘),圣贤则属于前者。

  这样一种判断和区分可以从家书的材料和唐浩明的评点得到支持。从事业的起点说,曾国荃是在功名不顺的曲折中选择了六兄温甫的路,在吉安府的危急中应黄冕之请,就地筹饷募兵驰援;可以说具有相当的偶然性。左宗棠同样如此:他是激于旁人的"纸上谈兵"之讥而发亲领一军之念;但当其欲借曾国藩之力开始这一冒险时,却被曾氏拒绝。也是闻鼙鼓而思良将,在胡林翼的力荐下,朝廷很快任命已萌东山之志的左氏以候补四品京官的身份募勇五千。波澜壮阔的左文襄传奇就此轰轰烈烈展开！而曾国藩之办团练则迥异于二人的偶然和激逼。他是在皈依倭仁、唐鉴诸理学大师并接受了他们的人生哲学后，不忍"中国数千年礼义人伦，诗书典则，一旦扫地荡尽"，而思有以为之，是激于道义之感。这种区别的后面，则是人格类型和生命意识的差异。所谓生命意识是指作为主体的人对（自然性的）生命自身和（文化性的）人生意义、人生目标及其相互关系的反思和自觉。从家书中"师友夹持"、"摒除一切，从事于克己之学"、"君子之立志也，有民胞物与之量，有内圣外王之业，而后不忝于父母，不愧为天地之完人"这样一些句子看，曾氏这一全新的生命意识之确立，当在进京不久的道光二十二三年期间。曾氏自字涤生，不仅意味着其早期浮生若梦观念的悄然淡出，也意味着其文化生命之自觉的赫然凸显。而与"国藩以学问自敛抑"相呼应的"国藩事功本于学问"之史臣论断，不仅道出了曾氏在事业根基上的特点，也进一步确证了其在人格结构上的特征。

事实上曾国藩对变化气质颇有心得。他以自身为例写信开示儿子纪泽："人之气质，由于天生，本难改变，惟读书则可变化气质。求变之法，总须先立坚卓之志。"这种改变既有性格上的，也有习惯上的，可说兼具社会和生物的双重属性。所以，如果"以志帅气"即是意味着某种文化理念对心理结构或行为模式的介入的话，那么，它的直接结果就是新的生命意识的诞生，以及由此而来的新的心理体验和行为的出现。拜"家书""日记"保存完好之赐，曾氏这一心路旅程清晰可辨。曾有智者感慨：人禀五行之气，难得五性之全。由于生物性个体乃是历史情境中的有限存在，动静出处不可能与作为理想性、观念性的文化价值观念完全重合，故总不免在心理和行为诸层面表现出对规范的偏离。于是，人们在阅读其私人性的书信的时候，曾国藩的二重性格就在字里行间清晰地浮现出来：一方面爱民如子"居江南久，功德最盛"；另一方面又杀人如麻人称"曾剃头"。一方面声称不望富贵愿代代有秀才，另一方面又分别以甲科鼎盛为子侄乳名排行、以张升李升王升呼其门房司阍；一方面将湘军定位为勤王卫道之师，另一方面又下意识地将其视为私家产业；一方面总是提醒众兄弟谦抑退让，另一方面自己又时不时好勇斗狠睪倨逞强；一方面阐程朱之精蕴"为人威重"，另一方面却又慕庄陶之高淡神游物表;一方面以理学自负标榜民胞物与,另一方面却被指"横征暴敛、剖克民生、剥削元气";一方面训导诸弟"明德、新民、止至善皆我分内事",另一方面又处心积虑配合老九将克服金陵之功留在曾家……此外,还有矫情责梦、无情嫁女、绝情葬妾诸不尽如人情的细节读之令人愕然不已!

评点者唐浩明对曾身上的文化负载既重视又推崇,在客观冷静地点出其人格二重性的同时,不禁感慨:"他这一辈子,实在活得太累!"我们,又应该如何来理解诠释这里的人性、文化及其相互间的紧张呢?

西谚云:虚伪是野蛮向文明表示敬意。这种幽默和睿智所调侃的应该是这样一种情形:文明仅仅只是一种形式上的装潢,那些价值观念(文明)并没真正嵌入其内心,对行为发生实质性的影响作用。显然,曾国藩这里的情形与此不同。简单地将那些听来的确不太和谐的"双重变奏"理解为一种道德上的虚伪未免失之肤浅。以矫情责梦为例,其道光二十二年十月初十日记记曰:"昨夜梦人得利,甚觉艳羡,醒后痛自惩责,谓好利之心至形诸梦寐,何以卑鄙若此!"这种矫情可以说是愚昧,却难说是虚伪。在我看来,体现在他身上的二重性,不应理解成某一行为与某一价值互相背离,而是崇高与庸俗两种行为同时并存。这两种行为,一种是基于"德性"发动,一种是基于"气性"发动。德性、气性和天理人欲一样,是理学家用语,相当于精神分析学说中的"超我"和"本我"。精神分析学说认为,每个人的"自我"都是"超我"和"本我"的混合,因此,每个人的行为都不可避免地表现出二重性特征。英雄、豪杰与圣贤,概莫能外。不同之处在于,作为所谓圣贤的曾文正与作为所谓豪杰的曾家老九和作为所谓英雄的左宗棠相比,其行为基于"德性"发动的比率远远高于其基于"气性"发动的比率。

文明的本质就是"化性起伪"。左宗棠亦有过这样的议论:"天下之乱,由于吏治不修;吏治不修,由于人才不出;人才不出,由于人心不正,此则学术之不讲也。"既然曾国藩身上的二重性并不意味着人格的分裂,就像反映在他身上的人性的顽强、意志的薄弱并不意味着文化的错谬和理想的虚幻,那为什么人们又会对此特别难以接受?我想,除开前面述及的那种将其理解为虚伪的简单思维,很大程度还由于曾氏地位太高、风头太甚,由于性善论是深入人心的中国文化主流的人性学说(且来自曾所服膺的儒家）；这使人不禁由然而生出求全责备之心。性善论的理论之失是对人太乐观太宽容，而实践之祸则是对人太悲观太严苛。如果我们调动自己的社会阅历和内心体验，对人性作一冷静观照，同时注意拒斥克服曾氏是先天就高人一筹的圣贤的预设、暗示和期望，那么，一切都应该也能够变得心平气和起来。现代人的思维以理性为特征。就事论事，首先值得追问的应该是，曾氏基于"德性"发动的行为比率较他人为高究竟是好还是坏？是促进还是禁锢了其生命形态的发育成长？是帮助还是阻碍了其对人生目标的追求实现？对社会历史的发展是做出了贡献还是造成了损害？虽然资质不低，但曾氏论才，不如左宗棠高；论气，也不如曾国荃足，然而，其成就却较"汉之诸葛亮、唐之裴度、明之王守仁，殆无以过，何其盛欤！中兴以来，一人而已"。答案不言自明。

　　生命是一种意志，圣贤是一种事业。成为圣贤，就是追求"博施于民而济众"的事业；而追求"博施于民而济众"的事业，任性使气是不可能有所成就的。梁启超居日本时，"读曾国藩家书，猛然自省：非学道之人，不足以成大事"。当然，灭人欲以存天理的矫枉过正也会物极而反。存在先于本质，气性先于德性。本质不离存在，德性也不离气性。学道全要英灵汉子。文化之树的生长，也必须将其慧根深植于生命的沃土，因为作为观念系统的文化并非封闭、自足，而需与生命互动。文化与生命的互动，一方面是理念对人性的升华，另一方面则是人性对理念的滋养。如果说作为理想人格的代称，圣贤意味着天人合一的最高境界，那么，对于一般人来说，能够追求的应该就是文化和生命之间具有张力的平衡了。事实上，你、我、他，都处于这一链条的某一环。"非曰能之，愿学焉！"一个灿烂的文化，必然是出自一个英雄、豪杰和圣贤辈出的民族。

　　在曾国藩、左宗棠和曾国荃之间，私心对左文襄公确实更有亲切感，但我的理智十分清楚，与英雄、豪杰相比，圣贤不是少一些东西，而是多一些东西。

此身合是儒生未?
——读《唐浩明评点曾国藩家书》之二

"家书"是曾国藩思想和人格的倒影。成功和追求成功的人士所十分关心的立志、为学、处世、治兵、从政、持家、教子诸曾氏心法,均详其内。与洪应明的《菜根谭》相比,它或许略输文采,但其所议所论却有曾氏昆仲的成就、子孙后嗣的出息及其本人的道德文章和事功作见证,亦非《菜根谭》所能比拟。不过,如果一定要将两书并举,最大的不同应在思想风貌上:《菜根谭》是儒、释、道、佛兼综并列(遂初堂主人认为它"属禅宗"),"家书"则对应于儒士大夫人格结构的标准模态,是以儒为体,以道、法为用。

这也正是我要提出向唐浩明先生请教的地方。他的"评点"认为,曾国藩一生的思想经历了一个"由程朱到申韩到黄老"的转进。这一说法有所本,本于与曾氏相交甚久相知甚深的朋友欧阳兆熊所著《小窗春呓》中"一生三变"的文章。该文以贴身观察者的口吻叙述道:"文正一生凡三变。其学问初为翰林词赋,既与唐镜海太常游,究心儒先语录,以程朱为依归。至出而办理团练,又变而申韩;尝自称欲著《挺经》言其刚也。咸丰七年,奔丧回籍,得不寐之疾。予荐曹镜初诊之,言岐黄可医身病,黄老可医心病,盖欲以黄老讽之也。此次出山后,一以柔道行之,以至成此巨功,毫无沾沾自喜之色。"欧阳似是按照自己的理解,直观地描述其所看到的发生或出现在曾氏身上的某种现象。其意义,是把曾氏思想和人格的复杂性强烈醒目地彰显出来了。而它的不足,则在于其以"其学问"三字统摄全文,不自觉地把解读的视角定位于认知层面,从而给人以这样的暗示:"一生三变"是线性的趋向真理的弃旧图新替代超越。认为"这是众多研究曾氏的材料中最值得重视的一份"的唐氏,其评点同样给人这样的印象。请看:

"一生凡三变,指的是从词赋之学变为程朱之学,再从程朱之学变为申韩之学即法家,后从申韩之学变为黄老之学即道家。欧阳拈出的这三变,真可谓对曾氏生平轨迹的一个既简练又深刻而准确的概括。……欧阳认为,曾氏后来之所以成就巨功,靠的就是这种黄老之学。就笔者看来,这第三变的确是曾氏整个人生链条中至为重要的一环。(正因此)曾氏就成为传统文化的最后一个集大成者、(成为)中国传统文化的缩影。由于儒家学说长期以来占据统治地位,不少人将中国文化与儒家学说等同起来,其实这是个大误区。儒、道、法三家是鼎足而立的……将其中的精华恰到好处地运用在不同的时候、不同的事情上,才可以称得上一个完整意义的中国文化的掌握者。"

"完整意义的中国文化的掌握者"?这是老庄申韩,尤其是孔孟程朱与曾国藩一生及其事业的全部、真实的关系么?这一判定不仅与人们粹然儒臣的图像不合,与文正公本人立身行事的宗旨不合,即使置于"评点"那极富文化阐释学意趣的整体脉络之中,也颇显突兀。因为,这一定位意味着文化与曾氏只是一种外在的关系,知识性工具或手段。如果我们承认一个汉学家与一个儒者对孔门义理的知识掌握与生命体认之间存在某种区隔,那么,我们就不能不指出,它没有揭示事情的本质、要害。跟欧阳兆熊的叙述一样,唐的议论仍给人一种虽道其然却未尽其所以然的遗憾。

曾氏在追随唐鉴、倭仁懔然有悟之时,给四位老弟谈心得的信写得很明白:"盖人不读书则已,亦即自命读书人,则必从事于《大学》。《大学》之纲领有三:明德、新民、止至善,皆我分内事也。若读书不能体贴到身上去,谓此三项与我身了不相涉,则读书何用?虽能文能诗,博雅自诩,亦只算得识字之牧猪奴耳,岂得谓之明理有用之人也乎!……《大学》之三纲领皆己身切要之事,明矣。"从人格心理学角度说,这次由词赋之学转向程朱义理的心力投注之关键,是将一种对情感的表达技术的琢磨,反转为对生命存在本身之意义的反思与重构。如果说为仕进诵读八股试帖闱墨文字是谋生所需的别无选择,吟风弄月伤春悲秋是青春难免的无病呻吟,那么这一次,则是自然生命在外部因缘作用下冲破混沌的文化自觉。人格心理学家艾里克森在对路德、希特勒、甘地等历史人物的研究中,都观察到了这一以"内部发展与社会发展之结合"为特征的人格重建。与动物的行为模式先天地决定于基因不同,作为社会性和文化性存在,人的生命必须超越自我才能求得其价值的最终完成。艾氏认为,这种"内部发展与社会发展之结合"对一个人的命运和事业具有十分重要的影响作用。"士尚志,志于道。"人格作为一种结构、一种行为控制机制,其支点是人生目标。

正是以此为轴心,意识才得到整合,行为才获得某种同一性(用曾自己的话说就是"义理明则躬行有要而经济有本")。在这个意义上,儒、法、道三足鼎立的格局是不可能成立的("集大成"云云只在学问层面存在可能)。会不会随着岁月推移,这种身份的"三变"次第展开?从日记和书信材料,尤其曾氏一生的立身行事看,曾氏前面提到的具有转折性的"意义重组"未见再现。显然,儒、法、道诸家思想相对于曾氏之立身行事的意义,以及它们相互间的位置关系,只有从人格及其与社会的互动中才能获得清晰透彻的疏解说明。在《英雄、豪杰与圣贤》中,我们对曾氏与儒门的关系已有讨论,这里,且把重点主要放在如何理解曾氏的申韩之变("欲著《挺经》言其刚"的亢进)与黄老之变("丁巳戊午大悔大悟"的危机)上。

先看几条材料:

"臣之愚见,欲纯用重典以锄强暴,但愿良民有安生之日,即臣身得严酷之名亦不敢辞";"四境土匪发,闻警即以湘勇往。旬月中,莠民猾胥,便宜捕斩二百余人。谤讟四起,自巡抚司道下皆心诽之,至以盛暑练操为虐士";"余平生制行有似萧望之、盖宽饶一流人,常恐蹈祸机。故教弟辈制行早蹈中和一路,勿效我之褊激也";"吾自信亦笃实人,只为阅历世途,饱更事变,略参些机权作用,把自家学坏了。实则作用万不如人,徒惹人笑,教人怀恨,何益之有?近日忧居猛省,一味向平实处用心,将自家笃实的本质还我真面,复我固有"。

申韩之法,申韩之术,为什么不叫申韩之道?因为它是讲法(驭下以法)讲术(应事以术)不讲道,没有形上学的价值追求,或者说只讲工具理性,不讲价值理性。《汉书》认为其功能是作为"礼制之辅",因为主张教化的儒家长于道而短于术。熟读《汉书》的他,在奏折中放言治乱世用重典的时候,心底或许正是以盖宽饶、萧望之等社稷之臣自相期许。而其"以诸生起",欲"效法前贤澄清天下之志",除开干云豪气,事实上也只有凭借申韩法术以应缓急之施。"工具（理性）"是没有"阶级性"的，就看掌握在谁手里（酷吏对暴力的过度使用，是另一问题）。从盖、萧的儒臣身份，以及"只为阅历世途，饱更事变，略参些机权"、"用重典以锄强暴，但愿良民有安生之日"的自我解释可知，申韩之法或申韩之术的引入在曾氏尚属手段性的，而谈不上"以程朱变而为申韩"的身份性转换。

"从申韩之学变为黄老之学即道家"的情形稍微复杂一点。其同治六年正月初二日信直接谈到了所谓"丁巳戊午大悔大悟"："自从丁巳戊午大悔大悟之后乃知自己全无本领，凡事都见得人家有几分是处。故自戊午至今九载，与四十年以前迥不相同，大约以能立能达为体，以不怨不尤为用。立者，发奋自强，站得住也；达者，办事圆融，行得通也。"

反映这一悔的书信云："圣门教人不外敬恕二字。天德王道，彻始彻终，性功事功，俱可包括。余生平于敬字无功夫，是以五十而无所成。至于恕字，在京时亦曾讲求之。近岁在外，恶人以白眼藐视京官，又因本性倔强，渐近于愎，不知不觉做出了许多不恕之事，说出许多不恕之话，至今愧耻无已！"

反映这一悟的日记云："静中思古今亿万年无有穷期，人生其间数十寒暑，仅须臾耳！大地数万里不可纪极，人于其中寝处游息，昼仅一室耳、夜仅一榻耳！古人书籍近人著述浩如烟海，人生目光之所能及者，不过九牛之一毛耳！事变万端美名百途，人生才力所能办者，不过太仓之一粒耳！知天之长，而吾所历者短，则遇忧患横逆之来，当少忍以待其定；知地之大而吾所居者小，则遇荣利争夺之境，当退让以守其雌；知书籍之多而吾所见者寡，则不敢以一得自喜，而当思择善而约守之；知事变之多而吾所办者少，则不敢以功名自矜，而当思举贤而共图之。"

这些文字清楚表明，所谓悔，是由头脑中已有的儒家的"恕"等观念思想在宁静中凸显而发生的反思、检讨。所谓悟，则是由道家的人生短促而造化无穷、认识有限而知也无涯等智慧启示而产生的新思维。曾氏这里对道家思想的体认有两个层面的意含：一是作为手段引入，以柔济刚，变得刚柔相济（唐在"评点"中说曾"借黄老之谦抑来换取融洽和谐的人际环境"，就是例证）；二是作为信念接受，以虚静旷远之境抚慰生命不可思议难以至诘的藐藐之思。因为，"道法自然"、"以物观物"对于

"取义成仁"的执著和"舍我其谁"的自负,无疑具有一种对症下药的化解作用。

儒与道是不是一种反对性、替代性关系?是,又不是。说"是",是从逻辑上讲。因为儒家从"天之大德曰生"的人文立场出发,对宇宙、社会、人生的意义与价值持一积极肯定的态度,反映在人生观上,就是"天行健,君子以自强不息"、"立德立功立言"的三不朽;而道家从"天地不仁,以万物为刍狗"的自然立场出发,对宇宙、社会、人生的意义与价值持一消极怀疑甚至否定的态度,反映在人生观上,就是弃圣绝智、非毁礼乐、小国寡民,上焉者逍遥游世追求精神解脱;下焉者炼丹修行幻想肉体成仙。说"不是",是从实践上讲。因为在这些基本的立场和判断上面,并没有谁是绝对的正确或错误,虽然或偏于独断论或偏于怀疑论,但对于人类社会组织运作的维系却是各有贡献。个体层面,二者的互补特征更加明显:一方面,职场如战场,爱拼才会赢——儒家精神必不可少;另一方面,死亡以及理势冲突、德位分离等现象,又使理性的执著从根本上被动摇,生命的安顿不能不寄望于情感——道家智慧同样重要。"得意之时,积极进取,则归孔孟;失意之时,逍遥放旷,则归庄列。"古代士人就这样在进退出处之间维持着一种行为和心理上的微妙平衡。逻辑矛盾,实践统一,其间的理论关节,早在魏晋玄学中就由郭象以独化论打通了。

曾国藩这里的特异之处,一是其对道家智慧的接受主要不是起因于仕途本身的挫折,那通常表现为圣上不明或政敌陷构所致的怀才不遇、贬谪放逐。从字面知解到实践体悟这一飞跃之所以发生,首先是因为他在江西政事、军务均"郁郁不得意",使他意识到个人力量的限度;而由父丧触发的死生之感,又使他的反思提升到宇宙人生的广阔背景。死生之事大矣哉!对生命的意义越执著,对事业的期望值越高,死,对他的震撼就越大,造成的幻灭感就越强。自然,其所引起的思考也就越深刻,其思考所得的智慧对行为的影响力也就越持久有效。二是在经此淬火修炼之后,他很快获得机会的垂青:"饬即赴浙办理军务"、"以尚书衔署两江总督"。——要知道,居京为官见不到升迁之象的时候,他写出的诗句是这样的:"好栽修竹一千亩,更抵人间万户侯。"儒道互补,双剑合璧,他自是"闻命即行",从此不仅在沙场宦海举重若轻游刃有余,而且在情感内心高怀远志淡泊从容。"以能立能达为体,以不怨不尤为用。立者,发奋自强,站得住也;达者,办事圆融,行得通也。"难道能说以此为结果的"丁巳戊午大悔大悟",对曾氏的儒者身份具有颠覆性影响?

在我看来,"由程朱到申韩到黄老"恰似草蛇灰线,一脉相引。"一生三变"所真正意味的,表面看似乎是学术兴趣的转移或者价值理念的更迭,而深层却是一个传统士大夫人格结构随着年龄的增长,阅历的丰富,在与社会的互动中一步一步的丰富、成熟和完成。生命如四季。从懵懂的举子到自负的翰林,从谨慤的理学门徒到强悍的团练大臣,在诸事不顺的屯蹇之时因缘凑泊,终于一跃成为炉火纯青的湘军统帅,曾氏在改变着晚清历史的同时,自身也被历史改变。

当然,不是变得越来越好或越来越坏,而是越来越像他自己。

低调进入及其他

在我的阅读范围内,《草根的力量》是这些年来惟一能叫人读得下去的本土文化研究著作。因为这些年出的大多数书稿,正如傅谨在引言中所说,总是过于自信地以为自己有资格直接告诉他的研究对象"应该是怎样的",而对其"实际是怎样的"又"为什么是这样的"这两个逻辑上显然更加重要的问题却忽略不顾。这种轻狂产生的原因有很多,其中两点我想指出,一是学界流行的话语对事实的傲慢,一是研究者个人的幼稚无知。

傅谨不是,至少在《草根的力量》他是低调进入。

虽然他认为自己所以如是为了从整体上对对象有所把握,找出能够使一些碎片事件获得意义的所谓构型,但我并没在书里读到什么具有人类学意义的答案。当然,我并不失望。事实上吸引我读下去的并不是台州戏班的生存状况,而是傅谨面对研究对象所选取的低调进入的姿态和心态。因着这种姿态和心态,在书中我看到文化符码与人心、与生活需要之间的本体论意义上的连接被重置,看到文化作为一种产品被生产进入市场,并被人们消费的真实流程。我认为,对任何一种文化的理解和评价首先都应该以其与特定情境中特定群体的生活需要的相互关系为参照系展开。有一种对文化的发生发展的解释叫地理环境决定论。当然,它是有片面性的,但它至少告诉我们,文化不是从什么抽象的逻辑平台中演绎出来的。环境既是创造的条件也是创造的制约,人的努力只能在给定的参数系统中展开,对于他无从选择也无法改变的许多东西,是不能也不应苛求的。比如建筑,有的用石材、有的用木材,由此形成的审美差异,首先并不是什么文化观念决定的。我的意思是说后人对起人留下的文化遗产在给出否定的评价之前,先对其不得不如此之苦心孤诣的历史条件加以了解。对此卑之无甚高论的东西强调再三,只是希望作为后来者的我们对他人的文化成果有更多同情的理解,同时以接力棒交在自己手里的责任感,跑出此时此刻的最好成绩,以更好的替代方案代替居高临下指手画脚的批评。傅谨对此显然有着清醒的自觉。他说:"在这项研究中,我试图超越以往戏剧研究比较关注的艺术层面,更逼近人性的基本面,通过对民间戏班自然形成的经济运作规范的描述让戏班回归它的逐利本性。并且拂去过于文人化和理想化的知识分子话语的迷思。"

主体的意志和历史的条件被凸显之后,文化就变得真实可感。而真实不仅是理解的起点,也是去进行创造更新的前提。胡塞尔说,文化科学的研究方法是"看,而不是想"。为什么?看,生成的是存在者的感受;想,产生的是知识分子的解释。前者是诉诸经验,后者诉诸知性,它很可能是概念对事实的肢解、霸权。——我觉得用"看,而不是想"来对我所理解的傅谨的低调进入,不仅准确而且传神。傅谨说本书在他的"学术生涯里占据特殊的位置",我认为其在学术上的意义可以也应该放在近代尤其是这二十年文化热的脉络里面来论评。

我感觉,过去的二十年里我们所谓的文化研究基本上是以中外比较视域、政治批判诉求、形而上学思辨、西方话语参照为整体特征。工业革命的成功使得世界史的一体化成为必然,各民族间文化的交流融合亦当随之展开多姿多彩的图画。非常不幸,在由此而来的民族国家的博弈互动中我们处于弱势位置并因此遭受重创。个中缘由自是十分复杂,但在知识分子观念中相因成习的解释则是文化不如人。大概也就是由此开始,中西文化比较便成为了中国知识分子无法遏止的冲动和无法解开的心结。且不说以文化说事是否周全成立,这一解释至少在两个层面存在问题或负面影响:一是将利益的争夺转换成为了文明间的较量乃至递嬗,二是扭曲了文化理解和评估的参照系。遗憾的是,这种理论上的先天缺失在近二十年的文化热中不仅没有得到有效纠正,反而因特定情境里的现实需要而被恶性发展。文革积聚起来的愤懑与睁眼看世界后的焦虑,使人们急欲展开一场大炼钢铁般的政治跃进。于是,或者出于指桑骂槐的策略考虑,或者出于"思想深刻"的理论追求,文化二字成为绝大多数文稿的关键词,获得了许多原本不属于它的荣光与羞辱。因为在形而上学的思辩中,在西方话语系统的参照下,文化成为了干瘪的没有个性的离体游魂或七巧图块,任人拼接赋值。可以说二十年的文化热更像一种情绪的发泄或表达,不仅离真正意义上的研究距离颇远,甚至可说与因焦虑而至进退失据的知识分子内心的真正目标,国家强盛,民族振兴,亦是背道而驰。

其实傅谨自己的心路历程就是这二十年的真实写照。傅谨是我的老同学,至今我还清晰记得他峥嵘岁月里挥斥方遒的那份书生意气。他给《原道》第一期写的稿子即烙有时代打下的清晰印记,认为鸦片战争之起,在于尚处农业文明的满清王朝不能理解大英帝国所代表的工商文明的游戏规则。但在他分配到基层工作,做过一些田野调查后,我感觉到某种变化在他身上悄然发生。到《草根的力量》,愤怒的青年已是一位成熟的学者。最近,他又跟我说,也许我们需要通过无数个类似的个案研究,见证我们与自己身处的文化之间的血肉联系,走出近二十年来不无虚妄的"文化热"。

由文化与人的连接悟出自己与社会与传统的连接,是低调进入的境界的提升。认知人类学所谓emic的方法可为之诠解:明确意识到自己的需要,在给定的情境中厘清自己的可欲与可求,坚定意志,去努力创造。

在北京大学研究生座谈会上的讲稿

有位叫朱学勤的自由主义思想家认为,90年代振兴儒学的努力"与其说是学术思潮,不如说是一种在外力作用下的生存技巧,未必具有真实的社会基础学理根据"。虽然《原道》的生存景况之艰难足以说明它并不曾在生存技巧上费什么心思,但我还是想就此对个人走近儒学的心路历程作一告白,但愿这能把问题引向对其"社会基础与学理根据"的思考。

首先,我必须承认港台新儒学对自己的影响。这种影响表现在,它引导我这个80年代的 全盘西化论者尝试从正面走近传统,走近儒学,启发我研究自身的文化当取"内在视角",即视此文化为生长中的生命,而作为中国文化的研究者,我们本来就负有去更新丰富此生命形态之责任与义务。也正是在对此传统文化与民族生命之关系的体认中,我意识到,儒学并不是某种描述客观世界的知识,或者规定某种基本价值的宗教(当然,它并不排斥此二者),而是一种因应生活问题,满足生存和发展需要的真正人类学意义上的文化。理解它,不仅需要"脑"的认知,也需要"心"的感悟以及"情"的认同(Commitment)。"天之大德曰生","圣人因时 设教而以利民为本",我认为是对该文化特征的最好表述。千百年来儒学之所以成为中国文化的主干,主要在于它乃是满足中国人群体生存发展之需的"相对最佳"的方案。

近代以来之所以"儒门淡薄",则主要是因为随着人类行为能力的增强(科技进步,生 产力发展),其攫取财富的欲望也日趋膨胀,世界进入了以民族国家为单位,以实力为基础,以生存空间为目标的新战国时代。十分不幸,中华帝国的专制体制不能很好代表民族的公共利益,无法将全社会的资源有效组织调动起来以应付列强的挑战。因此,我们在这场竞争中败下阵来。

由于儒学与政治关系复杂,国家竞争失败的原因首先是在社会达尔文主义的理论框架中被处理为人种的优胜劣汰,继而又在社会发展阶段论的理论框架中被判定为"封建文化"——必然被"资本主义文化"所代替,致使文化,尤其是儒学成为中国之贫弱的替罪羊。这种判定的理论缺陷在于,它只注意到了作为符号系统的文化对人之行为的影响塑造作用,而忽视了其在根本上乃是"意欲"活动过程中的选择和创造,即受动性的一面,从而在夸大文化功能的同时掩盖了问题的真正症结所在。

于是,在"打倒孔家店"的情绪发泄声中,就有所谓古史辨派登场,以学术求真为名,消解传统史观的知识合法性,从而满足消解传统文化的价值合法性之潜在诉求。在民族困厄尚未终结的现实情境中,作为回应,新儒家学者将自己的工作定位在重建儒家文化的知识合法性这一层面,用李明辉的话来说就是重建儒家的"学统"。

需要指出的是,他们所使用的知识框架或范型主要是移植自西方,如熊十力对形上学的执著,冯友兰对新实在论的借镜,牟宗三对康德的钟情等。我不是怀疑知识的普遍性或将一切意识形态化,也无意抹煞这一层面工作的必要性,但如果这就是新儒学的理论全部,那么今天至少可以从两方面进行质疑。其一是中国的学问是否具有自己的系统性质,即是否不以近代西方学科为参照则不能自明,则无从彰显其意义?其二是,这种知识论研究进路是否符合儒学作为文化的特性从而实现其与现代社会生活的贯通?因此,尽管对新儒学深怀敬意,世纪末的我隐然觉得话语转换已是现实的要求与逻辑的必然。

儒学要进入社会生活就像一切思想要进入社会生活一样,必须满足两个条件:逻辑上成立,实践中有效(用)。现代人接受一种观点必须要求其或者合乎"真理",或者合乎"道理"。这是不错的。但我们不能将,"真理"、"道理"抽象为超越时空的上帝的原则,并且应该走出近代进化史观所潜藏的傲慢,以为人类历史也如科学技术一样,现在胜过去,明天一定更好。

人首先是历史的存在物,这意味着社会发展的连续性与现实存在的有限性。陈寅恪强调"对古人之所以不得不如此之苦心孤诣应具一了解之同情",我认为这是今人体悟接受古圣贤之理论沉思与制度探索之合理性的有效途径。这并不只是陈寅恪作为文化保守主义者的情绪表达,也是哲学解释学、文化人类学的学理要求。比如"嫡长继承制"在今天看来是与民主政治相去甚远的封建世袭制，但儒者之所以认可，是因为在特定社会条件下它不失为符合公共利益的"次优选择"。韩愈分析说，"前定虽不当贤，尤可守法，不前定而不遇贤，则争且乱"。同样，"淫"之所以被视为万恶之首，乃是由于古代社会以家族性组织为其基本结构，且避孕手段不完善，而性行为所导致的生殖，不仅造成社会的伦理伤害，而且还会导致财产继承诸直接的经济法律纠纷。与此相应，促进家族整合和谐的"孝"与"贞"则成为百善之先，虽然它可能导致对某些个体之自由和个性的压抑。明乎此，我们不难发现，古人的主张既合"道之理"，也合"真之理"，并非"冬烘"、"假道学"即可一言蔽之。

近百年来，中国和世界的面貌都发生了巨大变化，在这个需要文化巨人的时代，儒学和其他领域一样尚未出现具有原创性的金声玉振的大师，我认为根本的原因在于我们的民族对自己生命意识的自觉虽已唤醒但尚未成熟。这应该才是传统在改革二十年后重受重视的根本原因。在这个业已启动的历史进程中，作为学者，我们应做的工作首先是将"圣人之法"还原到特定历史情境中彰显其意义，以意逆志，把握"圣人之所以为法"作为创造性转换的枢轴，建构作为自身而不是作为"他者"的民族叙事。

论证传统在当代生活实践中的意义之所以困难，在于它实际首先是一个"行"的问题。李泽厚先生勾勒了内地新儒学框架，但我对这种拟测没有多少信心或兴趣。这倒不是贬低学术价值的"反智论"。有德斯有言；圣人学于众人。尽管内地新儒学必然呈现为某种系统的理论，但儒学之文化属性决定了其新形态只能是伴随着历史的递嬗，在与现实的应答中逐渐感生，而不可能按逻辑编程对着电脑敲定。

君子务本，本立而道生。绝对的生命意志与相对的现实存在鼓摩相荡是一切"道"的发生学基础。很遗憾，在学术成为一种产业的今天，识其文者众，知其情者鲜，知识的泡沫覆盖了生命之河，再也听不到什么激越的惊涛拍岸之声。时髦的理论家们热衷的是炫奇耀博，驰骛高远。撇开其他原因不论，我觉得，华辞多而实道阙的关键在于他们所预设的这样一个前提并不成立：把握历史情境，解决现实问题的金钥匙早已被某一学术文化中心打造出来，对我们来说只是一个拿来对号的问题。实际上,西方人有将自身的历史经验与现实感受普遍化为人类法则的偏好,如果不加反思地简单"拿来",只能是依从他人预先给定的可能性规定自己,而不是从自身的可能性中发展自己。这实际是主体生命意识的沉沦,正跟"宁信度无自信也"的宋人一样可笑复可悲。

　　人是历史的存在,也是社会的存在,价值与正义从来就与每一代人的生活状况密切相关,因而总是要求文化对此作出自己的明确表述与深刻论证。梁启超早就指出,"中国学术以研究现实生活之理法为中心,即人生哲学及政治哲学诸问题也。"但近代以来由于按西方学术分类对中国思想"格义"蔚为风气,儒学被肢解为"哲学"或"伦理学"而经院化,其生动丰富的意义世界被幽闭扭曲,其与现实的连接管道也被堵塞切断。如果说西方文化的正义观念主要是通过对社会基本结构如何安排的讨论得到表达的,——这种理性主义的进路(即世界是一个设计的应然)与基督创世说及古希腊的城邦制度有关,那么儒家文化的正义观念主要是通过对权力的合理运用这个中心加以展开的——这种历史主义的进路(即世界是一个发生的实然)与中国文明的原生性或连续性有关。从这一角度解读儒学,我们可以对当代社会中的诸多问题作出积极的回应,并使传统在这种互动中成为不断生长的生命之树……

　　世纪云暮,回首 90 年代,学界的特点并非"思想家淡出,学问家凸显",而是知识分子群体由于思想资源,社会关注及价值取向不同而形成的内部分化。这当然不是一件坏事。如果各种"主义者"都能意识到其所持之论效用的有限性和逻辑的非自足性,进而寻求互相发明,互相补充,而不是"得一察焉以自好,以其有为不可加",那就更是学术之幸,民族之福了。

《士族与儒学》的主题演讲

8月10日,北京天则经济研究所召开第198次天则双周学术讨论会,中国社会科学院宗教研究所陈明博士作了题为《士族与儒学》的主题演讲。以下是本次演讲与讨论的主要内容。

盛洪:

陈明博士是杂志《原道》的主编,1997年出版的《儒学的历史化功能》一书的作者。中国的知识分子一般对我们历史的两头比较熟悉,一类是春秋战国、秦汉、三国,另一头就是明、清,而对中古比较陌生。大家都知道刘禹锡的《乌衣巷》这首诗,其中有两句:"旧时王谢堂前燕,飞入寻常百姓家。"王是指的王导,谢是指的谢安,他们对中国晋代的历史都起了比较重要的作用。陈明博士的研究上到夏商周,下到近代,而侧重的就是魏晋南北朝这一段历史。下面请他给我们作演讲。

陈明:

非常感谢大家在这么热的天来听一个可能是非常枯燥的报告。"士族与儒学"是一个很大的题目。在讲儒学之前首先要弄清楚什么是儒学。对儒学我有了一个新的理解。

首先,儒学是一种文化而不仅仅是知识。

文化与知识之间的区别在于:知识是对世界的一种知性把握,是一种反映性的、求真的东西;而文化要复杂得多、深刻得多。我认为文化包括三层含义:第一,它包括这个世界的图像,就是指知识、规律等;第二,是表达,即主体的意志、需要,第三,是方案,当然它是广义的,即根据主体的需要、知识,来落实力求有用的方案,比如制度,以及一些非制度性的设计、规划等等。显然文化比知识的范畴要大。此外,文化还有一些维度,它是历史性的,情境性的。

把儒学理解为一种文化是非常必要的,这也算不上是一种高论,但是五四以来很少有人这样去理解。五四时期认为，中国在近代以来中西方的冲突及博弈关系中的落后，很大程度上是由落后的传统文化造成的，更简单地说是儒学造成的。他们看到它的功能不好了，然后退回来说它不行。而像冯友兰等新儒家的对传统有一定的认同和信仰的学者，也是从知识上去认同和建构它的合法性，这是不够的，抓不到痒处。像这样要论证它是无力的，要批评它也同样是无力的。

第二个问题，儒学是一种连续性的发展。

何为连续呢？主要是讲在文明的发生过程中，社会组织结构形式，没有出现梅因所谓的由身份到契约的转换——那是属于古希腊殖民和商业社会进程或模式的现象；也没有出现恩格斯讲的由血缘到地缘的转换——那是一种哲学式的概括思辩。周公的制礼作乐是与分封制联系在一起。分封制里，血缘身份与政治身份重合，地缘成为血缘的投影。中国号称是礼仪之邦，当然儒学和礼有很深的关系。它的文化主体地位一直没有动摇，按恩格斯的话说，没有"商品经济的大进军"这样一个阶段，没有移民，商品经济形态没有充分地发展，没有异族来中断它，这是指血缘关系没有被切断。正因为这种社会的延续，使得文化的传统没有被别的文化覆盖；这样就使得它的早期的东西通过维新的方式保留下来。所谓维新就是指，不改变总体结构的情况下有一些相对的改革。

这种连续性有什么特点呢？我们的文化是从聚落形态开始的，一直到现在的这种市民社会或者是公民社会，它的每一个环节都是很完整的。李泽厚认为现在的全球化是以美国为代表的全球化，他的意思是谁的力量大，谁就代表了方向。当然这是一种观点，我还是沿着自己的思路来讲。我们到云南贵州，常常看到大片的地方没有人烟，而突然会出现几栋屋舍，我们就可以把它当成一个小小的聚落来看。这种聚落在开始的时期是很小的，聚就是指小的生活单位。由于内部的管理合理，或者是得天独厚的自然条件，有些聚落发展得很好，近者悦，远者来，慢慢就变大了。我们可以设想它的管理模式，一个生活单位也是一个生产单位，也有一定的组织。这种简单的秩序一般就是家庭结构。比如父系，可能父系的生产效率更高，能够生产更多的产品，他的发言权力就大一些。父系是比较近的，而儒学中也是对男性比较肯定的。

我简单地讲一下儒学中"仁"和"义"的产生。文字的出现是比较晚的,虽然说有了文字才有了文明,但它的出现显然要在人的出现之后,它是由人创造出来的。人在文字出现之前肯定是有一定的组织和规矩的。我的一个朋友写了一本书说,在文字产生之前,礼,也即行为规则已经很发达了。礼仪本来就是一种组织分工,包括权力、管理等。这种功能延续下来了,所以儒学中关于仁、义、爱、亲、敬等概念都是连续的,正如哈耶克所说的,是自然发生的秩序。父权就像母系社会中的母权一样,也是一种自然的权力。

儒学中的"仁"讲男女有别,夫妇有义。男女之别是很自然的东西,由此而转到夫妇之义,这就是一种人文的、制度的东西了。由夫妇而有了父子,父子有亲,由亲生爱,到儒家所讲的"亲亲"、"尊尊",我们以前都是从贬义的角度去理解它,但回到几千年前它们产生的时候,我们不讲它是否是合理的,至少它们的产生是非常自然的。你能说它只是一种知识吗?它是一种制度,一种规则,也可以说是一种文化。

下面我讲儒学的立足点。大家在批评儒学的时候,都说它是统治阶级的意识形态,包括鲁迅都说孔子设计的一些制度方案没有一项是为老百姓考虑的。这也不能说全错,但是也不完全是这么回事。另外一个学者叫徐复观,他做过《盐铁论》的研究,他认为贤良文学代表了民间的声音,都是引用的儒家的话来对付代表朝廷的盐铁官的。那个时候就有朝廷和民间的交锋,有与民争利的问题。他就认为儒学是民间的意识形态,而否认儒学是朝廷的、官方的意识形态。

我认为,儒学作为一种文化、一种制度安排,肯定是有自己的立足点的。但从今天来看,它不是一个简单的或民间或者朝廷的意识形态。我原来那本书里面是用国家和社会的对立来进行分析,后来我发现当用社会来代表民间的时候,有时不是很确切,因为我们今天讲社会的时候,很可能把"朝廷",其他强势的利益集团,也作为社会的一部分。现在我倾向于认为,儒家是既考虑朝廷,又考虑民间,其出发点或所追求的目标,是一种给定条件下的各集团之间的利益均衡点。换言之,它不是乌托邦,不等于弱势的代言人,也不等于朝廷的辩护士。所以,有时候可以看到朝廷要打压它,而有时候又可以看到民间也否定它。

美国的一位汉学家观察到这一现象之后,说儒家实际上像经纪人一样,有时候为朝廷说话,有时候为民间说话。而我认为,他把儒家视为一个特殊的利益集团,靠收取佣金过活,这不准确。儒家理论的立足点在哪里?打个比方,泰坦尼克号,假设船长代表一方的利益,而船员代表另外一方的利益。儒家考虑先要肯定船长的地位,因为只有船长的航海经验是最充分的,要有权威。它反对因为你有价值的合理性而就去当船长,否则船就会沉掉,大家都完蛋。但另一方面儒家又认为船长应该听取船员的意见,不能以权谋私。所以儒家是站在船不沉,能够到达目的地这一最大共同利益来考虑问题。在用简单的国家与社会的二元对立的模式来讲的时候,它不完全符合儒家在历史中的特定作用。当然,在现实性上,儒者各有其阶层属性。这里是讲他们的理念,讲儒学。儒者能在多大程度上承担实现,是另一个问题。黑格有个普遍性中介的概念,现代社会还有所谓公共知识分子群体。相对来说古代的士阶层最具有超越的可能性。当然,我也认为儒学理念其实是要求士农工商乃至皇帝共同承担,才能真正得到实现的。比如焚书坑儒,就没有办法了。

另一方面这样讲学术上的创造性要差一些,因为有很多人已经这样说了。我认为这是一个更好的解说范式,至少可以说是国家社会二元结构说的改进型。不仅对解说历史,同时对解说现实,也更通达。

儒家主张的产生、其所依凭的实现资源,与中国社会发展的连续性有关系。社会发展的连续性使它的宗法结构一直非常强。说到宗法,大家会想到电影中描写的,将违反家规的女孩子装在竹笼里沉到水潭里去,以及《家》、《春》、《秋》里巴金所写的家族对青年的婚姻自由的否定和摧残。但是宗法制度能够产生并且维持这么长的时间,肯定是有它的制度收益的。问题的关键在于,它的收益被谁收取、利用了,或者说,在于它的整体的社会收益是不是已经超过了整体的社会成本?否则一个损人不利己的东西是不可能存在的;我们的民族不可能如此不可理喻。儒家是把宗法作为一种既成的事实来对待的——事实上,它作为一种生态,既具人文性,又具自然性,其发生对于个体来说,不是可以选择的。儒家主要是周公在此前提下进行伦理政治的设计,应该说是很高明的。因为在早期的情况下,不可能想到设计出什么更好的制度来代替它。我最近看了张五常的一本小册子,讲到通过律师制度打官司其实是非常不经济的,无论从信息还是其他的方面来看。反过来,在自然经济条件下,通过宗法伦理道德来对各种问题进行调整的处理,维持均衡,反而是比较方便有效的。在那种条件下,新的法律条文要颁布深入人心都非常的困难。更何况当时主要的矛盾之一就是人类族际间的竞争。上古万国到战国只剩七雄,最后只剩嬴秦一家。

儒家所依凭的一个资源就是宗法和伦理。我们都知道一句古话:"万恶淫为首,百善孝为先。"这句话可能是《太上感应篇》里的。现在听来这句话没什么道理,为什么万恶是以淫为首呢?在那样一个家族性的社会,不仅种族的繁衍依赖于这种社会制度结构,而且生产活动也依赖它展开。当时避孕技术也没发展起来,如果你跟着感觉走,性行为的结果是生殖,一个没有合适名分的小孩,它对整个家庭的解构作用是非常大的,如涉及到财产继承等等一系列问题。由此可见,在当时的社会背景下,这些宗法规则是其有一定的合理性的。现在,避孕技术非常成熟了,性已经变成一件非常个人化的事情。但我们看问题必需有点历史主义。今天还汲汲然以坚持什么"万恶淫为首"为务,我想那就绝不是什么大儒,而是实足的道学先生、冬烘先生了。今天应该是万恶腐败为首、卖国为首嘛!

下面讲士族的形成。梁启超说得好:贵族政治是民主政治的蟊贼,但也是君主政治的仇雠。从历史说,士族的形成是王权的无奈,他必须在霸道中引入王道的因素。王权是士族最极端或变态的形式,而王权反过来又要通过运用公共权力来为自己谋私利。像任何专制政府一样,王权对于处于自己控制之外的任何组织或系统,是非常警惕的。秦始皇以及后来的一些皇帝都是把有钱的大族迁到都城附近。便于控制。但是,即使像秦始皇这样专制的君主,他也没办法完全压制士族,那时的六国贵族。

费孝通和吴晗他们曾经讨论过,说山高皇帝远,这是一个很有意思的问题。很多人谈到中国的封建专制制度时,都特别强调它的高压与专制在世界上独一无二。当你对专制体制的本质进行抨击、对它的道德缺陷进行揭露的时候,这样说是可以的。但这种说法是否完全成立,则又是另一回事。"日出而作,日入而息,帝力于我何有哉?"毛泽东也发现,"人民与国家之关系,不过讼狱、纳赋二者而已"。这不是一个主观愿不愿而是一个实际能不能的问题。虽然皇帝想"专适天下以从己",想"独制天下而所制",但山高皇帝远,他是管不了那么多的,管理是需要成本的,更何况控制与剥夺,需要相当多的资源。那时以家族为生产单位,如果一个家族有足够的田地,管理好,或者朝廷俸禄较多,能够扩大再生产,这样其势力就会逐渐扩大。东汉之亡,黄巾军只是直接的原因。更深刻的原因在于世家大族,他们不愿与朝廷合作,而想取而代之。光武中兴的社会基础在此,东晋诸帝与王、谢共天下的社会基础也在此。托克维尔说民主是古老的、专制是晚近的,某种意义上也符合中国的情况。

这样一种社会结构的瓦解内部原因是科举制,外部原因是游牧民族入侵;当然,也可以说生产力的发展。

政府的出现是比较晚的。很久以前的古代,在建国的时候以宗庙为先,不像现在是把行政机关建在前面。那时公共权力是隐含在宗法里面的,公共权力的承担者也是隐性的,不像后来的皇帝,这是秦以后的事。外面的诸侯可能是天子的舅舅或者叔叔,相互间的关系裹着一层温情脉脉的面纱。但这样表述也是不够准确的,因为这层面纱并不只是装饰装潢,而是确确实实的组织结构。如果有一个天平的话,一边是人情、宗法等一些价值规范之类的东西,另一边是王权的话,那么有一段时间王权是弱的,转折点是春秋战国,而到秦始皇,就是王权占据了绝对支配地位。这就是从王道到霸道的历程。礼是一种制度形式,礼崩乐坏就是指规则变了。它为什么会变呢?就是因为有一部分大族随着家族的扩大,他手中掌握的资源日益增多,同时血缘关系渐渐疏远,各群体间利益关系的分离,使得大家有必要和可能对公共权力进行争夺,以谋取垄断性的利益。这时有些老的贵族不行了,而新的家族兴起了。本来祭祀是包含在公共权力里面的,但随着新家族的兴起,祭祀就仅仅为祭祀,变成宗法的权力道德的权力了。最终结果是到秦始皇将以往的礼乐都毁掉。比较有意思的是秦始皇的替代方式就是用自己的家族来覆盖其他的家族,这就说明宗法制度的存在本身是一个非常自然的东西,不以人的好恶为转移。

我正在写一本叫《从王道到霸道》的书,即试图从思想史的视角,以儒学为轴线介入这一课题。简单地说,"王道"可理解为原始民主制的社会组织方式及其思想——儒家是这一传统资源的集大成者;"霸道"可理解为秦始皇建立的专制政治秩序及其思想——法家是这一政治理念的主要论证和阐释者。在本书中它们将被作为时间概念（述指某一特定历史阶段）、政治概念（述指某种制度结构和运作方式）和儒学概念（反映某种价值评价和立场）加以综合探讨。本书将以前者为起点，后者为终点，以虞、夏、商、周及春秋、战国为阶段，以各利益集团间的博弈关系和互动过程为内容，从人类学、社会学、政治学及宗教学、哲学诸学科角度，描述、分析和评价这一段具有世界文明史意义的历史进程，勾勒出儒学从"三王之法"到"孔子之道"的发生脉络，在对史实（语境）的重建中说明其作为一种价值理念和制度设计的历史合法性，从而重新论证反映记录在《史记》、《礼记》等儒家典籍中的古史系统及其意义。

这里面内容很丰富也很复杂，要讲清楚比较困难。在这个过程中，由帝道到王道到霸道依次演变。儒家喜欢厚古薄今，而秦始皇最讨厌这样，因为他自己就是"今"，是当代帝王。秦始王时已进入霸道阶段，总是通过政权的暴力去进行控制。秦以前的六国是宗法国家，各国姓氏不同。政权形式是容易改变的，而社会结构他没法改变，所以秦朝"二世而亡"。到了汉朝，是霸王道而杂之，要举孝廉，立博士官，政治结构虽然仍是霸道，但很多政策又把王道拿了进来。这是为什么？这是为了迁就社会。而其中很重要的原因是世家大族的存在。这使得社会在与朝廷的博弈中具有相对充足的筹码。比如察举制，它在当时表明是对社会资源和社会价值的某种认可。当然后来那些举官者谋私利，导致上品无寒门，下品无士族，平民精英选拔不上来这样的情况，那又是另外一回事了。经过汉朝比较长的统治，士族这个群体起来了，这里不多说。后来发展到有学潮即学生运动，形成党锢之祸，被镇压了。汉朝的时候，县一级不派什么官，由民众自选象吏，自治程度是比较高的。所以世家大族发展很快，东汉时甚至皇帝的命令还不如当地的清流即绅士，如民谣就说"州郡记，如霹雳，得诏书，但挂壁"。

回头看看，三代的时候社会的权力大，政府的权力隐而不显，到春秋战国时开始分离，礼崩乐坏，而到秦朝则建立了霸道的体制，到了汉代，霸王道杂之，用了很多向社会妥协的手段。后来皇帝发现不行了，"诏书挂壁，"地方权势很大，于是利用内朝打压外朝，致使外戚宦官交替为患。但党锢之祸后，汉朝就衰落了，所谓"士类歼灭，国随以亡"。这是一种双败，导致黄巾起义，整个王朝彻底瓦解。

儒家常常是这样，一方面说皇帝你要施仁政，对老百姓好一些，另一方面也要老百姓听话。董仲舒"屈民以伸君，屈君以伸天"，天的寓意，则又包含有老百姓的愿望。士族是三位一体的，它有经济基础，是地主，同时在朝廷有官职，有政治权力，此外它又有一定的文化理想。儒家强调社会整体利益，所以它对正义比较关注，能够从这个立场进行言说。

下面讲几个个案(从略)。三国归晋，是司马氏王朝，西晋后北方的蛮族打过来。关于蛮族南侵也有很多有趣的说法，比如说是世界现象、气候变化等等。这时政府的力量是很弱的，皇帝必须依靠大家族抵抗异族的入侵，另一方面他又害怕大权旁落，常常干涉大族权力的使用，效率下降故常吃败仗。在王权不够强大的时候，大家族常常起到国之栋梁的作用。在有很多大族的情况下，他们相互之间要讲一种理性合作。仅有一个专制的家族是比较坏的制度，但是有五六个的话，它们之间会达成某种均衡，对老百姓而言可能会更好一些。南朝时王权已经落到一种底线，北朝的异族统治者则要本土人士来做官，这些人就会利用自己的权力来为社会为本土人说话。

下面是两个结论。一个是对传统的理解和对传统的接近的问题。在把儒学理解为文化而不仅是知识的时候，我们就会不仅对它进行评价或是褒奖，而且要想到如何去承接这种传统，因为它是开放的，是有生命力的，就像接力赛一样，孔子跑了一棒，孟子也跑了一棒，朱子也跑了一棒，到了现在，我们该想想如何把自己最快的速度跑出来了。第二点，当今自由主义是一个热点话题，我认为要重建传统的合法性与正义性的话，必须要建立一个平台，把自由主义接纳进来。从这个角度来讲，是可以把儒学作为价值规范的，因为从儒家来看，它不只是官方的意识形态，它讨论的是整个社会的理性合作与利益均衡，是在不可选择的情况下建立相对最佳的体制。这样就可以化解它和自由主义之间似乎不可调和的紧张关系。当然，南朝的士族"保江东以存中国之统"，北朝的士族以夏变夷的艰苦卓绝，对于我们文化认同的建设，也是一笔宝贵遗产。这里就不多说了。

盛洪：

今天谈的是一个比较大的问题，即对于儒学的看法。我比较同意陈明的看法,即对儒学我们应该潜下心去读它的文献,去冷静地思考,而不是像在上世纪初中国面对亡国的危机,大家为了解决一些当务之急而作的一些过激的讨论。那种讨论不够冷静,不够平和。我很赞赏陈明以及国内一些学者能以一种比较平和的心态来研究儒学。另外我也比较欣赏韦伯的态度,不管他的主张是什么。他写的《儒教与道教》是很好的。这是第一个问题,对儒学的定位,它的积极价值在哪儿。

第二个问题是,儒学是不是像过去所说的,就是一种王朝的意识形态。陈明刚才没有突出这一点。我认为有一点:道统高于正统,这是中国国学的现实。也就是说儒学作为一种意识形态、一种文化的话,它是高于以往的政权的意识形态的,当然也会有一些妥协,但这根说它就是为王权服务的,这是不一样的。而孔子本人就不是官方学者,他周游列国,四处碰壁,然后首创中国民间教育。他的传人,包括宋儒、明儒,很多都是在民间作一些研究。正如陈明所讲到的,在魏晋南北朝时期,儒学与王权在相互抗衡,相互斗争。

第三点,儒学的社会承载主体是什么。如果儒家都是些无产者,是穷人的话,那它就没有社会承载。他给我的一个启发就是,任何一种意识形态,任何一种文化,都有一种社会承载和经济承载。简单举个例子:基督教,它不是一帮穷人整出来的,它在一段时间内是相当富裕的,基督教徒里有很多富人,会捐献,甚至有一段时间它要征税,所以它也是有社会承载与经济承载的。士族就是儒学的一种社会承载实体。当然我们也要反思平民革命所带来的结果。平民革命会带来一种平等的理想,但它也会造成社会力量的减弱,国家力量的增强,从而没有一种实体去与国家抗衡。

下面请三位评议人进行评议。

王焱(社科院法学和政治学所研究员):

刚才陈明讲到用国家和社会二元结构来分析儒学的问题,仅仅因为别人已经用过了就放弃了它,而认为儒学是覆盖国家和社会、达到一种均衡,我认为不在于某种观点是否已经被别人用过了,而是这种观点是否成立,我是否能够提出比原有更好的解释。假如不能提出要好的解释,就只好引用原有的解释。并不是说每一个观点都是自己创造的就是好的。如果是自己创造的,但是形不成一个框架体系,就不可能逻辑上自洽,逻辑不能自洽,就无法讨论。

　　陈明强调儒学是一种文化,一种价值,不是一种知识,这种提法我觉得很成问题。你可以说基督教是一种价值,或者说儒学是一种价值。但是这种价值经过两千年后,我说我是儒家,我认同儒家的价值观,这里就有一个问题,你怎么知道你所认同的就是儒家的价值观呢?儒学的价值作为一种知识是怎么传达到你这里的呢?这是一个认识论问题,而认识论问题就是一种知识问题。这种观点可能会出现比古代的儒家还落后的问题。古代儒家经常讲儒学是有体有用有文之学:儒学不只是价值体系,还有它的工具理性,有它的文体承载,而我们现在却反而认为它就是一种价值体系了,它的认识论、知识论在这儿都消失了,那么我们怎么能够回应儒学在现代面临的挑战呢?

　　为什么儒学衰落了呢?为什么它会从中古时代中国主导性的学说落到今天的这种处境呢?一个原因是它并没有很好地回应现代性的挑战。为什么基督教到现代还有生命力呢?是因为它通过宗教改革很好地回应了这个挑战。人文主义有文艺复兴、西方罗马法有罗马法运动,所有有生命力的、仍然活跃在现代的宗教、文化就在于它们能较好地回应现代性的挑战。由于不能回应这种挑战,有很多现代人看起来很好的文明与文化就已经灭绝了。所以如果单单强调儒学是一种价值观,我觉得这比明清的许多儒家都要退步多了,明清的儒家还强调"体长用短"、"体多用少",甚至认为儒学"有体无用"。

　　讲到儒学是一种制度,制度就更是一种知识了,所以抛开儒学的知识性,就很难理解儒学是一种文化性的知识、价值性的知识。北方民族南下的时候,使文明野蛮化,但保存了儒家文明,也保存了文明。在那个时代,有的时候是低级的文明战胜了高级的文明的。匈奴是以杀戮为工作的,而儒家是农业文明,在武力上可能不是它的对手。所以我觉得单单强调儒学是一种价值观,并不足以解决这些问题。

　　而且我看到陈明、李泽厚他们不赞同新儒家,认为内地儒学可能比新儒家更纯正一些。但我觉得新儒家至少有这种意识,要回应现代性的挑战。如果内地的儒学连这种意识都丧失了,那就很难与新儒家竞争了,因为后者至少考虑到现代性问题了,比如社会制度的安排问题。

　　有一次在炎黄艺术馆,儒学联合会开会,讨论得很热闹。一位老先生就说了:"你们都以研究儒学为业,你们谁敢说你们是儒家呀?"全场鸦雀无声,没有一个人敢回应。那么现在内地儒学人格萎缩到这种程度,你甚至不敢说自己是儒家,还谈什么研究儒学呢?历史上的儒家不管怎么说敢说自己是儒家信徒,"居天下之广居,立天下之正位,行天下之大道。得志与民由之,不得志独行其道。"所以说儒家不能不回应现代性问题,这不是说消解了国家与社会二元分析框架就能解决的问题。

陈明写过一篇文章批评我,说我讲了中古的士族对于发展儒学、对于皇权有制约作用,他一句话就把我的论点全都扫荡了。他说按你的意思中古是实现自由民主制度的最佳时机了,既然没有实现自由民主,那么你的观点就不成立了。这种说法是没有理由的,现代西方民主能追溯到古希腊,你能说谁追溯到古希腊,你可以质问他古希腊就是实现自由民主的最佳时期?既然古希腊没实现就不应该再提古希腊了。这实际上犯了史学上方法论的一大禁忌,即错置历史范畴。我们所说的自由民主是现代性框架中的自由民主,不能套到古代上去。只不过我们现在来回看古代的儒学,它给我们确立国家权力实行一定的制衡提供了一定的文化资源,自由民主的问题是现代性的问题,古代不可能提出这个问题,但不是说古代不能提出这个问题,它就不能给我们提供任何资源了。

我们所说的自由主义不是指一种自由主义,有很多种自由主义。研究西方自由主义思想史的约翰·格雷,认为西方存在着许多种自由主义。你可以说功利主义早期是给自由主义提供支撑的,像密尔、像边沁,那功利主义可以说是自由主义,因为大家都承认。但哈耶克认为那不是自由主义,至少不是他说的自由主义。这两种自由主义就不一样了。还有唯理论的理性主义,进化论的理性主义认为唯理论的理性主义不是自由主义,还有很多这种区分。我们要挑战自由主义的话,只能说挑战某种自由主义,不能笼统地说。还有很多具体的观点就更成问题了,你说自由主义主张台"独",哪一个自由主义者主张台"独"了?而且我不主张台"独",就不能成为自由主义者了吗?现实政治主张与自由主义不见得有关系。

儒学战线拉得非常远,好像接近于真理,但是它对现代性回应的意识又特别缺乏,所以很难对现实世界发生影响。

傅谨（中国艺术学院研究员）：

我一直非常关注陈明的研究。关于今天所谈的"儒学与士族"，我们有一个观点是不谋而合的，在中国传统的社会形态中，儒家的存在既有别于官方的意识形态，也有别于民间的意识形态，它在很多场合对官方和民间都有矫正作用。我有一个意识形态一分为三的观点，有官方的，有民间的，还有儒学的。在我的研究领域中，我发现在很多场合官方的和民间的意识形态共同点更多，而民间知识分子的观点可能是对官方和民间高度重合的意识形态的一种矫正。

此外，他把儒学的发生归结到当时士族的存在，这种研究即使不把自己看作儒家，仍然是可以进行的。比如研究基督教不一定要信基督教，这是两回事。

关于士和儒的关系，陈明可能过分地夸大了经济基础和收入对儒学出现的影响。虽然我们常常说经济基础决定上层建筑，但是我们也经常可以看见很穷的地方照样有很丰富的精神生活，他并不需要把饭吃饱了，再去娱乐游戏，或是从事艺术活动。

还有一个问题，陈明关于士和儒的研究主要集中在汉朝和魏晋时期，是否是说在开科举即隋唐之后，儒学的存在就不再需要士族这样一个载体了？开科举后，有很多社会底层的人可以通过科举一夜之间改变自己的身份，进入上层社会。这种变化对儒学的发展是不是有一种特殊的意义呢？

至于回应现代性的挑战的问题，19世纪以来，我们很多知识分子把中国社会存在的种种问题归罪于儒家思想。有时这种批评是非理性的，但是我觉得是否可以这样理解、当他试图批评当代中国现实的时候，当他觉得直接批评不合适、不妥当、不方便的时候，往往会另外找一个靶子，指桑骂槐。儒学就常常被当成"桑"，这是很不公正的。

卢国龙（社科院宗教所研究员）：

陈明强调儒学是一种文化，而不仅是一种知识，但他刚才主要还是通过知识来讲的。这里可能容易有一个误解，陈明是说现在的中国知识界把儒学仅仅当成了一种知识，而不是说儒学里面没有知识论。如果没有知识论，价值体系是不可能支撑起来的。说它是知识，意思就是说它是一种文献，更严格地说是一种历史的知识。这一百多年来，正因为把儒学当成一种知识,对它的研究大体分两派,一派叫"取其精华派",古人说的好的,或者说符合我的文章的需要的,就拿过来;还有一派叫"取其糟粕派",专门找古人不对的来批评它。这种文化生命到底是否存在,如果只把它视为一种知识,就断了根了。我们只是把儒学当作一种文化现象,而没把它和现代生活结合起来,这是我们现在问题的关键。

陈明讲的意思是说,在中国古代,儒学和士族之间是互动的,它推动了中国历史的发展,不是说儒学是由士族创造的。古话说"道在日用之间",而儒学只是把中国百姓固有的生活方式中的那些规则提炼出来,归纳出来。儒学是培养士的,而士族反过来成为儒学的载体。

宋儒讲天道性理之学,我们现在很多人把它理解为道德理想主义,我觉得这都是没有去读宋儒的话的本义,所谓天道就是,国家的制度安排必须符合两个哲学上的前提,一个就是符合老百姓固有的生存状态与要求,一个就是符合理性精神。我理解儒学的宗旨就是这个。

我提一个问题,就是你的研究有什么意义?现在没有士,更没有族,儒学在当代中国的生长点在哪里?

陈明:

你问今天的儒在哪里?士族在哪里?我认为当代的士族就是指各种利益共同体,每个人都是一个利益主体,都是各种利益共同体的一部分。

以前大家都认为儒是统治者的意识形态,而我今天讲了儒不仅有官方的意识形态,也有民间的价值取向。我并没有夸大儒家的经济联系,儒家从来关心的都是经济。

关于科举制。当一个皇帝建立了一个新的政权,他就要培养自己的势力来巩固自己的政权,尤其这个皇帝是武则天时,当他通过科举制来提拔干部时,这对士族就产生了一种解构的作用。当然科举制本身所包含的形式理性和工具理性是毫无疑问存在的,我只是将它作为一种士族的对立面时谈到它的一些负面作用。

我并没有讲儒学只是一种价值,只是讲如果把儒学仅仅作为一种知识来研究,这是不够的。它包含三个层次的含义,我前面已经谈到了。如果你把它仅作为知识来解读的时候,它肯定无足可观。

有关现代性的问题。我与新儒家的看法有很多相似的地方,比如强调儒家的资源对现代的民主政治建设有非常积极的意义。谈到我批评王焱的那篇文章，他把陈寅恪归为一个自由主义者，我以为不可。我认为陈寅恪是一个典型的士大夫，完全可以用传统本身暗含着的现代自由主义的资源这个角度去论证他的价值观的合法性，而没必要把他说成一个自由主义者。但如果指出我论据上有错误的地方，我愿承认错误。

前一段时间媒体上有两个自由主义的象征，陈寅恪和顾准。我写了一篇小文章：《谁解陈寅恪》，说陈寅恪讲"自由之思想，独立之精神"，但是支撑这两个象征的基座是完全不一样的。一个是传统的，另一个却是西方自由主义者。我觉得这一差异迄今没有得到正视。

我不承认自己是一个没有现代性的人，我的研究的宗旨是重建儒家当代叙事的合法性，从知识上的合法性来确立它从价值上的合法性，为今天的文化建设开辟新的传统的资源——这是不可缺少的管道之一。近代以来正是通过否定它在知识上的合法性来消解它在价值上的合法性，比如古史辨派；当你把禹说成一条虫，那么他身上凝结的价值颗粒就溶解于无形了。西方一些汉学家说中国的历史非常短，只有挖出了文字它才承认你的历史，这是很没有道理的。我觉得进行文化上的疏理，也是一种可以也应该一试的进路。

吴思：

首先儒学是什么？陈明用西方概念来进行解释的时候，反而使得其含义更复杂化了。可能用中国古人的那些知识与体系来解释可能更准确、更精彩。

明儒王阳明说良知是一种知识，这种知识发自你的内心，修身齐家治国平天下是它的自然流动，而用刚才陈明讲的"利之和"来概括挺好，即各种利益冲突的均衡。所谓良知是对社会维持稳定的条件的认识和了解，它往外追能追到天地宇宙，往内追能追到人的本性，可能这种中国自己的解释更能让人了解儒学的真谛。这是儒学是什么？

此外，现在如何使社会安定、达到均衡的那些条件全变了，帝制推翻了，农业作为基础的地位已经消失了，社会各大集团全变了，于是维持社会稳定的条件也不是三纲五常了。如果把儒家的原教旨全搬过来的话，就发现它就是崩溃了，以后也建立不起来，三纲五常永远不会再建立了。

但是现在代表儒学的基本精神还在，比如说我认为我能代表天道，天理就在我的心中，良知也在我的心中，我认为我是真理和正义的化身。然后这些号称掌握了真理和正义的少数人通过学习掌握了这些天道，组成一个集团，通过考试谁及格了进入集团，成为统治者。这种精神现在消失了吗？如果说儒学在这种最基本的结构意义上已经很好地变形，然后引导我们前进，那么儒学就已经很好地回应现代性的挑战。

盛洪：

今天讨论的话题比较大。首先儒学是什么，就很有歧义。根据我的了解，刚才就争论儒学是否是知识，还是不仅仅是知识。儒学不是一种简单的文化。基督教文化仅仅是起到了宗教信仰和道德教化的作用，而儒学确实包括好几个方面，一个是理性主义的知识方面，另一方面是超越理性主义的精神方面，这是儒学与其他文化不太相同的地主。在政治经济制度方面，儒学是理性主义的知识，但它不仅仅是这些内容，在道德教化方面，儒学又是一种不成文的规范，也是人们对待生死问题的一种精神信仰。胡适后来特别推崇三不朽："立言，立功，立德。"这就已经变成信仰了。所以儒学的跨越度很大，有的时候我们讨论的可能是它的理性主义的知识层面、制度层面，而有时讨论的又是它的无形的精神层面。这是儒学的第一个特点。

第二个特点，我们今天是否需要类似儒学这样的东西，我想讲一个事实。在近代以来，西方的理性主义传统风靡全世界，它在很多社会中替代了原有的理性主义制度，我指的是政治制度和经济制度。这些社会在接受西方的理性主义的同时，保留了自己精神层面的文化，一个极端的例子就是印度。它是英国200年的殖民地，但是现在95%以上的人都是印度教徒，剩下的主要是佛教徒，基督教徒非常少。除了内地以外，许多华人居住的地方，儒学还是有非常大的影响的。还有伊斯兰教国家，没有说基督教占统治地位的。回头看中国，我们除了实行西方的理性主义以外，我们精神层面和道德层面有什么？没有。亨廷顿在《文明的冲突》里有一张图，把每个国家信仰的宗教都写上了，到中国的时候是一个问号。现在中国就是一个礼崩乐坏、没有信用的社会，我们用什么来救这个社会，这是一个问题。

刚才讲到儒学为什么衰微，专制压制是一方面的原因，但是任何有合理的精神上的文化传统,是有巨大的生命力的,比如基督教,它一直是受压制的,但是它一直顽强地抗争,最终成为许多国家的国教。精神的东西不是用暴力能消灭的。我们所要探讨的事,要回头反省儒学是不是有一些错误,是否对今天的事情有些回应。如果不能对今天的事情做出反应,就无法在今天立足。

儒学的真精神讲的是自发的秩序,它在今天不同的背景下发生了变化,我们仍然要遵循这些东西。孔子遵循的是礼,礼就是当时自然的秩序,是民间老百姓的东西。今天我们的儒学是坐在书斋里,还是走到老百姓中间去,这是非常大的挑战。

有的时候仅剩几个儒家可能是一个新的契机。儒学占的统治地位太长了,以老大自居,养尊处优,没有变革和更新意识。那么今天走向边缘恰恰是儒学走向复兴的契机,走向边缘才会思变革,才会批判自身不足之处,才能创新,才能真正地复兴。

我对胡锦涛《在"三个代表"重要思想理论研讨会上的讲话》的解读

如果我们承认改革开放以来的这二十年是中华民族最近一个半世纪里所不曾有过的黄金时代,如果我们相信拥有十三亿人口和五千年传统的中国社会的现代化进程将给世界文明史带来巨大影响,那么,学术界就有必要对创造或主导了这一切的中国共产党在其指导思想方面的种种变化和创新给予足够的重视。可以说,从"中国特色社会主义理论"的提出,到"中国共产党章程"的修改,再到"三个代表"思想的确立,其所具有的历史意义和理论价值,只有在这样的背景或框架中才能得到比较深刻的解读和比较准确的评估。

研读胡锦涛总书记《在"三个代表"重要思想理论研讨会上的讲话》(以下简称《讲话》),这种感觉进一步得到印证。我愿就此谈几点个人体会。

从逻辑上讲,马列主义思想体系可以区分为抽象的精神原则和具体的纲领方案两个层面。如果说作为方法论的前者放之四海皆准,那么作为施工图的后者就必须根据时间地点的不同而具体问题具体分析了。在中国共产党内,曾经有一部分教条主义的同志长期拒绝承认中国革命的历史特殊性,不屑于对中国革命经验进行理论的总结和提升,把马克思主义当教条。1931年至1934年遭受挫折和损失,思想方法上的原因即在于此。这也正是毛泽东撰写《实践论》揭露党内教条主义和经验主义——特别是教条主义错误的现实背景。以此为标志的中国共产党人对中国经验的重视,深化了他们对马列主义的认识。正是基于这样一种认识论上的自觉和成熟,马列主义的普遍真理与中国革命的具体实践相结合的毛泽东思想得以诞生。但是,在宣布"中国人民从此站起来了",即取得政权之后不久,大跃进、人民公社,尤其文化大革命这样一个个从理念教条而非实际需要发起的运动,又大伤国家民族的元气。人们不禁要问,在新的历史条件下,重视中国经验,是不是应该还有一个更深刻的中国共产党之历史地位与使命的内在层面:作为中国社会一分子的中国共产党,其与中国社会、中国历史、中华民族之间究竟应该是怎样一种关系?其所信奉的理念所追求的目标,与中国社会、中国历史、中华民族之间又究竟应该是怎样一种关系?前一种关系是不是逻辑上优先于后一种?

如果说这一问题在开始向西方寻求真理救国的时候尚是不言而喻,那么,到形而上学猖獗、教条主义横行,"宁要社会主义的草,不要资本主义的苗",使"国民经济濒于崩溃"的"文化大革命"时代,已是完全异化颠倒昏悖错谬了。但是,在全球化全面推进、现代性日益深入和苏东巨变、朝鲜僵化的今天,对位居执政地位的中国共产党来说,就这一问题做出回应和说明,已不仅仅关系到社会主义事业的前途、中国共产党的命运,也关系到中华民族的祸福兴衰。应该说,邓小平同志从中国经验出发,用平实的社会主义初级阶段理论调校其作为执政者对中国社会的认知,从而对中国共产党的历史地位和发展战略加以调整的时候,实际就已经开启了回答这一问题的逻辑思路。当江泽民指出"中国共产党人是最坚定、最彻底的爱国者",当《中国共产党章程》宣示中国共产党也是"中国人民和中华民族的先锋队",当胡锦涛强调"中国共产党人要坚持以兴国为己任、以富民为目标""全面建设小康社会",全世界都看到,世纪的交替中的新一代共产党人,作为中华民族的优秀儿女,他们明确了自己与民族生命的内在联结;作为执政党,他们明确了自己对于服务社会公共利益的责任。

"三个代表"重要思想,就是对此最透彻系统的阐述。

由于近代中国深陷于民族生存的危机,向西方寻求保国保种的"真理",成为近代以来中国社会最普遍的思维定式和心理取向。中国共产党的创立者之所以选择马克思主义,"走俄国人的路",就是因为他们朴素的相信,"只有社会主义能够救中国"。从当年共产国际的一些领导人物,到当今美国的一些大学教授,都喜欢讥诮他们身上鲜明的爱国主义性格特征,有意无意地将他们贬为所谓"民族主义者"。不知什么时候开始,民族主义似乎成了一个贬义性名词。实际上,如果把民族主义定义为对本民族根本利益和基本价值的忠诚与认同,那么,这样的民族主义何罪?不管是否承认,对它的持守乃是包括共产党在内的一切社会团体获得其存在合法性,追求其远大目标的基础或前提。"无产阶级只有解放全人类,才能最后解放自己",这是一种充满激情和思辨色彩的修辞口号。现实中,我们无法设想,没有民族的解放,会有全人类的解放!检视中国革命史的曲折坎坷,从主观的方面来说,几乎每一次大的失败都是因为偏执教条,而每一次大的成功则都是因为尊重现实。因此,从国际共运与中国革命的关系来看,"三个代表"思想的提出远不只是中国共产党人对自己历史经验的简单总结,更是基于对时代潮流的深刻理解、对未来发展的准确把握而在理论和实践上的自觉和成熟。由"救中国"到"中国特色"再到"奔小康",中国共产党的历程作为中华民族生命形态之近代展开,可谓越来越清晰明确。它的意义,则将由中华民族的伟大复兴得到证明。

经典建党学说的科技背景、社会背景以及其他诸多历史条件,随着科技的发展和资本主义自身机制的更新,都已发生巨大改变。同样,由于历史的原因,马克思等人作为革命家和理论家,主要是从其思想的逻辑和革命的需要出发,提出了属于他们那个时代的建党学说。而对夺取政权之后,处于执政地位的共产党如何定位处理其与国际、国内各种矛盾关系,即如何执政的问题,却没有也不可能提供能够满足我们今天所需的现成方案。毛泽东晚年提出的"无产阶级专政下的继续革命"的学说,已由十年文革的惨痛教训证明是极"左"的错误。哈维尔在《无权者的权力》中这样追问:"某个水果店经理在洋葱、胡萝卜陈列橱窗上贴了一幅标语:全世界无产者,联合起来!他这样做目的何在?究竟向人们传送什么信息?他是否对全世界无产者的大联合真的十分热衷?他当真觉得他的热情促使他非得让公众都来了解他的理想不可?他是否真的想过,这个大联合该怎么实现,实现了又怎么样?"是告别这种乌托邦的时候了。新时代的中国共产党人,必须从自己的经验和责任出发,调动起自己的勇气和智慧,去承担这一思想探索和理论创新的历史使命。

理论是需要的产物,而需要则总是特定历史条件下特定实践主体的需要。今天中国共产党人所处的环境,其外在方面的重要特征是:一方面,冷战结束的方式及其结束后的世界格局清楚无误地表明,曾经辉煌的国际共产主义运动跌落谷底。相对于西方社会,现存的社会主义国家无论政治、经济还是科技、文化或者军事实力,都严重不对称;另一方面,"不是东风压倒西风就是西风压倒东风"的零和游戏性质业已改变——基于核威慑、核均势的安全观念虽然脆弱,却基本得到维持,各方对全球化带来的经济和环境诸公共议题也有着较为广泛的共识,因而和平与发展一直是世界的主旋律。内在方面最重要的特征则是:唾弃教条,回归现实,中国特色社会主义的改革开放的成就举世瞩目;加入WTO使我们在更广的范围和更深的程度上参与国际经济合作与竞争,在存在种种矛盾冲突的同时,也存在相当程度的共同利益;虽然仍有许多具体的利益关系和内部矛盾需要调节,社会各阶层人民的根本利益却基本一致。

于是,应该制订怎样的行动方略才能保持自己的先进性以确保自己的执政党地位不动摇,成为中国共产党当前最大的理论需要。"三个代表"思想从先进生产力的发展要求、先进文化的前进方向和中国最广大人民的根本利益三个方面展开这一论述:从满足先进生产力的要求和适应先进文化的前进方向,重新论证其作为一个政治实体在义理价值上的正当性和合法性;以反映维护和增进实现中国最广大人民的根本利益,重新阐述其作为执政党与社会的关系,巩固拓展其社会基础。这一切,卑之无甚高论,实际却是寓雄奇于平淡:作为马克思主义在中国发展的最新成果,它以理性而开明的眼光与心态,兼具原则性和灵活性的思维方法——既坚持了辩证唯物主义和历史唯物主义的世界观和方法论,又为执政的中国共产党在当代中国和世界的新形势下审时度势进行战略部署打开了前所未有的思维空间,从而既彻底又稳妥地解决了中国共产党由革命党向执政党的角色转换问题,使自己的先进性与时俱进。十六大把这一理论"上升到党的性质和宗旨的高度,上升到党的指导思想的高度",意味着在国际共产主义运动举步维艰的时候,中国共产党将引领自己的国家大踏步汇入时代潮流。

党的先进性既是个理论问题,也是个实践问题。如果说江泽民同志提出"三个代表"思想主要是从与国际共运的内部关系中,对经典党建理论进行创造性更新,旨在重建中国共产党性质的先进性,那么,胡锦涛总书记的《讲话》则主要是从与现实社会的外部关系中,将这一理论的精神落实为相对具体的施政原则,明确政治体制改革的基本方向。作为"三个代表"思想指导意义和理论逻辑的深刻阐述和充分展开,我认为,《讲话》的创造性表现在它完善了"三个代表"思想一些理论和结构上的环节,使其沿着党建学说的轴心,进一步拓展为立党、执政、兴国三者统一而且具有可操作性的系统结构。

《讲话》用四个"关系"论述全面贯彻落实"三个代表"重要思想的意义:关系党和国家工作的全局,关系实现全面建设小康社会的宏伟目标,关系中华民族的伟大复兴,关系中国特色社会主义事业的长远发展。那么,今天先进生产力的发展要求是什么?今天先进文化的前进方向是什么?今天最广大人民的根本利益是什么?更重要的是,作为执政党角色的我们究竟应该如何去做,才能真正在现实性上成为这一切的代表者?这是全面贯彻落实"三个代表"重要思想首先必须正视的问题。为什么人们普遍对《讲话》以"立党为公,执政为民"八个字概括"三个代表"重要思想的本质令人印象深刻?我认为,关键就在于它是对前述问题的最好回应——打开了落实的通道、提供了落实的保证。"发展先进生产力和先进文化是实现最广大人民根本利益的基础和前提,实现最广大人民的根本利益,是发展先进生产力和先进文化的目的和归宿"。通过对"人民历史主体"地位的凸显,《讲话》将"三个代表"思想中的可能性转化为现实性、逻辑要求转化为具体方针。"各级党委和政府都要坚持把广大群众是否赞成、是否受益作为决策和工作的重要依据"。这意味着这一落实同时也是一种保证,因为是否真正做到了"三个代表"要由人民说了才算。——曾几何时,劳民伤财的"穷过渡""共产风"可都是以代表人民利益的所谓革命的名义发动!

用现代政治学的语汇来说,"立党为公"的公,就是公义(social justice)和公利(public goods);"执政为民"的民,就是公民(百姓、民间)及其愿望和需求。荀子说:"人生而有欲。欲而不得,则不能无求。求而无度量分界,则不能不争。争则乱,乱则穷。"于是而有政府之起。西方文化中,主流的国家理论与此相近。在这样的论述中,人们的行为都是趋利的;但政府的运作,却不能如此。亚里士多德的《政治学》认为:公共利益或曰普遍利益,才是政府行政运作的出发点和目标。公共利益并不抽象,大致可理解为社会各集团利益之和。儒家的《大学》也指出:"国,不以利为利,以义为利也。"这个"国"就是指政府;这个"义"则是"利之和",即各个利益主体之间的利益均衡点。中国共产党反复宣示,除了人民群众的利益之外,没有自己的特殊利益。"立党为公,执政为民"的八字方针以现实关注代替乌托邦冲动,确立"人民历史主体"地位,意味着中国共产党人已不仅仅是从理论出发,从合规律性来论证自己立党和执政的合法性,同时也注意从实践出发,从合目的性来论证自己立党和执政的合法性。这样,就建立起了与人类优秀的政治文明传统交流对接的窗口,从而使社会主义民主政治的制度化、规范化和程序化进程获得广泛的基础和强大的支持。

儒家的社会理想是"均、富、安、和"。由于地区、阶层间的发展状况有欠均衡,"立党为公,执政为民"在现阶段要求对弱势群体给予较多的重视。但从执政者与社会的关系看,寻找各个利益主体之间的利益均衡点,建立起公平高效的政治、经济和法律诸方面的制度,求取社会效益的最大化,才是事半功倍长治久安之道。据"新华社"报道,中共政治局最近一次集体学习安排的内容是"坚持依法治国、建设社会主义政治文明"。胡锦涛总书记在这项学习活动上强调,继续积极稳妥地推进政治体制改革,扩大社会主义民主,健全社会主义法制,依法治国,建设社会主义法治国家,实现社会主义民主政治的制度化、规范化和程序化。在八月份的瑞金讲话中,对"立党为公,执政为民"落实是与党风建设联系在一起的。从"党风"到"制度",无疑是一种推进和深化。这一切都是"三个代表"思想的题中应有之义。譬如,由武汉青年孙志刚冤死广州收容所的惨剧,而决定将所谓城市收容制度取消而改造为城市救助制度,就是一个精彩案例。"衙斋卧听萧萧竹,疑是民间疾苦声"。面对这样一份亲民情怀,我们心底自然也燃起更多的期待。

最近,一位俄共党员在谈到中共的改革为什么会造福人民时写道:"因为他们是真正的中国人,与自己的国土血肉相连。中国是一个伟大的文明社会,是惟一至少三千年没有改变自己文化基础的文明社会。有着这样历史的人民不会自暴自弃,不会把其他文明社会(哪怕是取得重大成就的社会)看作完美的标准和模仿的榜样。种种迹象表明,中国在未来仍将是地球上的一个非常伟大的文明国家。"

果如是,则共产党幸甚! 共和国幸甚! 中华民族幸甚!

抒怀

紫藤庐及其他

台北的精采掩藏在街巷深处。当我在位于新生南路三段16巷的紫藤庐坐定,婆娑的竹影把喧嚣和暑热彻底阻隔,似无还有似有还无的茶香把思绪向渺远的云峰溪涧牵引,我想起了这句不知从哪儿见过的话。这次来台湾大学开"儒学和东亚文化圈的形成"的学术研讨会,由于种种原因,如会议海报在将越南标注为 Annan、日本标注为 Nippon 的同时,台湾被踯躅地标注为 Formosa,隐约散发出某种文化台"独"的气息,我的心情很有些郁闷。所以,友人们的议论风生没能激起我的攀谈兴致,倒是脚下因岁月流淌而变得色泽暗哑的檀木地板让我觉着十分的安静入神。

于是,隐然可辨的履痕带我缓步走过屋内的老照片、旧资料和古书案。

每到一个城市,我总是喜欢去它的迪厅、酒吧和茶馆,从中体会其居住者的活力、情调与情怀。人只有在游戏的时候才成为自己,是不是也可以说,休闲的方式最能折射一个城市的性格,它的记忆和怀想?挂老照片、摆旧资料是营造气氛提升品味的寻常手段,也的确能散发出些许趣味,让人体味到成都的拙朴、深圳的现代以及北京的时尚和上海的怀旧。但是,对我来说它们终究只是道具一件,因为照片中的图画、资料上的文字往往与彼时彼地的主人、客人以及环境并无太多内在的关联。

这回不同。虽然以岳阳楼拥有"先天下之忧而忧,后天下之乐而乐"的名联、滕王阁拥有"落霞与孤鹜齐飞,秋水共长天一色"的佳句来相比拟并不恰当,但紫藤庐却也的确拥有一份属于自己的文化积淀。建筑的风格,殷海光诸自由主义知识分子的讲学聚会,甚至奥斯卡获奖电影《喜宴》的拍摄借景等等,使得它的内含似已远非茶馆二字所能了得。1997年,房主原供职单位曾以紫藤庐茶艺馆属违法经营而欲将其收回拆建,就引起了台北文艺界所谓古迹自救的串联行动。后来,马英九主持台北市政,作家龙应台出任新设立的文化局长,正是在紫藤庐设茶会邀请文艺界人士对提升台北市文化面貌提出建言。紫藤庐的文物身份大概也就是于焉而定。

　　当然,这一切我都是道听途说。较深刻的印象来自沪上某著名自由主义学人的文字,因为它提到了一副对联,同时有意无意地把紫藤庐描绘成了东方的"朝圣山"。朝圣山,瑞士地名。1947年,在哈耶克的推动下,39位著名学者集会于此,讨论自由社会的性质等问题,并成立所谓朝圣山学社。因此,朝圣山又成为自由主义思想圣地或大本营的代名词。对联很精彩,文章也很漂亮。但我总觉得,对联的意境与作者所刻意暗示的朝圣山意象之间反差有些大,不易融合。现在,房舍的主人,对联的作者,使紫藤庐成其为紫藤庐的精神象征就出现在我的面前:西式皮鞋,中式长袍,嘴唇微张,似笑非笑,目光内敛,似有所思考又似有所期待。这一切的背景,则正是他那如今已被人们广泛称引的"六十初度自撰"由衡山赵恒惕氏手书的14个隶体大字:"岂有文章觉天下,忍将功业苦苍生。"

　　儒生耶?自由主义者欤?这样两个面相,在这位既是伦敦经济学院哈耶克及门弟子并将哈氏巨构《自由的宪章》介绍到中国为中华民族的自由民主追求提供有力学理支持的留洋生同时又是将自己的书房命名为尊德性斋的湖湘子弟(周氏撰文落款总是"长沙周德伟")身上到底是一种怎样的组合呢?直觉告诉我,这是又一个陈寅恪式的知识分子。在我,所谓陈寅恪式的知识分子是指一种中体西用的文化立场,用陈寅恪自己的话说,就是在从事思想文化的建设时,"一方面吸收输入外来之学说,一方面不忘本来民族之地位"。

　　乡情和敬意使我和茶舍现任主人周渝的谈话轻松而深入。他从条形的书案上把他父亲的著作和他自己写的纪念文章送给我。首先吸引我的自然是《自由的宪章》。几年前《The Constitution of Liberty》在内地被译成《自由秩序原理》出版,颇为轰动。记得译者曾郑重其事地专文论述其以己之"秩序原理"代"汉语世界(实即长沙周德伟)习用"之"宪章"的种种理由。我提起这事,周渝说,当年他父亲是从《中庸》的"祖述尧舜,宪章文武"里选取宪章一词来与constitution对应的。我知道,周氏对《The Constitution of Liberty》的正式翻译始于1969年退休，4年后出版。1975年，又出版了对哈耶克思想进行系统介绍的《当代大思想家哈耶克学说综述》，由哈氏亲为之序，肯认嘉勉之情意跃然纸上。1965年哈氏抵台，周为老师翻译，即与哈氏就该书若干问题有过深入讨论。其时所作"哈耶克学派社会思想的研究"尚将《The Constitution of Liberty》译为《自由的构成》。可见其最终以宪章一词定稿付梓显然经过了一番斟酌推敲。是出于遣词造句古雅的考虑，抑或别有寓意追求？似乎很难忖度。我知道的是，"尊德性"的斋名也同样来自《中庸》"君子尊德性而道问学，致广大而尽精微，极高明而道中庸"。

　　《周德伟散文存稿》和《周德伟社会政治哲学论著》中的文字使我的直觉很快得到印证。这位1902年出生的前辈乡贤，少年时代即爱读《甲寅》这样的非主流刊物，自称从中"得了人民保障自身权利的观念及人民授权政府的观念"，而对《新青年》的狂飙突进，则"不太喜欢"。是的，五四运动诚然是当时最为重要的历史事件，但这并不意味着它就是当时历史的全部，并不意味着它就能够代替覆盖其他事件的意义——否则，五千年历史文化的气象和格局岂不是太过单薄褊狭？跟陈寅恪及其他许多人一样，周氏虽然对五四运动评价颇高，但他的文化主张并不属于这一谱系，而是另有宗旨，准确地说是与曾国藩、张之洞一脉相连。不久前曾与李泽厚先生讨论过陈寅恪"自由之思想、独立之精神"的问题。他认为陈氏此语不具有自由主义的义蕴，因为他既怀疑传统文化具有自由主义的思想质素，也怀疑传统文化与自由主义存在接榫的可能。我认为，文化与其说是一个知识性的逻辑体系，毋宁说是一个以人为轴心的实践性符号集成，将彼此勾连整合的是其相对于作为主体之人的意义与功能。所以，传统文化永远是一个开放性系统，如果使用这一符号系统的民族还有生命力还有创造力的话。应该有什么，不应该有什么，根本的决定者不在文本自身，而在文本的根据人，即体现在文武周孔、朱子阳明以及曾湘乡张南皮，甚至牟宗三徐复观他们身上的从利民出发而因时设教的创造性精神。

　　无疑，周德伟属于这样一个伟大的精神序列。

　　而立之年他意气凌厉，撰联明志云："修己期三立，何当理八埏"。儒家修身为本和立德立功立言的教诲决定了他一生的行事选择：先是因阅读《原富》痛感于儒家外王之学的薄弱而由北京大学的哲学系转到经济系,然后是因不满于混乱时局而寻机到英国投身于自由主义大师哈耶克门下。虽然后来的身份是经济官员(他是国民党在内地的最后一任关务署长,是百年来在华帝国主义势力和影响的清除者。为此,曾招致美国人的抗议),其关于通货膨胀对一个社会靠长期积累起来的人文与道德系统之危害的议论却充满儒者情怀:货币贬值陷社会于不稳定的焦虑和盲目的投机之中,使人无法为更高的理想设计筹划,而社会诸多的价值均有赖于长期的努力与积累。我感觉这样的声音在今天的内地虽然非常需要,但若真的出现,却恐怕十之八九会被讥为迂阔不切于事情。

因为与改组派和桂系的渊源及骨子里的书生意气,周氏在到台湾后地位颇为边缘化。由于很早就有翻译乃师《到奴役之路》的想法,1949年前后又正好在欧洲获得了该书的德文本(其博士论文系德文写就),于是从1951年冬天开始,他"在寓所每两星期约集若干学人讨论,参加的人有张佛泉、徐道邻、殷海光诸位先生,及台大若干研究生"。该讨论前后维持了大约半年。正是在这里,殷海光从周氏手中获得了《到奴役之路》原书,并由其译出分期刊载于胡适之所主持的《自由中国》。虽然这个小组讨论自由主义所直接针对的是所谓共产主义思想,但由于主人的身份特殊,左近的温州街又是台大教授的麇居地,在离周府不远的一个木造小糖果店,常有国民党特务的监视。这些情节在1992年周渝为纪念父亲九十冥诞而写的文章里有所述及。书卖封皮,报卖标题。这篇原题为"通货膨胀会破坏文明的基础",旨在凸显主人翁传统儒者情怀的回忆文章被发稿编辑改为"糖果店对面的春天"刊出。——当时,正是本土化浪潮下媒体的妖魔化国民党时代。

大概正是这样一段故事孕育激发了我们那位先生的文思灵感。但我觉得,还是以"修己期三立"这种标准的儒者人格设计作为统摄其人其事其思其想的大纲目,比较能够贴近周氏生命的内在律动。这不仅能够弥缝其文章中"岂有文章觉天下,忍将功业苦苍生"的意境与朝圣山意象间的捍格,更能由此彰显近代知识分子作为传统文化与自由主义之接口的意义与可能。他不是纯粹的学者,但他的文字与所谓纯粹学者相比,惟一的不同,是多了一种生命本身才有的光辉。对于其所欲昭示于世人者,这种光辉具有特别的说服力。我向来以为,自由主义只有融汇进传统文化才会有落实,传统文化只有接引进自由主义才会有展开。周德伟先生的典范性意义正在这里：作为自由主义者,他融汇进了传统文化；作为儒生,他接引进了自由主义思想。当我以此求证于周渝,他显得十分的兴奋。他说,今年是父亲的百年冥诞,计划搞一个关于父亲生平事迹的资料展。在整理资料的时候,发现了一篇《西方自由哲学与中国圣学》的文章,主旨正是想在这二者间做一疏通。他补充说,"这是他最后的手笔了"。

回到对联中的感慨。跟"自古圣贤皆寂寞,唯有饮者留其名"一样,那应该是千百年来无数怀有经纶天下之志的士人们所同叹息再三者。但遇不遇本质上并不只是儒者个体的时运问题,同时也是反映一个国家的政治状况是否清明,一个民族的生命形态是否康健的重要指标。在这种意义上,反对专制既是基于自由主义思想立场的理论诉求,更是民族生命渴求新形态的意志表达。在60岁时"岂有文章觉天下,忍将功业苦苍生"的愤懑和怀疑、透悟或虚无之后,老人61岁再撰"宁无远志经天下,静守萧斋乐圣贤",又完全是一派船山"儒者负道而行而无所待"及孟子"穷则独善其身"的自足和坦然。

真正让这位子若(周君字子若)老夫子叹息的,我想,应该是台湾社会现实中新生一代由于生命中中国经验的稀薄而产生出的相对于地域和文化意义之中华的疏离感吧。在他及他那一辈人身上,乡土情和文化心是重合的,每一篇文章甚至每一个文句都散发出浓郁的乡愁和强烈的民族责任感(即使说理文字也读得我激动不已)。但在现实中,由于种种原因,新一代的国家认同和文化认同处于纠结撕裂状态,轻重分合似乎不得不作一了断。一些曾以自由主义话语向国民党抗议的民进党人,成为国族主义的推波助澜者自是其狭隘政治情绪发作的必然结果。许多认同中华、珍视传统的台湾人在全球化、现代性和去中国化大潮裹挟冲击中的苦闷、彷徨以及无力感,却是真正必须面对的挑战。周渝在一篇文章中说他"没有深入搞父亲那一行"。确实,我在跟他交谈时努力寻找乃父之风,但我找到的只是一个很书卷的茶馆老板、一个很学究的茶叶专家。虽然他研究茶文化的文章被译成多种文字,到长沙老家支持湖南医科大学成立了"紫藤茶艺社",还说父亲是儒者他想再了解了解道家,但看他拆信读报之澹定闲适如坐禅老僧,我怀疑面对特务他也能像他父亲那样用湖南土话骂一句:"真是猪养的!"

我知道,这实在是有点太过难为他了。日子总是被日子代替,生活也总是被生活改变。如果说他父亲那一辈尚是根连皇天后土的老树虬枝,那么他们这一辈就已是秋日随风飘荡的蒲根英花簇了。儒道其理念,台北其乡土,二者分离疏远的人类学后果或许不难推知,但二者纠结撕裂的心内隐痛又岂是我这个湖南人所能想像体会!茶馆如是,台大如是……这是不是也正是另一个湖南人周德伟老先生晚年离开台北移居美国直至客死他乡的深层原因?

是告辞的时候了,茶舍,连同覆盖着它的三棵紫藤都已被夜色悄然吞没。马路上的汽车亮着大灯,或停或行,拥挤、快速而从容。空旷中有些迷茫的是孟庭苇,她的歌声在静谧中清晰可闻:

> 冬季到台北来看雨,也许遇见你。
>
> 街道冷清,心事却拥挤,每一个角落都有回忆。
>
> 如果相逢,也不必逃避,我终将擦肩而去。
>
> 天还是天,雨还是雨,这城市我不再熟悉。
>
> 我还是我,你还是你,只是过了一个冬季。

《出塞曲》

歌名,还有歌中的慷慨,都让人联想起唐朝边塞诗人为我们描述展现的昂扬情绪和明朗图画。但是,细细品味,似乎又不尽然。岑参、高适乃至李白、王维,他们笔下渲染的那份豪情主要是个体生命建功立业的书生意气。"长安少年游侠客,夜上戍楼看太白",这里的英雄主义很大程度上是一种功利主义或功名主义。

《出塞曲》所唱与此不同。

"请为我唱一首出塞曲/用那遗忘了的古老旋律/请用美丽的簪缨轻轻呼唤/我心中的大好河山。"这里找不到"人生志气立,所贵功业昌"的自信潇洒,有的是一份孤怀独往的坚定执著。当然,这也是一种英雄主义,只是它的基础主要是理想主义。

我是在出租车上偶然听到这首歌的。蔡琴略带沧桑的歌喉和窗外的萧萧落木与歌曲的调子十分吻合,使人沉入怀想。"美丽的簪缨"在脑海里时隐时现,挥之不去。作为壮怀激烈之作,这个意象虽贴切美丽,但较之"秋霜切玉剑,落日明珠袍","登车一呼风雷动,遥震阴山憾巍巍"毕竟单薄了点。不过,这也是无法苛责的,"男儿本自重横行"的背后,原本是要有昌隆的国势以及国人对本民族文化的信心作为支撑的。中国近代备受摧折,读书士子倾心西化,李白岑参复生今日,恐怕最多也只能成为陆游,甚至不免要英雄气短了吧!

但是,我还是强烈感觉到《出塞曲》与边塞诗词相同相通的精神气质,爱国——对文化,对河山有一份责任和担当。"那只有长城外才有的清香/莫说出塞曲的调子太悲凉/如果你不爱听那是因为/歌声中没有你的渴望/而我们总是要一唱再唱/像那黄河千里闪着金光/像那狂风呼啸过大漠/向着黄河岸那阴山旁。"

究竟是谁,基于怎样一种感受,写下了这些令人怦然心动的句子和旋律？每当听到这里，我都不禁要这样问，这样想，直到不久前认识了陈昭瑛。

陈是台湾大学中文系教授，新儒家代表人物徐复观先生的女弟子。她近年工作重点在台湾与中国传统文化的研究，其对儒家思想在台湾地区近现代的启蒙及反对日本殖民运动过程中地位作用的阐释引起了广泛关注。众所周知，民进党的理论家们正是采取论证儒学与现代性不相容和指控儒学为殖民文化这两种叙事策略，以切断内地和台湾在文化上的联系，为其台"独"主张张本。事实上，我正是通过阅读这方面的论战文字先熟悉了陈昭瑛之名，并油然而生"纤笔一支谁与似？三千毛瑟精兵"之叹。

真正见面是在澳门。"台湾意识与中国意识"的研讨会，话题敏感，有学术性，也有火药味。她的发言指向了郭正亮，东吴大学政治学教授，民进党宣传部长。我已记不起当时的论题，只记得听着听着，突然眼前一亮：她不正是那歌者，作者，不正是那《出塞曲》歌中的主人翁？儒家立场，"唐裳"衣着，一切的一切似乎都表明，在这个黑头发黑眼睛黄皮肤的龙的传人的聚会中，没有谁比这位来自台湾嘉义的女子更中国。

"是吗？我可什么都不知道。"我知道台湾的学者都挺忙，陈昭瑛尤其如此。"回去找来听听，我儿子可能知道，"她说，"我这样的人，台湾挺多。"

那里有文化复兴运动，有徐复观这样的学者，只是已经过去很久了。所以，我有点相信，又有点担心。

整整一年过去。昨天，收到她新出的《台湾儒学》一书，很是高兴。但打开夹在书中的短笺，我的心情又变得沉重起来："近况可好？台湾选举结果想必您已知道，未来的四年在台湾的中国文化保卫战将更为艰难。朋友们都非常忧心，有的已准备当遗民。"

默然。

歌声又起。

美丽的簪缨又开始在脑海飘荡，挥之不去……

大 马 感 怀

新加坡人总是说"你们中国、你们中国"。大马华人则总是说"我们中国、我们中国"。这是我在大马沙捞越州美里省觉得特别亲切的主要原因。最近去那边参加了莲花山三清殿的落成开光典礼,很多的感慨使我想写点什么。

首先是华人对中华文化的自豪感和热爱之情。

舞狮,在国内许多新新人类眼中恐怕早已是老土了吧?敲锣打鼓嫌吵得慌,张牙舞爪也没甚漂亮。但当我们一行步出机场,咚镪咚镪咚咚镪的声音扑面而来,四头神气活现的狮子在身边打滚撒欢时,我的感觉一下子回到了三十多年前的湖南乡下。我小时候是在外婆家长大,每当逢年过节就可以看到玩龙舞狮划龙船,一帮小伙子,要么在禾坪里龙争虎斗,要么在爆竹声中一溜烟地钻进你家大门在堂屋里搅上几圈,又一溜烟地飞跑出去。外婆则一面往那拎着一个大竹篮的年轻后生手中塞香烟糖果一面豁着牙直乐。我也应该有所表示吧?但当时由于思潮涌动,只是傻呼呼的打躬作揖,然后躲在远处往这边静静地看。庆典晚会上,我又近距离看到了这支狮队,就像小时候在外婆家一样。他们在一个高低错落的大铁架上精彩表演,虽然比不得专业的杂技团,但也是一身需要苦练才会有的功夫。

后来我们去当地华校参观,了解到了华语教学因华社处于非主流情境而起的种种艰难,了解到老师们传授中华文化的执著和学生们学习中华文化的自觉。活动室里摆的是各式民族乐器,版报栏上贴着书法作品,排练厅内一群女孩子跳的是扇子舞。她们的旁边,则是昨天在庆典上看到的那个大铁架,舞狮队原来也是出自这里。与在美里已有四十年校龄的培民中学不同,开智中学是刚从一个偏远的地方迁到民都鲁来的。由于华人向城市迁居,开智的生源数降到了维持学校生存所需的临界线以下。而对华校,当局原则上是不准迁址的,任其花开花落。开智的教师和董事们在全马第一次成功地争取到迁址许可,所付出的艰辛自不足为外人道。他们跟我们说,在当地华社的支持下,学校的硬件已很不错了,招生工作也很顺利,只是图书资料太过缺少。确实,我注意到书架上的中文书不仅稀稀拉拉,而且结构古怪字体不一程度不一;旁边的标注"不准外借"则分外醒目。

当然,更醒目的,还是校门口的那块横匾,上面写的是"爱我中华"。

其次是华社内部的向心力及其凝结方式。

作为一个受过专业训练的研究人员,我对所有宗教及宗教活动都持冷静旁观的理性态度。但在美里,我有了第一次宗教或准宗教体验,那是在看到跟我一样黑眼睛黑头发黄皮肤的华人扶老携幼从四面八方向三清殿聚拢的时候,是在看到蒲团上阿婆阿公嘴里的祷词似有似无手中的香火忽明忽灭的时候,是在晚会进行中灯光骤暗老中青三代华人手捧莲花状烛火缓步登台齐唱庄学忠《传灯》,"每一条河是一则神话,从遥远的青山流向大海;每一盏灯是一脉香火,把漫长的黑夜渐渐点亮。为了大地和草原太阳和月亮,为了生命和血缘生命和血缘,每一条河是一则神话,每一盏灯是一脉香火,每一条河都要流下去,每一盏灯都要燃烧自己。每一条河,每一则神话,每一盏灯,每一脉香火,为了生命为了血缘都要燃烧都要流下去"的歌词由隐而显由低沉而昂扬的时候。

开始,在只看到烛光只听到音乐时我还暗笑导演可真会煽情,但渐渐地,歌词所传达出的深厚情感把我一步步攫紧,直至裹挟而去。情不自禁中我也成为歌唱中的一员,在旋转的音符中分享着这一特殊群体的历史记忆,体验着他们那既陌生又熟悉的现实感受和未来憧憬。

但我相信自己仍然是清醒的,因为同时我还想到了两首歌,《我的中国心》和《美斯乐》,都是张明敏所唱:"在遥远的中南半岛,有一个小小的村落,有一群中国人在那里生活,流落的中华儿女……关心它,美斯乐,看我们能做些什么?帮助它,美斯乐,看我们能做些什么?"

我应该感谢这次旅行,它带给了我许多的感悟。

曾有人说中国人就是中秋团圆清明扫墓除夕放鞭炮。在这里,正是这样一些平常被忽略的文化符码使我们超越山水的阻隔政治的分歧甚至经济的差异而心意相通。是的,文化的底色不会轻易如铅华般洗褪净尽,毋宁说只有在岁月的冲刷后它朴素的美丽和平实的价值才会被人们真正发现并懂得珍惜。

我知道孔子与巫史是同途而殊归的,其所看重者是人文性的德与义而非宗教性的筮与数,但既然百姓需要某种神灵以崇其信,需要某种仪式以倾其情,故圣人仍之以神道设教。道教与此类似,虽主有神,却以劝善诫恶为其大本。惜乎为礼者唯玉帛是务为乐者唯钟鼓是执乃自古皆然,流弊所至,庙堂之事遂几为士人君子所不忍闻睹。今天,虽不能说是"失礼"复现于"野",但因缘际会,圣人制作之意却是憬然有感于心。儒学是教耶非教耶网上聚讼争鸣,莫衷一是。我当然是反对坊间那些儒教说之论证与评议的,但是面对今天的情境,今天情境中个人与族群所面对的生存问题,中国文化结构中宗教仪容的模糊是不是可以长期接受?如果它的凸显是一种现实的需要,孔孟复生,又会做出何等作为?庄子说得好,"圣人因时设教,以利民为本"。美里莲花山三清殿在道庙里填装进大量儒学内容如忠孝仁义等,使之成为华社"歌于斯、哭于斯、聚国族于斯"的圣地,正是《礼运》所谓"虽先王未之有,可以义起也"的创举。

飞机就要起飞,就要载我回到遥远的黄河岸边长城脚下。

我没有挥手向主持操劳此事的黄益隆先生道别,从他的身影我想到了梁启超的两句诗,"世界无穷愿无极,海天辽阔立多时"。伤世忧时的徐复观说他的心胸不如世纪之初的任公来得博大,把它改成了"国族无穷愿无极,江山辽阔立多时"。而我,思潮涌动中又把它吟成了"国族无穷愿无极,海天辽阔立多时"!

谁解陈寅恪

陈寅恪颇推重宋儒。宋儒论人有义理之性与气质之性的分疏,大致即是把人的存在分为自然生命与文化生命二个层面。我们不妨即以此尝试解读陈寅恪。

陈氏自谓,自己的"思想囿于咸丰同治之世,议论近乎曾湘乡张南皮之间",即一个坚持民族传统为本位,同时吸收外来之文化的中体西用论者。五四对陈似未造成什么影响。他最早的文字见载于所谓保守阵营的《学衡》,其家族与杜亚泉的《东方杂志》关系也颇密切。1930年,罗家伦将所编记录"科学人生观"之胜利的《科学与玄学》一书赠与陈氏,陈随即口占一联,幽了他一默:不通家法科学玄学,语无伦次中文西文。

确实,陈氏的精神谱系与新派知识分子颇异其趣。其留美同学吴宓于60年代晤见陈氏后,记曰:"寅恪兄之思想及主张毫未改变,仍确信中国孔子儒道之正大,有裨于世界。"幼承庭训确立的这种根器,决定了陈氏"以文化自肩,河汾自承"的人生定位。孟子说人"必先立乎其大者",这种中华文化"托命人"的使命感应即陈氏人格中之"大者"。

细读陈氏著述及生平,其自然生命层面,冷、傲、悲三种性格特质凛然可感。冷,是洞悉世道人情而无所求的淡然超拔。傲,是建立在自信基础上的矜然自许。悲,则是从自己生命体验中迸裂出来的悲怆,以及由此而生的悲情。

前者当归因于其世家出身、天资聪颖和少年得志。后者与此虽同样相关,但主要是由于其祖辈政治生命的早夭、散原老人文人气质的熏染以及他本人少年时代起的体弱多病。当然,最终还是时局的动荡将这种性格倾向整合成型。

性格即命运。

不能否认,正是那份睥睨一切的傲岸为陈氏不事王侯的特立独行提供了意气上的支持;那份自伤自悼的悲情则为陈氏在困厄和磨难中提供了一个心理平衡的支点。自然生命与文化生命鼓摩相荡,成就了作为感性存在的陈寅恪,也成就了作为文化象征的陈寅恪。

就其一生而言,后者凸显于论学文字,前者则浸渗于诗歌创作,如二重奏然。但是,随着岁月推移,生命之悲渐渐压倒斯文之念,终至于"著书唯剩颂红妆"。——既要维持文化担待,又要安顿生命情怀,柳如是,一个有文化操守的弱者,自是他惟一可能的选择。

"春日酿成秋日雨。念畴昔风流,暗伤如许。"河东君的心曲,在这位世家子弟的心里激起强烈共鸣:想当年春风得意,以司马温公的事业相期许;七十五年沧桑,却成一部断肠史。"呜呼!此岂寅恪少年时所自待及异日他人所望于寅恪者哉?"陈氏以《寒柳堂集》名其诗文创作,与柳氏此咏寒柳词一样,自伤自悼之意甚明。可是,其伤其悼,又岂止是为个体生命之无寄而悲,实更为民族文化生命之花果飘零而长歌当哭也。

但我们似乎尚不曾领悟这一切。我觉得,近年来的陈寅恪热更像是在没有狂欢节的日子里的一场烛光晚会,陈氏所彰显的"独立之精神,自由之思想",似乎理所当然地成为了每一位客人共同的慰藉与荣光。其实,支撑陈氏此"独立之精神,自由由之思想"的性情与理念,陈氏人格的内在底蕴,数千年历史的文化积淀,于今日之我们已是恍若隔世,十分的陌生了。这种令人悲哀的陌生感可谓一言难尽。有趣的是,顾准,一位与陈在同样时间以同样理由被人纪念的学者,在精神气质上与陈适成对照,颇堪玩味。顾不掩饰自己倾心西方。在他看来,西方乃发源于"航海、商业、殖民"之上的"科学与民主"的文明,而中国,则是一种"史官文化",其内涵唯专制与愚昧,自须掊而击之,扫地以尽。我不知道我们的好学深思之士是否在这同工异曲的两尊思想雕像之间发现了某种紧张,并做出学理上的疏解?

余英时认为,通过对陈寅恪的研究,内地年轻一辈人正重新考虑传统文化在现代世界的定位问题。这大概是一种希望,希望我们通过理解陈寅恪,重新理解我们的历史、我们的社会和我们自己。陈氏所期盼的"来世相知者",其此之谓乎?

乡愁是一种理念

古往今来,反复为诗人所吟唱的主题,除开爱情恐怕就是乡愁了。

对于初恋者来说,爱情不只是一种生命意识的觉醒,而且也是一种关于生命之形式的设计。最初的异性,由于幻想的投注,成为光芒四射的偶像。如果说神是人的自我意识的异化,那么不妨说,初恋在某种意义上乃是一种自恋,一次具有形上学色彩的情感体验。

正是以这样一种超功利的本体属性为参照,婚姻才常常显得叫人失望,被戏称为"爱情的坟墓"。记不起是谁说过,只有经历一场深刻的恋爱,男人才能成熟起来。其道理即在于,受挫的初恋使年轻的心从混沌未开的主观世界突围而出,转向真实的生活中确证自己。那么乡愁呢?

毫无疑问,乡愁首先是人在旅途对故国家园的思念之情。古代乡民社会,故乡作为一个地缘概念乃是血缘的投影。因此,这二个字在游子心中如雪夜的炉火,永远充满了盈盈暖意。且不说去国怀乡,忧谗畏讥的迁客骚人,即使不识愁之滋味,一腔豪气少年游的英俊弟子,当其"萍水相逢,尽是他乡之客;关山难越,谁悲失路之人",亦不免怅然而叹:日暮乡关何处是,烟波江上使人愁。

但是,乡愁似又并不只是因思乡而成愁。

叶赛宁,这位俄罗斯最伟大也是最后的乡土诗人,一方面对生养自己的梁赞省那神秘的教堂、十字架以及布谷鸟的婉转啼鸣依依眷恋,另一方面又不得不承认,回到故乡,却"只有森林、贫瘠的土壤和小河对岸的沙荒……"这种情感与现实的矛盾,今天还常使我们陷入难堪的窘境。实际上,睿智的古人早就提醒大家,"未老莫还乡,还乡须断肠"。

也许,我们不得不承认,所谓乡愁本质上乃是旅愁,因旅途的风雨和孤单油然而生的渴望与怀想。并且,因着断肠人在天涯的特殊情境和距离感,故乡,千百年来被情绪化地大大美化,以至于如伊甸园般尽善尽美,神圣永恒。

既然如此,为何人们还是对乡思乡愁沉湎执著如斯,吟咏品味不止呢?可能的解释是,对浪迹天涯的游子来说,故乡是真切的慰藉,乡愁是触景所生之情;而对于那些以天地为人生之逆旅的智者而言,故乡又成为借物起兴的象征之物。当是时也,乡愁已虚化为一个空筐,所承载的是人生天地间,忽如远行客的顿悟,以及随之而起的复杂情愫:漂泊无根的无奈,随缘任运的洒脱,对酒当歌的狂放。——这次第,怎一个乡字了得!

"绿树村边合,青山郭外斜。开轩面场圃,把酒话桑麻。"诗中呈现的与其说是一幅田园生活图画,不如说是一种生命存在情调,禅意盎然。对田园恬淡的向往,即意味着对尘世浮华的厌弃。但孟氏之义应不仅限于此:田园之可留反衬出生命之无归;生命之无归又凸显出唯田园之可亲。龚定庵诗云"温柔不住住何乡",其情趣虽异,而义旨却并无不同。

有人说,现代人是城市人,不知乡为何物,自无所谓乡愁。工业社会,钢铁的客人踏碎了田间的小路。在接踵而至的后工业社会或曰信息社会里,人的丰富性更在各种形式的技术理性面前萎缩,数字化成为生存的标准样式和基本内涵。这一切使得蜗居都市的现代人越来越与环绕其身的高楼、公路以及快餐店相融为一,踏青与郊游构成他们关于自然的全部体验。但是,我并不怀疑,在一级一级阶梯般的登攀空隙,总会有一种莫名的情绪在不知不觉中侵入人们的不眠之夜,带来那个古老的问题:我是谁?从哪里来?到哪里去?

这就是乡愁,生命思乡的冲动。借此冲动我们或可知道自己的生命是否灵性尚存。

奥尼尔认为男人最大的悲哀是得不到自己最初的女人;女人最大的悲哀则是留不住自己最后的男人。我想,对许多人来说,不论其为男为女,也不论其爱情是否如愿,这样一种悲哀应该相同,那就是他们迟早将发现,那个令人魂牵梦萦的故乡,居然也只是一个心造的幻影。人生虽如寄,情仍一往深,这就是我们的宿命。

等待陌生人

有部叫《红鞋日记》的电影，用四重奏的方式讲述了四个主人公的情感生活片断。故事的不同寻常之处在于，四位性格、职业各不相同的主人公情感投注的对象，并非作为理想婚配标准的才子佳人，而都是在各种偶然场合凭直觉锁定的陌生人。

导演巧妙而执著的演绎似乎在引导每一位观众去思考陌生人与情感乃至与生命存在的关系。

确实，这并不是一个仅属于哲学家的问题。对于情感来说，有时熟悉反而显得十分隔膜，而陌生却叫你感到异样的亲切。白首如新，倾盖如旧，意思是说两个相处到白头的人实际互不了解如新识，两个只是马车相错一面之缘的人却如同旧交。可见古人已深知心灵的沟通取决于缘分而不是时间。很多人都有经验，在电梯里挤在一起的似曾相识的面孔，实际遥远得如同两座山上的岩石；而在机场、车站或码头某个转瞬即逝的身影，却常常被铭刻在记忆深处。

为什么会因误解而结合，却因了解而分开？这的确与人性的弱点或特点有关。本地的和尚由于成天见他如此这般地烧香念佛敲木鱼，所以很难想像他会如何法力无边，而外来的和尚则因多少带有几分神秘而常被赋予较高的期望值。另一方面，陌生人又颇似一帧大幅留白的写意画，可以让人按照自己的意愿和想像去加以诠释补充，完成自己本质力量的对象化。

都市的天空是拥挤的，从流行服饰到霓虹广告，无不给人扩张压抑之感。忙碌于衣食住行，沉沦于日常生活，现代人似已成为种种角色的集合体，而那不可方物的生命存在本身却似乎已被人们遗忘。为什么总是"不知何事萦怀抱，醉也无聊，睡也无聊"？这就是生命的力量在躁动，那不能为任何角色所同化的最后也最真实的生命本体，在提示着生活的可能与严峻。君不见,日影画船桥下过,衣香人影太匆匆……

　　生命是一个偶然的事实,在四季的轮回中总渴望内心深处最隐秘的存在体验能够得到印证,有所寄托。但是,其内涵的个人化规定性又决定了其命运只能是被放逐,人,永远只能饮尽那份孤独。据说正是由于能够忍受这份孤独,将被压抑的"力比多"升华为某种创造力伟人才成就其伟大。不过伟人从来都是少数,芸芸众生大都愿意相信,总有一位陌生人是自己生命的归宿,从那里能够找到自己生命最充分的理解和表达。像《红鞋日记》中主人公们的一见钟情,根本就不是为了嫁汉吃饭或娶妻生子,而是用幻想的形式,自己给自己一些理解,自己给自己一些安慰甚至放纵——是的,人总不免有这样的时候。

　　大众传媒上的那些明星,某种意义上不正是各种刚刚意识到自己生命存在的追星族们心目中完美的陌生人么?我猜想,多数人对"午夜蓝调"之类广播节目的依恋,很大程度上大概即是基于这样一种情愫。当夜的潮水把白昼的喧嚣烦冗卷走,心灵的孤岛浮出海面,每个人似乎都有所期盼,都在等待着自己的陌生人到来,在倾诉与倾听的幻想与幻觉中完成一次生命的表达与肯定。

　　网虫的生活情形亦与此类似,"没人知道你是一条狗"很像是"等待陌生人"的正话反说。大家都隐没在显示屏的后边,给对方留下想象驰骋空间的同时,自己也获得了极大的放纵自由。有个叫"网上网下"的电视小品,讲在网上互相吸引的一对男女,实际正是每天低头不见抬头见而又怎么看怎么不顺眼的冤家邻居! 生活在别处,生活在别处,为什么?因为生命是一种指向未来的冲动,别处就是未来替代物。最近,刚经历了婚变的王菲,推出了一个新专辑《只爱陌生人》。词写得很一般,以它命名主打的惟一理由,恐怕只能是这五个字本身,颇准确地表达了这位歌坛天后的内心款曲:既有些失落,又有所期待。还有什么比这更煽情?

　　等待陌生就是拒绝平淡,渴望激情,就是努力去拥抱尚未展开的生活。但是,对生活了解越多的人,对世界的陌生感相应地也就越少,自然对陌生人也就要少一些幻想,少一些期盼。《红鞋日记》没有告诉我们,这样的人,又该是在等待什么呢?

"生命的意义在于爱"

费耶阿本德,有无政府主义者之称的科学哲学家,他认为搞研究是"怎么都行",因为在他看来,科学家们往往是出于各种主观的,甚至非理性的原因才去创造并坚持种种科学理论的。他给自己的自传取名《不务正业的一生》,颇能反映其思想主张与人生态度的某种风格。这本书的最后几页是他在临终前不久完成的,他留给这个世界的最后赠言是,生命的意义在于爱。

这样的话从费氏笔底流出,既叫人稍感诧异,又格外的动魄惊心。我们不能从人之将死、其言也善的人情之常,将它理解为某种宗教式的顿悟或皈依,如果从科学和哲学这两个费氏毕生关注的学科入手稍加探究,或许能够获得一些启示。尽管有诺贝尔奖获得者指控精神分析学是"20世纪最惊人的狂妄的智力骗局",我还是倾向于把弗洛伊德及其后学的思想主张理解为一种对人性具有科学性的解释。虽然自文艺复兴以来,人已被尊为理性的存在而与动物界区别开来,坐稳了万物之灵的宝座,但达尔文很快便证明了人与猴之间剪不断理还乱的渊源关系。今天,极端的达尔文主义者更把基因作为生命的核心,个体生命则被视为基因自我复制的实现手段或中介。这些颇具权威的生物学理论显然可以整合到支持弗氏思想的大背景中去。

另一方面,当我们躬身内省,人首先是一自然的感性存在物这一观点也应是能够得到普遍的生活经验支持的。我们都知道,人格的形成从青春期开始,而自我意识的形成正是与身体的性成熟相伴而生,二者间的逻辑关系显然并不如鸡与蛋孰先孰后那么复杂,而是决定和被决定的关系。按照道金斯的思路,可以说是基因向个体下达自我复制的命令后,爱的程序就启动了。于是少年钟情,少女怀春。但能爱须与所爱氤氲合和,才能化生万物,而以孤阴孤阳形式生存的个体只要不是生活在亘古洪荒，或者萨摩亚群岛的某个部落，就不能不由此陷入一种焦虑，轻轻吟起"关关雎鸠，在河之洲"……

　　青春期的这种焦虑源于性本能无法释放的紧张。紧张没有诗意，但施之以压力却正是文明的标志，因为它意味着性的追逐已建立了某种游戏规则，正如图腾崇拜禁止乱伦而成为文明之始。我以为这种游戏规则的本质是试图削弱性的自然属性，而强化它的文化色彩；或者更准确的说，是为了求得自然属性和文化属性的有机统一。爱，作为由性激起的情感形式，在这个规则系统中居于枢轴的位置。正是通过对爱之内涵、表达形式以及实现途径的塑造与规定，社会把性本能转换为一种文化的创造力量。当然，这一套系统就是我们所谓的文明，人之异于禽兽者之几希了。

　　孔雀开屏，白灵宛啭，均是求其"偶"声。对于人来说，去爱，即意味着调动自己的全部激情、勇气和才智去创造，在社会中证明自己的过人之处。作为人学的文学所描绘的死亡、救赎、冒险等诸多原型主题都是在这一过程中展开，并获得人们的感动与回应。在这里，爱不再只是对优异遗传基因的炫耀或者作为合法性交的婚姻的铺垫，而具有生命的本体意义，贯穿人的一生，并由此彰显出人的丰富与尊严。尽管性的自然结果是生殖，但理性的狡计就这样使它衍生出文化的繁荣。

　　女人的美总是相似的，男人的魅力则各有不同。因为女人的美是向作为自然形态的男人开放，而男人的美则须到作为文明形态的社会中求得证明。如果从某种意义上说女人只有被爱的与不被爱的两种，那么男人也只有敢爱的与不敢爱的两种，即有能力创造与没有能力创造的两种。所以拿破仑、鲁迅、比尔·盖茨都是他们时代的英雄。虽然对女人来说男人几乎是整个世界而对男人来说女人永远只是其生活的组成部分，爱与被爱的区分在这里却没有高下之别。既然男人是通过征服世界征服女人，那么女人便是目的，作为一种牵引的力量，参与了对世界的创造，所谓没有母亲，便没有英雄。永恒的女性引导人类上升的例子，文学史上不胜枚举，贝阿特丽丝之于但丁，当然是最为典型的一个。

　　市场经济对人性也显露出双刃剑的特征。有人用"滥情乏爱"描述今天的世界，一方面是性的压抑有了诸多的释放途径，另一方面是文化创造的冲动日趋疲弱。因为性与爱相比要轻松十倍百倍，所以爱情二个字好辛苦。那英唱道:"你给我一个到那片天空的地址/只因为太高摔得我血流不止/带着伤口回到当初背叛的城市/收容我的已只有自己的影子。"到那片天空去,就是超越自我,更新生命。极端的例子是梵高、尼采、齐克果。爱使他们生活在高度亢奋的意识刀锋上,生命在爱的追求中直接就燃烧尽净,因为他们所爱的已不再只是女性之美,而是精神之美的象征上帝。罗洛·梅说,"亲眼看见上帝的人必死无疑"。于是他们或者疯狂,或者伤残,但有一点则是相同的,他们都超越了自我,把自己的生命化作了自己的作品,在那里,灵肉相融,科学与哲学也达成了统一。莫非这就是生命的目标,进化的极致——"to be near you, to be free"?

我不否认精神分析学说具有强烈的抗议和批判色彩,但我更愿意将它理解为一种关于拯救的理论,一种关于人文与自然缠绕纠结的悲剧性理论。东方的圣贤虽然承认"道始于情,情生于性",但其追求"发乎情而止乎礼义"的中和之美,今天看来似乎是太过乐观了一点。在弗洛伊德本人和费耶阿本德身上我都隐隐感觉到了一种残酷的真实。他们让我意识到,人类关于世界的观念是非常脆弱的,生命在寒来暑往的时间隧道中生息繁衍并无一个终极的实在作为心灵的支点,人类注定只能在性与爱、自然与人文的矛盾倾斜中左冲右突。去爱,去创造,并体验到充实和愉悦,能觉得此生不虚,即当于愿足矣。

佛家说:"人在世间爱欲之中,独往独来,独死独生,或苦或乐,身自当之,无有代者。"费氏反其道而行,化消极为积极,转悲观为乐观。启示就在这里吧?

孤独、寂寞及其他

亚里士多德说，"喜欢独处的人，不是野兽便是神灵"。人是群居动物，不仅生活中需要相互依靠，心理上也是相互支撑，相互依赖的。一旦被离析为个体，自不免有寂寞孤独之感。但现代社会的所谓现代性内核，恰恰是按照生命乃是原子形式的个体这一原则来对社会加以建构。政治哲学的自由主义，经济学的市场理论，莫不如此。这与人之天性以及天性的要求显然是存在一定距离的。我想，这大概也就是今天街头巷尾的书报摊上，以脉脉温情为卖点的《女友》、《读者》与那些以现代甚至后现代相标榜的《流行》、《时尚》、《互联网》同样走俏于白领和新新人类的原因吧。

不过，严格说来，孤独与寂寞并不是一回事。

寂寞是一种外在指向的情感体验，即有相对明确的外部对象。如"当我想你的时候，才知道寂寞是什么"中的"你"；以及可与"东方不败"这样的寂寞高手过招切磋的敌人或朋友。因此，它如烟云，随聚随散，随长随消。比较而言，寂寞的近义词可以选择冷清，反义词可以选择热闹，而这些均与孤独较少关涉。与寂寞相反，孤独属于一种内在指向的情感体验，是主体自身因生命意识的自觉而产生的对生命本体的追寻或建构，以及由此而产生的对于其他对象性存在的疏离或拒斥感。其典型的表现形式是这类问题的提出：我是谁？从那里来？到那里去？它一旦产生，虽强弱会有变化，但永远也无法消弥。因为这些问题都是无解的，用佛家的话来说，不可思议。所以，在我看来孤独既没什么近义词，也没什么反义词。

有人说孤独是圣贤的寂寞。某种程度上这二者也可以用来标识生命体的存在境界。极而言之，上帝总是很孤独的，但无所谓寂寞；魔鬼偶尔也会寂寞，但却永远也不会知道孤独为何物。至于屑小之辈的空虚无聊,则无足论焉。《红楼梦》中的宝哥哥喜聚不喜散,相反,林妹妹则喜散不喜聚。在曹雪芹心中,所谓的上帝显然只能是林黛玉。为什么?喜聚不喜散多少近于耐不住寂寞,喜散不喜聚则似是要在孤独中咀嚼人生三味。如果有谁一定要在大观园中追索曹雪芹的影子,相信人们会建议他把目光投向潇湘馆的月下竹林。"满纸荒唐言,一把辛酸泪。都云作者痴,谁解其中味?"这样一种精神气质,那位怡红公子显然是不足以成为见证的。

生活中,节日跟热闹联系在一起。尼采认为,人类是通过以理性对感性(动物性)的约束而进入到文明社会门槛之内的。但同时人们总是要扭头回望,怀念那些原始欲望能够自由表达的日子。这种冲动,在古希腊人那里就表现为对酒神狄奥尼索斯的崇拜,借着酒劲以消解各种礼节秩序的桎梏,使生命的本质气象得以在醉态中尽情袒露。尼采之后,著名哲学家伽达默尔同样对节日的深意有所演绎。这位对现代人的孤独深有体会的哲学家认为,节日的本质是沟通,其功能是帮助人们克服生活状态的"个体性"形式,因为在节日里,所有的面具都被摘下撕碎,狂欢的人们不再分什么官员、商人、邮差,而是作为活泼泼的生命形式欢呼团契,从而获得某种归属感。不过,我认为这方面说得最好的还是赫尔德,也是一位德国智者,他说,乡愁是最高贵的一种痛苦感。这既可说是对前述亚里士多德政治命题的诗意补充,也可以说是对孤独的哲学注释,因为乡愁既是群体性的,也是个体性的。同时,它还暗示了孤独的无解。

"大人盼插田,小孩盼过年"。中国人眼中节日的意义不如彼重大或许是由于农耕生活过于平实或沉重。但古罗马的贺拉斯亦有诗云:心灵的宁静,由于理性与智慧/并非由于汪洋大海的旷观。言下之意,节日的热闹可赶走寂寞却无从克服孤独。梭罗的感觉可资印证。在他看来,再没什么比置身人流中的时候对孤独感受更真切强烈了。

身为中国人,如果既不能在节日的狂欢里沉醉,又无法像梭罗那样潇洒地自我流放于青山碧水之间,则又当如何?我的建议是——旅行。不知去哪儿?没关系。人在旅途,熙熙攘攘的车站,炊烟袅袅的村庄,素不相识的面孔,还有呼啦啦一闪而过的路旁树木,让人感到的是心灵与世界的距离。当此之时,此行何往,归程几时,均已变得无足轻重。

车里车外的一切,是陌生的熟悉,熟悉的陌生。在对这种熟悉和陌生的辨认里,我们或许能更加清楚地了解世界,了解自己,了解古代诗人这样的咏叹:光阴者,百代之过客;天地者,万物之逆旅……

　　节日,是日常有序而刻板生活的中断,这一点旅途与之十分相似。其所异趣者在于,它不是通过沟通去达成某种短暂的"共同性",而是通过静观默识,即贺拉斯所谓理性与智慧,深化对真实的"个体性"之领悟,从而使自我在独处中自成一世界。这种感觉,就如同我们在某个春天的记忆,偶然间,从柳枝的折裂处嗅到了生命那苦涩的芬芳。

　　或许可以说,旅途,原本就是孤独者的节日?

麻将如人生

游戏总是对生活某个方面的模拟。

战争紧张刺激而人又有攻击本能,故一般游戏均以之为模拟对象,以使心理能量得到宣泄或升华。象棋、国际象棋是对古代战争的模拟;陆战棋、海战棋则是对现代战争的模拟(虽然模拟得十分拙劣);扑克牌精巧抽象,但仍是遵循弱肉强食的战争逻辑而组合成局——均属于"战争中的游戏,游戏中的战争"。

但战争毕竟只是人类生活的变态。和平条件下,生活的丰富性可以得到更为充分的展现。这种丰富性增加了游戏的模拟难度,自然地,模拟难度的提高也使游戏的魅力大增。

麻将就是这种以人生而非战争为模拟对象的游戏。

战争时期大的是炸弹,小的是面包。但更多的情况下,还是靠钱来做社会转动的润滑剂甚至枢轴。二千年前太史公就指出:天下熙熙,皆为利来;天下攘攘,皆为利往。麻将可说没有丝毫火药味而浑身都充满"铜臭":筒是铜钱,索是穿铜钱的线,万则是钱的量度;东、西、南、北四合,构成市场;中、发、白则标示有的人好彩,有的人小发,有的人一无所有——活脱脱一幅世俗生活的"清明上河图"。

这种诠释或许有些牵强,但麻将的内在结构区别于以军阶高低或火力强弱的配置序列则无可置疑。每张麻将牌的价值乃是由游戏者随机选择或赋予的,呈相对性,即只有合用与否,决无大小之分。生活中人与人的关系远比战场上的两军对垒复杂,因为后者将关系简化为力量的对抗,而实际生活却常常是大路朝天,各走半边,三十六行,行行出状元。也许,正是为了模拟这一点,麻将的设计者抛弃了扑克、象棋那种机械的单向的命名原则。

最能说明麻将之反战色彩的,是它以"和"为终局。与其他游戏的你死我活不同,"和"是游戏者将自己所有的十四张牌整合成为一个和谐的系统。如果这也可称作胜利,这种胜利不是将对手击败,而是达到自己目标的自我实现——生活本是一个追求自己目标的过程。

"和为贵,忍为高"。和是中国人生哲学的基本理念之一。麻将作为中国人的创造,自是以中国人的生活为模拟对象,并渗透着中国人对于生活的理解。西方基督教认为,世界的密码掌握于全知全能的上帝之手。中国人宗教意识淡薄,其对吉凶祸福的关切不是像西方人一样诉诸对上帝的祈祷,而是求签问卜打探其运气如何。这大概可解释为什么中国文化有一个巫术的传统,《周易》这部占卜之书为什么长盛不衰。

文化不易论优劣。但仅就游戏而言,桥牌之类的智力体操确乎不如麻将更近似生活而来得有趣。生活不是一组逻辑链条。"谋事在人,成事在天"既是生活的智慧,也是生活的经验。不是说扑克、象棋就不包含偶然性和相对性因素,而是说这些游戏的规则对偶然性和相对性基本持一种排斥否定的态度,其宗旨是力图使自身提纯为彰显人类智慧的手段。如麻将时常"歪打歪有理",而扑克、象棋中的误算只会导致失败。这种倾向使它们与麻将大异其趣,成为一种"反生活"的游戏。俗话说得好,三分天注定,七分靠打拼。麻将的妙处就在准确地把握了天与人三七开这个关键的度。例如,通过扔骰子决定取舍和维持公正;手中的十三张牌可以且必须不断与外界进行交换(避免了一摸定终身);规定最末的七墩牌不参与游戏("无用之用"乃大用)等等。这种向偶然性和相对性倾斜的游戏规则设计,使影响胜负的参数系统大大丰富,从而使成功显得既远在天边,又近在眼前。

凡此种种,虽然让人觉得麻将在陶冶性情方面无足称道,却大大提升了其娱乐功能:不仅广泛地调动了人们的参与热情,也强烈地激活了人们的投机心理与冒险欲望;游戏者的神经始终都得绷紧,因为整个牌局进程都充满期待与防范、机会与风险。胡适之在美国当寓公时,偶入"方城",几圈下来,竟连呼"麻将有鬼!"大概是他的逻辑思维受到了偶然性和相对性的捉弄。可他那位大字不识却深谙麻道的太太江冬秀则极可能不紧不慢地告诉他:有鬼,麻将才好玩咧!

卜、赌同源。越是自我意识强的人越是关心自己的命运,而每一个人的命运又永远只是一个说不定的"三七开"。所以,男人好赌,尤以聪明自负的男人为甚,胆子大。因为,赌,在很大程度上乃是与自己赌:赌自己的命究竟有多大,自己的运气究竟好或坏到什么程度!我相信,对许多人来说,麻将之所以"迷人不亚于酒色",关键不在于所赌之钱,而在于这游戏本身帮人们预支了一份未来或未知的生活,使人天性中那了解把握自身命运的潜在欲求多少得到了几分满足。

麻将如人生,人生可如麻将?

《浮生论学——李泽厚陈明 2001 对谈录》序

李泽厚跟我的关系是老师、老乡和朋友。

我认为他是我们学科里这五十年甚至这一百年来最重要的学者。他将自己上接康有为,并不是什么狂言。这中间还有哪些重镇横亘其间构成挑战呢?牟宗三先生当是最值得关注的一个。新儒家的事业意义非常大,但我认为它主要应该置于社会史文化史的范畴内去加以评估。他们漂流海外,守先待后,是中国文化慧命的守护者,而他们文本书写所择取的那种知识学进路,先天限制了其思想成就的获得。这是20世纪的学术范式与中国社会的政治背景使然,没办法的。李泽厚则提出了许多东西,在世界历史发生深刻变化、中国社会开始新一轮启动的时候。虽然他早已轰动一时二时,但那主要是由于转型初期理论界太过贫血。我认为他在本书中着意强调的许多东西并未得到世人的真正了解,也不会有兴趣去了解,但我相信它们会长久地影响后来的思考者,至少作为一个起点或作为一种参照。其作为灵感记录的论纲形式,知识学上梳理得不精不细,正说明它们尚属于智慧的初创形态。

古人云"非我而当者是吾师"。我称李泽厚为老师,并不是说我从他那里学到了什么接受了什么。我认为教我东西最多的是小学时的语文闵老师,教我拼音;再就是博士研究生时的导师余敦康先生,指示我为学方向。李泽厚这里呢,主要是我对他心存敬意——叫老师先得有几份佩服才行;同时,他有几句话,给我印象深刻。一是要我选择一二个较小的课题做透,成为专家。像他有了谭嗣同、康有为两个人物研究,就可以放言无忌、有恃无恐。除开心理上找个根据地,在一个地方下足笨工夫,得到的训练就像解剖麻雀一样,举一反三,做其他什么即使不势如破竹也胸有成竹了。这虽然是大道理,由他说出来分量就不一样。二是要我尽快明确自己的定位,做学问还是搞思想?最近写的几篇文章他看了说,既不像学术又不像思想。虽然对他的学问和思想的标准不以为然,因为我自己心里定位明确,也知道该如何用作品标明,但我还是非常感激他。我知道他对我的态度或心情跟余先生一样是寄以厚望的。三是他多次指出我不努力。这回在对谈间歇到未名湖散步,他突然冒出一句:"你跟赵汀阳都难成大器。赵汀阳不认真,你陈明不努力。"不认真,是西方后学的重解构轻建设的嬉皮士;不努力,是传统庄列的逍遥放旷的文人味。赵汀阳是不是那样我不知道,反正说我,我认为是比较准确的。说者不是无意,听者自然有心。我会记着,到时候会努力的。

再一个就是他说我"天性淳厚",在我人格结构的天平中,在善的那一端加了一个重重的砝码。他常说我聪明。这时我就说:"听到说聪明,我高兴;听到说天性淳厚,我喜欢。"是的,人经常是你说他是什么样子,他就会成为什么样子。我天性中这样一方面的东西很少被人发现。实际上很小的时候就有人这么说过。有次过年,外婆从笼子里抓出一只鸡,一边拔鸡脖子上的毛,一边在嘴里念叨:"鸡儿鸡儿你莫怪,你是人间一道菜。"看着鸡翅膀扑腾扑腾,想起它打鸣的样子,我就要抢外婆手里的菜刀。上屋的老太太见了就说,你这外孙伢子心好慈哩。

同乡三分亲,首先亲切的是口音。长在异乡为异客,一定的口音我认为是一个人有性情的标志。有的人到一个地方,路还没认全,就本地话咬得字正腔圆了,我听着总有戏子的感觉,跟那刚拿绿卡没几天就对着老爸爹地爹地叫的所谓华裔一样叫人轻视。李泽厚的长沙话还是蛮标准的。整理录音的两个小朋友说,十盘磁带听下来,他们的湖南话已达六级水平了。这大半应归功于李泽厚,因为我为减少整理的难度,说话时尽量注意,应该比李泽厚离普通话近一点。

再就是口味。湖南人最喜欢腊鱼腊肉腊鸭腊鸡,李泽厚还不止如此。有次从长沙回来,老同学送他几瓶剁辣椒,他要往美国带,实在带不动,就留在我这里。这剁辣椒确实好,每次吃饭没胃口的时候,只要打开瓶子闻一闻,不管什么菜,两碗饭下去是没问题了。他在美国应该也是这样。我跟他到长沙,他指定要住在司门口。为什么?到火宫殿、老照壁、杨裕兴都方便,那里有他读省立第一师范时所熟悉的面条、米粉、臭豆腐。当然这些也是我小学中学时的美好记忆,就跟我们常常说起的枫树叶、映山红、油菜花一样。

凡有所食,皆成性格。爱吃湘菜的李泽厚湖南人性格挺典型。犟、固执、或者叫霸蛮。曾国藩讲过"挺经"的故事,二个作田人过独木桥,在中间相遇,都不让,挑着担子挺了一天;这是霸蛮的生动写照。曾国藩挺出了事业,李泽厚也犟出了成就。那几十年,读书人要搞出点名堂,多不容易!自由之思想、独立之精神,既要有义理的导引,也要有气质的滋养。当然,今天喜谈巫史的李泽厚与湖南乡土说不定还有另一种联系,那就是他的灵气与楚文化中的巫风一样带着几份邪气。郑家栋说他是个异数,异数就是妖精。

最后讲朋友。他说我是自称忘年交,似乎他并不这样认为,其实他是不满足于我只把他当忘年交。他还希望我多两种角色,像学生啦,追星族啦。但要是我真的变成了那样(当然不会),他恐怕又会很失落的。他不缺少学生(聪明的、笨的),也不缺少崇拜者(男的、女的),他真正缺的是朋友。他那种性格决定了他不会有什么朋友,至少在年龄相近、专业相同和生活工作圈子重合的那样一些范围中。他是所谓人中龙象,需要的空间自然也就比较大,不免因挤压他人而引起拒斥反感。而人对朋友的需要又不可能没有。他说他在美国很寂寞,其实我想在北京也好不到哪里去,那种寂寞并不能说都是武打小说中独孤求败的那种。

我呢,跟他若即若离,因为我也属于身上有刺的豪猪。在一起的时候,追求时间的效率,什么都说,什么都干,但决不久呆。兴致稍降,迅即离开。不知这是不是也可叫作君子之交淡如水,反正我认为是我们之间友谊可持续发展下去的惟一方式。当然,跟他在一起还是挺有趣的,因为他已是从心所欲的年纪,脑子反应又快。有次他向大他一轮的宫达非求取长寿秘诀,不知谁答了一句"不近女色"。轻松的气氛变得有些尴尬,李泽厚却笑着反问:"哪个近?接近的近还是禁止的禁?"宫也不含糊:"有时是接近的近,有时是禁止的禁。"举座皆欢。

他总是爱说我没晚辈的样子,我也不讳言他没长者的风度。比如打电话,他远在美国,中国电信收费又那么狠,一打就是几百块,他毫无同情的理解,总要我拨过去。我知道他不可能是吝啬钱,他要的是那份心理上的被尊敬感。我说老倌子啊,你可以让我打受付呀!后来,我就用IP卡,打完拉倒。50或100块钱走完后,哎,意犹未尽的他又拨过来了。

据我的经验,大学者可分两种。一种是学问大于生命:生命受学问支配,徐迟笔下那种"白痴天才"是极致。还有一种,生命大于学问:生命因学问的滋养而变得更加饱满丰富,乃至气象万千。李泽厚即是如此,既有漂亮的羽毛,也有俗气的辫子。难能可贵的是,他摆弄起来都那么自然。

自然就讨人喜欢。

看看这本书就知道了。

《原道》开卷语

士尚志,志于道。
今天的道是什么?

亨廷顿说,未来的世纪,西方文明将受到以中国为代表的儒教文明的挑战。如果正大踏步向21世纪迈进的中国其文化确确实实是一个性格独具结构完整的系统,那么,它那五千年来一以贯之而至今仍不可或缺的基本精神或价值拱心石,究竟是什么?或者说:应该是什么?

《原道》正是要向人们提出这个问题,把我们的思考和理解表达出来。中国特色社会主义是需要人们对此有所思考和理解的,因为中国最大的特色就在文化。

五四以来,西方文化成为我们观照自身的参照系。如果在认知科学领域这是必然的,那么在人文学科领域,这种必然性就并非确定无疑而需有所保留了。况且,西方学界自身到今天也发生了深刻变化。所以,《原道》在学术史层面也有所追求,即唤醒学人的学术范型意识,对自己习焉不察的思维方式和话语系统进行反思。面对问题本身,解决真正的问题,知识之树才会有生命的新绿。

20世纪90年代,经济和社会发展日趋走上进正轨,时代对文化的需求也变得日渐明朗迫切。知识分子在此基础上重新萌生的对文化问题的关注,较诸80年代思想解放之初的热情浪漫自应是冷静深刻许多。历史需要切实的建设和创造,作为通向未来的阶梯。

贺麟先生很久以前即曾指出,若把民族复兴问题单纯看成一个经济问题,不惟忽略了事实,也忽略了复兴的根本要义。我们希望自己的努力能与千百万中国人的努力汇聚一起,推动中华民族的腾飞和中华文化的复兴。

我们相信,人能弘道,非道弘人。

汇当代英才　原文化大道
——答《中华工商时报》记者陶林

问：陈明先生,您主编的《原道》已经出了第 2 辑,学术界对这本刊物给予了极大的关注和很高的评价,您能否谈谈这本刊物的宗旨及其他出现的背景?

答：《原道》的出现可以说是对 90 年代学术界两大学术文化思潮的回应。首先是对人文精神的讨论的回应。它一方面希望把这种讨论落实在更加坚实的学理层面;另一方面则更加注重对于人文精神的传统资源的承接,使之与中国传统文化接通。因而有人概括说人文精神的讨论经历了三个阶段:《上海文学》阶段、《读书》阶段、《原道》阶段。这三个阶段的演变实际上正是一步步向学理层面的推进过程。

其次,《原道》也是对当前文化学术界反思五四思潮的一个回应。这里所说的反思五四是指对五四激进反传统的启蒙话语的反思。我与《原道》的同仁们认为,应当对启蒙情怀与启蒙话语加以区分。在 80 年代,中国知识分子对启蒙情怀与启蒙话语是不加区分地加以接受的,而 90 年代以来,随着语境的变化,学术界似乎又走向了对这两者的不加区分的反思批判。而我则认为,启蒙情怀与启蒙话语是应当加以分疏的。《原道》的立场是:反思启蒙话语,继承启蒙情怀。

问：您能否对这两者的区别作些具体的阐述?

答：启蒙情怀是比较抽象的对理想的执著、对乌托邦的追求,以及由此而确立的批判现实的一种尺度,它主要是指一种精神。在中国传统中,孔子的"士不可以弘毅"、"任重而道远",张载的"为天地立心,为生民立命,为往圣继绝学,为万世开太平"就是这样一种精神。启蒙话语则包含许多具体特定的内涵,如西方近代的自由、民主思想以及中国知识分子对它的接受、理解。这种接受在今天看来存在机械移植、全盘照搬的弊病,对中国的国情及西方思想与中国传统的接榫关注不够。这是应当加以反思的。

问:90年代学术文化界出现了许多以研究中国文化为主的官方的或民间的刊物,如《学人》、《原学》、《国学研究》、《传统文化与现代化》以及较早一些的《中国文化》等等,可以说这本身就是一个值得注意的现象。它们都是所谓"国学热"的一个组成部分。与它们相比,《原道》有什么自己的特色?

答:这些刊物不同程度地存在回到乾嘉朴学的实证研究的倾向。我认为,《学人》等从学术史的角度反思80年代中国学术的空疏之弊,有其积极意义,但是学术研究不能排斥思想,国粹派所说的"国学乃国魂之所系"有其正确的一面。而且80年代的学术在思想范型的转型方面所做的开创之功应予以肯定。更重要的是,国学不应当成为纯粹的考据之学,它还应当有义理之学。《原道》的创办可以说在一定意义就是想努力把国学提升到义理之学这个层次,并为这种努力提供一个阵地。另外顺便指出,一般的同仁刊物在价值上比较中立,没有倾向性;而《原道》则有它的倾向性,这就是强调文化建设的本土根源、历史传统以及现实条件。

问:《原道》出版以后,外界反响很大,能否请您具体谈谈这方面的情况?

答:可以说反响之大出乎我们的意料之外。本来,我办此刊有很大的偶然性,对它的接受情况更是没有作太多的预测,也没有时间去预测。这样第一期出来之后,外面的反响之大就很出乎我的意料之外。大有"吾道不孤"之感。大家都认为此事很值得做,这就是对我们的最大肯定。

当然也有来自反面的意见。正像对国学热的反面意见存在两种声音一样,对《原道》也表现为两种声音。有人认为国学妨碍了对西方文化的横向移植、吸收;有人则认为它要取代马克思主义,要把马克思主义摈弃在社会主义新文化之外(有兴趣者可参看《哲学研究》1994年第4期)。

问:对于这种批判意见,您是否准备回应?

答:我们欢迎对《原道》的各种意见,包括批判意见。但我认为批判应当是有规则的,可惜现在见到的对《原道》的批判不注重规则,政治色彩大于学术色彩,甚至有不少属于文革的语言和方法。因而我准备不加回应,用不着,无法对话。但在条件成熟时,可以对话。因为互动与对话本来就是《原道》的宗旨,只是现在不具备对话的条件。

问:最后请您谈谈第 2 辑的特点。

陈:第 2 辑加强了"研究编"的分量,主要是要体现前面所说的深入到学理层次的宗旨。其次,这辑的作者队伍也扩大了,从原来的基本局限于社科院扩大到了北京大学、北京师范大学、首都师范大学、中央民族大学等以及外地的上海、河南、青岛等地。这也体现了《原道》广罗天下贤才的意愿。

《原道》十年的十问十答

问:《原道》改成了《新原道》?

答:出版社的意思,跟《新史学》、《新哲学》保持一致。以前每辑还要给出版社付钱,加上这个"新"字后,免了。

问:为什么?

答:纯学术本身就赔钱,传统文化的书就更不好卖了。因为首先五四以来它整体上的形象从方方面面被妖魔化,其次作为伦常日用的因素它卑之无甚高论,缺乏吸引眼球的能力。

问:挺艰难?

答:但同时也挺自由,什么事基本我都可说了算。我们是纯粹的同人刊物,没拨款,也没赞助。屈指一算,居然已十年过去。天之将丧斯文也,后死者不得与于斯文也。天之未丧斯文也,我寄厚望于下一个十年。

问:这十年有什么特别的人和事吗?

答:李泽厚算一个吧。很多人是因为他的名字才买并记住了《原道》。他希望每辑都将他的文章放头条,要气气一些看着他不顺眼的人。这本来是双赢的事,但我没这样做,因为按《原道》的宗旨,有的文章并不是特别适合。而他却认为我是因为胆小。当时我确实因办《原道》受到处罚,没法说清——那些人就更不必说了。

问:他不也愿意被称为新儒家么?你们跟这一系统的思想是什么关系?

答:晚清国粹派是从信念情感出发,称东方精神文明第一;第一代二代新儒家是参照西方知识范型,通过论证传统的知识合法性论证传统的价值合法性;邓小军、李明辉等参照西方价值理念,通过论证传统在民主自由诸方面的价值合法性,论证传统的正面意义;蒋庆、盛洪等主张回到历史上的"书法"、"师法"、"家法"内部,"以中国解释中国";李泽厚主张西体中用,没几个人搞懂到底是什么意思——他认为自己是儒家马克思主义,或者马克思主义儒家。

《原道》认为,传统作为一套符号话语,它与民族生命是"表达/塑造"的二重关系。作为表达,它反映了民族的意志、需要以及对世界的理解认知;作为塑造,它是民族自我意识对自身的自觉把握、调整与建构。当代中国文化的危机根本上讲就是我们没有一个能够承担这一"表达/塑造"功能的话语系统。《原道》的定位,就是要从文化与民族的内在关联中重建这样一种话语系统。在这样的目标下和过程中,东西、左右的区分仅有相对的意义。

问:能不能谈谈《原道》和自由主义、新左派以及纯粹的"国学"研究的区别?

答:西方有近代思想是自由主义、激进主义、保守主义三足鼎立的概括。实际在中国这三者并不是完全对等平行的概念。自由主义与激进主义主要是关于政治制度设计的理论,而我们所保所守的儒学,是一个比较整全的文化系统,有政治、社会和人生等方方面面的内容。从这个角度来说,自由主义和新左派所彰显的价值,都可以整合到这一系统中去,同时使这一系统获得新生。至于与纯粹的"国学"研究的区别,简单地说,就是义理之学与考据之学的关系。

问:在中国历史上有很多以"原道"为题的名篇、著作,你们所"原"之"道"是什么?

答:在与历史的纵向关系上,《原道》和《学衡》、《东方杂志》等精神气质上相近,但就与社会的横向关系上,它更像《新青年》。第 3 辑封面上加了英文 in search of the spirit of the Chinese culture,李泽厚嫌啰嗦,提出就写 Chinese logos。我坚决反对,因为道并不等于 logos。我的老师余敦康也总希望我们能回答这个"道"究竟是什么?似乎它是一个概念、一条原则,是近似于柏拉图讲的"理念"那样的东西;我也不认同。我认为重要的是寻找——原的意思是寻找,在寻找的过程中,道的意义就会渐渐呈现出来。

问:认同《原道》的人多吗?

答:不知道。趋势是越来越多吧。《原道》没有稿费,但很多人还是愿意给它写文章。

问:有没有需要改进的地方?

答:太多了。我都懒得去想,我现在是做希望工程一样办它,更多的时候我得为自己的胃操心。但我愿为校对不精和键盘敲错向一些朋友道歉!

问:对读者呢?

答:《原道》的读者跟《原道》的同仁一样,我一直有种自家人的感觉,就不必客气了吧。

在四川大学的座谈与演讲

下　午①

我们今天对于儒学的研究,不应该仅仅是一种学科似的研究,而是应该从儒学同民族文化的内在相关出发,来进行一种创造性的、建设性的研究。我在四川大学,感受到了这种浓厚的气息,这是我觉得很亲切的地方。

我跟原道的年轻人在一起的时候,他们总是追问:你如何看待传统?你和传统是什么关系?传统和中国又是什么关系?甲乙丙丁戊讲了好多,他们还是问个不停。后来,我就试着用一个小故事来说明我的看法。这是一个西方的故事。约翰的爷爷做了一把斧子,因为他们一家搬到了山里面居住,不得不依靠伐木为生。到了约翰的父亲的时候,斧子的手柄坏了,于是约翰的父亲就换了一支手柄。到了约翰的时候,斧头也坏了,他就换了一个斧头。于是问题出现了:这把斧头还是原来爷爷的那把斧子吗?我要他们回答。在物理上来讲,斧子当然已经不再是原来的斧子了。但是,作为他们一家维持生计的工具,从斧子与约翰家族的结构关系上讲,两把斧子在意义上是一以贯之的。

这就是我理解的今天的儒学。我们今天需要继承的不是"圣人之法",而是"圣人之所以为法",从文化与民族的意义关系上去理解建构这样一把斧子。当然这并不意味着对传统的全盘替代,而只是说不能让具体命题成为今天发展的障碍。强调人能弘道的孔子复生今日,肯定也要根据今天的问题今天的资讯重作方案吧?吕坤说不必言圣人之言,而必达圣人所必言之意。从周公到孔子变化多大?从孔孟荀到董仲舒变

---

① 2004 年 5 月 22 日下午于伦理学中心。

化又有多大？今天时势改变的幅度前所未有，我们对儒学面貌的改变也应有足够自觉。保守保守，不是为保守而保守，而是为有效的承担才去保去守。这不只是个情感满足情绪发泄的问题，六经责我开生面，是为着开太平！这也是儒学"一以贯之"的意义所在。而我们学界的现状是守成多于开创，继承多于发展。这是没什么前途的。

再回到约翰那里。假如有一天，生活发生了变化，比如约翰一家离开山里，移居湖边，不能再依靠伐木为生了。那么，我们刚才说的作为谋生工具的斧子，已经失去了原先"一以贯之"的意义，但我认为斧子仍然可以作为一个符号具有认同和激发创造力的意义。不知调整是愚蠢的——爷爷也会气得吹胡子瞪眼睛；但将斧子与渔网对立起来甚至责怪咒骂爷爷没有为自己积累传承打鱼的知识，也是愚蠢的。

鲁迅先生说："如果要保存国粹，首先就要国粹能保存我们自己。"这句话暗含了这样的一个结论：国粹不能保存我们自己。当国粹不能保存我们的时候，我们有权力不去保存国粹。作为一个五千年的文明传统一脉相承的国家，我们民族的复兴必定要在本民族内部去开发创造寻找资源，而不是从外部。所以，我们说，今天要过好，不能也不应抛弃原有的传统。这一点，我理解但不赞同鲁迅先生的看法。传统是多元的、开放的。否定传统，要看今天我们究竟遇到了些什么问题？传统是否真的构成解决这些问题的障碍？

今天我们遇到的一些问题，第一个是如何应对现代性的问题，如何应对民主、科学、市场这样的问题，这里对儒学来说主要是政制正义的建构问题。第二个是如何应对全球化的问题，这里主要是文化认同的问题。第三个是理性一步步驱魅以后，人们如何安身立命的问题。儒学过去是有系统方案的。但现在无法直接拿来，因为情况发生了变化，需要在原来基础上调整重建。我的原则是："即用证体，即用建体。"

这里的体用概念不是心性论语境里的用法。在那种语境里，所谓的即用显体，是体的自我实现与展开，用是体的附属。这是一个与感性生命和历史现实没有接通的封闭的循环。我这里，体可以理解为一个文化系统的基本义理或价值；用是使用(use)，既包括功效(function)，也包括客观性的问题(problem)，还包括主观性的意志(will)。即用见体的重心在用，体则是开放的，作为圣人之所以为法，收摄于圣贤之心。它跟圣人体无的无一样,本身是不可训的抽象,能见能说的只是它在特定历史中的显现。它不是天理,不是理念或绝对精神,也不是什么不可知的神秘物自体。它是饱满具体的生命存在,是情怀、意志和智慧。如果一定要叫个名字,可以说是我理解的仁。圣人因时设教而以利民为本,就是即用见体的最好诠释。

中华民族之不同于西方的地方在于,我们生活的土地没有改变过。生活的主体也基本上是连续的。长老权力、宗法制度都是这种连续性的产物。它属于文化人类学所谓的初级制度,不是孔子孟子可以选择的,就是说我们不要把它的优长缺失简单的与儒学划等号。也不要以为过去的儒学就是我们不变的宿命。社会变迁发生后,文化的变迁不可避免。一切都是在历史之中的。

回到儒学的研究问题上来,面对今天的情况,儒学如何来承担现实的任务呢?孔子说:"齐一变至于鲁,鲁一变至于道。"现在我们的问题不是变鲁的问题,更不是变道的问题,而是能否成为齐的问题。霸道是现实,而王道只是理想,自古如此。我最近在写"以义为利",就是要讲制度。儒学要振兴,今天要做的不只是一个个人修养的问题,而是制度的调整,就是制度正义如何落实的问题。这对我们这个民族的凝聚,对于文化认同、身心安顿等其他问题的解决具有前提性意义。这方面,文化保守主义不仅是要和自由主义者们对话,而且还要和执政者积极互动。儒学不能振兴,不仅是儒学的失败,更是这个民族的失败。但是,如果儒学不能有效承担起社会所需的文化功能,儒学就不可能复兴。

讨 论

熊林:你是如何来看待张祥龙的工作呢?

陈明:我和张祥龙没什么私交。我们在一起开过很多次会议。对于他的工作我无法评价。我首先是一个现代人,带着自己的问题和困惑接近并接受传统。至于张祥龙著名的"建立儒学生态保护区"的提法,我觉得悲情太重因而格局太小。那简直就是把儒学印第安人化。对于我来说,儒学"不主流,毋宁死"。

熊林:我同意你第一个看法。我承认我们首先是现代人,然后才能够去接近传统。假如说在现代我看到有人穿着长袍去上课,我会认为他很耀眼,很炫目。但是,我也会觉得他过于矫情了。不过,我之所以问你对张祥龙的看法,是为了了解你的一个看法。我的问题是:你自己承认,对于将儒学知识化的进路你会保持警惕;但同时,你对于儒学信仰化的进路会表示拒斥。那么,有没有第三条道路可以走呢?如果有,是如何可能的呢?我的第二个问题是:你认同的普遍主义如何和功利主义相协调?在我看来,普遍主义者就一定是一个理想主义者。

陈明:你最后的一个看法不对。这二者怎么可以直接划等号呢?我不同意,所以我不回答。对于头一个问题所指的二种进路,知识化实际上是分解,是不尊重儒学的整体性,因而无法理解儒学的真正意义和价值。相反,信仰的进路则是不加反思地接受。我是作为历史中的个体从生活和需要去理解儒学,既有情感也有理性,但不是二者简单综合,而是文化人类学所谓的内在视角。

熊林:在当今社会有很多种方法可以应对你所说的问题的时候,你是如何来判断儒学就是最好的呢?

陈明:中国的自由主义者一般来说都是西方中心的普遍主义者。他们认为,在西方实现了的政治制度,只要搬到中国来,就可以解决中国的社会问题了。但是,从现代中国的情境性来考虑,中国就没有一个强大的中产阶级群体,加上城乡差别和民族区域差别,那一套能简单照搬吗?孟子可以说梁惠王什么的"望之不似人君",但那是在战国一个分裂的时代,各个君主都要吸引人才来帮助自己实现霸业。如果孟子面对的是秦始皇,还可能这么说吗?儒学追求的是能够实现的相对最佳。董仲舒就是在妥协之后才为儒学建立起与社会连接的管道,在霸道体制中加入进了王道的思想因素。这是民族之福。汉武帝为什么能接受?因为存在一个庞大的社会组织系统,你王权没有足够的能力实现对它的全面控制。这是构成了儒学的文化权力和文化权威的现实基础。此外,由于历史的原因,儒学在安身立命上和文化认同上都具有其他文化系统不可比拟的优势。

熊林:你已经降到了经验主义的层面,已经是功利主义了?

陈明:实用主义?实用主义和任何主义都是不矛盾的——好的主义总是有用的,有价值不就是有用么?追求效率是理性思维的特征,只是有一个谁的效率谁的利益的道德问题。今天特别需要这样一把奥康剃刀。

熊林：但是实用主义所说的管用和善不善、好不好，是不同的。当神圣的东西被降低到了经验层面的时候，它就已经不可能衡量善了。

陈明：神圣的东西，我总是从神道设教去理解。

丁元军：你刚才承认你是普遍主义者，同时又承认自己是功利主义者。但是，在普遍主义下降到功利主义的过程中，尚有一个很广阔的空间，这里你是否表达过你自己的建构呢？

陈明：君子耻言过其实。我的原则与我对问题的把握有关。今天面对的问题是什么？今天儒学的状况又如何？要么全盘否定摸黑，要么全面美化信仰，我是既反刘泽华的专制帮凶说，也不赞成蒋庆等人的王道政治说。现代人的思维是非常理性的，你必须告诉他儒学有什么用，他才会接受。先要讲在历史上有什么用，然后证明今天又有什么用。如果你只是从自己的信仰出发，去劝说别人，那儒学成什么了？

我在川大哲学系感觉到的是一种很乐观的态度，但是，是不是过于乐观了呢？我承认我们要"变为道"，但那不是今天或者眼前的事情，那只能是放在心里面的。也正因如此，我才有一种悲剧感和绝望感。为了生活，我自己不得不引入荒诞感，实际上是一种心理平衡术。儒学必须要放置到一个历史的脉络中去理解，回到生存环境中去理解。可能性是由需要推动的，不存在需要之外的可能性。我反对把学科作为根本的"学科本体化"的倾向。有朋友问我，目前知识界缺乏的是什么？我说：立场。现在，要么寻找上帝的全知全能的视角，要么就明确认知活动是由生存活动决定的。

熊林：完全由丛林规则所指导的生活，对恶的良知进行反思又如何可能呢？

高小强：社会达尔文主义可以讲"已经发生的事情"，但是我们如何来反思"已经发生的事情"呢？

陈明：人性。每个人在别人的事情上都是主持公道的。这是超越的希望所在。

高小强：如果建立在完全功利的基础上，除了社会达尔文主义的丛林规则，还有什么规则呢？如果社会达尔文主义就是现实的规则，那么,我可以拿来持守它吗？这是我的第一个问题。第二个是,你所举的例子,把文化当作杯子一样的东西,可以吗？如果可以,那当然好了。但是文化本身是很复杂的,这个也是你自己承认的,可以用杯子来代表吗？

陈明:我不否认有人在持守什么,不否认其所持守的意义。但是,我不愿作同样的事。对于儒学振兴来说,好比要建一个房子。别人做别人认为重要的,而我只做我认为重要的。

高小强:你自己说立场很重要。那么,你的立场的基础在那里？在你所说的文化传统中,你的立场又处于什么地位？你所批评的学者和你的立场相比,他们处在什么地位？如果他们的立场并非是主流,又是从何而来的？你一直在用事实反驳一个道理,你在强调事实的时候,理已经被悬搁了。

陈明:我正是从实用主义的立场,回应当今社会对儒家的期待。

丁元军:你说的第三条道路是否也会用一种宏大叙事的方式来表达呢？而你是否也会因此而没有悲剧感呢？

陈明:我只是反对在半路上把目标遗失。就像过江一样,对岸是我们的目标。我们不能留恋江心的风景,而忘记了自己的初衷。不仅要求知,还要求用。

高小强:你真正的立场不是实用主义。"不实用,毋宁死"才是你的立场。在这个立场上,你就不可能走到道。

陈明:重要的不是道,而是对道的寻找。道在周公那里是礼乐,孔子那里是仁,孟子那里是仁义,荀子那里是礼法,董仲舒那里是天,朱子那里是理,阳明那里是良知。如果你的思想不能对当下所需的文化功能有所承担,谁又会相信你所说的道呢？

丁元军:按照你的思路来说的话,孔子的时代也是霸道的时代,为何不变鲁为齐？而是要变齐为鲁呢？"天理和良知"难道就只是一种生存策略吗？

陈明:变鲁为齐？我不知道你是怎么得出这种逻辑的。"生存策略"不好,那就叫生存智慧吧。

高小强:你用实用主义来反省,用的是人的局限性,理性。在事实那里,是以实用为标准的,是否理想主义被实用主义更有局限性？对你又有什么好处呢？

陈明：孔子是为万世立法。我只是我，做我能做和愿做的事而已。圣人不会太多，也不必太多。就像猴子变人一样，圣人是特定时代才能成就的。今天，我一看别人扮圣贤，就忍不住要发笑。

黄玉顺：我来简单说两句。可能诸位对陈明的思想不够了解。我用他自己的说法来介绍一下吧。他这个"实用主义"不是一个好的表达。他最近的一个重要的新提法，他刚才也提到的，是："即用建体，即用证体。""体用"这一对范畴是我们一直在共同使用的。现在首先要来清晰一下这对范畴。这是中国传统上一对很基本的范畴。自思孟以来，基本上就被表达为"明体达用"的思路。简单说，有一个先行的东西，它是一个形而上学的本体建构，是一切的开始。但是陈明恰恰不承认这样一个先验的设定。他不会承认的是：有一个现成地摆在那里的、或者是自己首先去设定的东西，然后认为这就是"本"或者说"体"。他认为，"体"的设定必须从生存层面的"用"出发。

熊林：你一直说你办《原道》是一种"玩"，但是十年办《原道》也是玩吗？这十年的艰难你也和我们表达过，难道就真的是你说的那样吗？要我来看的话，这确实是你的自谦之辞吧。

陈明：不是自谦，是自嘲。如果我真的如同别人说的那样把自己设想得很崇高，那么这个社会是不是也太黑暗了：做一件崇高的事情为什么这么难？除了自嘲还能做什么？

熊林：你的自嘲，是一种张力的产物。同别人的狂热是一致的。用和体之间有一种遥不可及的距离。

陈明：这些事情不足为外人道也。

黄玉顺：在这个意义上来说，你如何才认为自己是儒学？

陈明："圣人之所以为法"是最重要的。儒学的真谛在此，在这个意义上，我是。

高小强：黄老师所说的"体用"，是在中国哲学意义上才有的范畴。什么是先验的原则？是否为一物的起点？所谓"即用建体，即用证体"，今天复兴一个文化传统，过去的一切圣人在心中有地位，但他们的体一定是要到今天的生活的，要是没有去证体，则体是没有的。

陈明：我不预设道或体的绝对性和普遍有效性，尽管我愿意承认自己愿意它是有效的。但你们的说法是不是过于乐观了呢？

丁元军：如果没有一种体用论先行成立的话，你的"即用建体，即用证体"怎么可能？按照你的思路，是"以用灭体"。

黄玉顺：很多时候的发生争论其实只是表面的，实质是背后的许多感悟性的东西不同，它们在支撑着我们的争论；但我们都没有谈出来。就陈明而言，他有一种和钱穆的勾连。就是一种关怀，一种焦虑，一种民族文化生命。不过是表达过于直白而已。所以陈明的"体"可以类似于钱穆的"民族文化生命"，可以表达为需要。

陈明：这里的体不是实体，而是原则。我的原则是最有效、实用就可以了。比如说人权高于主权这样的东西，非常美妙动听，但如果它意味着要我同意台湾"独立"或美国军队进来，那再美再妙也不能信了。像葵花宝典那样的东西的，我为什么要用呀！

晚　　上[①]

黄玉顺教授叫我来讲讲关于《原道》的一些事情。就我个人来看，确实没有什么好讲的。学界和媒体说我们《原道》做了什么，其实并没有。不过是"文化"话题太热门了，稍有响动，就会被放大。大家都知道的，20世纪以来中国思想上三个大的路向，就是马克思主义，西化派，还有就是文化保守主义。虽然被称为是三足鼎立的格局，事实上，文化保守主义这一足是跛的，至少在内地没有得到很好发育。不过，我们相信，在不久的将来，文化保守主义会成为其他二足立足的平台。

今年下半年将有一个会，主题是"宪政的传统资源"。这是自由主义者们和文化保守主义之间的一个良性对话。组织者是一些自由主义者。我一直在问他们两个问题。第一，是他们对传统的尊重究竟是出于什么？难道仅仅是因为哈耶克的书主张尊重传统？如果是这样的话，假如有一天有一个其他什么"克"出来另说一套，是不是又会改弦更张重反传统呢？当然，现在的状况毕竟叫人鼓舞。只要他们开始走向传统，必定有一天会弄假成真又半信半疑变为全心全意的。我对他们的真诚有

[①] 于逸夫会议中心。

这个信心,对我们的传统更有这个信心。第二,是他们怎么看待美国的利益。有些自由主义者因为认为美国是自由卫士,而把美国的利益就看作是全人类的利益,也就看作是中国的利益。由爱自由而乌托邦化美国,妖魔化传统。不过最近我听到这样一句令人高兴的话:也许有一天,美国人会发现中国的自由主义者们才是他们最可怕的敌人。

今天就只是随便谈谈一点关于《原道》的事情。现在一些人说,《原道》是中国内地文化保守主义的一面旗帜。其实没有他们所说的那回事。我在谈论《原道》的时候,不会采用一种宏大叙事的方式。在实际上,《原道》的个人色彩很浓厚。并没有大家所夸赞的旗帜一样的地位。

1989年以后,我的很多同学都下海经商。由于大家毕竟是知识分子出身,所以就提议办一个刊物。1993年,恰好我博士毕业不久,就牵头做这个事情。一个朋友出资5000元,买了一个书号。他相当董事长吧,我就像是总经理这样一个角色。我向一些学者联系约稿,比如李泽厚、庞朴,还有我的导师余敦康等人。但是,文章收集回来以后,董事长觉得这些稿件的风格和他心里设想的不一样。他所期望的并不是现在大家看到的《原道》这种性质的刊物,而是近似于"新湘评论"之类的东西。于是,就决定退出。面对这种情况,一方面是书号如果不用,就要作废。另一方面,那些老先生我怎么交差?就这样,我和刘乐贤等几个朋友就决定先把第1辑推出来再说。没有想到学界、媒体反响强烈,有人说我暴得大名。今年是《原道》十周年。这十年以来,我们《原道》的发展很困难,最好的描述就是不绝若线:没有资助,没有政策空间——出版社不愿出,个人受到打压。不过或许是天不忍丧斯文,好歹走到了今天。

现在回头来看,当时命名为《原道》,是出于我对当时学界一些状况的不满。当时北大有《原学》,主要的特色在于朴学方面;另外还有《学人》,主要的特色在于学术史方面。还有什么《中国书评》等等,都以所谓纯学术为标榜。再就是有些左派希望借所谓国学抵制和平演变。我认为,儒学不仅需要"原学",也需要"原道"。80年代的启蒙话语需要扬弃,但启蒙情怀则需要继承。我命名为《原道》,就是希望能够较乾嘉诸老更上一层。

今天,那些刊物或者曲终人散,或者鸡变凤凰。而《原道》还是老样子。它的工作目标就是传统文化的目标,传统的命运怎样,它的命运也就怎样。《原道》努力表述的,第一是对传统正面的理解和认识;其次是强调思想性强调经世致用,面对现实的。现在《原道》受到包括知识界、传媒等的某种关注,原因应该就在这里。很多年轻的知识分子都义务参与到《原道》的工作中来了,网站、丛书都在很好的运作之中,在这个意义上讲,《原道》已经不再只是一个个人色彩浓厚的作坊了。我们有一个希望,就是再花十年时间,发展培育出一个可以叫内地新儒家的原道学派。

从那里来?到那里去?我是谁?对这些问题的解答构成一个民族文化的基本规定性。曾几何时我们是有着一套完整言说的。晚清以来,文化话语的权威性丧失了。一个方面是政府不能有效调动民众适应变化了的世界,另外一方面是西方用坚船利炮为自己的文明作证,此外还有意识形态对传统的覆盖和妖魔化以及社会组织形式的变迁。用余英时的话来说,我们的民族魂不附体。将来会怎样,我个人比较悲观。因为这不仅取决于我们的努力,也取决于天数。

这一年来我到人大、南开演讲,谈的都是保守主义在当代思想版图中的位置,它的左邻右舍,这样一个外部问题。……我认为,保守主义首先可以起到一个基础作用。像儒学,它在知识形态上是复合的,有结构的,跟火药一样。简单地做哲学、宗教或伦理学的解读,就像把它理解为硫磺、木炭一样,是一种不当化约。同时,儒学作为主干的文化系统,它像一座完整的大桥,有一组桥墩,承担着政治建构、文化认同、社会组织、身心安顿等系统性功能。如果仅仅从某一个角度出发对儒学整体否定或肯定过度,往往会遮蔽问题很多的其他方面,妨碍整个系统的调整改进。如果这次演讲能把这一观念介绍给大家,我就非常满意了。

最近会有一次文化保守主义的聚会。康晓光提出,要将儒教立为国教,用"仁政"来为执政党建立新的合法性基础。这种意义上的儒学,事实上就是我们所说的"策论"。我觉得可以作为一种尝试,董仲舒、戴季陶都是我非常佩服的人物。但是,对其前景或后果我持一种比较审慎的态度,不敢太乐观。蒋庆谈政治儒学,实际上就是公羊学。他提出:以中国解释中国。头一个中国是汉代公羊学内部的家法。用来应对眼下,这是不行的,至少是不够的。不过这一观点是有针对性的,是针对当前学术界"汉话胡说"的现状,他的意思在于提出应该"汉话汉说"。不过,他这里的两个汉都是古代的汉。在我看来,"汉话汉说",前面的汉是古汉,即古代思想文本,后面一个则应是今天的汉,是我们自己。它的意思就是要通过我们的意志诉求、生存情景来解说古代的汉。

这实际是一个继承和发展的问题。对儒学,继承和信仰是很重要的,但我认为更重要的是理性的去发展。他们是情感、信仰的投入比较多,有些判断比较情绪化,比如说西方文化是小人文化,中国文化是君子文化;自由民主与儒学水火不相容等等。我不这样看,我不去作这样的价值判断。不管怎样,这小人文化已是滔滔者天下皆是,不是你所能够选择的。我关心的是我们中国在这样一种潮流中能否胜出。我多次说过,只要升的是中国国旗、奏的是中国国歌,玩的什么游戏、用的是什么规则,不重要。游戏规则是强者定的,要改变它,先成为强者吧!

这也就是我们近代以来一直面临的问题。应对这个问题的共有三种策略。第一种是走俄国人的路。第二种是启蒙的路。第三种是我说的"中体西用"。我是赞成中体西用的。但我说的"中",不是以某个学派某一文本,而是特定情境里中国人的意志需要;相应地,中体则是说以这种意志需要作为我们进行文化创造价值重估的最高原则。西,也不是简单的西方,而是一切外来的新出现的是事物物,西用就是它们都可以供我们选择,为我们所用。别人说我是一个实用主义者,我不反驳,我想强调的是我也是理性主义者、爱国主义者。作为文化保守主义者,我也不预设道的绝对有效性。我只会从中国当下的需要出发开展自己的工作。所以我强调,今天儒学的工作首要的是重建而不是继承。在这一点上,《原道》和其他的保守主义是不同的。这也说明儒家的文化保守主义内部也是多元的丰富复杂的。

答　　问

提问:您所说的保守主义和西方所说的保守主义之间有什么不同呢?对于传统文化的界定就仅仅是儒家吗?文化保守主义和现代性之间又是什么关系呢?

回答:保守主义在哲学上应该有些共同的东西,如对历史经验和传统价值的重视和珍惜,对理性限度的警觉。最大的差异应该是所保守的东西因民族不同而不同,这种不同既是理念的,也是立场的。

至于我个人,我从来都没有说我是一个保守主义者,我也从来没有说我是一个儒者。我是呼我以马则马,呼我以牛则牛的。我觉得我和一个真正的儒者比较,还有很多的不足,因此不敢自称儒者。其次,我和现在一些自称为儒者的人之间有着太多的差异,大家认为他们是儒者象征的时候,我也不愿自称儒者。传统是不是就是儒家,这不是一个问题。对于我来说,是因为儒家是解决目前我们遇到的很多问题最合宜的方式,我才会选择了儒家。文化保守主义和现代性的关系就是我在演讲中说的境域问题。文化保守主义是用来应对现在遇到的问题的。

提问:您如何评价张岱年先生。

回答:对张先生去世,我表示了我自己的伤悼之意。但是我不同意有人对张岱年先生的评价:国学大师。我们这个时代没有大师。我认为,一个民族可以没有大师,但是却不能没有大师的标准,因为那只会永远失去产生大师的可能。我这里的标准是什么呢?首先,是对传统知识上的深湛把握,其次是对传统价值上的自觉认同。这两点在张岱年先生那里都没有。

提问:您是文化保守主义者,但是我觉得您一点都不保守,您如何来看这个问题?另外,我对于儒学重要的不是继承而是发展也有不同的看法。儒学最重要的是继承,而不是发展。

回答:我希望我所有的批评都是错的,我是杞人忧天。但儒学要走进生活,就必须要发展。在这个意义上,你的问题不能成立。即使是要继承,也有在今天如何继承的问题。至于文化保守主义,我在前面回答那位同学提问的时候提到了。这是别人对我的看法。在开始的时候,这是一个负面的词,不过在今天居然成为了一个正面的词——这是别人的事情。我一直都是激进的,有些所谓儒者已在骂我伪儒了。我可不喜欢人家按他的标准编排我。

提问:您一直在描述一个变动不居的道,那么,在追寻道的过程中,是否有缺损?如何来避免呢?

回答:你的问题是不是可以理解为:月印万川。因为川有不同,月就有不同?如果可以的话,我今天下午在论理学中心发言提到的"反对学科本体化"就是说的这个问题。我们首先要接受我们的有限性,然后再来谈弘道的问题。我特别喜欢孔子说的人能弘道,非道弘人。天不生仲尼,万古如长夜。可见道是通过人的活动才在历史中凝聚起来的。我觉得它应该是开放性的、待完成的。这不是要贬低道,而是要唤醒我们自己的责任感,激发我们自己的创造力。法备于三王,道著于孔子。中国文化不是神的文化,一切都是从历史中建构起来的。

提问:那么,您"原"的那个"道"是什么?

回答:寻找一个可以成为我们民族文化的话语系统,它可以表达我们的利益、价值和理想,可以帮助我们在今天很好的生存发展下去。总之,能够很好的承担起时代所需的历史文化功能。

提问:您提到了"汉化汉说",这是对"汉化胡说"的否定。但是在今天的情境之中,我们如何来避免西方的话语霸权,从而保持我们的话语本身的纯洁?第二,如果说西方闯进了中国,成为了我们现在中国时代问题的系铃人,那么我们是不是也要他们来担当这个解铃人呢?这个又如何可以避免呢?

回答:我从来没有把西方话语排除在外以求所谓文化的纯粹性。我也不认为有什么解铃系铃的问题。关键要有自信,文化的和生命的。自己的主体性挺立起来了,就根本不存在压迫的问题。鲁迅的拿来主义,我的中体西用,都是这个意思。

提问:您的原道有原来的道,原先的道的意思,这个意义上,道还是一个确定的概念吗?

回答:"原"是一个动词,是寻找的意思。

提问:听您的演讲,您的"道"不停的变,包括"时"。但是您所说的未能把握到"传统的核心的价值在哪里",您说站稳脚跟,您的脚跟在哪里呢?

回答:我站在哪里,这是一个问题吗?知道自己的需要在哪里,自然就知道自己站在哪里。儒学的核心价值,"圣人之所以为法"就是传统的核心价值。它意味着一种可能性,我们需要用自己的责任心和创造力把这种可能性在今天的历史中落实显现出来。

提问:您的实用主义要达到什么目标?

回答:"即用建体",根据这个原则建立一个当代的儒学话语系统。

提问：那么，有用的标准是什么呢？

回答：需要这样一个标准吗？不存在这个问题。主体对于自己的利益是什么，是有一个清醒的认识的。否则这样的民族早就沉沦灭绝了。

提问：那么，如何实现利益的一致性呢？

回答：这是一个正义问题。如果它设计的制度没有正义性，那它就不实用了呗。

提问：在重建的过程中，是否丢掉了儒学呢？如何摆脱唯我论的可能呢？

回答：我的重建是以一个民族的利益的满足为目标，不存在唯我论的问题。如果把儒学理解为民族主干的文化系统，那么它最高的原则就是承担起对民族生命塑造和表达的功能。其他，都是第二义的。

廖名春《中国学术史论集》序

唐代刘知几认为,学人当兼具才、学、识三长,然后可言治史。才指天赋资质,学指学术素养,至于刘氏所最看重的识,是否即指某种洞幽烛微发覆起瓯的理性思维能力呢?不是,至少不完全是。

据《新唐书》卷一百三十二之本传记载,刘知几"领国史且三十年。礼部尚书郑惟忠曰:自古文士多,史才少,何耶?对曰:史有三长:才、学、识,世罕兼之,故史者少。夫有学无才,犹愚贾操金,不能殖货;有才无学,犹巧匠无楩柟斧斤,弗能成室。善恶必书,使骄君贼臣惧,此为无可加者。"

刘氏所谓识,原来是指史家对于自己所从事工作之价值诉求的主观自觉,以及承担实践这一自觉的智慧和勇气。这种定义在知识学意义上能否成立当然见仁见智,这里也无须多加阐发,但就其强调研究者与研究对象之间存在某种内在关联这点,应该说确有所见,至少在人文学科领域,今天已成共识。按照公羊学的观点,孔子正是出于对"世衰道微,邪说暴行有作"的现实深感忧虑,才笔削《春秋》,"使乱臣贼子惧"。这种实践是刘氏三长说之所本,而孔子"为万世立法"说的成立,更证明刘氏对"识"的阐述无论在知识学或者价值论层面都有足够的合法性根据存在。

仅就对传统文化的研究而言,刘氏之"识"在今天有两点启发值得予以重视。其一是研究者对所研究的历史文本首先应作为一个蕴含有文化意义的事件来加以解读,同时应当设身处地,"对古人不得不如此之苦心孤诣表一理解之同情";其二是将自己的研究视为由该文化所凝结之个体对此精神实体的反思、传承和创造,如陈寅恪诗"吾侪所学关天意"之所揭橥者。为什么陈氏能够对王国维的自沉做出不同流俗的说明?其对隋唐政治文化的研究又为什么能在贡献和影响方面超迈同侪?

就因为他是一位以文化自肩,河汾自承的中华文化"托命人",岂有它哉!

完全不必拉什么名角出来为廖名春站台造势,我确实认为在当代治国学的同辈学人中廖名春的成绩是最突出的,并且我也确实相信其所以有此表现,主要在于思想境界契近于古圣先贤,换言之,即是对刘知几三长说中的识有所体悟。这种判定可以从以下三点得到证明。

首先是他自觉将自己的研究领域锁定在对经学的释证上。学术分工本无高低贵贱的可言,对个体来说研析经史抑或子集,多半都是出于误打误撞的外在偶然。廖名春不是,他硕士读的是训诂,但他并不满足于在章黄门下游走,而是力争较乾嘉诸老更上一层。他曾跟我说起,在追随金景芳先生做博士论文后,思想上有一觉悟,自此确定了自己的治学方向。他一度曾协助陈鼓应先生办《道家思想文化研究》,在刊物上以发表关于帛书周易的成果而为学界关注。后来就是因为在《周易》学派上的归属上持论与倡导道家文化主干说的陈氏不合,终至分道扬镳。拈示这点,不是要评论学术是非,而是想表明廖名春的学术立场的坚定,有"护道"的自觉。"从语言到历史,以考据求义理",反映的既是其问学次第,也是其心路历程。

其次是他对经学的正面理解或肯定态度;这恐怕乃是其受惠于金老先生之最关键处。他认为经之所以为经是由于它们记载有先王之道。这种先王之道所包含的价值理念因其为全社会所认可接受,在相当长的历史时段内构成了整个社会的基本支撑,因而是中国文化的大本大根。这种理解在以前是常识,在今天却是洞见,因为五四以来的主流思潮倾向于对传统价值的否定。号称经学大家的周予同先生其毕生所致力者,即是"要把经学那纸糊的高帽子撕破给人看"!

最后是我隐约感到廖名春有一种"文王既没,文不在兹乎"的担待或气概。由于办《原道》的缘故,我们经常在一起讨论诸如怎样振兴传统文化研究,如何克服近代形成的对儒学的偏见这样一些问题。本书中对古史辨学派的清理就是这种讨论的结果。近来他又对国内学界存在的传统研究汉学化的倾向十分担忧。我们筹划着在《原道》上刊发一个类似于牟宗三、徐复观、张君劢、唐君毅先生五十年代所撰的那种"宣言",表达我们对于中国学术研究及中国文化对世界文化前途之共同认识,他答应由他来撰写第一稿……

当代学者中才高八斗的人很多,学富五车的人也不少,而才、学、识三长兼具者却屈指可数。所以现在也仍跟郑惟忠当时所见到的情形颇为相似,文士多而史才少,叫人唏嘘慨叹。其实,一个人追求的目标越崇高,其所具有的才华也就会发挥得越充分,其所取得的成就也就越能传之久远。我衷心希望我们这辈学人能够将自己的知识、智慧与中华文化建设的事业联系在一起,因为这是一个充满着机会和挑战的时代,在经历了百年忧患之后,我们的民族再也不容有失!尽管并不是亨廷顿那样的"文明冲突论"者,但我相信,一个民族的复兴,虽然并不以文化的复兴为全部内涵,但却绝对是以文化的复兴为其最高象征。

当然,我也希望自己在这篇序言中所表述的对廖名春其人其学的理解,多少能够为本书读者诸君的阅读经验所印证。

谨以此为序。

卢国龙《宋儒微言》序

一

中华民族的文化主体性之确立与重建应该是当代思想界,尤其是中国思想史研究者们必须正视并认认真真地"思有以为之"的重要课题。我认为,所谓文化主体性应该是指一种使民族的内涵变得充实,民族的生命变得成熟的自觉——意识到自己是什么?需要什么?又当如何去加以表述与实现?因着这样一种自觉,个体才成为历史与未来之间的连接者开创者;群体才能在民族国家间展开的博弈互动中成为享有尊严的一员。

虽然过去的几千年里我们做得不错,但今天的状况却并不叫人乐观。在所谓现代性的论域里,许多的学者在表达个体性的诉求时误把民族的所指当成压抑自我的对立面;在表达自由、民主的渴望时又误把传统的内涵当成先必欲以解构的对象。这一问题虽然牵涉很广,但与这篇序文的主旨有着内在关联,不妨从近代所谓中学与西学、旧学与新学的关系角度稍作讨论。从一般人的使用看,旧学、中学是中国传统文化或文化传统的代名词,新学、西学则是西方声、光、电、化、算以及政治诸学术的总称。如果说在先行者"以西国之新学,广中国之旧学"的命题那里,中国文化的主体性尚依稀可辨的话(虽然存在或强调伦理纲常、或强调政治制度、或强调民族富强诸层面的不同),那么,到"五四"时期,当陈独秀等先锋人物将中学与西学的区别判定为"the difference of grade"——以印度和中国为代表的东洋文明属于"古之遗",而欧罗巴文明则是"近世文明",为西学对中学、新学对旧学的全面覆盖和替代提供合法性依据时,近代思想的最大迷思就形成了。① 它的谬误之处有二:一是西方中心的单线进化史观,二是对文化所做出的知识性理解。如果说前者已受到方方面面的反思诘责,那么后者还远没被作为一个问题得到人们的重视。

诚然,文化包含有作为世界图景之反映的对象性知识,但这并不就是其全部内涵。其核心的部分乃是作为主体意志之表达与实现形式的"存在性知识",即价值、信仰与责任。② 应该说在西方文化内部,这一结构是均衡的,简而言之,分别由所谓古希腊的知识论传统和希伯来的基督教传统支撑着。而在我们的诸子百家,无论在主观上还是客观上却均无此分工,此二者在各门派中可谓说一而二,说二而一。③ 因此,当我们不假思索策策嗫嗫地致力于以仅仅是知识性结构部分的"西学"来作为文化结构整体的"中学"之替代者时,它的结果就不能不是中华民族之文化主体性的日渐迷失沉沦。

"经,所以载道也。诵其言辞,解其训诂,而不及其道,乃无用之糟粕耳。"程颐这番话中对"学"(辞章、训诂之类)与"道"(意,在主体为意志,在文本为意义)的分疏颇适合于我们这里的语境。黑格尔在其《哲学史讲演录》中从哲学的角度对孔子的思想表现得十分的不屑,而对老子颇看重。但如果我们因此就设置一个本体论、认识论之类的框架出发去评估厘定孔子老子及其他思想家在中国文化史中的地位和意义,那就未免荒唐可笑了。孔子从未曾以所谓哲学家自相期许,其对文武周公之治的记录阐发固然可以作为哲学、史学或其他什么学科的对象纳入研究者的视野,但其根本的意义,却不是在这些学科框架中可以得到充分彰显或释放的。作为"存在性知识",其在国人生活世界与意义世界中所占居的位置,才是首先需要我们做出体会与把握的。

本书作者卢国龙对此是有着十分清醒的意识的。作为他志同道合

---

① 但对陈独秀以及新文化运动仍应充分肯定,其救亡图存而又否弃传统的矛盾性格,可以理解为民族生命意志在窘困中寻求更加有效的文化表式的初期所不免的急切与愤懑。

② 德国哲学家李凯尔特对"文化科学"与"自然科学"的区分以及李泽厚关于中西文化特征在"一个世界"(中国)与"两个世界"(基督教和希腊哲学的西方)的区分,均有助于理解笔者这里对知识与文化的区别。

③ 对此,最适宜于以新实用主义的有关理论去解说。参见〔美〕理查德·罗蒂:《后哲学文化》,黄勇编译,上海译文出版社1992年版。

的朋友,虽然我早就知道他从事中国思想史研究的用心不同流俗,即不是汲汲于以坊间流行的话语形式将儒、墨、道、法诸家编入"×××百科全书"的最新版本,而是以继往开来的愿心,致力于塑造和确立作为中华民族精神生活表征的儒学在当代社会中的形象与位置。但摩挲着厚厚的一叠书稿,我心底仍充满了莫名的兴奋与欣慰:文化主体性的重建工作终于由此开始落实,卓有成效。

它的出版无疑对思想史的研究具有范导的意义,但愿因此范导的意义,它本身亦成为一个具有思想史意义的事件。

二

宋代思想的基本状况究竟如何?有人理解为伦理文化的高峰;有人命名为审美文化的终结;主流的哲学史教科书将它定位为唯物主义与唯心主义斗争的新阶段;新儒家则根据自己对道统的诠释对它做出了自己的划分与论评。凡此种种,虽然见识有大有小,启迪有少有多,但其所依凭的认知框架基本上都是"学科性"的。而所谓学科范式的形成,主要与认知主体所处的时代相关,因而不免与其所欲观照的对象间存在一定距离——思想者所处之情境、所欲解决之问题往往被忽略或淡化。中国的思想,尤其儒家的思想,很难说能与某种具体的"学"严格对应(梁漱溟就认为它仅仅只是一种"生活态度"而已)。如果说前述四种关于宋代思想基本状况的述说得不到今天的认可——因为在这种诠释中,作为一种传统,它们显然不足以帮助我们深化对自己精神生命和文化责任的理解,不足以为这一生命的生长提供动力和能量,不足以为这一责任的担待提供勇气和智慧,最主要的原因就在于这种认知框架与认知对象之间的"隔",隔膜或阻隔。

思想是行为的特殊方式。解读一种思想就如同分析一组行为,有必要了解与之相关的各种参数,尤其是主体意志与客观情境。《宋儒微言》的书名即表明,作者正是这样做的。宋儒先于宋学,这一逻辑次序的厘定似乎无足轻重自然而然,在我看来却是打开宋代思想新景观的关键——它使研究者把眼光聚焦在"人"而不是"学"的上面。正是有此转换,作者才发现,"北宋儒学从本质上讲是一种政治哲学,它所代表的时代精神,是对文明秩序及其最高的体现形式——政治制度,进行理性的批判和重建。批判是追索文明秩序的合理性依据,所谓天道性命之理,即由此发畅;重建是探讨文明秩序、政治制度的合理模式,于是需要推阐王道,作为最高的政治宪纲"(该书《绪论》)。

作为宋学主体的"天道性命"及"王道"诸论题于是乎在"政治变革"的历史平台归位,从而使得作者在对"无人身的理性"漫无边际的飞翔做出限制的同时,为宋儒活动之文化意义的释放或呈现拓展出一片广阔的空间。作者根据北宋政治变革的庆历更新、熙宁变法、元祐更化三阶段,将北宋儒学的主流思潮与之对应,是即范仲淹、孙复、石介及李觏等人为先导的庆历学术、王安石为代表的新学派学术以及分别以苏氏父子和程氏兄弟为中坚的元祐学术。

庆历学术的基本精神是将师古与用今结合起来,师古即振兴儒学,通过阐释《六经》展开关于现实问题的理论批判,重建政治宪纲,用今即推行变革,以期克服三冗三费等积弊,将二者结合起来就是振兴儒学以扶救世衰;新学派学术的基本精神,是按照"由是而之焉"的理论思路推天道以明人事,批判君王自行其是的政治痼疾,批判自然天道之说所长期存在的价值虚化倾向,从而将自然天道作为最高的理性原则,建明宪纲,并按照"九变而赏罚可言"的政治哲学推行变革;元祐学术的基本精神是对熙、丰变法实践进行批判性理论反思,彰现人道的价值以对新学理论进行反正,从而摆脱由天道独尊而导致的偏重刑名律法的逻辑陷阱,并通过确立天道与人道双关并重的思想前提,重建政治宪纲,将熙、丰变法转化为温和的政治改良(《绪论》)。

三派学术理论旨趣的追求不同,政治策略的选择各异,但共同之处更值得关注,即均与现实的问题遥遥相应,均与儒家"利民为本"的情怀息息相通。

在看到这种宏观把握得到丝丝入扣的微观分析的支持后,我不禁产生这样的疑问:这一切难道还能有别的什么说法更令人信服吗?并为那些有得于学而不与于道的研究者们深深叹息:不追问先贤所以立言之意,拘执言荃而自以为高,其愚骏较之买椟还珠又究竟高出多少?

作者的叙说使我们相信,"政治变革引发了儒学复兴的问题意识,反过来,儒学复兴又影响了政治变革的方向性选择"。而之所以有如此密切互动关系的关键处,我想应该就是这些思想者身份的二重性——士(儒生)加大夫(官员)。准此,则他们所进行的制度设计与理论探讨必然是具体而现实的,是对社会中各个利益主体间各种权力和利益的肯定与限制,从某种均衡中求取社会整体利益的最大化。这些儒者既是特定社会群体之一员,又对社会整体利益心存关注,故其所成就者与大学教授的学科讲义间存在区别应该是无可置疑的(《宋儒微言》的内在思路亦是如此)。所以,当我们对他们所留存的思想文本加以解读时,将其命名为政治哲学似乎显得匆忙了一点。即使作者认为别无选择,那么也应该对这种区别有所强调。

但是,在《宋儒微言》的绪论或其他地方我们并没有找到与此相关的文字。

这应该是一种遗憾。

三

提起宋代思想,人们头脑中跳出的第一个名字肯定是朱熹,然后是程颢程颐,再然后是陆九渊、王阳明。这些名字很快又会被拼成理学、心学及其相互论衡颉颃的哲学图块。其上焉者以新实在论、新黑格尔主义格义;其下焉者以客观唯心论、主观唯心论标签。落实一点,人们联想到的则很可能是"存天理,灭人欲"、"吾心即宇宙,宇宙即吾心"这样一些似乎既不合情也不合理的命题。

问题真是如此简单么?《宋儒微言》从对历史语境的疏理重建中告诉我们,即使在朱熹的祖师,曾有"饿死事小,失节事大"惊人之语的二程处,问题也远不是如此简单。

某种意义上说程氏兄弟都属于具有强烈正义感和淑世情的所谓热血青年。在他们十七八岁的时候,曾上书仁宗皇帝呼吁改革;二十多岁时又再度上书于英宗皇帝,针对六大弊端,提出了"立志、责任、求贤"的匡救之策。这两封上书至少说明其性格的积极通脱和儒学的影响深刻。程氏兄弟中据说是"偏于心学"的程明道曾吟有一首《下山偶成》的七言绝句:"襟裾三日绝尘埃,欲上篮舆首重回。不是吾儒本经济,等闲怎肯出山来?"经济者,经邦济国经世济民之谓也。怀有这种志向的儒生是不可能耽于玄思冥想的,即使有契于妙理,也只能是以之作为论证表达观念的话语形式而已。事实上,他总是这样提醒学生:"不可穷高极远,恐于道无补也。"①

那么,为什么后人总是执著地要将二程等由儒生涂改成所谓学者呢?清代学术空间逼仄,近代西学框架盛行,这是外部原因。内在的原因则是,中国古代思想者创作的文本常常兼具道与学这么两个层面的内容。这一点二程自无例外,而尤具有特殊性的是,在历时性上,二程的思考重心有一由重道向重学的转移。仕以行义。但儒者总不免一个遇与不遇的"时"的问题。在欲济无舟楫的尴尬中,他们的选择在人格上是"独善其身",在行动上则常常是"以学存道"。二程正是如此。《宋儒微言》在介绍了二程政治生涯中的变故后,作者将由此而来的思想形象的转变凸显为如下问题:"熙宁以后二程所甚谈的天道性命之学,究竟是早年改革主张的深化和延续,还是对改革话题的否弃或回避?"(该书第五章)并从三个方面进行了深入细致的讨论。结论当然是前者而不是后者。我们不妨反躬自问:倘若是"学愈繁而道愈晦",二程又岂能成其为二程?

作者许多的结论可以说都是带有颠覆性的。阅读本书,对于许多读教科书完成学业的大学生研究生来说恐怕都是在收获启迪的同时也体验到一种理论探险的紧张感。但在我,可谓快何如之——六经责我开生面,石破天惊逗秋雨。

所谓天理人欲之辨,首先乃是针对封建王朝的统治集团而为言:"天下之害,皆以远本而末胜也。先王制其本者,天理也;后王流于末者,人欲也。损人欲以复天理,圣人之教也。"他们的伦理主张,也许不免带有小农经济的乡民色彩,但他们政治主张的精神,即使从哈耶克这样的极端自由主义者的立场来看也是可以接受的:"为政之道,以顺民心为本;以厚民生为本;以安而不扰为本。"

提起道统,人们都知道"人心惟危,道心惟微。惟精惟一,允执厥中"的十六字心法,都知道程颐从天理与人心关系角度所做出的解释。实际

---

① 当然,这并不意味着对学的贬抑。没有学,道的正当性可疑;没有学,道的实践性可疑;没有学,道的恒久性可疑。

上,这里人心道心之辨在二程的整个体系中不应被抽象成为一个伦理学的身心修养问题。这句话中真正值得关注的词是"允执厥中"的"中"字。这个"中"不是"中央"或"中心"之中,而是对于政治家来说所必须把握的特定情境中的"时中"(其政治学意义当为"正义")。因为二程所传之道是有确定内涵的,那就是"三代莫不由"的所谓"大中之道";其代表者首先是周公。程颢在解释其兄"明道"的谥号时说得很清楚:"周公没,圣人之道不行;孟轲死,圣人之学不传。道不行,百世无善治;学不传,千载无真儒。"要之,道统即是王者之所以为治的传统,程氏以"大中之道"名之,意在表擷出其"博达公正"的特定内涵,以区别于自私用智之类的霸者之事。①

这些可谓发数百年未发之覆的洞见,从作者笔下流出却显得平平静静从从容容。莫不是在为有心的倾听者等待?

回响应该不会遥远。

四

如果说《宋儒微言》对我们以往关于程氏兄弟的研究是一个颠覆,那么书中对苏氏父子"杂学"的发掘则实实在在堪称一个贡献。我个人认为,苏轼"推阐理势"的方法论原则,对处于现代社会变局之亟中的儒学如何抖落因袭的重负,在对现代课题的应对中开启新局具有极大的启发性。

"圣人因时设教,而以利民为本。"时,大致相当于"推阐理势"中之"势";教,则大致相当于其中之"理"。推阐理势,简言之就是在理(教)与势(时)的互动关系中求取"圣人之所以为法"之意——"利民",然后据此"利民"之"意",回到变化了的新时新势之中,探寻出与之相应能够确保利民之旨落实的理与教。

由于其价值基点是立足于社会整体而不是朝廷王权或其他什么强

---

① 新儒家以陆王心学承接孟子,而谓程朱理学"别子为宗"。循此思路,指出二程道统之以政治为特征应该是论证其所以高下乎其间的方便法门。

势的利益主体,儒家主张的落实程度总是比较有限的。[①] 这使得以学存道的儒门子弟较多地倾向于通过强调道的形上性、绝对性来推动其向现实社会运作过程的落实。道统论的提出更增加了对道的连续性的强调(其相对的合理性在于整个"封建时期"社会的基本结构变化不大)。但苏轼的"推阐理势"与此异趣。他明确指出,"夫道何常之有?应物而已矣;夫政何常之有?因俗而已矣"。道是要求用("利民")的,故理势当并重。事异自然备变,故理无常形。解构理念的终极性,对于统治者来说就是提醒"善为天下者,不求其必然",要顺应人心,遵从自然生成的社会秩序;对于儒家学者来说就是提醒"三代之器不可复用",所当仿以为法者,"制礼之意"耳。

《宋儒微言》揭示了蜀学与洛学各自的思想逻辑:"蜀学是从个别到一般,从广泛的知识到抽象的原理;而程朱理学则从一般到个别,即首先树立或者确定一个形而上的理念,然后将它贯彻到形而下的知识中。"套用哲学术语,法圣人之法的二程近于唯理论;法圣人之所以为法的二苏则近于经验论。存在这种差异实在是儒门之福。文化是有生命的知识,生长就意味着与世推移,对于儒门内部,自然是继承与发展都不可偏废,就如同重本质、重"理一"与重现象、重"分殊"二者间有必要维持某种张力或均衡。没有继承则没有历史意义(无根),不成其为儒;没有发展则没有现实意义(无用),亦不成其为儒。

就儒学如何走出其近代以来所面临的困境来说,发展显然是一个比继承更显急迫的问题。因为困局的形成,除了客观原因(政治体制更迭,生活方式转换等)之外,儒门内部应对失据亦有相当责任。主要的一点就是心态保守,这种保守心态主要表现为理论上的虚骄和现实中的怯懦。而作为例外的港台新儒家,又陷入了以学证道的吊诡之境。把儒学哲学化,必然把道本体化了,而把道本体化,一定程度上就窒息了道向生活开放从而使自己与时俱进的可能。借用苏轼的一句话讲就是,"自许太高而措意太广。太高则无用,太广则无功"。

当然,任何人都不可能超越其所处之时代。凡事只能尽心尽力,顺势而为,至于最终能够成就几何,原本就只能委之于天数。主张"推阐

[①] 参见陈明:《儒学的历史文化功能——中古士族现象研究》,上海学林出版社1997年版。

理势",像水一样"随物赋形"的苏轼自己,一生的遭际也是坎坷连连。直到晚年,仍不免琼州之贬。仿佛记得,当其孤舟渡海,在波涛间颠簸出没,其怀中所揣,并非为他赚取盖世文名的诗文,而是备受后人讥弹的几部经学著作。

也许,只有这种豪迈与执著,才是我们今天最为迫切的需要。

卢国龙、廖名春是当今国学研究领域里我最为推崇的两位同辈。他们共同的特点是写得多、写得好。我所谓好,不只是指表达与论证,而是指有见识。因为他们能够将自己对生命经验的体悟自觉升华,作为通过文本与自己研究对象进行意义对话的基点。很难想像,一个对时代精神毫无所感,对自己的生命存在懵然无知的学人,能够沿波探源、以意逆志,写出有见识抓到痒处的文字,担当起文化主体性重建的责任。

这一年他们二位分别又有新著推出,先后邀我作序。开始我颇感惶恐,但很快又觉得十分正常。大家志同道合,又都是性情中人,如果序对于一本书来说真要是必不可少的话,那不找这样的朋友来写又找谁呢?

但我还是要对他们说一声谢谢,为序,更为书。

研究

中体西用:启蒙与救亡之外

——传统文化在近代的展现

启蒙,在西方文艺复兴的语境中是指从宗教神学的禁锢中实现自我解放;对近代中国来说,则指引进西方文艺复兴以来的自由主义传统,向中国固有的"封建文化"宣战,以期建立起英美式的现代型社会。救亡则是向诸对中华民族眈眈虎视的帝国列强抗争,捍卫我们日趋逼仄的生存空间。

李泽厚先生以"启蒙与救亡的双重变奏"概括统摄中国现代史的进程[①],影响广泛而深远。这固然与命题具有一定描述的客观性和相当的思想解释力有关。但是,我们也认为,对这一模式的建构和接受,在一定程度上反映了80年代国人思想观念中这样一种隐而不显的共识:启蒙运动及其方向乃是历史所应然的本质或逻辑,而中国传统文化的边缘化或消亡,则不仅是事实上的趋势,而且理论上也是合理的。

本文不拟对"启蒙"一词所暗含的西方中心的一元进化史观之形上背景多作分析,仅希望通过对洋务运动、维新运动和五四运动的宏观考察,勾勒出传统文化及其承担者在这些本质为救亡的运动中的表现和作用,以引起人们对前述共识的反思。

一

人们以朴学代表清代的学术成就,实际朴学不足以代表清代文化的精神。将小学列入经部,足见清代文化精神的失落。回归是从龚自珍、魏源的今文经学开始的:龚自珍开创了晚清以经学而谈政治的风气;魏

---

① 参见李泽厚:《中国现代思想史论》,人民出版社1988年版。

源"师夷长技以制夷"的命题则直接成为洋务运动的思想先驱。

尽管洋枪洋炮也曾介入了清廷与太平天国的内战,但洋务运动并非由此而起。清廷一直是"以夷务为第一要政,而剿贼次之"①。二次鸦片战争失败,士大夫以之为"天地开辟以来之奇愤"。从1861年开始,"自强"一词在奏折、谕旨和士大夫的文章中频频出现。

自强显然可视为救亡的同义语,但它与所谓启蒙是不甚相容的。它一方面意味着明确的主体认同感,另一方面意味着立足现实给定的条件。费正清的中国研究把自强运动(即洋务运动。本文不加区分)视为中国现代化的开端,将它归入"挑战应战"的发展模式考察。应该说这大致是可以接受的,但需指出,应战首先必须视为中国社会内部的文化变迁过程。明乎此,我们就可以把焦点集中在如何应战上:守什么?如何守(变什么)?

倭仁等顽固派认为,"先帝之遗训","祖宗之家法"均是神圣不可改变。而曾国藩、奕訢等开明派则能体时中之德,与世推移,以求得传统的政治结构与文化结构在新的历史条件下存在下去。对曾国藩来说,在政治结构与文化结构中,文化结构乃是他的终极关怀之所在。② 他的信念早在其《讨粤匪檄》中已有充分表述,那就是要象历代圣人一样"扶持名教,敦叙人伦",使中国数千年礼义人伦、诗书典则传诸久远,发扬光大。

只有知其所当守然后方能言守,也只有知其所当守然后方能言变。1860年,曾国藩已认识到,"驭夷之道,贵识夷情",并将林则徐、魏源以来"师夷长技以制夷"的口号提升到"救时第一要务",付诸实践。1861年,他在奏折中提出了"试造轮船之议。"翌年,在安庆建立军械所。不久,上海的江南制造局、南京的金陵制造局及福州船政局相继兴办。他相信,"中国自强之道,或基于此"③。此外,他又跟丁日昌、李鸿章等商议,奏请"选聪颖幼童赴泰西各国书院,学习军政、船政、步算、制造诸

---

① 冯桂芬:《校邠庐抗议·善驭夷议》。
② 韦政通认为,当代新儒家普遍认为,"中国历史文化为一精神实体,历史文化之流程即此精神实体之展现"。应说这也是历代儒家的共识。但是,这个精神实体并非黑格尔主义天马行空的绝对理念,而是不离伦常日用的文化价值原则及对此原则的追求。
③ 《轮船工竣并陈机器局情形疏》,载郑振铎编《晚清文选》,上海书店1987年版。

书",以收"远大之效"。

打败太平军,使诗书伦理典则免于扫地以尽的厄运,筹划洋务,又使国家在外来文化的挑战面前开启一线生机。中国社会迈向近代化的第一步由曾氏这位封建社会的最后一位圣人完成,仿佛是"理性的狡计",又仿佛是历史的必然。

一身兼具洋务运动之理论家和实践者之品格的是张之洞。张氏被同侪推为"识时之俊"。辜鸿铭《张文襄幕府纪闻·清流党》载:"文襄之效西法,非慕欧化也;文襄之图富强,志不在富强也,盖欲借富强以保中国,保中国即所以保名教。"这位颇以曾国藩的继承者自居的儒臣也确实跟曾国藩一样,知道自己所当守者乃是"圣人所以为圣人,中国所以为中国"的"名教",即他所理解的文化结构。作为实践者,他发扬光大了曾氏开创的事业,作为理论家,他总结了从冯桂芬以来的诸多儒士大夫的思想主张。他在此基础提出的"中学为体,西学为用"的主张与其说是他个人的政治见解和理论创造,还不如说是对1860年以来三十余年自强运动之思想基础的客观描述和理论总结更符合实际。

冯桂芬是林则徐、曾国藩的崇拜者。他在《校邠庐抗议》自序称自己的四十篇议论文字是"参以杂家,掺以夷说,而要以不畔于三代圣人之法为宗旨"。当时天下已非三代之天下可比,所以只能在寄望"先圣后圣符节相合"的前提下,"去其不当复者,用其当复者"。他认为,"今日宜日鉴诸国,以中国之伦常名教为原本,辅以诸国富强之术。"①

薛福成是曾国藩的门生、幕僚。他意识到,"泰西诸国以器数之学勃兴海外,虽以尧舜当之,不能闭关独治"。他说:"世变小则治世法因之小变。世变大,则治世法因之大变。故有以圣人继圣人而形迹不能不变者;有以一圣人临天下而后不能不变者。衣冠语言风俗,中外所异也;假造化之灵,利生民之用,中外所同也。今诚取西人器数之学,以卫吾尧舜禹汤文武周孔之道,俾西人不敢蔑视中华。今日所宜变通之法,何尝不参古圣人立法之精意也!"②

"道者生于心,法者生于事",二者之关系正如庄子所谓之"迹"与

---

① 《校邠庐抗议·采西学议》。
② 《筹洋刍议·变法》。

"所以迹"。法圣人以道,即是法圣人之所以为法,这也即是薛氏所谓"参古圣人立法之精意"。在冯桂芬乃至后来的张之洞等处,他们的道都是明确具体的,即伦常名教,所以他们的思想相对比较滞重,改革理论也相对比较保守。薛福成提出"参古圣人立法之精意"以定"今日所宜变通之法",思想上就空灵而深刻许多,其改革理论所具有的张力也比较大。对这种"精意"进行讨论无疑可以将自强运动的理论和实践提高一个层次,但在当时条件下,现实为改革提供的实践空间十分有限(对此"精意"有所体悟阐发的,是稍后的康有为)。

王韬曾游历俄、法、英诸国,主张追随世界潮流,"以欧洲诸大国为富强之纲领"。但是,他又说,"器则取诸西国,道则备自当躬。盖万世不变者,孔子之道也"①。

郑观应也是主张"道为本,器为末;器可变,道不可变"的。只是"器"在他的文章中不仅指枪炮轮船等"西学之用",也包括"议政于议院,君民一体"诸"西学之体"。但是,就中学和西学对照言之,"中学其本也,西学其末也;主以中学,辅以西学"②。

值得注意的是,这些"在野"的思想家在阐发这些思想的同时,还提出了一条与官方思想家旨趣不尽相同的自强之路。

曾国藩、李鸿章,张之洞等自强是以抚民制夷为追求目标,故其所致力者"以练兵为体,以轮船矿物为用"③。新兴工业的"官督商办"显然是这种"朝廷本位"政策在实践中的必然反映。郑观应、王韬、薛福成、陈炽等人则主张立足于民间社会,与列强进行"商战"。他们认为民富然后国强,这才是自强的"治本"之途。郑观应谓"商贾具生财之大道而握四民之纲领"。既然"商为国本",社会结构的重心就由朝廷移到了民间,民间也就成了自强运动的主体部分。王韬要求"开掘煤、铁、五金诸矿,皆许民间自立公司,不使官吏得掣其肘"。郑观应针对"官夺商权"的"官督商办",要求"全以商贾之道行之,绝不拘以官场体统"。富商以富国,就是要在官僚资本以外发展民间实业。它的根本意义并不在提出

---

① 《弢园文录外编》。
② 《盛世危言》。
③ 丁日昌奏稿。见中国史学会编:《洋务运动》第二册,上海人民出版社1961年版。

了发展商品经济的以商为本,而在于它所蕴含的以社会为本推进现代化的思路。

如果说对"古圣人之精意"的探讨不曾深入下去乃是由于历史进程尚未达到相应之阶段,那么以社会为本从事自强运动之无法展开则是由于它为当时的政治秩序所不容以及社会条件欠成熟。① 但我们至少可由此看到,这种在今天看来也未免太过激进的重商主义的鼓吹者,他们在文化上也保持着对传统文化的认同。也就是说,这些主张在他们看来并不与文化传统冲突。②

不管怎样,我们可以说张之洞《劝学篇》反映出来的思想与郑、薛、王诸人是大同小异,基本相通,即都主张"中体西用"。《劝学篇》的写作目的一是"正人心",一是"开风气"。"正人心"是要明确"所当守",这是自强的目的所在;"开风气"则是要解决"如何守",即自强的具体运作。1884年中法战争中国在马江失败后,"天下大局一变,文襄之宗旨亦一变。其意以为非效西法图富强无以保中国,无以保中国,即无以保名教"③。保名教是最高宗旨,但具体操作步骤却是以保国为重心:"保种必先保教,保教先必保国。国不威则教不循,国不盛则种不尊。"④ 他相信,"心圣人之心,行圣人之行,以孝悌忠信为德,以尊主庇民为政,虽朝运汽机,夕驰铁路,无害为圣人之徒也"。

在《变法》中他写道:"夫不可变者,伦纪也,非法制也;圣道也,非器械也;心术也,非工艺也。"他按照这样的界限,仿效西法,创建了机械厂、织布局、炼铁厂等许多大型近代工业。界限两边,他分别名以旧学和新学或中学和西学。《会通》谓:"中学为内学,西学为外学,中学治身心,西学应世事"。他劝大家"新旧兼学。旧学为体,新学为用。"⑤

---

① 1869年,中国才出现第一家民族资本家企业。戊戌变法前,这种性质的民间实业,总数约一百余,资本总额仅一千·七百万元。民权问题到康、梁变法才得到重视,但仍为张之洞所反对。不过我们不能据此即将洋务运动与变法运动对立起来。说详后。
② 那种用中国资产阶级的"软弱性""妥协性"来贬斥这种统一的说法显然是浅薄而又愚妄的,正如以此看待严复等人向传统文化的复归一样。
③ 《张文襄幕府纪闻》卷上。
④ 《劝学篇·同心》。
⑤ 《劝学篇·设学》。实际"中学为体,西学为用"八个字张氏《劝学篇》中并没有,而是沈寿康、孙家鼐于《劝学篇》发表前二年提出。尽管如此,张氏仍不失为这一理论的集大成者,且更显该思想具有普遍的社会意义。

以此为指导思想的三十年同光新政或同光中兴,应该说其成就是斐然可观的,从思想史说它把帝国主义侵略带来的民族生存危机转化成了一次重构传统的机会。① 而中体西用说作为在此自强运动中发展起来的儒家新理论,值得我们重视。

中国是一个注重"实用理性"的民族。甲午海战一败,急于救亡的人们马上对洋务运动产生了怀疑:"讲求洋务,三十余年创新政,不一而足,然屡见败衄,莫克振救。若是乎新法果无益于国人也!"后人也是以成败论英雄,据甲午战败断定以办洋务而求自强乃是一种错误选择。实际上同光新政与日本的明治维新大致同步,二者所追求的目标,所采取的措施及所遵循的理论(日本是所谓和魂洋才)也大致相同。最大的差异在两个国家的政治结构中,日本的睦仁天皇有至尊的权威。② 而中国同治帝死后,光绪一直生活在慈禧太后的权力阴影之下。即位15年之后方得亲政,"然一切用人行政,皆出慈禧之手",因而造成最高权力中枢的帝党后党之争。单就甲午海战来说,它的失败恰恰是由于受到腐败政治的掣肘,洋务未能抓紧抓彻底。③ 换言之,我们完全可以说,由开明帝王和士大夫推动的同光中兴乃是当时历史条件下进行现代化努力的正确选择。固然之理未能成为现实,则是因为这种与道合一的力量在当时的政治权力结构中没有取得优势。

这是历史的宿命,而不是文化的宿命,更不意味着仁人志士苦心孤诣孜孜以求的心力心血失去价值和意义! 作为洋务运动之深化的变法运动,正是要从政制结构层面突破,实现自强梦。

---

① 芮玛丽的《同治中兴》序称:"不但一个王朝,而且一个文明看来已经崩溃了,但由于十九世纪六十年代的一些杰出人物的非凡努力,它们终于死里求生。这就是同治中兴。"光绪新政显然也应划入此"中兴"范畴之内。芮玛丽对中国文明的诊断是错误的,将中兴仅仅归功于一些杰出人物也反映了西方学者的眼光。但这段话对肯定同光新政以及中体西用还是能提供一定支持。
② 睦仁1867年即位,即位之初即推翻江户幕府统治,建立起天皇专制政体。因此"日本变法,则先变其本。中国变法,则务其末,是以事虽同而效乃大异也。"(梁启超语)
③ 1885年,中法马江之役后,清廷重点发展海军,故有北洋海军之建立。1888年,其舰艇总数42艘,总吨位四万五千余吨,超过日本。但此后至甲午海战的1894年,军舰火炮再未增加,反被日本迅速超过。其间被慈禧划拨挪用的海军经费(如建颐和园等),足以再建一支与北洋海军同等规模的舰队(参见戚其章:《甲午战争一百年的沉思》,载《光明日报》1994年7月25日《史林》版)。在那困难重重的时候,康有为在北京看到的是,"万寿山、昆明湖土木不息,凌寒戒旦,驰驱乐游,电灯火奇技淫巧,输入大内而已!"

二

1983年在广东召开的全国维新运动学术讨论会提出了一些新问题，主要有维新运动与洋务派关系如何？"定国是诏"究竟是洋务派路线还是维新派路线？维新运动究竟是资产阶级革命，还是地主阶级知识分子领导的改良运动？对这些问题，笔者态度明确，强调二者的内在关联，因为它们的发展过程前后相接，核心人物前后相同，思想理论前后相通，其体措施前后相近。① 从这里分离出一个资产阶级利益和思想的群体以与洋务运动对照，是没有什么必要也没有太多根据的。②

戊戌变法的核心人物首先是光绪皇帝爱新觉罗·载湉。光绪在中日交战时主战，"盖欲藉战胜以提高声誉"。战败后，国势日危，民间的维新变法之议日炽，主和的后党之势稍抑。光绪深感"非变法不能立国"，又希望借此援引新人作为辅翊心膂，以摆脱慈禧的束缚，于是"毅然有改革之志"。正是在此风云际会之中，康有为、梁启超等"以一介茅草，遽得进用，肆其猖獗"。③

光绪帝外，洋务派出身的维新人物首推张之洞，④ 其次还有刘坤一，甚至李鸿章；非"大员"级的则有容闳、郭嵩焘等。洋务派开山曾国藩早在1862年即在日记中写过："欲求自强，总以修政事，求贤才为急

---

① 李泽厚《中国近代思想史论》中"19世纪改良派变法维新思想研究"一文亦承认："这一阶段改良派多半从洋务派中分化出来的，两派思想界限还不是异常明朗。"李氏指出变法运动中各派系的地位、关系和作用值得进一步分析研究，笔者非常赞同。但笔者认为，正因这场运动集合有各种社会力量，故不能简单地以资产阶级改良概括其本质。唯有救亡自强，才能集合如此广泛的社会力量。我们的评论不能离开这一最基本的认同。
② 力主维新之资本主义性质说的王栻等也承认，"戊戌变法是走在社会发展和经济成长的前面了"；君主立宪"表明了维新派达到的思想高度，却并不等于民族资产阶级上层已产生了这样的阶级要求。"这说明其对这一性质的判定乃是基于某一视域中的思想特征而非客观事实。参见王栻：《维新运动》，上海人民出版社1986年版。
③ 以上参见汤志钧《戊戌变法人物传稿》。据《康南海自编年谱》，1895年（光绪二十一年），"翁常熟……有变法之心，来访不遇，乃就而谒之。与论变法之事，大洽"。翁常熟的变法之念，一为"憾于割台"，一为太后"事事掣肘"。帝党后党之争对戊戌变法的发生与终结，影响至巨。强调二者的关联，并不会导致对历史理解的庸俗化，反而有助于我们对历史发展之理与势获得真切了解。遗憾的是本文又只能将此作为一种历史背景处理。
④ 张之洞与康有为的冲突在民权问题上，而中体西用的精神却一致。陈宝箴以及整个帝党集团，情况均相似。这种争论属于政治史而不是文化哲学的研究对象。

务,以学做炸炮,学造轮舟等具为下手工夫。"① 由"修政事,求贤才"到变法维新应该是没有什么悬隔的。甲午战争前,张之洞讲"西艺"较多;战后偏向"西政",即学习西方"政事法度之美备",谓"虽孔孟复生,岂有议变法之非者!"如果说洋务派是在旧的政治结构之内致力中兴,那么,康梁诸人的变法则是在不动摇皇权这一根本的前提下,通过对政制的变革追求同一目标。标志百日维新开始的光绪"定国是诏"明白宣示,变法是"以圣贤义理之学,植其根本,又博采西学之切于时务者,实力讲求,以救空疏迂谬之弊"。立国自强,而并非发展资本主义,才是维新变法的主题,种种的政治改革举措,首先应由此获得理解。② 换言之,百日维新的一切均未超出"中体西用"的意义域限。③

光绪的心迹是明白的,公私兼顾,客观上有利于天下群生。作为光绪赖以实现其目标的工具,作为当时知识分子群体之代表的康有为又是走的怎样一段心路历程呢?

"道者生于心,法者生于事",而道是法之体。传统的生命原动力在道,在道的与世推移而生出新"法",满足不同时代人们的变化了的需要。每个重大历史的转折关头,传统之"法"都因社会结构诸关系的改变而显得不适应或滞后于时代,受到挑战,而每次挑战面前总有思想的巨人超越具体"名法"而由轴心时代诞生的"道"那里找到精神资源,打开传统发展的新维度,日新其德。这就是明儒吕坤所谓"言孔孟所未言而默契孔孟所欲言之意;行孔孟所未行而符合孔孟所必为之事";也就是薛福成所谓"参古圣人之精意"。

康有为正是这样一位大仁大智大勇的思想家。

康氏出身理学世家。他的老师朱九江"主济人经世,不为无用之空

---

① 转引自〔美〕费正清、〔美〕刘广京编:《剑桥中国晚清史》,中国社会科学院历史研究所编译室译,中国社会科学出版社1985年版,第536页。

② 据《维新运动》一书前言,有人考证,康氏在百日维新期间,并没有明确提出"设议院"、"开国会"、"立宪法",反而主张"开懋勤殿"、"开制度局"。我们认为,即令真有其事,也不足以证明戊戌变法就是"资产阶级要求民权的运动。"(范文澜)使用五阶段论的发展模式作为解析中国历史的参照系,必须慎之又慎。

③ 光绪思想上最初的影响应来自冯桂芬的《校邠庐抗议》。冯著颇为翁同和等帝党人物推崇。光绪对《劝学篇》也十分欣赏,谓持论"平正通达"。给冯氏戴上资产阶级之类的帽子显然并不适合。

谈高论";"发先圣大道之本,举修已爱人之义,扫去汉宋之门户而归宗孔子。"这与乾嘉朴学风气迥乎不同,而与今文经学及湖湘经世之学旨趣相近。事实上,他最崇拜的也是中兴名臣曾国藩、左宗棠等不仅立言而且立功、立德的士大夫典范。二十一岁时,"静坐养心""求安身立命之所","自以为圣人则欣喜而笑,急思苍生困苦则闷然而哭"①。这样的性情志趣自然使他对故纸堆无甚好感,而将自己的人生目标贞定于"经营天下"。中法战争之后,他更是"日日以救世为心,刻刻以救世为事"。在此基础上接触了西方的"声光化电重学及各国史志、诸人游记"②以及《海国图志》等关于时势世事之书。

董仲舒开创的今文经学是在承认封建政制结构的前提下,另立素王,以"上明三王之道,下辨人事之纪"的《春秋》为理想范本,参与时政,对现实的政治秩序及其运作进行批评调整。③ 康有为的思路基本也是如此。他一直认为,中国"君权独尊",如果能"挟独尊之权","知阖辟之术",则"人才之乏不足患,风俗之失不足患,兵力之弱不足以患。一二人谋之,天下率从之,以中国治强,犹反掌也"④ 就在他的思想趋于成熟的而立之年(他自谓"吾学三十已成,此后不复有进,亦不必求进"),他开始了第一次社会活动或政治活动的尝试,上书吏部尚书徐桐,"极言时危,提变成法、通下情、慎左右三事。"那时光绪尚未亲政,他自然只能慨叹"帝阍沉沉叫不得"。在以狂生见斥后,乃"冥思于经籍中觅取变法根据"。

今文经学认为微言大义并未载诸空言,而仅能由圣人之行事去体察。这样就使得今文经学家必须以探寻圣人之精意为最高追求,而对时代精神或课题的把握,则构成这种探寻的逻辑起点。康氏弟子陈千秋的《学纪》云:"吾师康先生思圣道之衰,悯王制之缺,慨然发愤,思易天

---

① 《康南海自编年谱》。
② 《戊戌变法人物传稿》。中国知识分子对西方思想著作的了解是从严复以后开始的。光绪二十二年(1896)下半年,康接触到严译进化学说,促成了他对《孔子改制考》的写作,梁启超谓,"……于政治、哲学,毫无所及,而先生以其天禀学识,别有会悟,能举一以反三,因小以知大,自是于其学力中,别开一境界。"所谓"别有会悟",显然是将西方思想纳入到自己的认知框架中赋予意义。
③ 这个理想范本的具体特征往往由现实的社会需要所规定。董仲舒时代,吏治苛刻,董就强调先王对教化的重视;苏绰帮助宇文泰搞大统新政,就强调《周官》的政制设计。
④ 康有为《阖辟篇》。转引自《戊戌变法人物传稿》。

下"。正因康氏认为孔子创六经改圣法的"大义昧没,心知其意者盖已寡矣",故他给门生手订的学规,强调为学宜"逆乎常",而"所归在乎仁"。常者即千百年来之积习,所归之仁则是他理解的圣人立法之精意。孔子凭此宗旨进退古人,去取古籍,康圣人亦是如此。如果说他撰写的《新学伪经考》是对常纬的"逆",即对那些没有彰显孔子创制之大义的伪经、新学的否定的话,那么《孔子改制考》则是对他自己的"新王行仁之制"的正面论证和说明。一逆一归,使我们自然地想起挑战应战模式中"守什么"和"变什么"这个近代士人必须回答的问题。

他于变法维新前一年完成的《春秋董氏学》中阐述了他对仁的理解:"凡圣人立教,必有根本。老子以天地为不仁,孔子以天地为仁,此宗旨之异处。取仁于天,而仁此为道本,凡百条理,从此出矣"。实践仁,就是要建立大同社会:"大同之治,不独亲其亲,子其子,老有所终,壮有所用,鳏寡孤独废疾者有养,则仁参天矣"。

冯友兰说:"康有为是他那个时代改良运动领袖,但是他认为他的主张,并不是来自西方的新文化,相反地他是需要实现孔夫子的古老学说。"① 康氏确实是这样看待自己的思想和行动的。梁启超说得十分清楚,他的老师"是以孔学、佛学、宋明学为体,以史学、西学为用"。② 我们应该从这种本末体用关系去看待康氏托古改制中中学与西学的关系,而不能简单地说人家是因为"软弱",才在圣人的旧衣服下偷运资产阶级新货色,因为康氏所追求的原本就不是要摧毁传统,而是去努力赋予它新生命。简单地说,康氏是以仁为体,以西学为用,以西学作为仁的实现手段。③ 被他引进作为戊戌变法之思想指导的"西学"主要是君主立宪的政治学说,人权民主的自由观念和进化史观等。

我们把有关的主要材料排列如下。

"臣窃闻东西各国之强,皆以立宪法开国会之故。国会者,君与民共议一国之政也。盖自三权鼎立之说出,以国会立法,以法官司法,以政府行政,而人主总之,立定宪法,同受治焉。……政有本末,不先定其

---

① 《三松堂学术文集·中国现代哲学》。
② 《万木草堂回忆录》。
③ 梁启超《康南海传》谓:"先生之论理,以仁字为惟一之宗旨。故先生之论政论学,皆发于不忍人之心。"

本,而徒从事于其末,无当也。"在这代拟的《请定立宪开国会折》中,他论证"开国会""立宪法"合乎"圣人之道"和"《春秋》之义"。他认为"天视自我民视,天听自我民听","民之所好好之,民之所恶恶之","孟子称大夫皆曰、国人皆曰"等,即是"国会之前型";"春秋改制,即立宪法"。

在《孔子改制考》中他说:"六经中之尧舜文王,皆孔子民主君主之所寄托。""尧舜为民主为太平为人道之至。孔子据乱升平托文王,以行君主之仁政,尤注意太平托尧舜,以行民主之太平。"

在《孟子微》中他说:"尧舜与人人平等相同,此乃孟子明人人当自立,人人皆平等,乃太平大同世之极。"同样的意思又表述在《中庸注》中,人人性善,文王亦不过性善,故文王与人平等相同。"人人既是天生,则直录于天,人人皆独立而平等"。

进化思想见诸《论语注》:"人道进化,皆有定位:自族制而为部落,而成国家,由国家而成大统;由独人而渐立酋长,由酋长而渐正君臣,由君主而渐至立宪,由立宪而渐为共和。盖自自据乱进为升平,升平进为太平。孔子之为《春秋》,张为三世,盖推进化之理而为之。"

这里所引的文字,每一节都可划为结论部分和论证部分两个结构层次。结论充满时代内容,论证部分却是"孔子旧方"。从当时到今天,论者都是否定此二者间有任何内在联系的。顽固派从右的方面攻击托古改制"明似推崇孔教,实在自申其改制主义",视康氏为孔门叛逆。"激进派"从左的方面攻击托古改制是借用圣人名号来作为资产阶级政治活动的护身符,指责其作为资产阶级的软弱、妥协。一左一右,共同之处是否定所托之古与所改之制有任何内在关系。这种断定又基于这样一个共同的前提:中国文化史无所谓改制这样的事,二者本质上是不相容的。

但是,在康有为自己那里却不是这样。他认为中国文化中也许没有这样的"事",但绝对有这样的"意"。① 这个"意"就是仁。因为这个仁,"凡大地教主无不改制立法也"。梁启超的《读春秋界说》把《孔子改制考》的这一思想枢轴点透了,"黄黎州有《明夷待访录》,黄氏之改制也;王船山有《黄书》有《噩梦》,王氏之改制也;冯林一有《校邠庐抗议》,冯

---

① 梁启超则认为,议会之类,历史上"虽无其名,却有其实"。参见《古议院考》。

氏之改制也。凡士大夫之读书有心得者,每觉当时之制度有未善处,而思有以变通之,此最寻常事,孔子作《春秋》,亦犹是耳"。

法圣人以道,而后可以继承圣人之事业。正因此,我们既不将康氏之说视为当时尚在萌芽状态的民族资产阶级的思想对应物,也不将其视为悖逆孔孟大义,私逞臆说的逆子贰臣。在现实的需要中把捉圣人之所以立制的精意而思有所为之,正是强调经世致用的春秋公羊学的一贯精神。我们为什么不能抱着同情的理解的态度,按照康氏本人的思路及话语系统,将它与千百年来中国文化传统的内在关系沟通起来,去寻找某种启示,反而要因其体系中有诸时代所需的新内容(modernities)就割断这种联系呢?① 康有为的伟大之关键处并不在他的思想行为中有多少西学(资产阶级?)的因素,而在于把这些 modernities 整合到了以仁为精意的中国文化结构系统之中,从而提出了应付历史挑战的正确方案,使传统获得了新生命,中体西用作为近代文化发展的基本原则也因此获得具体的规定而确立下来。

思想的闪电之后,行动的雷声很快就震人耳鼓。一百零三天的维新变法轰轰烈烈,总计颁布上谕二三百件,包括选拔人才、改革文教、改革经济、改革政治及立宪与议会等方面。但由于帝后党争的背景,以及光绪内在的借变法"以保吾权位"② 的政治企图,力量占优的后党成功反扑,光绪被囚,六君子遇难,而康有为则亡命海外矣!

贺麟先生以为,"中国近百来的危机,根本上是一个文化的危机,"是"儒家思想在中国文化生活上失掉了自主权,丧失了新生命"③ 这种说法如果可以成立,我们是否可以说,这种广义的文化危机乃是某种反文化的政治造成的?

---

① 倒是瞿秋白颇敏锐:"从维新改良的保皇主义到革命光复的排满主义……士大夫的气质总是很浓厚的。在这种根本倾向下,当时的思想界多多少少都早已埋伏着复主义和反动的种子,要恢复甚么固有文化。"(《鲁迅杂感选集序》)这种敏锐既来自马克思主义理论修养,也基于其自身的传统知识分子气质。
② 章炳麟《驳康有为论革命书》。据荣禄称,维新之时,"太后尝手书当时维新党之名,张诸座右,以志其恨"。这种恨显属私怨。
③ 贺麟:《文化与人生》,上海书店 1991 年版。

三

虽然曾廉说过"变夷之议,始于言技,继之以言政,益之以言教"的话,并且事实上洋务运动、戊戌变法、五四新文化运动的重点也分别是通过作用于器物层面、政制层面、价值层面以寻求民族富强,但是,我们却不赞成将此前后相续的三次运动看成一个认识愈益深刻,行动越来越正确、彻底的文化变迁过程。理由很简单,富强或所谓现代化并不以对民族文化的否定为前提。①

如果一定要为这三大救亡运动找寻一条一以贯之的线索,那么,我们可以说它们的共通之处在于它们同为民族生命意识和文化创造精神之强有力搏动。这不是冰冷的逻辑规定所致,而是一种炽热的人文情怀使然,以康有为、张之洞等为代表的中国知识分子的努力,则为这种人文情怀作出了活生生的见证。② 只有从这一视角切入,我们才能触摸到近代史沉重而厚重的意义世界,才能建立起与之对话的渠道,把自己也融入到传统的创生进程之中,而不至于为某种预设的观念体系所误导,深陷于传统与现代的二难吊诡中而不知何处是归程。

如果说五四斗士是以否定国粹以求保种,洋务运动和维新党人则是视保种与保教为一体之两面,而力求二者间的统一。这种思路凝结在中体西用的命题中。可以说这一命题跟五四的批判精神一样,是近代史留给我们的理论遗产。它提醒我们救亡必然须立足自身,自身的自然生命,文化生命和国情民情。并且,我们以为,只有在此正面建设的基础上,五四的反面否定才能突显出其意义。

把康有为说成中体西用应战模式的实际完成者,已分疏于前。关于康有为与张之洞的冲突及变法运动与洋务运动的差异,我们认为是在"法"的层面,而不是在"道"即基本精神的层面。张之洞的《劝学篇·变法》引用了宋儒曾巩的一句话,"法者,所以适变也,不必尽同;道者,所

---

① 当代发展理论及世界各地的发展实践已做出说明。
② 1937年,何干之撰《近代中国启蒙运动史》,首之以洋务运动、戊戌变法。虽然认为它们"只限于少数开明官僚的自我觉醒",却肯定其"本质上一定是反帝反封建的"。当然,这里的启蒙意义较广。

以立本,不可不一"。康有为对洋务运动与张之洞的批评,其一是说洋务运动变法不知本原"根本不净,百事皆非,徒縻巨款,无救危败"。他认为"宜变法律,官制为先"。其二是他提倡民权,而张则坚持"民权之说无一益而有百害。使民权之说一倡,愚民必喜,乱民必作,纪纲不行,大乱四起,固敌人所愿闻者矣"①。

造成这种对立的原因主要在于对中体西用中"体"的理解有程度上的差别。康氏以仁为体(谭嗣同亦是。《仁学》谓"仁以通为第一义"),张则以"三纲为中国神圣相传之至命"。体总是要守的,仁是一种原则,三纲五伦则是具体名相。②所以,同是中体西用,对所当守者理解不同,改革起来也就不免冲突。这种理论上的差别不是认知水平的高低造成的,既有洋务运动和维新变法二者所处时段的前后的原因,也有康有为与张之洞二位所处社会地位高低的原因。康是布衣寒士而有狂者气象,只知道按照孔子改制的模式,借着帝王独尊之权柄,"以中国治强犹反掌也"。张氏四十年的封疆大吏,所谓老成谋国者,对春秋大义的体会虽不如澹如楼书生,但对国情民情之实的把握却又有过之。康氏晚年承认当初"不察国情"③,虽是思想沦于保守的反映,但也可证明张氏反对民权而主张"以尊主庇民为政",除开自身集团利益攸关,也确实有出于国情的考虑。④抹煞双方的差异是不承认事实,但夸大二者的对立,看不到其基本文化精神上的汇通,则是政治偏见。

据梁启超《清代学术概论》,中体西用的口号,"张之洞最乐道之,而举国以为至言"。维新时创办京师大学堂,梁本人为之撰章程,亦云:"夫中学,体也;西学,用也。二者相需,缺一不可。"后来虽有陈寅恪声称自己"思想囿于咸丰同治之世,议论近乎曾湘乡张南皮之间",但逐渐为后人所忌口提及。即使认同其精神的贺麟、冯友兰诸先生,也认为它

---

① 《劝学篇·正权》。
② 严复《辟韩》指出,"君臣之伦,盖出于不得已也。唯其不得已,故不足为道之原。"
③ 《不忍》杂志汇编二集《国会叹》云:"追思戊戌时,鄙人创议立宪,实鄙人不察国情之巨谬也。程度未至而超越为之,犹小儿未能行而学逾墙飞瓦也。"
④ 康氏弟子麦孟华亦有《论中国宜尊君权抑民权》,谓"中国非民权不立之为患,而君权不立之为患";"中国之民不能自事其事,即不自有其权"。就当时来说,追求传统的贤人政治,或今天所谓新权威主义,应该可以理解。严复思想近此。

只是为常识的"应一时之需要之方便说法。"① 言下之意这个命题在逻辑概念本身是经不起推敲的。要为中体西用正名,还得从严复等人对它的批评开始。②

严复的批评见于1903年所撰之《与外交报主人论教育书》。

"善乎金匮裘可桴孝廉之言曰:'体用者,即一物而言之也。有牛之体,则有负重之用;有马之体,则有致远之用,未闻以牛为体,以马为用者也'。中西学之为异也,如其种人之面目然,不可强谓似也。故中学有中学之体用,西学有西学之体用,分之则并立,合之则两亡"。"晚近言变法者,大抵不揣其本而欲支节为之,及其无功,辄自诧怪。不知方其造谋,其无成之理固已具矣,尚何待及之而后知乎!"

严复的论据来自他人。严氏所批判的"晚近言变法者",主要指张之洞,也包括康有为。因为他一向认为西学之体既不在张氏所谓之伦理层面,亦不在康氏所谓之"议会",而在"自由"(见《论世变之亟》)。此"论教育书",目的则在从教育行政上培养学生对西学根本的了解。他的观点是,如果不将方文化的价值观念(自由)引进,则政治制度(议会)与坚船利炮也都是无法在中国生根的,因为"功能体用,无异生物之一体"。后人也正是由此形成现代化首先必须是观念的现代化的共识。

严氏的观点自有其独立的价值。但是,文章对中体西用的批判则有两点欠妥之处。其一他是从实体与功用层面理解中体西用命题中的体用范畴;其二他认定价值文化、政制文化和器物文化是不可分割的一个整体。

体用范畴至少有两层意义,其一指实体与功用,如灯是光之体,光是灯之用。其二是本体与现象,"万物虽贵以无为用,不能舍无以为体"(王弼《老子注·三十八章》);《朱子语类》亦谓:"性是体,情是用"。由第二种关系,又衍生出体用的第三层意义,即根本原则与(受根本原则支配、制约的)具体方法,因为本体之为本体,即是现象存在的根据,故本

---

① 冯友兰先生则说,"我们是提倡现代化的,但在基本道德这一方面是无所谓现代化的。如所谓中学为体,西学为用者,是说组织社会的道德是中国所本有的,现在所须添加者是西洋的知识、技术、工业,则此话是可说的"。见《新事论》。
② 严复应属具有维新思想的人物,但并未参加康党活动。在一封写给张元济的信中他认为:"民智不开,则守旧、维新,两无一可。"

体的规定性或特征,必然也要施之或体现于现象界。如"道法自然",则万物均以自然而然为原则。崇本息末,即是据体用不二的通则强调本体对现象界的统率支配地位。事实上,王弼在注《老子》第三十八章时同时也写道:"本在无为,母在无名。"理学的心本、气本与理本诸本字,均为本体之意。换言之,这第三层引伸义与本末范畴内涵颇相近。

下面排列一些当时人们讨论中学西学关系时对本末体用范畴的用法,看是否与上面的分疏吻合。

"中学其本也,西学其末也。主以中学,辅以西学"。(郑观应)

"以练兵为体,以轮船矿物为用"。(丁日昌)

(言民主,则)"以民为体,以井田学较为用"。(徐勤,《孟子大义》自序)

"夫中学,体也;西学,用也。无体不立,无用不行"。(宋伯鲁,见《戊戌变法人物传稿》本传)

"西学之有益于国计民生者,非惟采之,直将师之。我中国圣贤正谊明道之教,大本大原,乌可移易?"(徐致靖)

"应以中学为主,西学为辅,中学为体,西学为用"。"来堂就学之人,先课之以经史义理,使晓然于尊亲之义,名教之防,为儒生立身之本,而后博之以兵农工商之学,以及格致测算语言文字各门","明体达用"。(孙家鼐《议覆开办京师大学堂折》)

"中学为体,西学为用,以中学包罗西学,不能以西学凌驾中学"。(《江苏学会立会宗旨》)

"以孔学、佛学、宋明学为体,以史学、西学为用"。(梁启超谓康有为)

"以文化为体,以文学为用"。(《学衡》宗旨)

从这些零零总总的材料可以明显看出,中体西用中的体用范畴是不能从 Substance 与 Fuction 角度去加以理解的,它的意义近乎本末、主次等。语言的意义存在于人们对它的使用之中。中体西用语意明确,远非所谓逻辑所能驳倒。——很难设想,这么多的人会在这么重要的论题上不合逻辑地使用这一概念这么长的时间,并且产生出深广的社会历史影响。我认为,它的意思在两层面:作为"应战"的基本原则,它强调中国自身文化相对于西方文化的主体地位,引进西学,是为主体所用。对于个体来说,中学是立身之本,中国人之所以为中国人所必先立之大者。固其根柢,端其识趣,"心中国之心",承担起自己的责任,应世事之西学才有意义。

在挑战应战的发展模式中,还有什么命题比中体西用更准确地把握了时代课题并做出了正确决策?

我们无意否定后人对这个命题的批评批判,事实上由于对体的理解各不相同,它有时所附着的意义十分保守,而发生出消极的历史作用。我们只想拈示出它一直为人们所忽视的积极意蕴,去探寻今日的中学之体应当是什么?君子务本,本立而后道生。

再看严复批评所暗含的前提假设:价值文化、政制文化和器物文化乃不可分的整体。

不能否认,文化的三个层次是存在某种内在关联的,但它们之间并不是 substance 与 fiction 似的关系,如生物之一体。文化是人创造的,是人适应环境、解决人类社群之生活问题的工具性系统。因此,器物、政制及价值观念,均是"为人的存在",满足着作为主体的人的不同需要。器物帮助人获取生命之资,政制帮助人们尽可能有效、合理地进行组织,价值观念使人性得到升华安顿。这才是文化三层面统一的真正基础。

三者自有体用,却很难说互为体用(《孙文学说》认为,"社会国家者,互助之体也;道德仁义者互助之用也"。这是他的理想设计)。器物文化,政制文化有共通之处,即具有技术理性特征,以效率为追求目标,而人的需要总是追求尽可能充分的满足,故这方面的改变乃是自然而然的[①],并不影响到价值文化。

价值文化的情况则复杂得多。首先,它是长时间才逐渐形成的,积淀为人格本体要素,赋予主体以质的规定性即人之所以为人,中国人之所以为中国人。其次,它不是技术理性,没有优劣尤其没有社会达尔文主义意义上的优劣的区分。通过漫长时间而积淀内化于心,正说明它对于文化种群群体和个体生活的重要和永恒价值。我们还可以找出几条

---

① 这里显然无法讨论政制结构所包含的利益冲突对社会变革的影响作用,尽管这往往才是问题的症结所在。

抽象的理由来进行论证,但这个问题乃是个实践的问题。从追求富强来说,实践证明,中国文化的价值系统不仅没有成为与科学技术结合的障碍,反而有越来越多的人意识到,二者的结合乃是人们的福祉所系。

可见严氏等人的这一假设是不能成立的。值得注意的是,这个错误的假设长期以来误导着我们对现代化问题的思考而未曾受到清算,直到20世纪80年代。………

整整一百年了,从甲午战争到今天。被启蒙与救亡不和谐的变奏纠缠得心力交瘁、心智迷离的我们,是否应该在中体西用的命题下驻足深思,找出问题的真正所在,统一现代化的建设与传统文化的创造,继往开来?

新唯识论:理解与批评①

几乎同时,中国内地和台岛各有一位颇具知名度的学者均以对熊氏的出色研究获得博士学位。郭齐勇的《熊十力思想研究》② 进行的是哲学史的研究,即按照某种一般性理论框架,将熊氏思想相对应地纳入其中,彰显出其意义并据此给出评价。林安梧的《存有、意识与实践》③ 则把哲学史的研究视同哲学的研究,从"当代新儒学的前景问题"出发,对"新唯识论"进行诠释与重建,而将它理解为"活生生实存而有的体用哲学",属于"现象学式的本体学"④。

当然,我们无须去讨论"六经注我"与"我注六经"的长短优劣。如果熊氏可以称为古典与现代转折点上立足本土文化沟通两个时代的哲人,这位哲人的哲学可以视为一代知识分子回应挑战,以使传统价值重新获得精神生命和表达式之努力的最初结晶,则我们的研究者首先应将熊的思想视为我们内在生活世界的有机组成部分,而我们的研究工作自然应首先视为对往圣绝学的一种承接——当然,我们必须承认,承接工作只能在学理层面,以学术的形式次第展开。因此,本文力图将"六经注我"与"我注六经"的方法结合起来,在对熊氏思想的内在理路进行全景式追索清理的基础上,作一同情的理解和冷静的批评,以为当代中国本土哲学的发展求取话语和意义上的借鉴与启示。

---

① 我是按照"中体四用:启蒙与救亡之外——传统文化在近代的展现"的写作计划接触到熊十力著作的。熊氏在《读经示要》中明确表示:"南皮说中学为体,西学为用,其意甚是"。这使得我可以直接将其划归中体西用主义者序列,而将论述的笔触推进到其哲学内部。
② 郭齐勇:《熊十力思想研究》,天津人民出版社1993年版。
③ 林安梧:《存有、意识与实践》,台北东大图书公司1993年版。
④ 林大处落墨,捕捉了熊氏体系中意蕴尚未完全开启的理论内核,从而拓展了新儒学在当代发展的空间,但其对熊氏整体运思架构的分疏却远不如郭氏全面透彻。这虽无形中为熊氏弥缝阙失,却不利于对其整个话语系统的有效清理。参见林安梧:《存有、意识与实践》,台北东大图书公司1993年版。

一

生活之外别无所有,故不妨把思想(thinking)视作一种行为,一种"活着"的方式。入世的儒家知行合一,其著述更不能视为内在自足的封闭体系。所谓知人论世者,用今天流行的术语说就是重构语境(context)以诠释文本(text)。熊十力是怀着安身立命保国保种的期待走向学术走向理论的,其所思所想乃是对个体和民族生存问题做出的回应与解答。在对这种回应与解答进行分疏之前,我们或许先应把捉其心脉,厘定究竟是一种怎样的挑战。①

众所周知,熊氏早年曾作为热血青年投身辛亥革命、护法战争等,到35岁才转而"决志学术一途"。对此,他自称"为余一生之大转变,直是再生时期"。转变来自危机,再生则意味着对危机的积极解决。如果借用人格心理学家 Erik Erikson 用以描述个体发展阶段的同一性危机(Identity Crisis)概念来对熊氏的心路历程进行分析,我们可以把这种危机理解成熊氏人格结构中原有的世界图景及自我实现目标的瓦解。落实到其心理体验,即是"我是什么"这样一种问题的提出。同一性的丧失必然导致生存感受的丧失。我们可以从文献资料中的种种情绪反应看到熊氏的"忧世之思深,愤世之情急"。

辛亥革命刚胜利的1911年他还是豪情满怀,称"天上天下,唯我独尊"。变化大概从袁世凯窃国开始,而护法战争中与革命党人们的进一步接触,以及亲身经历的诸新制度试验无效等,更使之"殷忧切于《苕华》"②。革命为什么"终无善果"?熊氏由扪心自问而扩展至对革命党

---

① 论者一般比较注重其所处之东西方文化碰撞的情境。笔者更强调其作为中国文化内部进程之组成部分的连续性意义。是这样一种自觉和期许,激活了熊氏的文化思致,使其个体存在汇入民族文化的生命之流,进而成为当代学术和精神传统的一部分。

② 《忧问》云:"迄于民国,而伟人之淫纵,袁氏之盗窃,藩镇之乖戾,率天下以不仁不义,淫情轶分。"《至言》云:"同盟会兴,益蹿厉敢死矣。虽然,尚名无本,其病气矜。"《某报序言》云:"民国以来,上无道揆,下无法守,朝不信道,工不信度,君子犯义,小人犯刑,上无礼,下无学,贼民兴,上下交争利,不夺不餍,是故上下之间,无是非可言。……民国五年之间,各种制度,各种人物,无一不经试验,而无一可加然否。自三五以降,吾国之不道,而至于无是非,未有如今日。"均见黄克剑等编:《熊十力集》,群众出版社1993年版。

乃至中国名士传统的反思:

> 及民六七……赴粤,居半年,所感万端,深觉吾党人绝无在身心上做工夫者。吾亦内省三十余年来,皆在悠悠忽忽中过活,实未发真心,未有真志,私欲潜伏,多不堪问。①

> 自六朝以降,始有所谓名士者。惟衡阳之圣,痛中夏覆亡,推迹士习之坏自名士,案其言曰:此辈类皆酒肉以溺其志,嬉游以荡其情,服饰玩好以丧其守。如此而能自树立,以为国之桢干民之荫藉者,万不得一。②

尽管他的忧患是"亡国亡种",他的理想是以"仁义、人理立国",他的导师是王夫之,他的策略是"本于大经之正",但当时他的同一性危机并不是通过将信念贞定于儒学理念而获致解决的。《心书·至言》在称道孟子"悯战国,欲正人心而道仁义"为"知本"的同时,他也认为"惟载其清静,休乎无为之宅,遗名归真,合气于神则乱不自生"。在《心书·船山学自记》中,更以佛学否定船山,谓"甚浅"。大致同时,他也曾在《庸言》撰文指斥"佛道了尽空无,使人流荡失守"。据《体用论》赘语,他当时认为儒学的"六经为拥护帝制之书"。总之,他显然认同了乃友张仲如的观点:"革政不如革心。"张氏的另一相应观点则是:"革心在革教"。熊氏虽与张异趣,而"共席研摩"之余,亦叹"仲如之皈依宗教为知本也!"

果然,当他于其时遭逢"兄弟丧亡",怆然的人世之悲终于使他被梁漱溟引进了南京内学院的大门。丁去病为《心书》作跋,谓该书"立言有宗"。其实熊在否定了自己前三十余年悠悠忽忽的生活之后,尚在儒释道三教之间彷徨,并无所宗。我们能够确定无疑的只有一点,那就是熊氏对自我生命存在的严肃态度,及其先天下之忧而忧的淑世情怀。熊氏弱冠,即"以范文正先天下之忧而忧一语,书置座右"③。毫无疑问,这决定了成为儒者是他惟一可能的未来。

---

① 《熊十力集》,第46页。
② 熊十力:《新唯识论》,中华书局1985年版,第33页。该书为"熊十力论著集之一",包括《心书》、《新唯识论》诸篇。下引该书只注页码。
③ 《熊十力集》,第45页。

儒学讲内圣外王之道,"革命之志"所务显然在外王。轰轰烈烈一番革命却无善果,他得出的结论有二。其一是"革政不如革心",其二是"自察非事功之材"——否定自我的追求及能力。自杀是克服同一性危机的消极的方法,这显然不符合熊氏自幼养成的自信自强的狂者脾性。革心是比革政更根本更重要的事,而它所需要的并非事功之材。革教于是成为他革心的选择:"与后生有志者,讲明斯学斯道,上追先圣哲之精神,冀吾族类,庶几免于灭亡。"① 林毓生谓中国知识分子"对思想力量的优先性深信不疑",因而形成近代"借思想文化以解决问题的方法"。② 熊氏颇可为之注脚。

不过,他是在外王受挫后转向内圣的,应予足够注意。1916年,危机中的熊仍然坚信"天在人,不遗人以同天;道在我,赖有我以凝道"。这样一种"道之将废也,文不在兹乎"的担待意识决定了他的"革教"不可能脱离孔子以来"仁以为己任"的士的传统。他所谓"尚名无本"的名士习气的克服在他看来有待于孟子之类的"大觉""指心性以立教"。由此我们似乎不难看出,"决志学术一途"作为熊氏同一性危机的解决,已多少规定了他日后的成就,即以思辩与修养为旨归的精英论的道德理想主义。

二

如果说解释学对"先见"或"前理解"的研究是否帮助我们领悟了人的存在与意义尚无定见,那么,它对人文研究的方法论产生了较大影响则已是不争的事实。当代学术反思之所以较诸五四及80年代要相对深刻,原因之一就是论者已由对具体研究理据及结论等的清理提升到了对研究范型或思想预设的考察。作为一个自觉将生命溶于学术且颇富创意的思想家,熊氏无疑有着自己的学术进路与价值关涉。

"预设"之被视为预设,标志着学术之自我反省的深化。此前的学人们对此并无清醒意识,"预设"常被视为某种不言而喻的永恒的阿基米

---

① 《十力语要》答牟宗三。
② 林毓生:《中国传统的创造性转化》,北京三联书店1988年版,第174页。

德点。就熊氏来说,他的师心自用既表现在其对哲学这门学科的理解上,也表现在他建构体系时对某种范型的选择中。

哲学之事,基实测以游玄,从现象而知化。穷大则建本立极,冒天下之物,通微则极深研几,洞万化之原。①

凡人思想,大抵先具浑沦的全体,而后逐渐明了,以及于部分之解析。故哲学发端,只是一个根本问题,曰宇宙实体之探寻而已。……凡人对于实体之探寻,其动机则有二。一曰求真之欲,主乎知也;一曰人生之感,发乎情也。情之至而真知出,则足以究极真理,而践之不贰。至其失也。则易以接近于宗教,否则亦流于偏重伦理观念。若乃纯粹主知者,则又徒逞空洞的和形式的理论与浮泛的知识,而毫不归宿于人生所日用践履之中,则吾不知人间学术必于科学外而另有新谓哲学者,其本务果何在也。故私怀尝谓中国他无见长,唯有哲学比于西人独为知本。②

哲学只有本体论为其本分内事。学不至是,则瞽而不通,拘而不化,非智者所安也。③

就真理言,吾人生命与大自然即宇宙,是互相融入而不能分开,同为此真理之显现故。……科学是知识的学问,哲学所穷究者,则为一切事物之根本原理,即人之所以生之理与宇宙所以形成之理。④

科学所求者,即日常经验的宇宙或现象界之真。……哲学所求之真,乃即日常经验的宇宙所以形成的原理或实相之真。此所谓真,是绝待的,是无垢的,是从本已来,自性清静,故即真即善。⑤

这些关于哲学学科的先见或基本理解,稍加归纳可以得出如下几条:(1) 哲学是本体论,所探讨的是现象界之上的"实相之真";(2) 人与宇宙相融不分。探究实相之真是为了归宿于"日用践履",以之作为万化大原,人生本性、道德根柢的本体;(3) 中国哲学对此明确,相较以学

---

① 林毓生:《中国传统的创造性转化》,北京三联书店1988年版,第241页。
② 《熊十力集》,第320页。
③ 同上书,第286页。
④ 同上书,第294—295页。
⑤ 同上书,第282页。

问为知识的西方哲学为"知本";(4)但也正因中国哲学从人生之感出发探寻本体,故不免"偏重伦理观念"之失。实际"有知识辅体认之功,则体认不蹈于空虚"……

哲学如果是指中国式的哲学,则它应该有其独特的形态。如果是指西方意义上的哲学则它应该按照西方学术史去定义。对此二者间的区别熊十力并不十分清楚明确。把 Philosophy 理解为"形而上学",又将 metaphysica 理解成本体论——实际上 ontology 乃是存在论,于是在熊氏笔下,哲学等于本体论,建大本以立人极之学。熊的这种理解乃是当时新兴的中国哲学界对自身理解定位的反映。[①] 它是先将西方学术史上的哲学作一主观理解,然后将相应的中国思想质素(古人的、自撰的)与之认同。这种格义与古人"以经中事数拟配外书"的错误一样,所不同的是,今人对"经中事数"的信心不如魏晋士人面对佛教然。

学术话语系统于思想本身来说至少有如下意义:使之澄明,获得为人所喻的表达式;使之接受逻辑的、历史的检核[②],从而获得某种知识上价值上的合法性。法国学者利奥塔德认为,现代文化几乎所有的学科和论说都是通过对某个元科学或元叙说的祈求来争取自己的合法性的,如精神辩证法、工作主体的解放、财富的创造等。[③] 这大概因为"元科学""元叙说"即使不是作为理性的终极边界而为人所不言而喻,至少也可以作为一种使具体研究得以展开的方便法门而姑置不论。哲学作为"文化之王"自然居于这样一种元科学或元叙说的地位。也许正因有此自觉,上穷碧落下黄泉的哲学家总是表现出形而上学的冲动,而倾向于用某种超验推理统摄实在。熊十力正是如此,而这就注定了他对自己体系的论述必然采取一种"本体—宇宙论的宏伟叙事"结构。[④]

---

① 关于这点可参阅张汝伦:《近代中国形而上学的困境》,载《复旦学报》(社会科学版)1995年第3期。另外,该文也可与本文参照读解。
② 当然,逻辑、历史均以理性为基础,而理性则可理解成为"我们可不加思索地决定事物合理与否的最终根据"。参阅张汝伦:《海德格尔与现代哲学》,复旦大学出版社1995年版,第七章第三节。
③ 参见罗蒂:《后哲学文化》,上海译文出版社1992年版,译者前言;王岳川:《后现代主义文化研究》,北京大学出版社1992年版,第187—188页。
④ 陈瑞深先生认为,"熊十力先生所建构的哲学体系,是中国哲学中惟一系统化的唯心论的本体—宇宙论的形上学(Idealistic Onto-Cosmological Metaphyisics)之伟构"。参见罗义俊编:《评新儒家》,上海人民出版社1989年版,第415页。

当代新儒家把中国儒家哲学分为两大系统,其一是孔孟下开陆王的"心性论中心之哲学系统",其二是由《大学》、《中庸》、《易传》下开程朱的"形上学中心之哲学系统"。二者的主要的区分是,前者以主体为形上"实体",后者则于主体外另觅"道体"。新儒家认前者为正宗,故强调"新唯识论"的心性学比重,而淡化熊氏与《大易》的关系。林著(林安悟的《存有、意识与实践》,以下简称林著)几乎没有讨论这种关系,因为他"不认为熊十力哲学是以宇宙论为中心"。确实,《周易》兼涉形上之道与形下之器,但也正因此它才如熊氏所云为孔老所同宗,也正因此它才有"乾道变化,各正性命"的形上学命题,使得作为主体的人可以通过尽心知性而知天。"乾道"与"性命"的循环乃是天人合一的主要内容。熊氏基于此,坦言"《新唯识论》虽从印土嬗变出来,而思想根柢实乃源于《大易》,要归于认识本心"。① 笔者以为,只有在此背景框架内,熊氏整个的"体用不二"学说的逻辑理路才得以贯通,其人文意义才得以表达。

熊氏以《大易》诸原则作为自己无须证明而直接使用的前提,实际就是以中国古典哲学的若干"公设"开始自己的本体—宇宙论的宏伟叙事。"生生之谓易"。《易经》为占筮之书,是巫术思维方式的凝结。巫术思维的核心是"万物有灵论"与"互渗律",这种思维方式导致或生成了图腾崇拜及其他各类崇拜,先民的世界由此被赋予人格而成为一有机整体。尽管由《易经》至《易传》,原始宗教被解咒(disenchantment),但并不彻底(semi-disenchantment),因为它只是消解了天的主宰义(以命正论代替命定论等等),而并没使原有的认知框架得到根本改造。② 例如,作为体验而非分析的对象,自然仍被视为一个大化流行的过程,把人包括在内。熊氏以无妄之象词"动而健"概括这个有机宇宙模式的主旨,谓"天道人事,于此得其贯通"③。

天人合一与"天之大德曰生"一样是原始宗教的孑遗④,只是由图腾

---

① 《熊十力集》,第 325 页。
② 笔者认为,《易传》与《易经》传在思维方式上有内在关联。正是通过《易传》和《老子》,《易经》所负载的诸原始思维特征渗透到中国人文文化的方方面面,构成其内在思维间架。参陈明:《象占:原始思维与传统文化》,《哲学研究》1990 年第 6 期。
③ 《熊十力集》,第 216 页。
④ 这里不讨论其文化功能与意义。

崇拜的血缘联系置换成为了"天命之谓性"的道德联系。由"天生神物,圣人则之;天地变化,圣人效之;天垂象见吉凶,圣人象之;河出图洛出书"到"天行健,君子以自强不息",再到"与天地相似故不违;知周乎万物而道济天下,故不过",表明《周易》从成书到原理的应用,均贯穿着天人合一的观念,或者说以天人合一为前提。天人合一导致了有机论的定宙模式,有机论的宇宙模式又使天人合一由一条原则具体化为一种结构。

与这两点预设相应的第二点,是对人的内在圆满的预设,因为不如此则天人成为两橛,无从言合。熊氏解"乾道变化,各正性命,保合太和,乃利贞"时指出,"品物虽殊,而各得乾道之大正,以为其性命。太和,谓乾元性海,以反而成化,要归于太和。君子坦荡荡,圣人从心所欲而不逾矩"①。人是宇宙生化之链上的衍生物,故先天地具有"本心"。

"《大易》本五经之原,《易》义不明,余经更何可说?"② 同样,对《新唯识论》的疏解也不能离开《易》的意义架构。如果说用本体论填充其形上学多少属于当时西学风气带给他的影响,其把《大易》诸原则作为毋须反思和证明的前提使用,客观上将导致对《大易》哲学思想的本体论化、形上学化的曲解,那么我们同时也必须承认,他这样做,不过是希望"站在传统哲学的基地上,来迎接新的世界和创造新的哲学"。③

随着对熊氏思想的铺排,"新唯识论"这座七宝楼台嵌入中土究竟多深,前述诸种"先见"与"预设"究竟是否圆通符节相合,均将呈露无遗。而我们从中看到的,将不仅只是"新唯识论"的思想底蕴,应该还有传统哲学进入当代学术语境与社会情境的困境与前景。

三

虽然熊氏自己认为在完成本体学的"境论",即《新唯识论》后,应再

---

① 《熊十力集》,第233—234页。
② 同上书,第239页。
③ 李泽厚:《中国现代思想史论·略论现代新儒家》,东方出版社1987年版。叶青在《二十世纪》第1卷第3期撰文指出,"中国在五四时代才开始其对古代哲学的否定……"

写一部认识论的"量论"其体系才称完整①,但其体系的自足性并不因"量论"不遑撰就而受损。所谓"即本体即功夫",表明它是与本体论相关的"性智"。②在对熊氏主要著作详加研读之后,我们认为,构成熊氏体系的两大理论块板是以宇宙论为中心的本体论和以心性论为中心的存在论。③

应该说新儒家关于"心性论中心之哲学系统"与"形上学中心之哲学系统"的分疏颇有学理上的根据与意义。《新唯识论》"其为书也,证智体之非外,故示之以明宗;辨识幻之从缘,故析之以唯识;抉大法之本始,故摄之以转变;显神用之不测,故寄之以功能;征器界之无实,故彰之以成色;审有情之能反,故约之以明心"。虽然这是马一浮为《新唯识论》文言文本写的序言,却大致能概括"新唯识论"体系的结构内容。④"明宗"是全书提要,"辨识"是为明体而先行扫相(针对传统唯识学之阿赖耶识)。"转变"、"功能"、"成物"(文言文本作"成色")诸章正面阐述其本体论架构,"发抒《易》《老》'一生二、二生三'之旨,于变易而见真常,于流行而悟主宰"。⑤"明心"章将此架构落实于人,完成其运思的价值诉求:"依据这种宇宙观,来决定我们的人生态度。"⑥

"明宗"开篇即声称,"今造此论,为欲悟诸究玄学者,令知一切物的本体,非是离自心外在的境界,及非知识所行境界,唯是反求实证相应故。"⑦论者多据此判定"新唯识论"属于主观唯心论。但这句话应从随后所附按语中解读:"本体自身是无形无相的,却显现为一切的物事,我们不可执定一切的物事以为本体。"⑧ 最能抉发"于流行而识主宰"之旨的是《周易》和《老子》:"天下之动,贞夫一者也";"天得一以清","一者,

---

① 这反映了他对哲学他为本体论、认识论几大块板这种观念的接受,而"量论"之终不成,则说明其所成就的体系并不符合此观念。在中国哲学中,认识论是修养论的组成部分。
② 《新唯识论》:"性智者,即是真的自己觉悟。此中真的自己一词,即谓本体。"
③ 郭齐勇强调前者,林安梧强调后者。熊氏晚年重写《体用论》与《明心篇》,可视为对其以穷究人之所以生之理与宇宙所以形成之理为宗旨的哲学体系及结构的强化。
④ 笔者认为熊氏思想主要表现在《新唯识论》语体文本,故引文多出自其中。
⑤ 《新唯识论》,第244页。
⑥ 同上书,第307页。
⑦ 同上书,第247页。
⑧ 同上书,第248页。

绝待也,虚无也,无在无不在也。"① 另一处,又谓:"《系辞传》曰易有太极。此极至之理为万理所会归,万化所自出,是乃绝待而至圆满。"② 诚然,熊氏反对凭理智作用向外界求本体,但必须注意,本体内在,并不等于本体生于心或心生万物。主观唯心论之说,不足以反映熊氏哲学的性质。再看:

> 本心即是性。以其主乎身曰心;以其为吾人所以生之理曰性;以其为万有之大原曰天。此言心,实非吾身之所得私也,乃吾与万物浑然同体之真性也。③

本心是"一",其于万物,如水之于水泡。它是万化所自出,所以在人之本心亦具"能动"的"作用"义。这种思路来自《大易》,与陆王心学的"吾心即宇宙"区别开来(熊连阿赖耶识的种子功能也不承认),由于它来自太极、乾元概念,熊氏之体既主观又客观,即主观即客观——"易以乾元为万物之本体,在人而为仁即是本心。"我们也许应该承认,在西方哲学的范畴中找不到太准确的框架来对此判释,勉为其难反而容易遮蔽中国哲学自身的形容精神。

熊氏以哲学为"一切学问之归墟"(元科学)。作为其核心的本体论概念,不属于"描述"客观实在的知识,而是一个"表达"意义的支点。熊本人也许并不承认,虽然他清楚佛教以"诸行无常,万法无我"是"依据其人生态度"而来。但是,从识本体的逻辑要求化为"去障碍"的涵养工夫,使其人文关怀经由学术话语得到论证和实现这个视角对它的意义进行观照,对我们来说乃是头等重要的。如此"直接面对",先"看"后"想",或许有助对熊氏话语系统之内在脉络的清理。

真实的体既然为万物之所本,就不能是孤寂不动的。换言之,熊氏必须建立一个解释系统"抉万法之始"。他很清楚:"宇宙从何显现,是需要一种说明的。找得万化的根源,才给宇宙以说明,否则不能餍足吾人求知的欲望。"④——"求知",说明他相信自己探寻的是"最高真实"。

---

① 《新唯识论》,第 245 页。
② 《熊十力集》,第 217 页。
③ 同上书,第 252 页。
④ 《新唯识论》,第 312 页。

从他的表述看,此本体共有六大特征,最重要的是第六点,"本体显现为无量无边功用,所以说是变易的。虽显现为万殊功用,毕竟不改移自性,所以说是不变易的"①。变不失其常,才有宇宙的发生及原则,有此宇宙用原则,"吾人求知的欲望"才能得到满足,熊氏的结论才得以接引而出。他正是从"把一切行的本体假说为能变"来开始自己的"本体—宇宙论宏伟叙事"。这个结构的宇宙发生学层面由本体(能变)、恒转、翕辟、乾坤、生灭几大范畴支撑;在心性论层面则由本体(性体)、本心与习心、性智与量智、理气诸范畴支撑。天、道、心、性的统一,则是这两个层面得以整合的逻辑基础。

"儒家本无有所谓出世的观念,故其谈本体,特别着重在生化方面。"② 这是对"天之大德曰生"的正确理解,但要将"德"变成西方哲学意义上的"体",却并不容易。"神无体,易无方"。因此,熊氏的本体也没有物理形式,不占有时间和空间,而只能"即体(具体之物)显用(本体之功用)"。他用"相反相成"来规定这种功用(恒转、能变)的"最根本、最普遍的法则"。他认为,《周易》作者画卦爻乃是阐述"宇宙变化的理法",每卦三爻即是《老子》"一生二,二生三"的意思。他说:"有了一,便有二,这二就是与一相反的。同时又有个三,此三是根据一,而与二相反的。因为有相反,才得完成其发展"。③ 在这个由八卦阵搭成的理论脚手架上,熊氏无法修砌纯粹意义上的本体论尖顶,而只能讨论宇宙的发生:"所谓变化,从一方面说他是一翕一辟……显动势的殊异;从另一方面说,变化是方生方灭的。"翕是一种摄聚,"不期然而然的成为无量的影响。物质宇宙,由此建立"④。也于由翕的势用,故同时便有另一势用的反动,"运于翕之中而自为主宰",守住恒转(体)的"自性"。这种"刚健不物化的势用"即是所谓辟,于是,宇宙及恒转自身均能"常如其性"。熊氏强调,"只于此,才识大用流行;也只于此,可以即用而识体"⑤。即流行识主宰就是要识这个"辟",他把这个辟叫做"宇宙的心"。

---

① 《新唯识论》,第314页。
② 同上书,第402页。
③ 同上书,第316页。
④ 同上书,第317页。
⑤ 同上书,第319页。

辟是心,翕是物,"翕以是辟,辟以运翕"。这个宇宙发生体系,"实以翕辟概念为之枢纽"。它不仅使本体与万物得以衔接,而且由于对翕辟性向的分别规定,为人的返本见体打开了门径。

熊氏反复强调其对《周易》的依托:"我国的易学家把宇宙看成一个动荡不已的进程是很精审的。解析变化的内容,仅拿翕辟还是不够的,必须发见翕辟在其生和灭方面的奥妙,才算深于知变。"① 何谓生灭?"凡法,本来无有,而今突起便名为生";"才生便灭,即为灭"。刹那生灭的"刹那"非指事物存在时间的短暂,而是表明其"空无自性",事物空无自性,则是为了凸显本体的"能变"之用。而熊氏所谓本体者,发生之本体,存在之本体也。

康德从认识论出发,把我们所谓事物仅当成一种现象,至于"物自体"则超验不可知。熊氏则把事物视为本体恒转进程中的"诈现迹象",在"成物"章,他说,"物理世界实依翕辟势用,诈现迹象"。由此反衬本体世界的"真谛"留与人"证会"。如果说"恒转"是偏重于本体自身的无为而无不为来立说,那么"功能"则是就本体与事物的关系而为言。尽管"于一切法相之上而能远离一切法相,以深澈其实在本性"的法门来自空宗,但空宗等佛学对他的影响主要只在破相显性的思维方法和思维训练上,其论恒转、功能均是本诸《大易》。他说:"健,生德也;仁,亦生德也。曰健曰仁,异名同实"。② 他用元、亨、利、贞来说明仁与健"生生之和畅、生生之盛大"的过程,使《老子》的"一生二,二生三"与孔子的"天何言哉,四时行焉百物生焉"统一起来,从而让人看到儒家并非"蔽于人而不知天"。

四

在上面对熊氏以宇宙发生为中心的所谓本体论的分析中我们清楚感受到了其与心性论为中心的存在论的呼应关系。二者贯通最坚强的

---

① 《新唯识论》,第332页。
② 同上书,第379页。

管道是体用范畴所揭示的原理:"倘真知体用不二,则道即是万物之自身。"①

体用二字虽在哲学史上出现甚早,但熊氏的使用别有深意。也许由于熊氏口头上对本体论的偏执,论者总倾向对"体"作孤立抽象的理解,而常常忘记了他的提醒:"即体而言用在体,即用而言体在用",二者"断不可截为二片"。"用"总是具体的:"我们即于无量的分殊的功用上,直见为一一都是具实的显发而不容已。"这个不容已的体是"一",亦是"一切";既是"一一物各具的心",又是"宇宙的心",跟《周易》框架中乾元、太极相似。作为"宇宙的心",它是"能变";作为"一一物各具的心",它是"性体"。关于它在宇宙论层面展开的结构与品性的描述大致适合于"一一物各具的心"在"一一物"中的地位与作用。他说:

> 万物资乾元以始,则乾元遂为万物所载有而内足于己者。……极乎实现乾元性体而无所亏,于是德用无穷。②

> 万德万理之端,皆乾元性海之所统摄。……所以知乾元为善之长者,人道范围天地、曲成万物,无有不循乎理而可行,无有不据于德而可久。人道之有是理与是德也,非由意想妄立,非从无中生有,乾元性海,有此万德万理之端,其肇万化而成万物万事者,何处不是其理之散著、德之攸凝。③

万物所自出自然即是万理所会归,前者是宇宙发生论(becoming),后者是存在论(being)。万物资乾元以始,自然亦即"理之散著,德之攸凝",只是在这种关系中,体不再是"恒转""能变"而成为"性体"与"性海"。体用范畴原本兼含本体论与存在论(绝对存在与人的存在)双重含义,当它跟性体、性海概念联系在一起,显然更侧重于与具体事物的连接,关乎存在的意义和存在的规定。正如《中庸》之诚原本是天之道,但随着道的运行它又落实于心性层面而成为人之道,当乾元被理解为性、性海,《周易》这个关于宇宙图景的解释性系统就开始了向关于生命存在的规范(评价)性系统的转移。从《明心篇》可以看出,熊氏笔下"太

---

① 《体用论》赘语,见熊十力:《体用论》,中华书局1994年版,第43页。
② 《读经示要》卷三。
③ 熊十力:《原儒》卷下,上海龙门书局1956年版。

极"与"六十四卦"(万物)的关系颇似佛教倡言的"一多相摄";"乾道变化,各正性命"也被理解为"触俗即真"。在这里,发生论与存在论虽然仍是一脉相承,《明心篇》序云:"哲学上之体用义,是为儒家心理学之所依据。如本心习之辩……此孔门求仁之学。"不过,色彩的浓淡已大大改变。

形上学既是一种对人生态度的表达,又是对这种表达之合法性的证明。熊氏将宇宙论与人生论的合一当成"圣学血脉"而自觉承继,① 所以在宇宙论那个意义的根源和逻辑的支点稳立后,理论的重心旋即转移到心性论层面。"吾以返本为学",返本即识本心证本体,这不是单纯的认知过程,不是简单的"求得如理之思",甚至也不全等于宋明儒的道德践履,其意义跟他对体的定义联系在一起,具有十分复杂的内容。如果说在本体论框架中的体所着重者是以宇宙论为中心的自然化生义,在存在论框架中所着重者则是以心性论为枢轴的人文创生义。"本体是含藏万理的,不妨假说他是具有无量可能的世界。"② 证体,人文创生,可以理解为对本真生命形式的追求,或本真生命形式向现实人生的开显,创造理想的世界。因此,他以知识论为诉求的《量论》作不出来。

熊氏"于人生论方面,以天人不二为究竟"。此天人不二的内涵主要通过仁与寂、本心与习心、性智与量智诸概念范畴及其相互关系表现出来。

> 体现为用,则用之著也有渐。泰初有物而心灵未现,未现者非无有也。特居幽而至微耳。③

这是说,虽物始于简单,但身体随翕而有,心是随辟而立,故心在物(身体)之先,正如"人类未生时,而为父母为兄之理固已先在"。存在论框架里的体是性体,为了更圆通清晰地论述性体"静涵万理,动应万变",熊氏引入了佛家"寂"的概念。

> 会寂与仁,而后见天德之全。夫寂者真实之极也,清净之极也,幽深之极也,微妙之极也。仁者生生不已也,至柔而无不包通也。

---

① 见《新唯识论》壬辰删定本赘语。
② 《新唯识论》,第537页。
③ 同上书,第537页。

偏言寂则有耽空之患；偏言仁却恐末流之弊，只见到生机而不知生生无息的真体本自冲寂也。①

"寂"是为了保证在物之"心"的本体属性与特征，"仁"是为了强调体的作用见性开放活泼。重点当然在"仁"：

> 仁者本心也，即吾人与天地万物所同具之本体也。元在人而名为仁，即是本心，万善自此发现。自孔孟以迄宋明诸师，无不直指本心之仁，以为万化之原，万有之基。②

孔子从三代礼乐文化中提炼出仁的精神，为儒门立宗，仁可谓中国文化的"中坚范畴"。但孔子处仁主要是一种美好的品德（"仁者爱人"）。理学家结合《周易》言仁，扩展了仁范畴乃至整个儒家哲学的内涵。程颢著《识仁篇》，言仁已有"生意"。《二程遗书》卷十一："万物之生意最可观，此元者善之长，斯所谓仁也"。朱熹《仁说》亦谓，"仁之为道，乃天地生物之心"。至心学一系，更"从根本上是把宇宙天地的变化视作与天地一体的我的变化，把生生不息的易体，确定为仁体、心体"③。熊是所有这些精神遗产的继承者、集大成者。尽管他也有类似于人心与道心、气质之性与天地之性的道学气浓厚的本心与习心的区分，但他的仁体的内容与作用都较宋明儒远为弘阔活泼。《读经示要》易提要篇对船山易学的称颂可资参证。仁既为"万化之原、万有之基"，即非"格物"与"致良知"之类个体修习所能域限比拟。这大概是由于他决志学术的初衷就不是成圣成贤，而是"保种保教"。

> 本心亦云性智，是吾人与万物所同具之本性，所谓真净圆觉，虚彻灵通，卓然而独存者也。习心亦云量智，此心虽依本心的力用故有，而不即是本心，原夫此心虽以固有的灵明为自动因，但因依根取境而易乖其本。而吾心亦因此不易反识自心，或且以心灵为物理的作用而已。④

夫明几发于灵性，此乃本心。人生含灵禀气，已成独立体，便能

---

① 《新唯识论》，第 574 页。
② 同上书，第 568 页。
③ 郭齐勇：《熊十力思想研究》，天津人民出版社 1993 年版，第 265 页。
④ 同上书，第 549 页。

以自力造作一切善行不善行。……习之现起而入意识界,参加新的
活动,是为习心。杂染之习,缘小己而起,善依本心而生。人生要在
保任本心之明几,而常创起善习,以转化旧的杂染恶习,乃得扩充本
心之善端而日益弘大,此人道所由成,人极所由立也。①

值得注意处在于,熊氏是以"灵"与"气"合以言人,而不是如宋明儒
那样以"理"与"气"合以言人。这样,尽管本心是善之端,但却非善本
身,善是活动的结果。虽然并未否定本心的"善"意,强调本心之灵显然
已超越了宋明儒的伦理本体论,而改变了儒家伦理学的理论支点。事实
上,这里的成人道立人极也不能简单地理解为一个伦理目标。因为它是
跟"反识自心"联系在一起的,而体只是"恒转""功能",以及生生不息的
"翕辟生变"。因此,我们虽必须面对熊的本心习心的区别,但更须注意
其对二者相互依存关系的强调。在这些论述中,我们找不到宋明儒著作
中天理与人欲的对峙与紧张。更重要的是,善的内涵与其说是伦理学
的,不如说是生命论的,存在活动义的:"创起净习,即是认识了自家底
生命,创新不已。"②

中国传统的心性论预设了个体内在的圆满,使能证与所证、能知与
所知同一。这种同一使得悟与觉成为东方式认识论的明显特征。熊氏
对此颇强调,"吾人七尺之形,心为主宰",此心自是作为"仁体之发用"
的本心。故他以觉言学,以觉言仁。③ 他说:"本来性净为天,后起净习
为人。"此性净之天即是乾元性海,是潜在的可能的世界,是存有的根
源。人之净习,则是此潜在可能世界在现实人生中的实现。二者间的中
介即是本之于灵明的人的活动:"人不天,不因;天不人,不成"——"性
者天也,人若不有其天然具足之性,则将何所因而为善乎? 后起净习,
则人力也。虽有天性,而不尽人力,则天性不得显发,而何以成其天
耶!"④ 相互发明,既继承了传统哲学天人合一的思想质素,又发扬了传
统文化的人文创生精神。它与孔子"人能弘道,非道弘人"以及宋明儒

---

① 《体用论》,第162—163页。
② 《新唯识论》,第621页。
③ 同上书,第569页。
④ 同上书,第622页。

"即工夫即本体"内涵相尽,外延则更丰富广阔,且具有现代思维特征。他说:

> 吾人自身虽复随俗说为在现实世界中,而实乃夐然超越,以在己之心与遍为万法实体的理,即是一而非二。则称真而谈,当体超越,岂于自身而外,别有一超越之境为所感者哉![①]

这种人(本心)的自觉与天(性体)的必然合二为一的内在超越说,是熊氏"新唯识论"统摄其所谓本体论与存在论的最后结论(不将二者结合起来,熊氏整个思想无从成立也无从理解),即"我人的生命,与宇宙的大生命原来不二"等。《新唯识论》称赞《中庸》是"儒家哲学的大典",主要就是强调其"明白合内外的道理"。如果仅是心性论,则无外,自然也就无所谓合。它似乎是又回到了其最初的逻辑预设。但这并不重要,因为结论与前提的同一几乎从来就是所有哲学体系的共同特征。对我们来说,重要的是当我们带着自己的存在感受阅读这些文字时所获得的那份感动,当那些结论被带入现实生活之域时所释放出的意义。熊氏最后要告诉我们的是:"识得孔氏意思,便悟得人生有无上底崇高的价值,无限丰富的意义,尤其是对于世界不会有空幻的感想,而且有改造的勇气。"[②]

熊氏哲学体系的意义,正是在这一文化功能的承担上。

五

形上学(metaphysics)词源告诉我们,它一开始就是建立在经验与超验、现象与本质、主体与客体的二元分立的基础之上。泰勒斯因为把"水"视为"始基"而成为米利都第一位哲学家。ontology 的重心是研究存在者(onta),但"始基"的寻找以及存在之存在的研究,也不失为理解具体存在之物的一条思路。中国人把 ontology 译成本体论,应该说还是

---

① 《新唯识论》,第 565 页。诗哲泰戈尔谓西方文化中人生的目的是活动(activity),东方文化中人生的目的是实现(realization),可由此对天人关系理解的差异去加以穷究。内在超越说实与此深深关联。

② 同上书,第 348 页。

表达了它所包含的对终极存在或一般存在进行研究的意义,但也有仅仅"系于本数"之弊。

从古希腊哲学家最高成就的原子论可知,传统的形上学是把某种事实(实体)当成具体存在(人与世界万物)的本质给出说明,并以分析主义的构成论(始基论)为其运思理路。如伊辟鸠鲁以原子运动的"偏斜"去说明人的自由意志等。在这种认知式思维方式中,存在乃是物之性、物之存在。这样的哲学,用张东荪的话来说,属于"本质的哲学"(substancephilosophy)因果原则的哲学(causalityphilosophy)。[1] 到近代,康德证明,迄今为止的用某种终极存在解释具体存在的形而上学"并非科学","物自体"是不可知的,价值的保障只能诉诸上帝。当代,理查德·罗蒂这样的新实用主义思想家更认为,"没有任何离开人类目的的实在本身这样的东西。"[2] 西方哲学本体论、形而上学的传统因其对"存在"的"遗忘"受到了严厉批判。

熊十力谓哲学只是一个根本问题,"曰宇宙实体之探寻",不仅有蔽于一曲之嫌,而且使人对他的哲学能否实现其"在人生日用间提撕人"的期望表示怀疑。张汝伦文章写道,熊氏等把哲学理解为本体论,使之"无法理解现代西方哲学在存在论上的重大变革","难以真正吸取康德以来西方哲学对形而上学反思的教训,完成它给自己提出的理论任务"。但是,声称自己是本体论哲学是一回事,其实际完成的哲学是否属于本体论哲学则是另一回事。因为熊是怀着"人生之感",归本《大易》开始自己的哲学探寻的,而"中国思想史上没有本体观念",有的只是一种"神秘的整体论",其集中体现即是《周易》;"本体是指万物的底子(substratum),而整体是把宇宙当成'一个'。"[3] 应该指出,整体主义、功能主认云云均以宇宙发生论为理论依托。尽管熊十力在与张东荪的书信往还中得到提醒而并不以为然,[4] 但我们已看到,他在一种错误的格义下所展开的工作并没能使《周易》本体论化、形上学化,不过是给自己"神秘的整体主义"贴上了西式商标,叫人在神秘之外平添一份惶惑

---

[1] 张东荪:《知识与文化》,商务印书馆1946年版,第99页。
[2] 参见〔美〕理查德·罗蒂:《后哲学文化》,黄勇译,上海译文出版社1992年版,作者序。
[3] 张东荪:《知识与文化》,商务印书馆1946年版,第214、117页。
[4] 参见《熊十力集》,第281页。

而已。这既表明熊氏西方哲学知识的欠缺,也表明五四后西方学术范型冲击力的强劲。因此,在前文的描述之后,我们不妨将其自我标榜"悬括"起来,从中国哲学自身的特质和发展来把捉其所谓本体论的心脉。

>如果承认变动不居的宇宙是实有的,而不承认有他的本体,那么这个宇宙便同电光石火一般绝无根据,人生实际上说便等若空华了。①

>以体用不二立言者,盖深深见到信到,不能把本体看作是个恒常的物事。②

从第一节我们可知,他寻找本体是为了给人生寻找根据(这恐怕与其对革命失望后,佛教缘起性空说带给他心理上的阴影有关),这种预期几乎决定了他不可能走上希腊智者那条纯粹基于好奇的求知之路。因此,才有第二节的"不能把本体看作是个恒常的物事"。与希腊哲学不可再分的始基(水、原子、无限者等)迥然不同,他的本体是"功能",但此功能与其"作用"却是是一个整体。他以《易》为根柢,认为"《易》之原始思想,多存于纬。孔子大义,亦有可征于《纬》者,弥足珍贵"③。而《易纬·乾凿度》者,乾为天,度者路;题意即是圣人凿开通向天庭的道路,沟通自然与社会,经验与超验。全书伪托孔子,将六十四卦组织成一个系统汇天地人于其中,并建立起神秘的感应关系,以说明四时变化,预测祸福吉凶。——这无疑是一个神秘的整体,它的原理或基础则是宇宙发生论和宇宙运行论。

大概从汤用彤先生的《魏晋玄学论稿》④出版开始,中国古代哲学被认为可以魏晋玄学划条线,此前是思维水平较低的发生论,此后则是较高的本体论。其实,王弼虽不谈宇宙生成,却是以万物生于道作为其立论的基本理据的。其所以要"崇本息末",只是因为本末、有无原本就是"母子"关系,二者之间只是"万化所由出"与"万理所会归"关系的另一种表述。换言之,王弼的"崇本息末"实际是揭示了《老子》"道生一,

---

① 《新唯识论》,第312页。
② 同上书,第468页。
③ 《熊十力集》,第215页。
④ 汤用彤:《魏晋玄学论稿》,人民出版社1957年版。

一生二,二生三"以及"反者道之动"的宇宙发生模式所具有的内在蕴含,由生成(母子)关系提炼出应用原则。

对中国人的思维来说,这样一种转换乃是自然而然,不言而喻的。《老子》"反者道之动"的命题中就有"观复"以及"归根曰静"的对事物乃至人生的价值取向。① 贾谊《新书·道德说》曰:"所得以生,谓之德"。《国语·晋语》曰:"异性则异德,异德则异类。"结合李玄伯"姓即图腾"的论证②,先民乃是根据人之所从来(becoming)来判定其存在性分与最终归趋(being)的。

《周易·说卦》谓:"昔者圣人之作易也,将以顺性命之理,是以立天之道曰阴与阳,立地之道曰柔与刚,立人之道曰仁与义。"性命之理属于宇宙发生论范畴。宋陆九渊将它改造成存在论,只是将其内涵阐发出来:"易之为道,在天曰阴阳,在地曰柔刚,在人曰仁义。"③ 熊十力以同样的思路,云:"本体是万理之原,万德之端,万化之始,"且自注曰:始,犹本也。由"道生一,一生二,二生三,三生万物"得出"一切万象,以道为体",又从"道不离一切有而独存"得出他的"体用不二"和"乾元性体"诸说。④

从"乾道变化,各正性命"到"万德万理之端,皆乾元性海之所统摄",并不能视为发生论向本体论的跃迁,把它理解为中国哲学对存在问题致思的独特视角似乎更妥贴于事情。因为如果说设想中国五千年的文化没有哲学的思考是很困难的话,设想它没有对存在的关怀则应该更加困难。"天命之谓性,率性之谓道,修道之谓教",就应视为古代思维模式下讨论天、道、性、命、教诸问题所必然具有的形式。它很难说是哲学,而只是一种"思想"的记录。在这里没有主客的分离,而是天人合一,正好是海德格尔所谓"在知识之前"的"存在"的状态。⑤ 说面对存在的可能性、条件和根据这些困扰存在哲学大师的问题,中国圣贤给出了自己的回答应该并不过分。当然,这种回答是基于其自身的存在感

---

① 熊十力将其弟子名由"佛观"改为"复观",可见其对此深有契会。
② 参阅李玄伯:《中国古代社会新研》,上海文艺出版社1988年版。
③ 《象山先生全集》卷二。
④ 《体用论》,第50页。
⑤ 参阅叶秀山:《思·史·诗》第五部分,人民出版社1988年版。

受,既无二千年后现代学术分工的支离,也无现代学术形式的谨严。

这应归因于中国历史发展的"连续性"道路,以及由此形成的所谓原生性文化。①《易经》无疑是原始巫文化的结晶,《易传》对它的改造并没有解构其隐性思维架构,对其显性内容的置换充其量只有"半理性化"的性质。② 对于求签问卜的先民来说,他们对外部世界以及自身的了解渴求,既是知识论的,更是存在论的。因此,《易经》既是一个解释系统,也是一个规范系统。"那里不是'物'与其'属性'的世界,而是神秘的潜能和力量、精灵和众神的世界。"③ 拉丁人用 anima(生命、灵魂)指称空气。显然,他们也认为宇宙具有运动和精神的性质。但作为西方文明源头的希腊文明是由南迁的移民在城邦内建立起来的,既切断了古代社会的血缘关系的脐带,也摧毁了该地此前存在的土著文明。这样的"语境"孕育了哲学,确立了土客分离的知识论传统。而那些哲学语词的"本真"义蕴,从此也只能到词根中去寻找了。

与此相比,我们中国倒是"有典有册","较长时间地保持了原始的、本源的、本色的'思'的状态"。④ 因此,把哲学的基本问题规定为存在的意义问题的海德格尔,对中国文化表现出极大的兴趣。熊十力当然是属于这个传统的。相对于冯友兰等通过移植西方哲学话语重建中国哲学,熊归本《周易》进行的是延续传统哲学叙事结构的努力。但本体论的偏执不仅使读者惶惑,也使他自己陷入"摄用归体"与"摄体归用"的矛盾。郭著对此有精到的抉发与疏解。⑤ 我们认为,熊氏对本体论的热情影响削弱了其宇宙—存在论体系的完整性与有效性,摄用归体与摄体归用的矛盾一定程度上可视为本体论话语与存在论关怀的扞格不通。

摄用归体是为了凸显本体的一真绝待。循此思路建本立极的消极后果有三。

首先是否定世界间万物的实存性,这显然不符合传统的"诚者天之

---

① 参阅张光直:《美术、神话与祭祀》,辽宁教育出版社 1988 年版;北晨编:《当代文化人类学概要》,浙江人民出版社 1986 年版。
② 参阅陈明:《象占:原始思维与传统文化》。
③ 〔德〕恩斯特·卡西尔:《神话思维》,黄龙保、周振选译,中国社会科学出版社 1992 年版,第 5 页。
④ 《诗·史·诗》,第 199 页。
⑤ 郭齐勇:《熊十力思想研究》,天津人民出版社 1993 年版,第 87—98 页。

道"以及今人的日常观念。——他为"扫相见体"(摄用归体),引入佛教空宗遮诠之法,以"缘生"解构万有,谓宇宙只是"大用流行,无别实在物质"。

由此而来的第二点是,不管本心是否即是本体之在人者,扫落万相实际抽空了主体。例如他说,"有一条麻织的绳子在此,我们要认识这种绳子的本相,只有把他不作绳子来看"[①]。人与"绳"(具体之意义)是存在关系,人与"麻"(抽象法性)是本质关系,二者不能混淆。熊氏哲学"在识一本",人和万物在此一真绝待的本体面前均手段化、过程化了,世界的丰富性,人生的可能性不能不受到削弱。不少论者将熊氏与胡塞尔比较,二者根本异处是,胡塞尔是要从主体精神中呈现之象去把握人的先验本质;熊氏处人之应然(当然)是确定的(本心),他关心的是如何使之通过具体的人(及其活动)使之显现出(象)来。具体存在的根据及其可能的思考也就被忽略抹煞。这显然潜藏着走向人文创生义反面的危险(如以礼杀人之类的极端)。

第三是自然哲学化倾向。《周易》中的宇宙发生论早期确实带有人类学意义上的"科学"性质,但当它进入人文文化领域,荀子即意识到"道者,非天之道,非地之道,人之所以道也"[②]。熊氏为证明本体的一真绝待,力图对自然界的成立与运行作出解释,煞有介事地"设施宇宙万相",谓之"最高真实",且运用电子说等科学理论作为自己的论据,严重混淆了认知理性与实践理性的区别。这在当代虽不致在科学上导人歧路使谬种流传,但无疑会使自己所欲论证张扬的价值陷入尴尬被动而减损其作用人心的感动力。

六

从哲学史看,"新唯识论"的主要贡献就在其对生成论宇宙观所蕴含的存在论思想因素的强调与凸显。从儒学史看,其贡献则在对宋明以来心性论传统中伦理本位结构的化解与重构。当然,这两方面的工作都不

---

① 《新唯识论》,第297页。
② 《荀子·儒效》。

很彻底,并且充满矛盾。由于渊源于《周易》的宇宙生成论,故熊氏一真绝待的本体无方所而只有一"生生不息"之德,因此骨子里表现为生命论。① 这种生命论虽不与柏格森的创化论相同,却也不能理解为道德人格主义。它的直接源头是王夫之、张载的气论易学观,尤其是船山《〈周易〉外传》的明有、尊生、主动诸义。他认为这些"足为近代思想开一路向"。细研其意,所谓近代的路向,乃是面向感性生活。

> 吾平生之学,穷探大乘而通之于《易》,尊生而不可溺寂,彰有而不可耽空,健动而不可颓废,率性而无事绝欲。此《新唯识论》所以有作。②

近代是伴随着所谓启蒙开始的,对人作为感性存在的关注相对于人的神化圣化应该是一种进步。"乾元"、"太极"等名称标示的熊氏之体以生化为德,人只要顺天然自有之则而无违失"则从心所欲而皆天理流行。故曰欲即性也"。尽管"辟之运翕,必须经历相当困难",但这主要是强调"人生唯于精进见生命,一息不精进,即成乎死物"。③

熊氏理论上颇有取于心学易,融摄其心体与易体相通的思想建立起自己"仁体"的概念,但反对心学易直接在心体与易体之间划等号,那样就无法说明"宇宙所以形成之理。"他坚持化生万物的"乾元"与主乎一身的"本心"间的分疏,既是宇宙论与存在化两条线索分明的需要,也是为了摄体归用,维持人文创生义的活泼开放。他并不以作为"是非之心"的"良知"定义本心,批评王阳明的"心即理论未免太过"。正是这种区分,王阳明的致良知走向了涵养主敬,熊氏的证会见体则走向了精进创造。熊对宋儒"主静""绝欲"诸说十分不满,指责说"弄得人生无活气"。但是,以"创新"言"觉"固然是一种进步,以"觉"言"创新"则又未免拘谨狭隘。熊氏立大本是为建人极,证会本体与其哲学意义的呈现是同一过程。我们能找到什么呢?

> 中国哲学有一特别精神,即其为学也,根本注重体认的方法。体认者,能觉与所觉浑然一体而不可分,所谓内外、物我、一异种种

---

① 《新唯识论》壬辰本赘语承认:"本论骨子里似是生命论"。
② 《熊十力集》,第215页。
③ 《新唯识论》,第618页。

差别相,都不可得。①

性智者,即是真的自己的觉悟,此中真的自己一词,即谓本体。②

中国哲学的"特别精神"恐怕来自中国文化的原生性特质。原始思维中万物一体且含灵,具有神魅之性。"德者得也"说明事物的"来源"(becoming)与其存在的"应然"(to be)是一致的,发生论序列中部分(个体)与整全(神、太极)不是殊相(现象)与共相(本质)的关系,而是一多相摄的蕴含关系。笔者认为一多相摄观念在《周易》中存在。因此,对于"返本"来说,悟不仅是可能的,而且是自然的,必需的。熊氏声称,"余之学,以思辨始,以体认终"。应该说他的"悟"(证会)是颇有特色的,不同于孟子的"反身而诚",或者宋儒的"格物穷理"等,而表现为于大用流行而识生化之机,"自创净习以显发天性","这种显发,正是返本"。反映出生命论对修养论的突破。林安梧用当代哲学语言说这"是一套活生生的实存而有的体用哲学,亦可以说是一现象学式的本体学或本体的现象学"③。我们同意这种评判,但要强调,它的基本理论依托是《周易》。

生命论的显发天性,应是沛然莫之能御,但熊氏却让它终止于体认。他说:

弘道之目,在儒家为率循五德,在佛氏为勤行六度。……学者首贵立志,终于成能。净习之生,即此本体之明流行不息者是。如杲日当空,全消阴翳,乃知惑染毕竟可断,自性毕竟能成。斯称性之诚言,学术之宗极也。④

——"本应向外追求和扩展的、动态的、感性的哲学仍然只得转向内心,转向追求认识论中的冥悟证会的直觉主义和天人合一的精神境界。现实的逻辑逼使这个本可超越宋明理学而向外追求的现代儒学,又回转到内收路线,终于成为现代的宋明理学了。"⑤

---

① 《熊十力集》,第294页。
② 《新唯识论》,第249页。
③ 林安梧:《存有、意识与实践》,台北东大图书公司1993年版,第346页。
④ 《新唯识论》,第623页。
⑤ 李泽厚:《中国现代思想史论》,东方出版社1987年版,第277页。

存在即合理。现实的情势逼使熊氏回到了书斋,逼使儒学在近代成为"离体之魂"。新儒家们怀着文化的悲愿呵护着一线心脉,所能做的也许只能如此。但事后诸葛似的理论分析仍不能不指出,如果熊没有陷入本体论的误区,而是对哲学之为哲学、儒学之为儒学认识十分清醒全面,他的"德用流出"就能将超越自上而下的本体论视角,而直接切入具体的存在与问题,思辩的哲学或许亦会随之转换成切于事情的社会哲学、政治哲学。

这实在是一个关系到儒家哲学在近现代重建的视角问题。回到儒学内部,那就是儒学究竟是一套社会文化理论(外王学),还是一套个体身心修养理论(内圣学)?内地学界所不满的"向内转"、"伦理本位"、"直觉主义"等阻碍儒学重建的理论瓶颈,很大程度上就是因为对二者做出了这样的判定:内圣为本,外王为末。① 实际儒学首先是一种百姓日用而不知的文化,而不是正心诚意的哲学。心性论所能容纳的空间是封闭的,有限的。将"外王学"置于首位,即意味着把理论的灵根植入生活的土壤,把作为言筌的各种命题、预设"悬括"起来,回到"哲学之突破"的轴心时代,法古人之所以为法,以维持理论之树的常青。②

晚年的熊氏曾遗憾地感慨:"尝欲造大易广传一书,通论内至外王,而尤详于太平大同……"③ 但熊氏把外王按传统理解为太平大同之类,显然不可能完成。众所周知,他未竟之业还有认识论的《量论》。我们认为,按照《新唯识论》的内在理路,其认识论应不离返本见体的主轴,而这些已在"创起净习"中有所申论。如果能将人文创生义贯彻落实,认识论就应该成为新的外王学,把《量论》写成《大易广传》。但他什么也没写,缘故在主观、客观、学理?今天已无从拟测。

牟宗三先生的《现象与物自身》、《心体与性体》诸量论文字以回退到宋明理学的方式完成了乃师的未竟之业。但熊的困惑是否因之而涣然冰释则殊难保证,因为熊氏从宋学内部开创出的健动富有感性的生命论分蘖被忽略拨除了,被强化的是形而上学冲动,得到改善的是现代学术话

---

① 《十力语要》卷二称"修身为本,齐治平末。"牟宗三《时代与感受》谓"外王是内圣的直接延长"。
② 参陈明:《儒学的历史文化功能》,上海学林出版社1997年版,第393—397页。
③ 《新唯识论》壬辰本 7:b。

语。牟氏承认,他的工作是"用康德哲学之概念架构,把儒学之理义撑开,进而充实光大儒学"。这与冯友兰用新实在论接着讲宋明理学是一样的,但却已离开了重新诠释《大易》理论架构的主战场,与熊氏工作的意义并不完全一样。林安梧说,从熊十力到牟宗三,"在理论建构上有了一个完整的成就"。① 笔者认为,这应该是指二人在形上学层面的工作。

将熊氏思想中富有潜力的蕴含发掘出来的当推林安梧。② 林氏强调"新唯识论"的存有论特质及其对生活世界的关注。比较而言,前一层面的工作做得相当出色,在对熊的解析中疏通了古代哲学与当代哲学的连接管道,"苏活了儒学的筋骨,让他有一展身手的可能"。但是,在我们看来,他将熊氏思想理解为"道德实践义为中心",虽不为无征,但作为怀着对当代新儒学前景问题之关怀的思想家,这一概括似乎叫人对他解决前景问题的前景有些担忧。因为它似乎不足以把熊氏骨子里的生命论的精神点染出来,与《大易广传》的追求方向相去甚远。

也许这一切仍是"现实的逻辑"使然,五四时代,港台地区。那么,90年代世纪之交的内地呢? 国学热取代西学热,如果真是时代精神的方向发生了转变而并非仅仅是一种偶然、时髦,一代学人是否应感受到某种责任而有所担待?

儒家哲学的重建无疑是当代中国哲学发展的重要组成部分,而使之进入世界哲学的语境切入当代生活的情境则是进行这一努力的方向性目标。熊氏其人其书,无疑可以视为我们思想的先驱和工作的起点。解析这一中介,我们可以看到传统哲学由形上学的宇宙论向历史性实践性的存在论转变的外在必要与内在可能。西方哲学史从底子(substratum)的本体论转向现象学式的存在论,实际是将作为认知科学的哲学(解释系统)从根本上改造成了作为人文学科的哲学(规范评价系统)。这并不是世俗化、理性化对哲学生存空间的挤压,而是人类在这一潮流中生存的需要把它召唤回到了其在文化格局中应处的本位,守护精神生活及其价值理念。

---

① 林安梧:《存有、意识与实践》,台北东大图书公司1993年版,第5页。
② 在摄用归体与摄体归用的两种思致中,熊氏应该说更强调后者。《十力语要》卷一称"新论全部意旨,只是即用显体。"到《原儒》中,此倾向更明显。

对于作为在原生文化系统中孕育出的中国哲学来说,这样一种转变虽然也要求对天、道、性诸范畴作一番新思维的审理,但并不要求彻底的拒斥与颠覆。就目前来说,首要的是转换视角,把从"太极""乾元"出发的思维反转而向个体、万有,将执一统众的玄思落实为对存在的个别性、差异性、有限性的关注。这种关注将使我们意识到,许多重大的问题存在于我们的理论视域之外。面对它,才有发展自己,完成自己的可能。毫无疑问,生生不息、民胞物与这些包含在"仁"概念之中的价值内涵均与发生论的哲学话语密不可分,但它对人的文化存在来说,同样是永恒不可缺少的。

走出本体论误区,回到文化哲学,是否背离了天人之学的传统?也许。但"理之固然"与"势之所至"乃是无解的矛盾。这矛盾虽植根于历史的有限性,却也植根于人类形而上学的冲动;"天"如果是知识性对象,则无从为人生提供价值保证;如果是康德意义上的神性存在,则它自身又将陷入知识合法性的危机。也许超越这种二难的惟一可能性途径存在于生活实践之域。"后现代"思想库中,真理被看成历史经验的结晶,理性的有效性也被严格限定于历史情境之内。此外,文化人类学中的功能主义、新历史主义也为这种乐观的态度提供或大或小的支持。并且,在根本上说,这条路属于"其言难知,其实易行"。

悲观的途径即"真善分流",熊十力曾在信中与张东荪有过争论。熊认为知识与修养相须并进。[①] 张则有见于康德的几大批判而主分流,以求取理论的清晰,逻辑的圆洽。应该说文德尔班、李凯尔特等康德后学区分事实与价值的思路实际是以退为进,且颇为成功。狄尔泰以来的人文科学成长壮大,值得我们深深思考。

此二者的学术进路与基本预设不同,结论有异,但并不矛盾,因为人既有"脑"(brains),也有"心"(mind)。思想史也昭示,相互间的批评与张力为不同的理论确立了边界。对自身的有限性保持清醒是维持文化系统之内与之间的健康生态所必需的。历史没有终点,生命是一过程,"悲观"与"乐观"都只有相对的意义。无论对熊十力还是对我们来说,最关键的都应该是,活出意义来。

---

① 《熊十力集》,第 281 页。

中国哲学合法性危机：学科还是意义？

作为一个成建制、拥有自己基本范式和诸多作品的学科，"中国哲学"已走过近百年的发展之路。但无论从学科建设还是意义承担来讲，都不意味着哲学业已在中国人的文化谱系和精神生活里，建构起与其在西方文化历史和现实中相对应的身份地位。在世纪之交的今天，中国哲学合法性危机问题——中与西、古与今以及中国哲学与当代生活世界之关系诸问题，像冰山一样浮出水面，醒目且刺耳。

作为一种话语形式的"中国哲学"在知识形态上不为主流的西方哲学界所承认接受，已是一个历史事实。黑格尔认为中国无哲学的态度众所周知，而既反西方中心论也反形而上学的德里达，也得出类似的结论——中国有的只是"思想"，虽然它自有其尊严，但这并不意味着它因此即成为所谓哲学。在西式话语系统笼罩全球的今天，孜孜以"'西方哲学'之'规'、'矩'来范围'中国哲学'之'方'、'圆'"（郑家栋语）的中国哲学界，其学科身份及在此框架内的辛勤工作，不为既是哲学故乡又是当代文化中心的西方所承认、接纳或认同，不免使人失落沮丧。在某种意义上，可以把由此引发的中国哲学之合法性危机叫做学科危机。

与此相应，部分中国哲学从业者在从事时代所需的意义建构时，对于近百年来根据西方哲学范式解读中国思想材料、评价其意义价值、建构哲学文本这一工作进路之有效性加以反思，所导致的中国哲学合法性基础的动摇，可以叫做意义危机。它指向的是当代中国哲学家群体及其工作方式和产品，无法承担起作为意义提供者和阐释者的思想文化功能。

对中国哲学合法性危机之性质或本质的不同理解与认知，决定着人们对克服危机方式的不同选择；反过来，从其对危机化解方式的选择亦可看出人们对此危机之性质或本质的理解与认知。从业已刊布的文字看,业界目前主要是基于第一种理解与认知开展工作,即试图通过不同途径的努力向自己和他人证明百年千年来的中国哲学,与西方哲学或本质相同或家族相似。

我认为中国哲学合法性危机是意义危机,它指向的不是传统思想文本及其解读,而是当代"哲学家"群体的工作及其产品,以及它们与民族生命/文化在精神上的自觉联系。具体来说,就是作为一个承担着特殊使命的学科的"中国哲学"及其承担者的工作、劳动,不能如国人所期待的那样在当下与历史、未来之间建立起意义和精神上的联系,不能在时代条件下创造性地建构起基于民族生命的表达系统。它所关涉的,根本上是民族生命/意志/文化的自觉程度和实践力度的问题。

哲学承担着打通民族生命之过去未来的使命,本来就不是一种单纯的知识论话语。必须将中国哲学这一学科问题,内置于民族生命及其历史发展脉络中,从经典作家经典著作的意义,去理解什么叫合法性?圣人此时此地应当或将会如何言说?对于中国哲学合法性问题的回答,重要的不在于有、无及其论证,重要的是对民族生命当代表达的意义自觉。何谓合法性?合法性就是对民族意志/需要的因时、因地的最大彰显和实现。一代有一代之法,重要的是适时之法的创造——创造精神和创造能力。从而,最关键的不是元哲学问题,而是植根于民族生命之当代需要的如何做。合法性重建的希望也不在别处,就在对文化功能的有效承担上,元哲学的最高探询,也只能经由文化功能的有效承担而得以显发。在此基础上,中国哲学所提出的概念及其释义、问题及其解答智慧,才可能有力地进入所谓普适的概念体系和问题体系。

蒋庆提出"以中国解释中国",彭永捷提出"以中解中"、"汉话汉说"。这种问题自觉和方法自觉,我非常赞同。但要特别指出,传统是活的,历史在不断的重构中显发出新意,不能与时代、社会的当下需要建立起活生生联系的传统话语,不可能获得真实的生命力。若用"以中解中"、"汉话汉说"这样的表述方式,我认为,前一个"中"和后一个"汉"必须理解为"今中"、"今汉"——民族生命/意志在当今时代的现实需要。这样才能真正立足于民族生命的舒展,打通传统与现实、历史与未来的联系。而凡可为我所用者,无分西方东方、古代现代,一切只以最大目的的实现为本,以合理、有效、适当为原则。

中国合法性危机之克服,需要把对中国哲学或思想的文本与西方哲学这个学科或学术话语形式间关系的外在关注,转换为对文本与时代、社会、民族生命之间这样一种关系的内在关注。其实,真正打上了中国烙印的哲学,不在于是否带有中国的某些痕迹、特点,而在于它最适合中国这片土地,并切实有力地解决问题,至于中国的所谓名分、话语权其实都不重要。在这个意义上,古今中外皆备于我。

如果我们能开创属于今天的诸子百家,为民族生命的舒展打开无限的可能,那么,又何必在意别人叫它什么名字?

中国文化中的儒教问题:起源、现状与趋向

这里所谓的中国文化是一个大文化概念,其所述指不仅包括儒、墨、道、法等各种思想文化,也包括孕育产生这些思想文化的社会环境结构和历史发展状况。这里所谓的儒教问题,也并不仅仅以二十几年前由任继愈先生提出儒学宗教论所引起的争议为范围,同时也包括相当长一段时间以来,人们在儒家学说的思想性质、社会功能和文化价值的理解判断上所发生的辩难和论证(众所周知,有些人认为它是宗教;有些人认为它是哲学;有些人认为它是功能上具有宗教性的哲学;有些人认为它作为一个文化系统,既有哲学因素也有宗教因素等等)。这样一种理解决定了本文将从中国历史文化发展之一惯性以及儒学与民族生命存在之内在性来对本论题进行讨论。它要求我们不仅要关注这些仁智之见本身,同时也要关注这些仁智之见背后主张者们各不相同甚至判然有别的文化立场、政治诉求和学术背景。我们认为,对于全面把握本论题的来龙去脉,从现实的文化发展和社会需要中探寻解决问题的各种可能途径,这样一种视角不仅是重要的,而且也是必需的。

一

正如冯友兰先生所指出的,宗教是一个翻译过来的概念,"有其自己的意义,不能在中文中看见一个有教字的东西就认为是宗教"。教的本义为教导,将具有人神连接意涵的 religion 迻译为宗教,应该是取"以(通过、凭借……)供奉神灵的宗庙为教导方式"这样一种意义。显而易见,体现该单词本质的关键处是作为祭祀场所的"宗",而非作为中国式人文主义印痕之祭祀目的的"教"。"鲁人以儒教"中的"教"是个动词,意为(鲁国人)用儒家思想教化民众。与此相应,"以儒治世,以道治身,以

佛治心"的所谓三教合一说,则表明这个教字之所指侧重于功能(治),因而既可以指宗教,也可以指哲学等可以用来提供教导作用的思想。事实上,所谓的儒教是或不是 religion 的问题是人们自觉或不自觉地从西方文化感受和西方学术分类对儒家思想进行身份或性质判定的时候才在历史上发生的。它的背景是东西方文化的交流(并且是西方处于强势)这一情境:千百年间,儒(学、教、家)就是儒(学、教、家);天主教教徒利玛窦来到中国之后,其是否为 religion 的问题出现;哲学的概念在近代经日本输入,孔孟程朱又纷纷被描绘为或苏格拉底或康德似的 philosopher。凡此种种,以西律中的格义的色彩,既浓且重。但正如佛教初入中土被当成玄学解读并不完全出于认知心理和思维模式上的惯性,同时也因二者本身(如"性空"与"体无")在理论逻辑上确实具有相当程度的"家族相似",儒家思想在知识形态和性质上的歧义纷纭,也与其在表现形态上与哲学、宗教体现出诸多交叉重叠相似相同的性征密切相关。在对这种交叉重叠相似相同作出界定之前,对中国文化的特点从整体上稍加分析也许是必要的,因为它可以使儒学自身的整体性和内在性得到展开和彰显,使人们在进行宗教、哲学之类横向的学科性比较时,对儒学所属的文化脉络与历史根基维持某种必要的意识和尊重。应该说这种意识和尊重并不会导向对某种观点的直接反对或支持。它的意义在于,我们这个有着五千年历史的民族在承接拓展自己的传统时候,它可以提醒我们在方法论上有所反思。走出意识形态的狭隘性,我们将发现,其实传统也跟未来一样,有着丰富多彩的层面、维度与可能。

张光直先生在对中西文化的宏观把握中提出了著名的"连续性"概念:中国文明的特点是"它是在一个整体性的宇宙形成论的框架里面创造出来的";"中国的型态很可能是全世界向文明转进的主要型态,而西方的型态实在是个例外"。[①] 我们可以循此思路将所谓连续性概念作进一步的引申落实——主要是指中国社会在由"野蛮"到"文明"的转进中,在社会结构上与氏族血缘组织维持着某种程度的联系(即所谓的维新道路),而没有发生从身份到契约的改变;在思维观念上与原始宗教意识维持着某种程度的联系(即所谓的巫史传统),而没有产生古希腊

---

① 参见张光直:《中国青铜时代》,北京三联书店 1999 年版,第 487 页。

那种以对象性思维为特征的哲学。我们认为,敬天和法祖这两大思想和社会的特征,既是这种连续性的结果,也是这种连续性的证明。

原始的血缘组织发展为宗法制,这是对原本属于自然关系的亲属制度所做的理性化政制化改造,由此而开创出儒家所谓的三代王道之治。在这样的情境里,对祖先的祭祀无论在意义还是在形式上都获得了极大的拓展和丰富。儒家无疑是这一创造性转换的支持者和阐释者。《礼记·大传》说得明白而深刻:"人道亲亲也。亲亲故尊祖,尊祖故敬宗,敬宗故收族,收族故宗庙严,宗庙严故重社稷,重社稷故爱百姓,爱百姓故刑罚中,刑罚中故庶民安,庶民安故财用足,财用足故百志成,百志成故礼俗刑,礼俗刑然后乐。"宗法制度下君权是父权的放大,天则是君父形象的投影。天被认为是百物之祖,因此它也是敬奉祈祷的对象。《礼记·郊特性》说:"万物本夫天,人本夫祖。此所以配上帝也。郊之祭也,大报本反始也。"《礼记·中庸》说:"郊社之礼,所以事上帝也。宗庙之礼,所以祀乎其先也。明乎郊社之礼、禘尝之义,治国其如示诸掌乎!"

当然,这样一种观念并不能从朴素的生活经验中直接生发出来。报本反始之情是自然的,用宗庙祭祀的形式表达,则是文化。它的成立,需要一种天人之间存在某种神秘联系作为逻辑前提或基础。以"万物有灵"和"主客互渗"为特征的巫术思维正是这一前提或基础的提供者(决定者)。在这样的思维框架里,中华文明呈现出人与自然的连续性。①从列维-斯特劳斯的研究中我们可以知道,这其实代表着原始社会人类世界观的一般状况,而并非中国所特有。而在中国思想内部,也并非仅仅儒家如此。《老子》的"道生一,一生二,二生三,三生万物"与《易传》的"易有太极,是生两仪,两仪生四象,四象生八卦,八卦定吉凶,吉凶生大业",《老子》的"人法地,地法天,天法道,道法自然",《易传》"夫大人者,与天地合其德,与日月合其明,与四时合其序,与鬼神合其吉凶"何其相似乃尔!——二者原本就是从同一文化母体发育生长起来的,尽管在社会人生的具体主张上各执一词,基本的文化预设却共享而一致。

无论在本土还是国外的思想家眼中,中华文化最特别也最基本的地方就是天人合一。不少研究者正是将天之属性及其与人之存在的关系,

---

① 参见张光直:《中国青铜时代》,北京三联书店1999年版,第487—488页。

作为对儒学进行宗教身份认定和从事宗教学研究的起点。但是,在进行这种讨论前,有几个前提有必要明确。西方文化是由科学理性的希腊传统和宗教信仰的希伯来传统组成的二元结构,而中国不是(但却不能说作为一个成熟的文明,它没有自成系统的理性思维与超越意识)[①];基督教是所谓人为宗教,而所谓巫术思维(姑妄称之)对于中国思想家来说是无法选择的;(因此)在西方上帝和恺撒分工明确,在中国则神道设教自然而然。如果对此不先作一宏观上的界定,就将儒家思想中的概念和命题直接与人为宗教的话语系统(如基督教等)相提并论,显然并不妥当。[②] 因为那只会造成历史真实与意义真实的双重错位。

众所周知,随着"小邦周"对"大国殷"军事上的胜利,我国古代思想史上曾经有过一场从命定论到命正论的观念转折。[③] 从商人"我生有命在天"的命定论到周人"皇天无亲,惟德是辅"的命正论,既是政治文明的历史性进步,又是价值观念和思维方式的重要变迁。周孔并称的儒门,基本的理论命题和思维趣向,即是奠定确立于此。要言之,儒学正是在对原始巫术观念的超越扬弃中获得了自己思想的本质规定性。这一点可由作为群经之首的《周易》得到极好证明:《易经》是一部占筮书,《易传》则是一部哲学书。[④] 这样一种关系,又可由帛书易传《要》所载孔子本人的话得到极好说明:"《易》,我后其祝卜矣!我观其德义耳。幽赞而达乎数,明数而达乎德,又仁守者而义行之耳。赞而不达于数,则其为之巫;数而不达于德,则其为之史。史巫之筮,乡之而未也,好之而非也。后世之士疑丘者,或以《易》乎?吾求其德而已,吾与史巫同涂而殊归者也。"这个发展,主张儒教说的李申曾注重孔子与史巫之"殊归",

---

[①] 应该强调的是,儒学并不只是一个学派之思想,乃是中国传统文化之主干。孔子述而不作,是一个久远传统的承继者阐释者。用文化人类学家的话来说,这一大传统与小传统是贯通的。

[②] 换言之,二者内部的意向性差异是否应该给予足够重视?根据现象学对人文世界的理解和分析,你"趋向"什么,所获得的就会是什么——比照希腊哲学同样可以里出一个系统或框架。

[③] 详参傅斯年:《性命古训辨证》;收入傅斯年:《民族与古代中国史》,河北教育出版社2002年版。所谓命定论,简单地说就是指天命是基于某种血缘而与某一政权结构相维系,换言之,某一政权结构是因为某种血缘的缘故而从"天"获得其合法性("命")。所谓命正论,简单地说就是指天命是基于某种德性而与某一政权结构相维系,换言之,某一政权结构是因为某种德性的缘故而从"天"获得其合法性("命")。

[④] 详参余敦康:《从〈易经〉到〈易传〉》,载《中国哲学》第7辑。

而将此发展定性为"人类思维逐步摆脱宗教巫术而达于哲学"。①

但同时应强调的是,这种理性化乃是不彻底的。因为它只是在意义内容上革命("殊归"),而在思维形式上却一仍其旧("同途")。② 这样一种欲断还连的关系或状况不是儒家能够选择的,作为文化生态性质的认知架构,它是中华文明之"连续性"发展的必然结果,是历史为各学派规定的共同"工作平台"。儒家能做的,一方面是尽力拓展自己的理性致思维度(这是历史的趋势),一方面则是实用主义地"神道设教",为其价值诉求争取尽可能大的现实效果。③——这样一种双重变奏不仅表现在所谓文明突破的轴心时期,同时也几乎贯穿于后来整个的历史阶段。所有关于儒学性质的仁智之见,无不以此为立论的基础。

《易传·象辞》:"圣人以神道设教而天下服矣。"《荀子·礼论》:"……先王案为之立义,尊尊亲亲之义全矣。祭者,志意思慕之情也,忠信爱敬之至矣,礼节文貌之盛矣,苟非圣人,莫之能知也。圣人明知之,士君子安行之,官人以为守,百姓以成俗;其在君子以为人道也,其在百姓以为鬼事也。"董仲舒对儒学的宗教化改造,可作如是观:汉代去古未远,天之神威尚在,将日食、月食及其他灾异解释为天之意志显现尚有劝善惩恶功效,所以,作为《春秋》公羊学者的他,"屈民以伸君,屈君以伸天",通过将民意述说成天心来对霸道政制施加影响,造福百姓。他在《春秋繁露·祭义》里说:"祭者察也,以逮鬼神之谓也。善乃逮不可闻见者,故谓之察。"天意如何?好生恶杀,任德不任刑。显然,这种"为群众利益穿上神学外衣"的神道设教不止是一种宗教建构,也是孔子"好其德义"之人文传统的继承发扬。

按照现代学术分类,人们从这里可以对孔子或董仲舒的思想文本,做出或哲学或伦理或政治或宗教的不同解读,且都可以持之有故言之成

---

① 参见李申:《中国古代哲学和自然科学》,上海人民出版社2002年版,第153页。与其在为儒教说论证时将关注点锁定"同途"相反。在这个问题上,几乎所有的学者都是根据自己的意向性而强化一面淡化另一面。
② 参见陈明:《象占:原始思维与传统文化》,载《哲学研究》1990年第6期。
③ 当然,神道设教的副作用也是不言而喻的。船山《读通鉴论》兒宽以儒术赞封禅条痛诋其弊云:"东汉以前,佛未入中国,老未淫巫之,鬼神之说,依附于先王之礼乐诗书以惑天下。儒之驳者,屈君子之道以证之。故驳儒之妄,同于缃黄之末徒,天下之愚不肖者,有所凭籍于道,而妖遂由人以兴而不可息。汉之初为符瑞,其后为谶纬,驳儒以此诱愚不肖而使信先王之道。呜呼! 陋矣。"

理。因为如前所述,作为一个民族主干性的文化符号系统,儒学在知识形态上是复合的,其在历史上所承担的功能是多维的。但也正因此,不自觉地依据这一"西方中心立场",从知识论角度把它解读或化约成其中的任何一种,都会导致对其整体性的遮蔽和破坏。将它视为诸学科之和如何?仍然不可。因为其相互间的结构关系远远不是某一学科框架所能承载容纳。我认为可取的态度是,换一个视角,从这个系统与我们这个仍在发展着的民族之内在性去观照,把对文本的理解转换为对自己生命存在之状况的理解,将今天对它的塑造,转换成对自己生命意志的表达和文化理想的追求。民族的复兴虽不以传统的复兴为主要内容,却是以其为最高的标志。提出这样一个视域,不是要对所谓的儒教问题做出或肯定或否定的简单结论,恰恰相反,是为了将这一问题的回答、把握和评价置于历史的脉络之中,将其层次性、复杂性和丰富性、可能性彰显出来,从而曲尽古圣先贤的制作之意,并从中吸取创造的智慧和勇气。

古往今来的讨论清楚显示,这一问题从来就不只属于纯粹的知识论范畴。话语后面的意义,才是论者们真正的用心所在。

二

最早以西方宗教形态为参照,对儒家学说之宗教身份进行评估考察的是意大利人利玛窦。这位耶稣会士的结论是:春秋以前的儒学是宗教,两汉以后的儒学不是宗教。[①]

春秋以前儒学是宗教的理由:1)"从他们历史一开始,书面上就记载着他们所承认和崇拜的第一位最高的天神。……古代中国人把天地看成有生灵的东西,并把他们共同的灵魂当作一位最高的神来崇拜。"2)儒学也讲上天给坏人的惩罚和给好人的赏报。3)对灵魂不朽,似乎没有什么怀疑。汉以后儒学不是宗教的理由:1)由于人性的腐朽,可怜的中国人逐渐丧失了原始的明理之光,信奉古儒教的文人或者走向了无神论,或者陷入了偶像崇拜(指佞佛)。2)有些文人认为人在死后灵魂完

[①] 参见孙尚扬:《基督教与明末儒学》(上篇),东方出版社1994年版,第二章。

全消失,不相信来世有天堂和地狱。3)没有神职人员,没有正式经文,祭祀上帝只是皇帝的特权。4)不论是公众还是个别人,都没有做祷告、唱赞美诗表示他们对最高之神的敬意。5)真正的哲学家不提创世说。

对于祭祖和祭孔的传统,他有十分冷静的分析:祭祖是中国人用来维系孝道这一伦理原则的习俗;从基督教立场看,它不是所谓偶像崇拜,不属非排斥不可的异教教仪。祭孔是为感谢孔子为文化做出的贡献,使读书人能以此获取功名,"并不念什么祈祷文",就像祭祖一样。论者发现,"利玛窦这个天主教神学家对中国礼仪的解释,竟与荀子这个无神论者具有很多相似之处"[①]。

后来,来自较为保守的多明我会、方济各会的传教士反对利氏的理解。耶稣会为了证实自己对中国文化的见解,曾征询信教士大夫的看法,福建和浙江的士大夫如福清李良爵著《〈辩祭〉参评》,漳州严谟作《辩祭》、《考疑》,将乐邱晟著《致诸位神父》,建瓯夏相公著《回方老爷书》、《祭礼泡制》、《礼仪答问》,杭州张星曜作《祀典说》等参加了讨论。他们依据四书五经、《白虎通》、《周礼》等,对儒家祭孔做了全面研究和阐发,并与西方基督教神学进行比较。

关于祭天地,攻击者说中国人在"祭天地"的时候,是想通过祭祀,请到天地自然间的神灵下凡,来帮助解决祭祀者的各种困难。张星曜认为,中国被儒家承认的祭祀活动,是一种高尚的学说,有理论体系,是在民间信仰基础上加以升华、提炼而成的官方仪式,并不那么迷信,主要强调的是"报答"之情,而不是"恐惧"和"企求",并引证了许多古代文献以说明这一问题。

关于祭祖的问题争论最多,攻击者认为中国人祭祖行为是迷信,是求福。严谟辩护说:"礼祭祖宗只是思念死者之意,非有求福也。"他认为:中国人在先人的牌位前烧香磕头,敬献牲、酒、瓜果,都是为了纪念,并不是希望祖先的灵魂从牌位上下来保佑他们,这都是内心追思故人的情感宣泄。用现代哲学术语来说,如果祭祖是在"求福",那就是祭祀者信仰超自然的神明,便是宗教;反之,那就是本人内心情感的流露,就是伦理。他从历代的经典和疏文中,摘录了有关章句加以辨析,然后证明

---

① 参见孙尚扬:《基督教与明末儒学》(上篇),东方出版社1994年版,第22页。

中国人祭祖并没有什么"求福"之意。祭祀中不向祖宗"求福",自然也就很难说祭祀本身是一种宗教行为。①

夸张点或许可以把礼仪之争引申为政治权力或文化价值的冲突。究其实则不过是罗马教廷对其教义原则正常的维护和贯彻,因为论战的焦点集中在对儒家文化中敬天、法祖和祭孔诸活动是否具有宗教(异教)属性上。在对儒学抱持同情的理解的传教士和既皈依天主又坚持儒家理念的中国士大夫笔下,共同的结论是"儒教不是一个正式的宗教,只是一个学派,是为了齐家治国而设立的"。因此,传教士可以接受儒教与天主教并立,士大夫可以属于这种学派,又成为基督教徒。论者在对这一段所谓礼仪之争进行考察后评论道:"儒教非教说更深刻地把握了儒教的本质,而儒教是教说则是形式化的以偏概全。"②

诚然,我们可以对这两个群体的身份提出质疑(不少论者因利氏"多取经于教义和儒学的沟通"的传道策略而否定其相关论述的客观性)③,但他们的言说在当时获得了许多"他者"的认同和首肯。④ 今天,我们只要对自己的生活经验稍作反思亦不难做出自己的判断。因为在当代,这样的事情也仍然在持续发生,而对文化事件之意义属性的判断,原本就离不开人之体验或体认。⑤

如果说,利玛窦等人并非特别适合进行意义分析的对象,那么下面考察的康有为及其孔教运动则实属难能可贵的经典个案。从中我们不仅可以看到儒学之层次复杂、面相多维,以及其与基督教的交叉与区别,尤其可以看到作为我们这个"被动卷入"世界史进程之民族的文化

---

① 参见《儒教是教非教之争的历史起源及启示》。见孔子2000网站"韩星文集"。
② 韩星语,见《儒教是教非教之争的历史起源及启示》。
③ 利氏在私人通信里说:"他们(士大夫)拥护孔夫子,所以可以对孔夫子著作中遗留下来的这种或那种不肯定的东西,作出有利于我们的解释。这样以来,我们的人就可以博得儒士们的极大好感。"参见韩文。"这种或那种不肯定的东西",就是本文所强调的儒学本身的复杂多维的特征。
④ 二百年后,利玛窦对儒学的看法得到其他耶稣会士的赞同。他们在给康熙皇帝的奏稿中说:"拜孔子,敬其为人师范……祭祀祖先,出于爱亲之义……"康熙御批表明当时的中国皇帝赞同这样的理解和评价,"所写甚好,有合大道";"敬孔敬祖纯为表示爱敬先人和先师,不是宗教迷信";"供牌位原不起自孔子……"参见林金水:《儒教不是宗教——试论利玛窦对儒教的看法》,《福建师大学报》1983年第3期。此外,反对天主教的士大夫,也同样强调这点。所不同的是耶稣会士据此向教廷申述儒之非教故与天主信仰不相冲突,而许大受等人则据此彰显二者难并存。参见孙尚扬:《基督教与明末儒学》(下篇),东方出版社1994年版,第三章。
⑤ "君子以为文",则在君子即是"文";"百姓以为神",在百姓即是"神"。

系统,儒学实现自我调整和更新,在新条件下承担社会文化功能的可能性、必要性与艰难程度。

以鸦片战争为开端的中国近代史是悲剧性的。从寻求富强的角度去理解这一情境里中国知识分子的心态、思想和行为无论如何都不会错出太远。① 在这一强烈"意向"作用下,几乎所有的理论都是按照"有用即真理"的原则评估理解和使用创造②:"保国所以保教,保教所以保种"(张之洞、康有为)、"保存国粹,先得国粹能够保存我们"(鲁迅)、"只有社会主义能够救中国"(毛泽东)。任何思想,重要的已不是它实际是什么,而是它究竟能做什么。极而言之,当把它说成什么对我有用,那就将它说成是什么! 康有为将儒学说成宗教正是这样一种深刻的片面,就像生物进化论被理解为社会伦理学、俄国人道路被视为不二法门、仁义道德被指为"吃人"一样,也就像康氏本人将诸多儒门典籍贬为"伪经"一样。③ 事实上不只康氏一人如此,整个"有关'儒家是否为一宗教'的论争,不过是代表儒家圣化或世俗化的两种倾向;一种要将孔孟神格化,将儒家建构为一个宗教系统,以便于更有效地维系社会与政治;另一种取向则要将孔孟视为一理性的、道德的社会改革者。而这两种取向共同的终极关怀,既非儒家,亦非宗教,而是国家。"④

康氏生命里的宗教体验主要来自佛教:"先生由阳明学以入佛学,故最得力于禅宗,而以华严宗为归宿焉。其为学也,即心是佛,无得无证,以故不欣净土,不畏地狱。非惟不畏也,又常住地狱,非惟常住也,又乐地狱,所谓历无量劫行菩萨行是也。是故日以救国救民为事,以为舍此外更无佛法。先生之修养,实在于是,先生之受用,实在于是。先生于耶教,亦独有所见。虽然,先生之布教于中国也,专以孔教,不以佛、耶,非有所吐弃,实民俗历史之关系,不得不然也。……又以为中国人公德缺乏,团体散涣,将不可以立于大地。欲从而统一之,非择一举国人

---

① 有人认为民族主义是近代思想的主旋律,如余英时等。如果把民族主义定义为对本民族利益的忠诚,对本民族文化价值的持守,则它是可以成立的。
② 张东荪认为,实用主义是儒教在哲学上的特征。张东荪:《余之孔教观》,《孔教会杂志》第1卷第8号。
③ 梁启超指出康之研究"往往不惜抹杀证据或曲解证据,以犯科学家之大忌。"参见梁启超:《清代学术概论》,中华书局1954年版,第78页。
④ 叶仁昌:《近代中国的反对基督教运动》,台北雅歌出版社1988年版,第94页。

所同戴而诚服者,则不足以结合其感情,而光大其本性,于是乎以孔教复原为第一著手。"①

如果说近代史上的洋务救国、教育救国、文学救国、科学救国和实业救国大家熟悉而基本认同的话,宗教救国就多少让人觉着陌生而诡异了。但确确实实,康氏这里,儒学的宗教化与其今文经学的诸多主张(如孔子改制说)一样,是其现实政治谋划与文化设计的有机组成部分。②具体来说包含"挟孔子以令皇帝"与为儒学寻求新的制度依托两个方面的意图:通过前者可以为自己带有民权平等诸西政西学色彩的政治改革提供合法性与权威性;通过后者可以在废除科举制(他主张)之后另立儒学与社会的连接管道,为世道人心的维持、文化认同的维护提供组织保障。③

先看其活动:

1889年,"光绪十四年,长素至京师,上书请变法,格不达。次年……始言孔子创教。"④梁启超说康门弟子在万木草堂期间即有意仿效传教士的传教行为,可见康氏是自觉以基督教模式建构孔教或儒教的。⑤

---

① 梁启超:《南海康先生传》,载夏晓虹编:《追忆康有为》,中国广播电视出版社1997年。康在自定年谱里称:"其来现也,专为救众生而已,故不居天堂而故入地狱,不投净土而故来浊世,不为帝王而故为士人,不肯自洁,不肯独乐,不愿自尊,而以与众生亲。为易于援救,故日日以救世为心,刻刻以救世为事,舍身而为之。"据梁记述:康由各国皆以保教,而有"教强国强"的判断。

② 陈宝箴《奏厘正学术造就人才折(光绪二十四年五月)》指出:"逮康有为当海禁大开之时,见欧洲各国尊崇教皇,执持国政,以为外国强盛之故实由于此,而中国自周秦以来政教分途,虽以贤于尧舜、生民未有之孔子,而道不行当时,泽不被于后世,君相尊而师儒贱,威力盛而道教衰,是以国异政、家殊俗,士懦民愚。虽以嬴政、杨广之暴戾,可以无道行之,而孔子之教,散漫无纪,以视欧洲教皇之权力,其徒所至,皆足以持其国权者不可同语。是以愤懑郁积,援素王之号,执以统天之说,推崇孔子以为教主,欲与天主耶酥比权力量,以开民智,行其政教。"翦伯赞等编:《戊戌变法》,神州国光社1953年,第358页。

③ "在构思如何为儒学寻求新的制度依托时,基督教的独立于政府的、专业化的教会体系,给康有为留下了深刻的印象";"康有为之深谋远虑之处在于,他深刻地关注到制度变革的同时所必然带来的儒家思想的安顿问题。所以一方面他强调必须废除科举,推行西政西学,但同时又在新的制度设计中为儒家寻找新的生长点。"参见干春松:《儒家制度化重建的尝试:(1890—1919)清末民初康有为与孔教会》,载《中国社会科学评论》2004年第3卷。

④ 陆宝千:《民国初年康有为之孔教运动》,台北,《"中央"研究院近代史研究所集刊》第8辑,1983年。

⑤ 黄进兴说:"康氏虽然反对耶教,另方面却以耶教为孔教更革的蓝图,其运思模式并不脱'思夷之长技以制夷'的窠臼。"参见黄进兴:《圣贤与圣徒》,台北允晨文化实业有限公司2001年版,第51—52页。

1891年在给朱一新的信中说:"仆之急急以强国为事者,亦以卫教也。沮格而归,屏绝杂书,日夜穷孔子之学,乃得非常异义,而后知孔子为创教之圣。立人伦、创井田,发三统、明文质、道尧舜,演阴阳,精微深博,无所不包。"①

1895年,康有为在"公车上书"建言立"道学"一科,以挽救"人心之坏",抵御"异教"的诱惑。谓"风俗弊坏,由于无教。"具体举措包括设孔庙,奖励去海外传播儒家"教义"等。

1896年,受传教士所办《万国公报》影响,在上海创办《时务报》,正式向社会推行孔教。

1897年,康有为在当时作为广西省会的桂林设立"圣学会",并在广仁善堂供奉孔子,发行《广仁报》。

1898年,在《请商定教案法律,厘正科举文体,听天下乡邑增设文庙,并呈〈孔子改制考〉,以尊圣师保大教绝祸萌折》中,提出两条思路:通过建立孔教会来处理与教案有关的问题,并把衍圣公改造成类似于基督教系统中的主教;将孔教会作为废除科举之后推行儒家教化的替代途径。

1898年,康有为在北京建立保国会,强调自己将"保国"和"保教"相联系的主张。

1913年3月,康有为又创办《不忍》杂志,自任主编,后来发表《以孔教为国教配天议》,建议国会将孔教认作国教,并在全国各地孔庙作每周性的宗教仪式。与此同时,全国各地的孔教人士彼此呼应,发表文章,宣扬"孔教大一统论","孔教乃中国之基础论","孔子受命立教论",探讨"论废弃孔教与政局之关系"等,寻求新形势下孔教与社会发展、政治变革的适应性。

1916年6月,袁世凯在反复辟的浪潮中死去;8月,康有为发表公开信,要求"以孔教为大教,编入大法,复祀孔子之拜跪"。他说,"今万国之人,莫不有教,惟生番野人无教。今中国不拜教主,岂非自认为无教之人乎?则甘认与生番野人等乎?"

---

① 《答朱蓉生书》,载蒋贵麟编:《万木草堂遗稿外编》(下),台北成文出版社,1974年版,第815页。

张勋复辟失败,康有为受牵连被通缉,次年辞去孔教会会长之职,退出政治舞台。以他为领袖的孔教活动宣告失败。

这一惨淡结局主要是历史条件如社会转型、政局动荡,以及康氏操作策略上的失误,如偏重上层路线而又所托所望非其人等决定的,但与其理论建构方面的缺陷亦深相关联。康氏对儒学与基督教的差异无疑是有强烈感觉的,所以他在对自己的儒学宗教说展开论证之前,首先就将宗教作一宽泛的定义。① 早在1886年他就这样做了:世界宗教"不可悉数",但标准的只有孔教和佛教。"其立国家、治人民,皆有君臣、父子、夫妇、兄弟之伦,士、农、工、商之业,鬼、神、巫、祝之俗,诗、书、礼、乐之教,蔬、果、鱼、肉之食,皆孔氏之教也。……凡地球内国,靡能外之。其戒肉不食,戒妻不娶,朝夕膜拜其教祖,绝四民之业,拒四术之学,去鬼神之治,出乎人情者,皆佛氏之教也。耶稣、马哈麻、一切杂教皆从此出也。"(《康子内外篇》)他认为,孔教是"顺人之情""天理之自然"的所谓阳教;佛教等则是"逆人之情""去伦绝欲"的所谓阴教。尽管一阴一阳、一出世一入世,但其为宗教则本质一致。后来他对此又有所补充:"人生之世,不能无教。教有二:有人道教,有神道教";"无论神道人道,其为教则一也";"耶、佛、回诸教皆言神,惟孔子之教为人道教。"与无与人事的神道教不同,孔子之道"道不远人,与时变通,为人道所不能外,故能成其教也。"(《陕西孔教会讲演》)

1898年在《孔子改制考》中,康有为把自谓述而不作的孔子塑造成托古改制的"素王",从而奉其为所谓儒教的"万世教主"。按照董仲舒及纬书(是谶纬吗?)神化孔子的手法,把孔子描绘为"天纵之神","为苍帝之精,作新王受命";"天既哀大地生人之多艰,乃降精而救民患,为神明为圣王,为万民作传,为大地教主。"孔子创立的儒教,"本神明,配天地,育万物,泽万世,明本数,系末度,大小精粗,六通四辟,无乎不在。"(《孔教会序》)儒家的六经,就是记载这些教义的基本经典。它们都是孔子的著作,而不是孔子所绍述编辑的文献材料。那种传统的说法是由于"人情皆厚古而薄今",儒门才"借古人以为据"而已。

---

① 这一节材料多转引自苗润田、陈燕:《儒学:宗教与非教之争——一个学术史的检讨》,载任继愈主编:《儒教问题争论集》,宗教文化出版社2000年版。

康氏将儒学解为孔教,用心所在"既非儒家,亦非宗教",而是要通过政治改革社会改造来救亡图存。所以,教义之外,必然还另有微言大义,"中国义理制度皆立于孔子",如三年之丧、亲迎、井田、学校、选举等等。①所以,此教主同时也是素王。战国时,这些儒教徒众"传道遍天下。或为卿相而立法,或为友教士大夫而变俗";至秦,"服儒衣冠传教者……虽经焚坑不悔";到汉武帝"罢黜百家,独尊儒术",儒教更成为国教,"贤良文学褒衣博带,以儒服为章服矣","凡从孔子教,衣儒衣儒冠,读儒书者,便谓之儒"(《孔子改制考》)。此后,"吾国人人皆在孔教之中,鱼相忘于江湖,人相忘于道术,则勿言孔教而自在也"(《孔教会序》)。

不管出于何种用心,也不管对政治、文化问题的洞察力怎样,将儒学如此全盘宗教化,在将儒家文化某些层面的内容意义放大彰显的同时,不可避免地导致对其他一些层面内容意义的忽略、扭曲和遮蔽,使自己的儒学或儒教与其所共生的中国社会多少脱节,从而使问题的解决难度增加。梁启超,这位曾为"保教之骁将"的康门弟子,即直言乃师"一不知孔子之真相,二不知宗教为何物"。关于孔子,梁在《保教非所以尊孔论》里指出:"孔子未尝如耶稣之自号化身帝子,孔子未尝如佛之自称统属天龙,孔子未尝使人于吾言之外皆不可信,于吾教之外皆不可从。孔子,人也,先圣也,先师也,非天也,非鬼也,非神也。……孔子者哲学家、经世家、教育家,而非宗教家也。西人常以孔子与梭格拉底并称,而不以之与释迦、耶稣、摩诃末并称,诚得其真也。夫不为宗教家,何损于孔子!"以孔子为教主,表面看是将孔子宗教化,实际跟以孔子为素王一样是将孔子政治化。不考虑外部因素,如果说以政治的手段操作文化是孔教运动失败的主要原因,那么,当他将"祖述尧舜,宪章文武"、"述而

---

① 梁启超《论中国学术变迁之大势》云:"以改制言春秋,以三世言春秋者,自南海始也。改制之义立,则以为春秋者,绌君权而伸人权,夷贵族而尚平等……南海以其所怀抱思以易天下,而知国人之思想束缚既久,不可以猝易,则以其所尊信之人为鹄,就其所能解者而导之。此南海说经之微意也。"韩星更进一步,认为康门是试图"以宗教的方式,向新的统治者输入重民理念,并形成类似传统儒家的以道抗政、以学抗势,而以教抗政,在实现儒学更新改造的同时,使孔教成为新政权的抗衡力量。"

不作"的布衣孔子塑造为创制立事的所谓教主素王时，即已是败因深种了。① 关于宗教，梁说："宗教者专指迷信信仰而言。其权力范围乃在躯壳界之外，以魂灵为根据，以礼拜为仪式，以脱离尘世为目的，以涅槃天国为究竟，以来世祸福为法门。其教虽有精粗大小之不同，而其概则一也。"比照 religion 之人神连接义，这一定义可谓庶几，而康之阴教阳教辨以及神道教人道教之分则多少像是曲为疏通的牵强之语。② 造成这种对对象把握知识性偏差的原因之一是他以基督教作为孔教建构的模版。负面影响首先是使得其宗教救国的方略可操作性大大降低，其次是招致方方面面（从张之洞到叶德辉，从陈独秀到蔡元培）基于价值、知识和立场上的反对。③ 结果则是："先生所以效力于国民者，以宗教事业为最伟；其所以得谤于天下者，亦以宗教事业为最多。"（梁启超语）

此外，章太炎、蔡元培、陈独秀对儒学宗教论和立孔教为国教的批判都非常严厉。就宗教学意义而言，严复的观点是最值得注意的。④ 因为他在否定了"儒术"是教说之后，指出以"孝"观念为核心的祖先崇拜才是中国人真正的宗教，只不过这个"宗教"层次很低。他说："外人常疑中国真教之所在，以为道非道，以为释非释，以为儒教乎？则孔子不语神，不答子路事鬼之问，不若耶稣自称教主，谟罕蓦德自称天使之种种炫耀灵怪也。须知描写目下所用教字，固与本意大异。名为教者，必有事天事神及一切生前死后幽杳难知之事，非如其本义所谓，文行忠信授受传习已也。故中国儒术，其必不得与道、释、回、景并称为教甚明。然则中国固无教乎？曰：有。孝，则中国真教也。百行皆原于此。远之以事君则为忠，迩之事长则为悌。充类至义，至于享帝配天；原始要终，至于没

---

① 船山语云："法备于三王，道著于孔子。"但是，作为以天下为己任的书生，除了将孔子塑造成素王和教主来提高自己政治改革方案的合法性与权威性，康难道还有别的什么途径么？所以他的失败乃是必然的。但某种意义上，这并不只是他个人的悲剧，也是历史和民族的悲剧。

② "孔教会"总干事，康最忠实的弟子陈焕章撰文："中国之弱，乃不实行孔教之过，而非孔教无益于中国也。"透露出其潜意识里，孔教在中国实际乃是待建状态，而并非"人人皆在孔教之中。"

③ 前述干春松文章有对 1913 年对赵炳麟议员提议立孔教为国教议案的表决情况分析，发现"支持和反对孔教并无明显的年龄和党派背景之差别。……体现的是社会思想中对于儒家的矛盾态度和法律与道德之间的复杂关系。"

④ 韩星认为，严复"以孝为中国之真教，倒是抓住了中国人宗教信仰的重要一环。"今天谈本土宗教的学者如牟钟鉴等就与此颇多暗合。

宁存顺。盖读《西铭》一篇,而知中国真教,舍孝之一言,固无所属矣。"①

他认为,中国人观念中最神圣不可侵犯的是祖宗,祖宗是中国人的神祇,祖先崇拜是中国人共同的宗教。中国人在商周基本上有了与基督教、伊斯兰教相似的较高级的宗教神学体系,但经过春秋战争"礼坏乐崩",这一正在发育的宗教体系夭折了,而导向诸子百家的理性思辩,中华民族的精神信仰成为商周宗教神学体系解体而残留或退化的祖先崇拜,秦汉以后儒学在统治思想上取得独尊地位,这样就使中国的历史上一直是原始宗教(祖先崇拜)与儒家理性文化并存的状况。

由于五四新文化运动在中国知识界确立了反传统和科学主义的思维和心理定势,由于国民党和共产党的政治军事之争以及日本人入侵的时局动荡,由于1949~1976年中国内地主流意识形态的极"左"而严厉,这一某种程度可以理解为当代文化宗教之维的议题在人们视域隐而不显几近消失。②

三

"历次围绕'儒教'问题讨论和争论的核心与焦点,始终是思想史的问题,而非学术史或狭义历史学的问题,是'大学'问题而非'小学'问题。"③ 应该说,今天所谓的儒教之争也并不单纯是一个自然科学似的知识论问题,它首先乃是一个对民族的传统如何理解评价,对当代文化结构如何设计建构的"存在性问题",表达的是论者自己对其所处社会及其问题的感受。

任继愈先生阐述"儒教是教"命题的《论儒教的形成》一文,是根据其在1978、1979和1980三次学术会议上(分别是无神论学会成立、中哲史学会恢复活动、中日"儒家与儒教"研讨)的演说整理成型的。当时十

---

① 《支那教案论按语四》,载《严复集》第4册,中华书局1986年版。
② "不断地强调和凸显儒家思想的超越意识和宗教精神,是'五四'以后新儒学发展的一个重要趋势,这一方面是与回应来自西方基督教宗教传统的挑战有关,另一方面也是在新的历史情境中挺立和维护儒家思想之精神义理的必要前提。"参阅郑家栋:《断裂中的传统——信念与理性之间》,中国社会科学出版社2001年版,第五章"宗教性与当代儒学的发展向度"。个人对新儒家为儒学在当代的生存发展所作论证相当尊重,但宗教性是以非教论为前提,故不拟专门讨论。
③ 温厉:《思想史视域的中的"儒教"之争——访郑家栋研究员》。见 Confucius2000.com 网站。

年"文革"刚刚结束,学术界一方面要对这一场灾难进行反思,另一方面又对流行了将近30年的"两军对战论"(唯物对唯心、辩证法对形而上学,又称"对子论")这一分析架构的解释分析能力不满。任提出"儒教是教"可谓独辟蹊径一举两得,既增加了"文革"反思的理论深度①,又开创了传统研究新视角。但从文章近三分之一篇幅是对所谓儒教的社会和历史影响进行分析批判可知,任氏是带着强烈的现实关怀和价值诉求或预设提出这一命题的。② 这样一个所谓哥白尼革命式的论断在学界掀起轩然大波是自然的。应该说冯友兰、张岱年、李锦全、林金水、崔大华、李国权等人的驳论与质疑是相当有说服力的。③ 但那主要是针对任著中的具体问题而发,如宋明理学的性质、利玛窦对儒学的理解等,而对作为任氏立论基础的历史发展五阶段论背后的西方中心主义因素和意识形态色彩等没有述及④,同时,对任氏从宗教角度考察传统文化的思想启发与学术建设意义也缺乏足够的重视。我们认为,要真正将任氏命题的思想启发与学术建设意义释放出来,对前两点的清理是非常必要的。

"简略地说,中国的封建社会历史约有以下几个特点:(1)中国封建社会维持的时间长久而稳定;(2)封建宗法制度发展得比较完备;(3)中央集权下的多民族的大一统国家结构形成得早,分裂不能持久;(4)农民起义次数多、规模大;(5)在中国的封建制度下,资本主义没有得到很

---

① 任继愈先生在《具有中国民族形式的宗教——儒教》中写道:"人们记忆犹新的十年动乱其间的造神运动所以得逞,千百万群众如醉如痴的心态,它的宗教根源不是佛教、不是道教,而是中国儒教的幽灵在游荡……",参见《儒教问题争论集》。
② 正文一万三千余字,批判部分超过四千字。文章最后总结:"儒教带给我们的是灾难、是桎梏、是毒瘤,而不是优良传统。它是封建宗法专制主义的精神支柱,它是使中国人民长期愚昧落后、思想僵化的总根源。有了儒教的地位,就没有现代化的地位。为了中华民族的生存,就要让儒教早日消亡。"参见《中国社会科学》1980年第1期。下引该文不注。
③ 均见任继愈主编:《儒教问题争论集》,宗教文化出版社2000年版。
④ 在《儒家与儒教》的脚注中,任写道:"这个问题在中国学术界有几派说法,并没有一致意见。大体上可分为四种说法。我主张春秋时期奴隶制向封建制过渡,战国时封建制确立。"见《儒教问题争论集》。东方和西方在历史发展上的差异是显而易见的。基于西方历史经验提出的所谓五阶段论传入中国后即引起许多的讨论。由于历史的原因,它在相当长时间内成为人们理解、分析和评价中国思想的基本历史架构。但1978年,李泽厚即已指出我们对它的一些误读,如封建社会等。参见李泽厚:《中国近代思想史论》后记,人民出版社1979年版。而瞿同祖先生1936年写的《中国封建社会》(2003年作为上海世纪出版集团出版集团的"世纪文库"重版),讨论的即是战国以前社会。他在该书"导论"中写道:"《大英百科全书》上便说用这名词完全是为便利起见,实际上并没有一定的系统,而各地的习惯也各不相同。"

好的发展。封建社会的上述历史特点和历史过程,造成了以儒教为中心的封建意识形态,这种同封建宗法制度和君主专制的统一政权相适应的意识形态,对劳动人民起着极大的麻醉欺骗作用,因而它有效地稳定着封建社会秩序。"——首先,这几个所谓前提本身乃是需要讨论的。① 其次,或然性被说成了必然性,皇帝仿佛上帝:"要有宗教,于是便有了儒教。"再次,循此逻辑,儒教乃是部分御用知识分子奉命制造出来的政治产品,这显然不符合儒学发生发展之实,也不符合孔子、董仲舒、朱熹等人的研究著述之实。② 最后,也最重要的是,这五个特点与所谓儒教之间的必然性联系究竟何在?在文章中我们看到的只是一个漫长的历史"回溯",而找不到儒教创教者和基本教义的明确所指及其与此五大特点间关系相对应的具体论述。

"宗教、迷信、神权是人类历史上不可避免的现象,迄今还没有发现过有哪一个民族、国家有过对宗教的免疫能力。"——是这样吗?即便如此,不是已有道教和佛教了么?

"在资本主义出世以前,人们都受神的统治,神学笼罩一切。因为中外中世纪的经济是封建经济、小生产的自然经济,靠天吃饭。物质生产要靠天,精神上就不能不靠天。……中国封建统治者,由于和农民起义打交道的经验多,日益感到利用宗教化的儒学来麻痹人民的反抗意志十分必要。因此,汉代开始采用儒家的经典来为他们的政治、法律的措施作说明。"——"中外中世纪"是什么意思?"中世纪"等于"封建社会"么?中国秦以后的社会与欧洲的城市国家是等同的概念么?以这种思辨史学得出的概念为前提,再根据并没得到论证的"中世纪与宗教"或"封建与宗教"的逻辑关系推论出中国也应当或必然有宗教的结论,这是不是有点唯心主义兼教条主义?这一运思思路深藏心底无可厚非,但让其浮出水面直接用来为儒教是教作证明,不仅软弱无力,甚至颇显无知和独断。真正的马克思主义应该是以实践为检验真理标准的。具体到汉武帝的"更化",主要是因为汉承秦制,虽然经过与民休息的黄老文

---

① 例如"中国封建社会维持的时间长久而稳定"就是以西律中的产物。在 feudalism 意义上的封建制是在秦以前,秦以后的中国已是与此截然不同的郡县制了。

② 力主儒教说的诸学者中,任继愈认为儒教是朱子完成的;李申认为是董子完成的;何光沪则似乎认为是由孔子集大成。

景之治,政府和社会间仍然没有得到很好整合,① 使其"常欲善治而至今不可善治";换言之,与农民起义并无直接关系总不至于举陈胜吴广乃至项羽和刘邦为例吧。更进一步,政策跟制度一样,其调整变更往往是利益集团博弈的结果或反映。西汉去古未远,社会和思想上的特点是(1)以家族为主干的民间力量比较强大;(2)天的神性色彩比较浓厚。由焚书坑儒到独尊儒术的转折背后,是专制集团不得不做出的妥协和调整。而董仲舒的"屈民以伸君,屈君以伸天"实属借天威以申公义,与康有为"挟教主以令皇上"的用心与手法如出一辙(焚坑之祸后,儒生作为社会利益和价值的代言人,除了对天的诠释多少拥有话语权,手上并无可以与王权博弈的其他筹码)。后来社会势力由此坐大而与王权相颉颃(时谚"州郡记,如霹雳。得诏书,但挂壁")说明儒学对专制者起的作用并不是"麻痹人民的反抗意志"那么简单。②

"春秋时期孔子创立的儒家学说本来就是直接继承了殷周奴隶制时期的天命神学和祖宗崇拜的宗教思想发展而来的,这种学说的核心就是强调尊尊、亲亲,维护君父的绝对统治地位,巩固专制宗法的等级制度。所以这种学说稍加改造就可以适应封建统治者的需要,本身就具有再进一步发展成为宗教的可能。"——与前面都是"外证"、"推理"不同,这里进入到了宗教内部的讨论。但遗憾的是,任氏对儒家学说是如何"直接继承"殷周奴隶制时期天命神学和祖宗崇拜宗教思想发展起来的这一至关重要的问题没有点滴探讨。如前所述,我们认为儒家思想与上古文化传统是一种既断又连的关系。如果说在孔子处,天的属性尚显游移模糊,那么,孟子和荀子处的改造则分别是越来越义理化和越来越物质化。历史演变的总趋势则是理性思辩和社会关怀越来越成为主流趋向,敬天法祖四时祭祀则越来越民俗化。这种渐行渐远说明,对原始思维元素的扬弃超越,是儒学与所谓"殷周奴隶制时期的天命神学和祖宗崇拜

---

① 参见许倬云:《西汉政权与社会势力的交互作用》诸篇,载许倬云:《求古编》,台北联经出版事业公司1984年版。
② 参见赵翼《二十二史札记》汉诏多惧词条及《读通鉴论》光武取天下以柔道诸条。另,东汉末年农民起义规模之庞大及西汉光武中兴之快速,都与当时社会的结构状况相关,而这又与儒学的影响具有内在关系。

的宗教思想"关系之更为本质的方面。①

"宋明理学的建立,标志着中国儒教的完成。它信奉的是'天地君亲师',把封建宗法制度与神秘的宗教世界观有机地结合起来。其中君亲是中国封建宗法制的核心。天是君权神授的神学依据,地是作为天的陪衬,师是代天地君亲立言的神职人员,拥有最高的解释权。""儒教的教主是孔子,其教义和崇奉的对象为'天地君亲师',其经典为儒家六经,教派及传法世系即儒家的道统论,有所谓十六字真传。儒教虽然缺少一般宗教的外在特征,却具有宗教的一切本质属性。僧侣主义、禁欲主义、'原罪'观念、蒙昧主义、偶像崇拜,注重心内反省的宗教修养方法,敌视科学、轻视生产,这些中世纪经院哲学所具备的落后宗教内容,儒教应有尽有。"——一方面说儒教是南宋朱熹完成,一方面又把先秦的六经作为儒教经典。朱子究竟对六经作了多少改造而点石成金转俗成真?这里前前后后的异同如何分疏?② "天地君亲师"牌位上诸概念诚然与儒家有千丝万缕的关系,但其作为信仰,却是出于道教《太平经》的建构。③ 即便如此,把"师"说成是"代天地君亲立言的神职人员"根本不符合历史事实。④ 这一段话的其他问题,冯友兰先生指出有"丐词"之嫌,并做了详细论证,兹不赘。⑤

作为任继愈先生高足的李申追随乃师可谓亦步亦趋。其两卷本《中国儒教史》洋洋一百五十万言,整个都是为儒教说论证。⑥ 在"自序"里,

---

① 中国古代是否存在奴隶社会的问题学界尚无定论。近年的趋向是越来越注重中国历史发展的内部特征。
② 例如,李锦全就认为朱子做的工作是"儒学的哲理化"。参见任继愈主编:《儒教问题争论集》,宗教文化出版社2000年版,第146页。
③ "《太平经》不仅继承儒家旨趣,大肆宣扬天、地、君、父、师信仰的重要,而且还第一次将'天地君父师'合为一体。这在当时儒家的经典中尚未如此,而这正是后来社会上'天地君亲师'信仰的由来,其影响尤其深远。"参见卿希泰主编:《中国道教史》(卷一),四川人民出版社1992年版。这一事实说明,(一)宗法制作为文化生态并不是某种学说的产物,相反却是各个学派产生的社会基础;(二)儒家的发展趋势是伦理化与理性化,与道教判然有别。
④ 韩愈《师说》:"古之学者必有师。师者,所以传道授业解惑也。……道之所存师之所存也。"这与《周礼》太宰:"师以贤得民"(郑注:"师诸侯师氏有德行以教民者。"贾疏:"谓诸侯以下立教学之官为师氏,有以三德三行使学子归之,故云以贤得民。")意义是相贯通的。
⑤ 《略论道学的特点、名称和性质》,载任继愈主编:《儒教问题争论集》,宗教文化出版社2000年版。
⑥ 《中国儒教史》"后记"云:"著书者未必立说。就这部书而言,虽然著者是我,但建立儒教是教说的则是任继愈先生。"李申曾在一篇文章中抱怨人们在某次以《中国儒教史》为导火索的会议中却对该书"很少提及",作为会议的参加者,我认为原因应该在此。

他这样描述自己向老师交出的这份"作业":"依传统见解,儒家重人事;本书则要说明,儒家之所以重人事,乃是要履行辅相上帝的义务。依传统见解,儒家是讲伦理道德的;本书则要说明,在儒者们看来,他们所讲的仁义礼智,三纲五常,正是天、上帝的意志。传统认为,儒家是反对鬼神信仰的;本书则要说明,儒者们可以反对礼制以外的淫祀,可以反对神人同形,但是不反对鬼神的存在,特别是不反对上帝的存在和它对世界的主宰、对人的赏善罚恶。依传统结论,天人感应之学是汉代经学的外道;本书将要说明,天人感应之学正是汉代经学的主导。传统认为,魏晋玄学讲天道自然,否定上帝;本书将要说明,天道自然并没有否定上帝的存在,更没有取消对上帝的信仰,不过他们认为的上帝是个清静无为的上帝,不是一个事事干涉的上帝罢了,就像他们希望人世的君主是个清静无为的君主,而不是一个多欲的君主一样。因此,被学界长期讨论的天人关系,从我们现代的眼光看来,它实质上可以是什么什么关系,然而在古人的心目中,它本来乃是神与人的关系,那物质的、元气浩大的苍苍之天,就是被儒者尊而君之的上帝、皇天。至于孔子,人们祭祀他,就像祭祀天地日月、山川社稷一样,就是把他当成了一尊神,是和老君、释迦一样的神。所谓圣人,就是人神的中介,是天意的传达者。"

这确实是一个撬动地球倒转乾坤的工作,但宗教真是这样一个阿基米德点吗?如果一切的一切都是跟佛、道无异的宗教,那么,中国文化除了宗教还有什么?中国的历史又如何可能一步一步走到今天?如果前面提到的立说本身存在的问题得不到有效回应和清理,对它的贯彻和落实就不能不变得异常的艰难。而事实也正是如此。① 我认为这样的批评是有的放矢切中肯綮的:"儒教中有大量的不是'在神的名义下进行'的内容,不对它们做出合理的解说,'儒教是教'的观点也不能立稳";"忽略哲学、历史等学理角度,而只运用一元宗教的框架阐释复杂而又生动的儒家文化,很容易将两千多年的中华民族的精神历程,轧平为一部上帝鬼神的解说史以及在上帝意志支配下的社会行为史,从而遮

---

① 陈咏明:《国家级的学术豆腐渣工程——读〈中国儒教史〉上卷有感》批评《中国儒教史》"从宏观到微观方面都不顾大量反证的存在,甚至有意无意地曲解典籍,以达到自己的目的或符合其错误论点。其治学态度相当浮躁武断,完全抛弃了科学理性的精神。"文见孔子2000网站。另,陈还撰有《儒学与中国宗教传统》,详细论证了这样的观点:儒学缺乏当代所谓宗教的主要属性和内涵。

掩了中华民族的文化个性和特征。"① 应该补充一句,更抹杀了其巨大价值和丰富意义。

与李申跟任继愈的关系犹如论证之于论点不同,何光沪的儒教说与任至少在两点上不同。首先是对儒教的理解上:"我所谓儒教,非反映儒学或儒家之整体,而是指殷周以来绵延三千年的中国原生宗教,即以天帝信仰为核心,包括'上帝'观念、'天命'体验、祭祀活动和相应制度,以儒生为社会中坚,以儒学中相关内容为理论表现的那么一种宗教体系。"② 在这种理解里,儒教在民间,而宋明儒及其思想则被视为对儒教之宗教精神的背离。③ 跟利玛窦有点近似,差别在,利氏认为中国人(性恶的缘故?)在汉以后抛弃了对神的信仰(他认为民间宗教不能算作宗教),何氏则虽然也为"儒学与天帝观的关联已经被忽略得太久了"而痛惜不已,但他还是断定"汉代以后的儒教,实质上就是我国古代的国教",是"温和的政教合一形式"或"特殊的儒教与特殊的中国专制政治的结合"④。我认为这比任、李的表述更经得起推敲,因为他不以儒教为儒学体系之全部,因为儒学与巫、史、祝、卜的关系确实剪不断理还乱。⑤

但是,"汉代以后的儒教,实质上就是我国古代的国教",是"温和的政教合一形式"诸说法跟任继愈、李申所说儒教的"宗教组织即中央的国学及地方的州学、府学、县学,学官即儒教的专职神职人员";"儒教没有在政权组织以外建立自己的组织,政权组织同时也就是儒教的宗教组织。在这个组织任职的官员,同时也是一种教职,执行宗教的职能"—

---

① 王健:《人文学术研究应有严谨的学理基础——由〈中国儒教史〉想到的》,文见孔子2000网站。
② 何光沪:《中国文化的根与花——谈儒学的返本与开新》,文见任继愈主编:《儒教问题争论集》,宗教文化出版社2000年版。
③ "作为正统文化代表的儒学本身在后来的发展,也淡化了原始儒学及其以前的天概念的超越因素,或侧重于烦琐的字义训诂,或侧重于空疏的心性解说。"文见任继愈主编:《儒教问题争论集》,宗教文化出版社2000年版。
④ 何光沪:《论中国历史上的政教合一》,文见任继愈主编:《儒教问题争论集》,宗教文化出版社2000年版。这些引语之间显然存在某种矛盾。或许可以用思想的阶段性加以解释。
⑤ 他说:"儒教是源,儒学是流;儒教是根,儒学是花;儒教的理论在儒学,儒学的精神在儒教;儒教在人民的下意识里,儒学在学者的意识之中;儒教在民众的生活里,儒学在文人的著述中";"世界上既有萨满教和喇嘛教等宗教名称,同理,儒教作为宗教名称并不显得突兀。"见《中国文化的根与花——谈儒学的返本与开新》。

样①,是不能成立的。秦始皇"以法为教,以吏为师",焚书坑儒,"偶语诗书者弃市",不可能是政教合一吧?《汉书》元帝记载宣帝教导太子语云:"汉家自有制度,本以霸王道杂之。奈何纯任德教,用周政乎?"从这里首先看到的应该是周政与汉制的区别:周政是纯任德教,汉制则是霸王道杂之;其次是儒与汉制的关系:汉承秦制本是霸道为主,武帝崇儒之后,引入儒教的王道思想因素,至于比例多少,则是由皇帝掌握的(太子柔仁好儒,希望政策多向儒学理念倾斜,结果招致乃父作色训斥)。瞿同祖谓:"秦汉法律为法家系统,不包含儒家礼的成分在内";"中国法律的儒家化始于魏晋,成于北魏北齐,隋唐采用后便成为中国法律的正统。"② 为什么是"成于北魏北齐"?因为当时是北方少数民族政权入主中原,其政治文化基础薄弱,不借助汉族知识分子,便无从对中国社会实施有效管理。而北方经学士族如崔浩、熊安生以及苏绰、卢辩等也利用这一机会,运用儒家思想(主要是荀子一系的礼法思想)建构与商鞅、李斯宗旨不尽相同的政治制度,并力图通过这样的努力在政治和文化上"以夏变夷"。③

如果说,何与任的这些不同是认知判断上的的话,下面对宗教之历史作用以及当代意义的不同理解和评价则是价值判断上的。他认为,"如果说文化像一条河,那么这种超越性就是它的源。作为过程的人类和作为趋势的人类,凭借这种超越的动力而创造了奔流不息的文化长河。"他说自己写《中国文化的根与花——谈儒学的返本与开新》就"是要就中国文化之树上的一朵花——儒学,与中国文化之树的古老的根——'天帝'观念的关系,来谈谈现代儒学'返本'应取的路向。"在他看来,儒学越来越趋于主观主义、相对主义和世俗主义就是因为疏离了天帝观念。因此他对阐述儒学之超越性的唐君毅、刘述先、杜维明诸人颇为推重。他对儒学是肯定的,对儒教或儒学的宗教性更是充满期待甚至视为儒学在今天重振的契机或关键:"儒学何处'返本'?一向上,返归

---

① 分见任继愈主编:《儒教问题争论集》,宗教文化出版社2000年版,"儒家与儒教"、"关于儒教的几个问题"。
② 瞿同祖:《中国法律与社会》,中华书局2003年版,附录。
③ 参见陈明:《儒学的历史文化功能——中古士族现象研究》之以夏变夷,学林出版社1998年版。

春秋以前的天帝观或天道观;二向下,返归民心深处的宗教性或超越性。儒学如何'开新'? 一对外,对基督教神学和西方传统思想开放;二对内,对民众心智和社会生活开放。我们应该想一想邵康节的这句话:'欲知物,不可不知人,欲知人,不可不知天。'我们应该听一听索尔仁尼琴的这句话:'二十世纪的首要灾祸,是人类忘记了上帝!'"

——这样的观点,到底是更接近任继愈还是利玛窦呢?

牟钟鉴先生也认为,中国在佛、道教之外还存在一个数千年一以贯之的本土宗教。他把它叫做"宗法性传统宗教"[①]:"宗法性传统宗教以天神崇拜和祖先崇拜为核心,以社稷日月山川等自然崇拜为羽翼,以其他多种鬼神崇拜为补充,形成相对稳固的郊社制度、宗庙制度和其他祭祀制度,成为中国宗法等级社会礼俗的重要组成部分,是维系社会秩序和家族体系的精神力量,是慰藉中国人心灵的精神源泉。"[②] 这个宗教具有若干特点:来源的古老性、发展的连续性、仪规的宗法性、功用的教化性和神界的农业性。我认为牟氏指出"传统宗教与传统礼俗融为一体"是非常值得重视的。尤其可贵的是,他还给出了"宗教性常被世俗礼教的形式所淹没的原因":"儒家主流派的兴趣仍在现实人生与社会伦理上面。由于得不到儒家学者强有力的支持,又受到中国传统文化重现实轻彼岸的影响,宗法性传统宗教的理论便发达不起来。"

但是,我认为牟虽然清醒谨慎地注意到了儒学与"宗法性传统宗教"的区分,但为了凸现该教的完整性、一贯性,跟何一样,拿捏强调稍嫌过度[③]:何指控天之神性的降解是出于人性的缺陷(堕落或健忘),牟抱怨

[①] 曾为牟氏合作者的张践觉得"还是叫'宗法性伦理宗教'更为妥当。"他认为,中国传统宗教在孔子时代即已世俗化为伦理宗教。见《儒教与中国》,载《文史哲》2004年第3期。

[②] 牟钟鉴:《中国宗法性传统宗教试探》,见任继愈主编:《儒教问题争论集》,宗教文化出版社2000年版。

[③] 《中国宗法性传统宗教试探》:"要着重指出一点,宗法性传统宗教并非只存在于三代,它不间断地延续了两千多年,而且越往后越加系统完备;研究中国中世纪的宗教而不研究传统的祭天祭祖祭社稷,就不止是部分的短缺,而是主导线索的丧失,其失误是根本性的。"这让我想起数年前跟李申的一次对话。天坛管理处的姚安小姐到我所座谈。我问:你认为天坛是宗教场所吗? 她答:要是就好啦——雍和宫那么小,门票那么多;天坛那么大,门票那么少! 李申说:为什么大家就视而不见呢! 我说:大家都不把它当宗教场所,它就不是呗! 另,李申也指出,"牟钟鉴那篇文章把'正ች大教'归属官吏系统,把儒学归为儒者,似乎'正ች大教'和儒学、官吏系统和儒学,是互不相干各自独立的系统,这是不符合历史事实的。"见任继愈主编:《儒教问题争论集》,宗教文化出版社2000年版,"儒教、儒学和儒者"。

固有的宗教系统及其运作没能得到人们足够的重视。①

跟前面提到的严复一样,何、牟的文章充分彰显出了儒学与宗教间关系的复杂性,对于任、李将儒学全幅改写为宗教的简单化倾向和负面影响具有很大的调整缓解作用。比较何、牟,何主要是从原始思维的巫术性去理解儒教的宗教性,因而最重将理论的重心贞定于抽象的上帝观念;牟主要是揭示敬天法祖这一"宗法性传统宗教"的存在事实,因而文心所系在功能意义的分析。揣测之所以如此的原因,牟氏似是为了从求知的角度厘清学界在儒学宗教性问题讨论中出现的迷思与混乱;何氏则是从当代文化的批判和建设出发凸现宗教之维的意义,希望通过将儒教转型为类似于基督教那样的现代形态实现儒教的振兴。②

但事情也应辩证来看。虽然诸家观点差强人意且均有所本③,旧事重提也极大的促进了当代对儒学传统之理解的深化,就此而言任先生等可谓功不可没。因为五四以来中国思想界主流的看法是将其化约为哲学,参照西方学术范型进行研究解读。如此管中窥豹显然遮蔽甚多。而从宗教角度切入,一方面也凸现出了儒学在思维价值诸层面相对于西方的自身特点,另一方面强化了人们对儒学与民族生命生活之内部关系的关注,从而把问题的研究推向文化认同、政治建构等生活世界。我认为这才是作为文化研究的儒学研究之真正所属的广阔领域。④ 但必须指出,任氏立论中对宗教评价的意识形态偏见和论述时对儒教理解表述的

---

① "王治心的《中国宗教思想史》和香港陈佳荣的《中国宗教史》都是把祭天、祭祖、祭社稷当作战国以前的古代宗教来处理,秦以下便转到佛道教上面,不再提及它,这是令人遗憾的。"《中国宗法性传统宗教试探》,见任继愈主编:《儒教问题争论集》,宗教文化出版社2000年版。
② 他说:"儒教改革应该'敬天而不祭祖拜物'";"对外向基督教神学和西方传统思想开放,对内向民众心智和社会生活开放。当然,绝不是主张恢复祭天古礼,更不主张传布民间宗教"。又说:唐君毅等之所以成为"新"儒家,就因其"在基督教思想开放环境下,程度不同地对基督教思想持开放态度。"《参见中国文化的根与花——谈儒学的返本与开新》。我愿意在这里引用牟宗三先生的一段话与何光沪先生共勉:"吾人肯定人文教,并非欲于此世中增一宗教,与既成宗教争长短。乃只面对国家之艰难,生民之疾苦,欲为国家立根本。"牟宗三:《生命的学问》"人文主义与宗教"。
③ 任氏观点与侯外庐的关联性,参见陈咏明:《国家级的学术豆腐渣工程——读〈中国儒教史〉上卷有感》。
④ 列文森指出:"康有为比那些仅仅只注意到儒教与中国之间的政治和历史关系的人,更深刻地意识到了二者之间的这种思想和文化的关系。由于他相信法律和哲学不足以约束那些任性的民众,因此,他真正的希望通过定国教来增进人们的美德。孔教会的人认为:"儒教是中国的特有的国性,剥夺了它,国家将会灭亡,民族也不会继续存在。"〔美〕列文森:《儒教中国及其现代命运》,郑大华、任菁译,中国社会科学出版社2000年版,第162、163页。

机械生硬,表明近年来的儒教研究尚处初级阶段。因此,杜维明评析海外和内地儒学研究不同的话,移指我们今天所谓的儒教研究同样非常适合:"用现代的思想来评价儒家思想是一回事,而从现代意识形态的所谓的进步的观点如唯科学主义、民族主义或社会主义来抨击儒家的象征系统却是另一回事。前者是以发现的精神来试图理解文化现象的一种诠释艺术,而后者却来源于诡辩式的说教,其明显的目的在于把传统贬为不过是一系列公式的表达而已。"①

正是针对这两点,我要强调何、牟的成果对这一研究所具有的推进作用:如果说何超越了"对宗教评价的意识形态偏见",牟则超越了"对儒教理解表述的机械生硬"。不知他们是否意识到自己的工作客观上具有将儒教研究目的从批判性转换成为建设性的深层意义? 可以说,从利玛窦到康有为,包括唐君毅、牟宗三,他们的努力给后人昭示的都是这样一条正轨。"文革"、后"文革",毕竟也应该只是历史的短暂一瞬。

毫无疑问,"天、命定论、占卜等观念以及阴阳五行理论,其本身便组成一个逻辑系统。这个系统的起点是以天为一人格化的统御宇宙的最高力量——由此产生信仰天是人类命运的预定者以及命定论或宿命的观念。"② 可是,章太炎对国民性的概括("国民常性,所察在政事日用,所务在工商耕稼,志尽于有生,语绝于无验,人思自尊,而不欲守死事神,以为真宰,此华夏之民所以为达")、罗素对民族性的观察("不信宗教……")同样证据确凿不是轻易就能推翻。但冰炭水火,未必不能并立共存。处理这种所谓的矛盾,关键之处在于,首先,我们要有文化的多元的视角。文化是立体的有机系统,而不是平面的逻辑结构,某种意义上它与生命、人格对应。其次,对中国文化发展的连续性所造成的人文文化与原始思维欲断还连的历史特征,我们要有足够清醒的自觉。是的,夏道尊命;殷人尊神;周人尊礼。但我们同时也要清楚:由于孔子在思想上做出的理性化人文化努力,以及政治上秦灭六国以郡县制对封建制的取代,曾经合一的政教关系在内容和形式上已完全不可同日而语,

---

① 杜维明:《人性与自我修养》,中国和平出版社1988年版。
② 杨庆堃:《儒家思想与中国宗教之间的功能关系》,载《中国思想制度论集》,台北联经出版事业公司1977年版。

宗法制度及其信仰系统已由中心退居边缘,高高在上的是以强大军事力为基础的专制王权。①《新唐书·礼乐志》所谓"由三代而上治出于一,而礼乐达于天下;由三代而下治出于二,而礼乐为虚名"指的正是这样一种变化或变化前后的差异。再次,我们应该看到,这种改变("治出于二")影响的不仅仅是儒学自己("礼乐为虚名"),同时也是中国文化结构整体。宗教文化因子,甚至儒学本身的作为及意义,都应该在这样一种新的结构关系中重新作动态的把握。要知道,对于文化现象,不能仅仅作统计学的知识理解,更应作动力学的生命理解。

由此出发,我们首先要注意把握处理这种"分蘖共生"关系中各文化因素的互动层次及其兴衰消长(这既是儒教研究理论上的难点也是儒教研究获得思维创获的希望所在)。但最重要的则是现实的文化建设,即如何对当今社会所需之文化功能做出有效承担的问题。在全球化和现代性的冲击下,连主流意识形态都在努力更新其话语形式,我们的知识界又怎能对民族生命的失语和茫然继续安之若素处之泰然?按照"学之事在知,教之事在信"的标准,儒学固有其宗教性在,如对天人合一的预设、对价值理性的执著、对知行合一的强调等。但这并不就是我所谓儒教问题的全部。② 今天儒教问题的关键不在于儒学过去是或不是宗教,而在于,对于儒学的复兴来说,对于民族生命与生活的健康和健全来说——如文化认同、政治建构以及身心安顿等问题,我们是不是需要一个叫做儒教的文化系统或单位来应对解决?③ 只有在这一追问得到全面回应和透彻阐述之后,任、何、牟的工作才能获得真正的意义,孔子、康有为、牟宗三以及所有古圣先贤留给我们的精神遗产才能得到真正的理解反思和承接创新。

我想,我们应是别无选择。

---

① 与此对应的三代政制结构,某种意义上可称之为贵族共和制。共和一词,最初就是出自"周昭共和"。参见《史记·周本纪》。

② 所以,讨论儒学宗教性和反驳儒教说的论文与著作(如鞠曦:《"中国儒教史"批判》,经济文化出版社2003年版)这里尽量不作评议。

③ 康晓光已由此提出了自己的"文化民族主义论纲"。他认为,"儒学作为一种学说的复兴远远不够,只有成为一种深入大多数华人日常生活的宗教,儒学才能实现真正的复兴。"参见《战略与管理》2003年第2期。

政治与经济:以文化为旗帜
——台湾地区"中华文化复兴运动"述评

台湾当局于1966年底发起的中华文化复兴运动到80年代中后期随着蒋经国先生的去世已告一段落。这是一场兼具政治和文化双重属性的社会运动。从政治层面讲,它旨在追求"中华文化——三民主义——中华民国"三位一体的政治目标。从文化层面看,它实际展现了"中华文化复兴——三民主义实践——儒教资本主义建立"的东方式现代化发展模式。

我们正是立足于后者,对此运动作一述评。

思想背景和现实背景

国民党的创建者是孙中山先生。从这位革命先行者的思想看,至少在理论上国民党与中国传统文化维持着深厚的渊源关系。

中国文化中的"国"与"天下"是两个概念。一姓的江山终结了,继之而起的统治者并不能改变人们的生活方式和价值准则,反而必须到其中去为自己的政权寻求合法性基础。孙中山先生在与第三国际驻中国代表马林的谈话中强调,"中国有一道统,尧、舜、禹、汤、文武周公孔子相继不绝。我的思想基础就是这个道统。我的革命就是继承这个正统思想而发扬光大"。从其最重要的著作《三民主义》、《五权宪法》看,以三民主义为核心的孙文学说主要是通过引证儒家学说而得以论证阐扬的。

其论民族主义云,"民族主义的基础是以仁爱为中心的道德",并"用固有的和平道德做基础,去感化世界,成一个大同之治"。他的民权主义也异于西方文化中以个体为本位的天赋人权论。他认为民权的真义是一种通过法律达成的社会公正,把天生的不平等(体力智力的差异)

与人为的不平等(贫富贵贱)打成平等。他的民生主义既不同于否定私有制的共产主义，也区别于完全自由放任的资本主义，而是主张"公私兼顾，劳资两利"，"节制资本、平均地权"，追求"均无贫、和无寡、安无倾"的东方社会理想。

这民族主义、民权主义和民生主义是中国传统文化"致中和"的哲学思维和"求大同"的仁爱精神在特定时代的具体体现和落实。正统的性善论实际是以文化为人的本质。孙氏的基本认知亦是如此，"有道德始有国家，有道德始成世界"。于是"社会国家者，互助之体也"。因为"民生是社会一切活动的原动力"，故民生主义在三民主义中占据核心地位。《礼记·礼运篇》所描述的大同社会是儒家的理想，亦是孙氏唯生论的完满体现。

孙氏对东西方文化的分野十分清楚，他有着坚强的民族自信心，反对全盘西化。在一次讲演中他指出：西方文化是一种主张功利强权的霸道文化；东方化则是讲仁义道德的王道文化。

儒家的文化理想表达的是自然经济条件下的平民的愿望，因而总是寄望于圣贤将它付诸实现，政治上表现为精英主义或贤人政治。孙氏十分欣赏行井田的王莽和行新法的王安石，认为这些"都是民生主义的事实"。但20世纪初期的内忧外患使这位临时大总统有名无实，无所施其仁。

蒋介石是以孙氏的三民主义传人自任的。著名学者艾森斯塔特在《传统、变革与现代性》中将国民党1927—1937这10年的工作特点概括为"新传统主义"。说它"仍是按照传统主义的方式来定义社会、政治和文化秩序中的中心象征，并将由革新性群体所形成的新象征和取向的内部整合的可能性降到最低限度。"这时的艾氏是一个以西方为中心的单线进化论者，他所谓的"新象征和取向"即是欧美文化。所以，他的贬评正说明了国民党不仅在理论上，同时在实践上与传统文化确是颇有渊源。

1952年，从大陆溃退台岛后的国民党第七次全体代表大会，把"保卫中国文化"，"实行民主宪政"，"平均社会财富"作为"复兴基地"建设的工作重点。当然，这一切都是在"一个政党，一个领袖"的专制政体下实施。到50年代和60年代之交，台湾的经济已趋稳定。但经济发展并不等于社会发展。现代性是社会的稳定因素,现代化过程却因导致社会结构的重组而常常引起社会动荡。台湾社会的危机来自(1)以欧美社会为发展参照的"西化派"(自由派)知识分子;和(2)极端的地方势力"台独派"。

以胡适等人为代表的自由主义西化派曾经是国民党的忠实盟友。但当他们对当局的政治批评发展到与地方势力合作组建"在野党"时,这种盟友关系也就走向了反面。由于这个群体本身缺乏广泛的社会基础,随着当局对《自由中国》杂志的查封,他们也就基本销声匿迹了。

《文星》杂志可视为这个群体的回声或余响。其主角李敖把这一种思想或思路发展到了极端,即全盘西化,否定自身的文化传统。李敖的激烈言辞风动一时,反映了经济强壮,文化贫血的台湾社会思想的迷惘。当时世界上风头正劲的将传统与现代作二元划分的现代化理论,为这种思想提供了认知上的基础。依此理论,工业化过程即是西化过程。在相当长时间内,它误导着第二次工业化浪潮中的国家和地区。

但更为严峻的挑战来自"台独"势力。由于历史的原因,台岛近代以来长期孤悬海外,殖民文化有一定影响。"二·二八"事件和国民党政权的大播迁使台湾的人口自然地划分为台湾人和外省人两大块。土地赎买政策使台湾本地人在工商经济格局中占有重要地位,市场经济的发展更增强了他们表达自己意愿的渴望和能力。以彭明敏、廖文毅等为代表的"台独"运动在美国、日本等国际势力的支持鼓励下,将内部的政治矛盾放大为一般的文化乃至种族冲突。他们鼓吹:"台湾与内地分离太久,文化习俗不同,已不同于中国人";"台湾应由台籍人执政","台湾前途由1800万台湾人决定";等等。

凡此种种不能不激发以中华文化卫道者自居的国民党当局的警醒与自觉:经济起飞已经开始,但它将把"中华民国"带向何方?从内部说,这种警醒和自觉乃是中华文化复兴运动所以发起的最深刻的动因(从外部说,还有内地所谓无产阶级"文化大革命"的刺激作用)。

运动的展开:伦理建设

前文介绍的思想和现实背景实际已暗示了中华文化复兴运动所要

解决的问题及其所要采取的形式。蒋介石不仅为这场运动制定了思想纲领,还亲自出任中华文化复兴运动推行委员会(简称文复会)会长。

他说:"中华文化之基础,一为伦理;故曰'孝弟也者,其为仁之本欤'。其始也,固在'人人亲其亲,长其长',且使'老有所终,壮有所用,幼有所长,鳏寡孤独废弃者皆有所养'。二为民主;故曰:'民为贵','民惟邦本,本固邦宁',乃曰'大道之行也,天下为公'。三为科学,此即正德、利用、厚生之道,故孔子以为政之急者,莫大于使民富且寿。而致富且寿道,则均无贫,和无寡,安无倾耳。余笃信伦理、民主、科学乃三民主义思想之本质,亦即为中华民族传统文化之基石也。"

传统文化包罗万象,有经有权,有常有变。孔孟荀所称道的三代礼乐文化,内圣与外王之道是统一的。但到宋明理学之后,二者渐趋分离,使儒学仅仅成为一种心性修养功夫。孙中山先生以革命先行者的胆识和气魄,勾勒出了孔子以仁爱为哲学基础,以大同为社会理想的新形象,为儒学在现代的复兴开辟了广阔前景。但是,作为其政治纲领的三民主义,最初只是三个十分具体的政治目标(驱除鞑虏;建立民国;平均地权),缺少理论的超越性。稍后,将它们定义为民有(of the people)、民治(by the people)、民享(for the people),则又完全失去了中华文化自身的特征。

蒋介石的这一段讲话的意义即在于,在孙氏的三民主义思想框架里,把东方和西方的文化精华整合到一起,从而将张之洞"中体西用"的文化展模式落实为贯通传统文化与现代社会,同时又具有可操作性的思想纲领。蒋氏据此纲领,提出中华文化复兴运动的基本路线是"守经知常,创新应变",表明复兴不是复古,一方面要发扬传统,另一方面又要吸收外来文化之积极因素。它的前途是"吸收中西文化的精髓,融合一种新型的第三种文化"。

由蒋氏亲自挂帅,党政要员担纲的文复会从"发扬伦理道德,培养法治观念,促进生产建设"三个层面展开工作。这里的伦理道德较之"三纲五常"有更为丰富的内涵,包括忠、孝、仁、爱、信、义、和、平等。孙中山尝谓,"有道德始有国家,有道德始成世界"。文复会秘书长谷凤翔则说,"要健全社会,必须以孝弟仁爱的精神维护家庭伦常关系",以老吾老以及人之老,幼吾幼以及人之幼的博爱精神建设互助尽已的大同社会。所谓"促进生产建设",也不只是单纯经济发展,而是指社会生活水平的提高,即"实施充分就业,做到均富安和"。至于"培养法治观念",主要是指促进社会由"训政"向"宪政"的过渡。

文复会设有众多专门机构,各司其职,如学术出版促进委员会负责整理出版古代思想典籍,向年轻一代普及学术精华。负责伦理道德之发扬工作的是国民生活辅导委员会。1967年,文复会即发起了"复兴中华文化青年实践运动",制定出"青年生活规范"30条。"规范"包括通则、食、衣、住、行五大部分,斟古酌今,均是按照可行性原则,以培养健全优秀的国民为目的。此后,文复会又制定了"国民生活须知",对全体国民在食、衣、住、行、育、乐诸日常生活方面出了基本要求。1970年,经过修订的"国民礼仪范例"正式颁行,把对青年的培养目标扩展为全社会的生活理想。

重视教育是中国人的传统美德。台湾当局对教育实行经费保证和法律保证。1969年,义务教育从6年延长至9年。这不仅有助于经济发展和社会公正,同时也有助于中国文化在社会生根。孙中山认为语文教育是统一国家,团结民族的重要工具。蒋介石亦指示"国文是一国文化的根基,无论学习文科和理科的学生,都要特别注意"。亡国先亡史。日据时期,台湾的学校禁读中国史,光复以后,台湾教育部门为增强民族认同,培养民族自信心,坚持以"民族教育"和"道德教育"为重的政策,自小学至大专院校,均讲授《生活与伦理》、《中国文化基本教材》及《国民思想》等课程,冀使中国文化和道德"得以生根阐扬"。

台湾经济获得长足的发展后,1986年文复会又通过"现代国民生活纲要",指出文化复兴运动推行的目标是:"提升现代化的国民素质,建立现代化的幸福家庭,缔造现代化的社会国家"。针对工商社会物质主义对人的精神生活的侵蚀,这场"现代国民生活运动"重点推行孝弟、勤俭、礼节、秩序与整洁诸德目,希望借此使人们确立生活准则,注意身心修持,重视家庭伦理,增进社会和谐。尤其是希望能通过发扬孝道,由孝亲而推广为爱人,以至于爱国爱民族,"使世界人类认识我们中华文化的精神价值,鼓舞群伦,相与为善"。

著名社会学家金耀基先生指出:"中国文化传统之落根处在家,中国文化复兴之着力处亦必在家。"工商社会使人与人的关系日趋理性化,人文资源日渐稀缺。东方式的现代社会应该具有经济与伦理二元合一的特征。文复会将蒋介石去世的四月定为"教孝月",以促进家庭的和睦,社会的和谐,民族的团结,堪称为中华文化培根固本之举。文复会的具体措施有评选孝行楷模、编印《孝行传真》、鼓励三代同堂制度,建宗词修族谱等等。80年代,又会同教育部门推出了"加强家庭教育的五年计划"。

当局重孝,确有"推此孝顺之心,扩大为民族感情,为民族尽大孝"的考虑和作用,但同时也包含有移孝作忠,为专制党国寻求社会基础的动机。在体制上,国民党政权与其他专制国家的差别只在程度上。但从其50年代以来的实践看,却属于享延顿所谓的新权威主义,亦即传统文化所谓的贤人政治。从两个角度可以对这种新权威主义表示理解。其一是台岛孤悬海外,需要某种权威维持其对中华民族的文化认同;其二是在现代化进程中极易发生的"发展病",诸如通货膨胀、失业、分配不公和社会脱序等,需要一个强有力的中央政府机构加以预防克服,为现代化提供良好的社会环境保障。

哈佛大学的傅高义教授在述及台湾社会和政治后来演变时写道:"与共产主义不同,台湾在实现工业化以后,以前所未有的方式放松了政治控制,实行民主化。在台湾工业化头几十年中取得巨大经济发展和对财富的公平分配,使台湾当局获得更大的民众支持,这种支持在其他后起工业化国家中是很少见的。"因为这时的台湾社会结构中,中产阶级占有主导地位,保证了民主程序不致沦为各种利益落差过大之社群间进行斗争的手段,而是社会协调发展的保障。

这应归功于民生主义的实践。

运动的展开:民生的建设

尽管伦理建设表现为中华文化复兴运动的重头戏,但实际并不表现为"运动"形式的民生主义经济实践,才是这一运动更为本质的内容。

同是儒教资本主义,在日本,儒学是作为一种社会资源,在民间促成了东方式的管理文化的形成;在台湾,却是通过三民主义而被最高当局当作社会发展的价值标准,自觉追求"东方式现代化"。这自然要"先立乎其大者"。在运动的领导者乃至孙中山先生看来,"大者"就是中庸之德,以大同社会为终极目标的民生主义经济。

中国历史上没有个体本位的自由主义传统。"均富安和"的文化理想决定了执政当局必然在市场经济的生产和分配过程扮演某种解色,来发挥协调和均衡的作用,而不可能像西方自由主义经济学家所鼓吹的那样,放纵个人行为,相信物竞天择即可自然而然形成合理的制度格局。台湾官方明确指出,台湾地区的经济政策是根据民生主义而制定的,是计划性自由经济。所谓自由,是指允许民营经济的自由发展;所谓计划则是指公营经济以社会责任为动作轴心,二者公私相协互补,共同促进。从均富安和的社会发展目标出发,对自由的民营经济并不完全放任。当局一方面节制个人资本,防止两极分化,一方面又平均地权,使"耕者有其田"。有学者将此民生主义经济与资本主义及社会主义经济进行对照,认为:资本主义偏于个体和自由,社会主义偏于群体和公平,民生主义则同时兼顾二者。换言之,在解决公平与效率这背反之二律的问题上,民生主义是取其中道,超越了资本主义和社会主义。

这种思想有着传统文化的背景依托。《易传·系辞》谓:"天地养万物,圣人养贤及万民。""富民"与"教民"是政府的本分和义务。孙中山从"正德、利用、厚生"的人文主义出发,提出中国实业之开发应分两路进行:1) 个人企业;2) 国家经营。他特别强调,"要完全解决民生问题,不但要解决生产问题,分配问题也是要同时注意的"。毫无疑问,孙氏"实业计划"中的"分配社会化",必须以相当规模之分营经济的存在为前提。1958年,台湾分营企业产值为全部工业产值的50%。随着民营企业的飞速发展,这个比率逐渐下降,但是在70年代降至20%左右时,便稳定下来。

蒋介石认为,"政治的内容,综合起来讲,就不外国计民生四个字"。但他并没据此即认为政治家即等于经济管理之专门人才。傅高义注意到,从表面上讲,"国民党中央常务委员会"是经济政策的最高决策机关。但在实际上,1949年后的几十年中,一部分受到技术训练的官员们被赋予极大的权力,指导工业的发展。在台湾经济起飞的年代,台湾的44位最高层经济计划官员中,有43位是大学毕业;其中52%在美国取得学位,9%在欧洲取得学位。值得注意的是,这些官员中工程师的比例较经济学家为高。因为民生主义并不崇拜市场,而注重社会系统工程的协调,强调政府在获得科技成果,为重点项目分配资金和指导经济发展中的作用。因此,有研究者将尹仲容、李国鼎这样的专家比作传统的儒家谋士。

正是由于这种儒家谋士的存在,才使政府投资中公营事业的高投资比率得到维持,才使台湾经济的民生主义性质得到组织上的保证。在石油危机和世界范围内经济衰退的 1974 年和 1975 年,台湾经济大幅下跌,外贸出现巨额逆差。但十分注重协调就业增长率与收入增长率关系的台湾地区决策机构并没像一般资本主义国家那样,用裁减员工的手段以保证收入的增长,也没有通过压低工资以维持充分就业,而是通过由政府采取财政与金融措施,动用公营经济力量,保证老百姓在困难时期亦能争取就业率与收入的同步增加。

论者注意到,"台湾在经济发展、产业政策、贸易方式上采取一套非常精致细密的干预及鼓励政策。台湾的奇迹不是自由市场经济的结果,而是指导型经济所产生的结果"。这种指导既体现在生产上,也体现在分配上。台湾当局把收入分配制度的改革作为促进社会之均富安和的重要一环。统计资料显示,工资在国民收入中的比重逐年上升,而财产收入的比重则在总比重中呈下降趋势。80 年代初,"台湾研考会"所做的第五次现代化调查表明,台湾地区有 56% 的民众主观上认为自己属于"中产阶级"。台北和高雄两个人口逾百万的"院辖市",在 1988 年则有 94% 的人口认为自己属于"中产阶级"。

节制资本而又鼓励民营实业,于是导致了中小企业的繁荣。1982 年,台湾中小企业占全部企业总数的 99.5%,占全部从业人数的 70%。全部附加值的 55% 和出口总额的 65%。这些中小企业不仅是台湾经济的基础,也是台湾社会发展的基础。从文化角度看,中国传统家庭的通财之义,节俭之德,以及光宗耀祖的成就动机结构,均有助于零细资本的集中和积累,促成农业人口向工商业(手工业、加工业和零售业)转变。台湾经济发展的决策者意识到并利用了这种文化资源。

曾经有人认为日本儒学以忠为核心,中国儒学以孝为核心,所以日本的儒学能够促进经济发展,中国的儒学则构成经济发展的障碍。中日儒学的差别源于中日社会结构的不同。中国的社会结构是"家——社区

——国家",日本的家则是一种家督主义,相当于中国社会结构中的拟血缘结构(社区),而不是血统主义的家庭。台湾的经验证明,以孝为核心的家庭跟以忠为核心的企业一样,可能对经济生产及其过程发生积极的推动作用。并且,由于孝是一种互相对待的爱的天性或情感,故能成为"德之基"。尽管在企业文化层面它容易导致"裙带风"诸消极影响,但却能够升华出具有普遍意义的仁,为社会生活提供价值标准,维持人性的完整、自然和丰富。

民既富,则教以礼让,因为作为三民方义理想的大同社会并不仅仅是就物质文明而言,同时包含着"讲信修睦","老吾老以及人之老,幼吾幼以及人之幼"的精神文明因素。王道事业,就是成孝敬,厚人伦,美教化,移风俗,即《易传》所谓"正家而天下定"。

社会变迁往往以文化变迁为形式。传统文化的符号价值系统,经过重新阐释与建构,能够成为新型文化中的积极因素,而此文化的连续性又使社会变迁过程中群体的文化认同得到维持。台湾经验之实际与中华文化复兴运动所追求的理想之间不免存在差距,但客观地说,其成就已远远超过了单纯文化认同的维持,而是通过三民主义的接引过渡,使有着五千年历史的中国文化的价值在现代世界重新得到确认。

几点启示

国民党迄今的历史可以划分为在内地和在台湾两个阶段,失败成功,判然分明。但成败的原因却同在其处理政治与文化的关系:以文化价值作为政治运作的轴心,"政作民之所好",则兴;反之,把集团利益置于天下人利益之上,"政作民之所恶",则败。

王夫之《读通鉴论》论文化与政治之关系云:"儒者之道与帝王之统并行于天下,而互为兴替。其合也,天下以道而治,道以天子而明。及其分,而帝王之统绝,儒者犹保其道以孤行而无所待,以人存道而道不亡。"儒者虽能"以人存道而道不亡",但其为天下苍生计,总是要经世致用"为王者师",希望"天下以道而治"。但是,千百年来,道统总是受到政统的抑压摧折,故朱熹愤激而言曰:"尧舜三王周公孔子所传之道,未尝一日得行于天地之间!"国民党在内地时期即是如此。只是一败再败之后,退居一隅痛定思痛,才终有所悟而回心向道。在这"匪惟由人,盖亦天数"的感喟之中,得道者昌,逆道者亡,应视为台湾中华文化复兴运动带来的最重要的启示。

文化与经济的互动在理论上说可以在三个层面进行,即管理文化的建设,经济学范式的建立和社会发展模式的设计。就东亚那些可以称作儒教资本主义的国家和地区来说,日本的突出成就在管理文化方面。新加坡达到了第二个层面,即儒学精神渗透到其所使用的经济理论范式之中。但是,唯有台湾,是先立乎其大者,把儒学的社会理想自觉当作追求的目标,因此,不仅文化与经济的互动在多层面立体进行,而且几十年努力的成功,直接成为中华古老文化的复兴。这样的运动,是不能仅仅局限在学术界和教育界,亦不是仅仅靠民间社会自发地发展,还必须有政府的倡导,有政治领导者的自觉;上下贯通,多管齐下,形成一种时代潮流。这是启示之二。

中国内地改革已结束了"摸着石头过河"的经验主义,而开始探讨中国特色社会主义的理论。这种理论的提出,标志着中共在建国方略不仅已经抛弃了斯大林模式,也已开始反思具有浓厚欧洲中心论色彩的社会历史发展的五阶段学说。但究竟什么才是中国特色呢?窃以为它不应是指相对于经典理论中社会主义革命"前夜"生产力高度发展而为言的"人口多、底子薄",那只不过是拒绝改革或对中国社会主义缺乏信心的托辞。中国特色在其文化,在其独具特点的社会形态及其理想和人生原则。明乎此,则中国特色社会主义就是东方式现代化社会模式及其道路的具体化。

如果这一切能够成立,那么,启示之二对我们就是具有极大的现实意义。

适者生存的市场是人的自然。市场理性是一种盲目的必然力量,它要求把一切事、物和价值乃至人本身商品化。中国文化是一种人文主义,强调"化性起伪"。"伪"即是文化,是对自然之性的超越。"均富安和"是人的文化理想,而不是物竞天择的自然法则,它需要一个强有力的"好的"中央政府来保障它的实现。

全盘西化不仅不是必然的,也远不是必要的。现代化之初,发展水平的地区差异,群体差异都带有一定必然性。在社会结构重组的过程中,民主是一把双刃剑,极有可能毁掉发展本身。因此,新权威主义不仅无法回避,我们也必须承认它的某种合理性。不能不承认,只有在经济发展到一定程度后,我们才能进入"政治——经济——社会"三者相互促进的良性循环圈。这是启示之三。

最后的启示来自对中华文化复兴运动的反思。也许国民党当局确实是在效法先王力行仁政,但却不能因此即自以为圣王再世,而把一切与自己不同的声音均斥为异端。儒学是建设的,执著的,亦是批判的,反思的。作为三民主义之实践的中华文化复兴运动,在民权主义方面乏善可陈,因而招致了像徐复观这样被称作新儒家的学者的批评。如果领导者们能虚心纳谏,发为行政,这场运动的发展无疑会更健康,成果亦更丰硕。

也许我们所期望的太多了。

从道统政统概念理解历史上文化认同政治认同关系的尝试

　　文化认同与政治认同在经验中表现为特定个体或群体与某种文化系统以及特定时空条件中某一行政权力系统的关系。文化认同指特定个体或群体认为某种文化系统(价值观、生活方式等)内在于自己的心理和人格结构之中,并愿意循此以评价事物,支配行为。政治认同指特定个体或群体认为某一行政权力系统对其所属的生活区域及其自身所拥有的某些权力(立法权、司法权、主权等)是符合道义的,因而愿意承担作为公民的义务。

　　文化认同与政治认同所指涉的是相异而又相关的两种心理或社会的事实。作为一个符号系统,文化是价值观以及一些处理人与自然、人与人之间关系的知识和理念。正是关于正义、公平和效率的诸观念原则,构成了公民对那些作为控制之用的权力系统的评价尺度。据此,人们判定该权力系统是否符合道义原则,从而决定对其肯认或拒斥。虽然一般来说个体的文化认同与政治认同均带有某种"被给定"的特征,但这并不能从理论上消解群体作为认同之主体的地位。因此,作为为人的存在,文化在历史中表现为一个开放性系统;而出于某种公益而建立的政府,当其沦为暴政,它的被否定也属必然。

　　以近代意义上的民族国家(Nation-State)为参照,许多学者和思想家都倾向于把中国视为"超国家类型"的国家。民族国家的主要功能是对内提供秩序,对外维护主权利益。"吾国社会之组织,以家族为单位,不以个人为单位。"以家族为单位则社会具有某种"自发秩序"维持稳定,这使得 State 的对内功能被宗法组织(祠堂之类)所涵摄或弱化。又由于地理环境以及早期人类科技手段落后,中国古代社会生活相对封闭或单纯,周边少有能量足够强大的国家存在,形成"国际对抗"的外部环境以激活 State 的对外功能。① 要之,历史上中国的发展主要表现为一个内部展开的民族演生过程(亦有人谓之"作为一个世界的发展")。这使得文化认同的问题一直波澜不惊,政治认同的问题则表现为对支配着社会的政治权力之使用是否符合道义原则的关注。

于是,我们就可以引出道统与政统这对范畴,通过对它所凝结的厚重历史内涵的考察,接近古代中国的文化认同与政治认同问题,寻求某种启示。王夫之《读通鉴论》卷十三云:

> 天下所极重而不可窃者二:天子之位也,是谓治统;圣人之教也,是谓道统。

卷十五又云:

> 儒者之统与帝王之统并行于天下,而互为兴替。其合也,天下以道而治,道以天子而明。及其分,而帝王之统绝,儒者犹保其道以孤行而无所待,以人存道而道不可亡。

这里的"天子之位",政府权力系统,政统(治统),和"圣人之教",社会文化系统,道统,当然是指中国人的生活世界。指出"天子之位"乃"天下所极重而不可窃",即是承认政治权威对于建立秩序提供公共物品的必要性。《国语·晋语》谓:"民之有君,以治义也。义以生利,利以生民。""治义"需要某种强力为基础以确保其有效运作。但如何才能保证这个强力的支配者不滥用此强力,为特定利益集团谋利呢?作为古代知识分子代表的儒者立足民间,尊崇道统,"以人存道",为政统的运作确立轨则。②

王夫之认为"法备于三王,道著于孔子",所谓道统并不只是虚构的价值理念,而是对历史发展中某个特定阶段之真实生活经验的叙述与升华。③ 韩愈《原道》云:

---

① 梁漱溟注意到中国古代"疏于国防",称之为"无兵之国"。(参见梁漱溟:《中国文化要义》)这也一定程度上能够解释为什么郑和七下西洋却没有开拓一块殖民地。并不有趣的是,中国人发明的指南针、火药则很大程度上构成了西方殖民运动的助因。
② "有道可揆"是"有法可守"的前提。
③ 笔者《〈唐虞之道〉与早期儒家的社会理念》一文对此曾作探讨。《原道》第5辑,贵州人民出版社。

> 古之时,人之害多矣。有圣人立,然后教之以相生养之道,为之君,为之师,驱其虫蛇禽兽而处之中土。寒,然后为之衣;饥,然后为之食。为之葬埋祭祀以长其恩爱;为之礼以次其先后;为之乐以宣其抑郁;为之政以率其怠倦;为之刑以锄其强梗。害至而为之备,患生而为之防。斯道也……尧以是传之舜,舜以是传之禹,禹以是传之汤,汤以是传之文武周公,文武周公传之孔子,孔子传之孟轲,轲之死不得其传焉。

虽然"轲之死不得其传"一句颇能支持宋儒将道统解读为"人心惟危,道心惟微,惟精惟一,允执厥中"的十六字心法,但我还是倾向于将一统之道理解为文中所述的礼、乐、刑、政①,既包含有所谓"圣人之教"的意义,又包含有所谓"天子之位"的意义,因为它符合儒者所理解的三代社会状况以及孔子之"道"基于三王之"法"的历史逻辑。

韩愈在以"圣人制作"解释"国家"的造因时,表现了其在国家起源论上的"合作论"立场。② 从这种立场出发,政权存在的合法性在于其向民众提供某种"服务"。我国的载籍所述均是这种观点(《尚书》记载的民谚有"抚我则后,虐我则雠"以及"众非无后,何戴?后非众,无与守邦"诸条。即使法家,也承认"上古竞于道德"),这种异口同声我认为是由于享有共同的"历史记忆"。如神农教民播种五谷;尧立孝慈仁爱;舜作室筑墙茨屋;禹决江疏河平治水土;汤夙兴夜寐布德施惠。这一切的根据大概在于它们都是发生在氏族或部落的生活圈之内。也正是由于这样,以图腾为中心的部落实现了"祖有功,宗有德"的转折而进入人文社会。这个过程从《礼记·祭法》依稀可辨:

> 圣王之制祭祀也,法施于民则祀之,以死勤事则祀之,能御大灾则祀之,能捍大患则祀之……皆有功烈于民者也。

早期社会,由民族而成部落,由部落而结部落联盟,而作为基本组织单位的各氏族规模均有限,很难威加海内独擅天下之利。"德布则功兴,虐行则怨积"是人情之常,所以"五帝官天下"。"官天下"就是"公天

---

① 当然,不能拘执礼、乐、刑、政之具体形式,因为"圣人因时设教,而以利民为本"。
② 另一种立场是"冲突论",认为国家是"阶级对抗不可调和的产物",是一个阶级压迫另一个阶级的工具。

下","公天下"则贵"让",因而"让"成为"德之主"、"礼之主"。(《左传》昭公十年,襄公十三年)柳宗元《封建论》认为,在出现利益纷争时,各部落"必就其能断曲直而听命焉。其智而明者,所伏必众。告之以直而不改,必痛之而后畏。由是君长、刑政生焉"。"能断曲直"就是能够从超越冲突各方之外的立场彰显公义。由此而获拥戴居大位者就是圣王;以公义("直")为基础的君长、刑政之政就是王道国家。

《尚书·尧典》描述了圣王之治:"克明峻德,以亲九族;九族既睦,平章百姓;百姓昭明,协和万邦。"德者得也,指得自图腾的某种神秘之物(或谓 mana,或谓遗传质素)。它为同一姓族之成员所共有。将它的内在要求显发于外,自然表现为亲亲之爱。以对本族的情感推及异姓部落,使其各自明其德,则万物并生而不相害,天下太平。《大学》中的"三纲八目"就是对这种历史实践的理论总结。中国文化"性自命出,道出情生"的原生性特征,在这里鲜明生动地得到体现。《荀子·解蔽》云:"圣也者,尽伦者也;王也者,尽制者也。两尽者足以为天下极矣。"孔子笔下"伦"与"制"是统一的,所谓"儒以道得民"即是"导之以德,齐之以礼"。他的立论基础也是三代圣王为治之实。周秦之变后,这种道统与政统、"伦"与"制"相统一的条件不复存在。欧阳修注意到,"由三代而上,治出于一,而礼乐达于天下;由三代而下,治出于二,而礼乐为虚名。簿书、狱讼、兵食;此为政也,所以治民。礼乐,具其名而藏于有司,时出而用之郊庙朝廷;此为礼也,所以教民"①。

部落联盟是众多行动能力大致相近的政治经济实体间基于理性考量的合作。秦汉帝国则是基于耕战实力做出的制度安排,表达的是胜利者独制天下而无所制的意志。前者反映的好比是羊与羊或狼与狼的关系,后者反映的则是狼与羊的关系。这应该就是三代以上"治出于一"与三代以下"治出于二"的关键所在。

理有固然,势无必至,这是历史的悖论。但由于凝结着自然的情感,体现着正义的原则,代表着民间的利益,礼乐文化在这个过程中一方面从政治的场域边缘化,转向民间扩展生根并获得其成熟的理论表述,另一方面也必然继续保持着对权力运作的关注,并力图施加某种影响力于

---

① 《新唐书·礼乐志》。

其间。

孔子自谓"述而不作",实际他是述而且有作的,只是其所作(《论语》中对诸多范畴内涵及相互关系的阐述)以所述为基础。其所述,"祖述尧舜,宪章文武",表现在《春秋》中。《史记·儒林传》说:"孔子闵王路废而邪道兴,因史记作《春秋》,以当王法。"公羊学所谓当新王,应该是指孔子在"势"尊于"道"的现实情境中,遥契圣王之旨,以匹夫之身而为尧舜文王所必当为之事,将三王之法立为道统,使乱臣贼子惧并以教后世天下之人。①

> 《春秋》之旨虽微,而其大要不过辨君臣之等,严华夷之分,扶天理,遏人欲而已。《春秋》之世,周室衰,诸侯盛,以地不及于齐、晋、吴、楚,以兵以粟则不远于鲁、卫、曹、郑,然而必曰天王。……圣人岂不知周之无异于齐、晋、吴、楚之属哉?然而常抑彼尊此者,为天下后世虑也。

> 夫所贵夫中国者,以其有人伦也,以其有礼文之美,衣冠之制,可以入先王之道也。彼篡臣贼后者,乘其君之间,弑而夺其位,人伦亡矣;彼夷狄者,侄母蒸杂,父子相攘,无人伦上下之等也。

从方孝孺《后正统论》的这番议论可以找到"尊王攘夷"与政统与道统及文化认同与政治认同之间的联结点。"尊王"是表明孔子在政治认同上的立场;"攘夷"是表明孔子在文化认同上的态度。

"尊王",当然包括对"君臣之等"即某种政治组织形式的维护,但前提是,该权力系统的建立必须以人民的同意为基础,其运作必须以人民的公益为旨归。孔子之所以以衰微不堪的周室为"正统"而贬抑炙手可热的诸侯,正体现了这一立场。"尊王",严格地说应该理解为尊崇王道政治。英国自由主义理论大师师约翰·洛克指出,一个以暴力肇始的政府要证明自己的正当合法,有如一切政府证明自己正当合法一样,只能以承认并支持个人和社会固有的道义权利为基础。② 孔子"贬天子,退

---

① 郑思肖《心史》认为,"古今之事,成者未必皆是,败者未必皆非。史书犹讼款,经书犹法令,凭史断史,亦流于史;视经断史,庶合于理"。跟"理有固然,势未必至"之叹一样,西方哲人也意识到历史的"合目的性"与"合规律性"常常分裂矛盾。"经"的存在,应该正是为了使此二者接近于统一。

② 参见〔英〕洛克:《论征服》,载《政府论》(下篇),商务印书馆1997年版。

诸侯,讨大夫",正是为了彰显"个人和社会固有的道义权利"。早期氏族社会的"自然状态"被强力打破后,孔子"以斯文自任",承先启后,其历史定位司马迁的"上明三王之道,下辨人事之纪"一语最为精确。需要强调指出的是,孔子传承的道,不是道德之道,不是自然之道(知识),也不是抽空了现实内容的信仰之道,而是作为确立当时个体与个体、群体与群体之间关系从而与其生命福祉密切相关的正义原则。

如果说"尊王"是在同一民族内部不同阶层间讨论其所应然的相互关系,所反对的是依恃强力的"篡夺",那么"攘夷"则是在不同民族之间讨论彼此相处之道,所反对的是依恃强力的"征服"。它包含有文化冲突和种族冲突二个层面的内容。

先说文化层面。华夷之别实际是 A 文明与 B 文明之分,至于谁文明,谁野蛮的判定主观相对性较大,诚未易言之。秦之所以被中原"夷狄视之",是因为它"嫡子生,不以名令于四境,择勇猛者而立之";"父子无别,同室而居";"不识礼义德行,苟有利焉,不顾亲戚兄弟";"乱人子女之教,无男女之别"等等。(分见《春秋公羊传》昭公五年,《史记·商君列传》,《春秋公羊传》僖公三十三年)楚国也是因其富于"侵略性"而视为异类。《春秋公羊传》僖公四年谓:"楚,有王则后服,无王则先叛,夷狄也,而亟病中国。南夷北狄交,中国不绝若线。"王者之迹熄,万邦不再协和。虽然诸夏之间同样"征城以战,杀人盈城",但孔子仍从中国文化本位的立场,将王道复兴的希望寄托于诸夏("齐一变至于鲁,鲁一变至于道"),所以《春秋》将诸夏与夷狄之间的冲突首先处理为文明(道义原则)与野蛮(丛林原则)之间的冲突。"南夷与狄交"一句,似可说明孔子如此处理并非完全出自偏见。

正是对这种冲突之文化价值意义的强调,不仅强化了诸夏的文化自觉,增进了文化认同,同时也为诸夏与"四夷"关系问题的解决确立了标准。

再说种族层面。有论者认为,春秋前,攘夷具有种族之辨的性质,至孔子作《春秋》,道德成了判明夷夏的根本标志。[①] 种族以文化为标识的思想《春秋》很明显,陈寅恪的中古史研究也一直奉此为圭臬并提供了

---

① 蒋庆:《公羊学引论》,辽宁教育出版社1995年版,第223页。

论证。但我觉得不能由于《春秋》中有"诸夏而退于礼乐则夷狄之;夷狄而进入礼乐则中国之"的思想,就认为孔子否弃了中国这个概念所具有的种族规定性以及在历史中形成的利益主体性。物竞天择,适者生存。人类号称文明,虽然给这种竞争制定了规则,但并没能从根本上改变竞争的事实。如果以为只要"衣冠文物""礼乐制度"得到尊重,而整个族类的生死存亡反而无足轻重,显然既不合逻辑也不近人情。中国文化是一种"重生"的文化(哪一种文化又不知此呢?),"不孝有三,无后为大";"天地之大德曰生"均是证明。连乱臣贼后的篡夺都反对的孔子当然不会认为来自异族的征服在任何意义上是可以被接受的。① 他称赞"桓公救中国"为"王者之事"首先应该是从种族的意义上立论,即种族国家的生存安全是一切原则中最高的和最基本的原则。同样,《论语·宪问》中说"微管仲,吾其被发左衽矣",也具有种族和文化得到拯救的双重庆幸——桓公为五霸之一,管仲属于法家。孔子应该认可这样的观点,文化对于个体生命来说是"决定性的存在",对于族类说却是"被决定的存在"。

冲突社会学认为,来自外部的挑战会促进系统内部整合程度的提高。"兄弟阋于墙,共御外侮"正是这种情形。对桓公和管仲的肯定是从族际交往的背景关系中做出的。正是这种肯定,说明《春秋》蕴含的关于政治认同思想的丰富性。《春秋》之义,"君子不以亲亲害尊尊"。维护政治的权威,是因为对政府的运作抱有一份期待。《左传》成公二年记孔子的话说:

> 唯器与名不可以假人,君之所司也。名以出信,信以守器,器以藏礼,礼以行义,义以生利,利以平民。此政之大节也。

在"南夷北狄交"相逼的时代,伊尹所说的"民非后,罔克胥匡以生"(见《尚书·太甲中》)可以说内容最为确定具体。史云"仲尼之门,五尺之童羞称五伯",这应该只在"尊王"的意义上才能成立,在"攘夷"的意义上则又该另当别论。这不是"经"与"权"的问题,而是社会历史存在提出

---

① 孔子主张"兴灭国,继绝世、举逸民",这是基于每一民族及文化皆有生存发展之权利这一自然正义。他在《春秋》中表现出的对复仇的认可,可以看出他对自然生命与情感的深切体验。

的问题本身有层次的高低利害的轻重。①

春秋战国之所以成为中国文化发展的所谓轴心期,是因为古代社会结构经历了重要的转型。

社会的各种矛盾,人性的各个方面都得到充分展现。对于思想家来说,历史提供的是恍兮惚兮却又其中有精的历史记忆,现实展开的是各种方向都有可能的发展前景。柳宗元概括说,在此之前时势所成之局是封建制;之后则是郡县制。封建制属于"与己共财"的贵族政治。② 郡县制则是"独享天下之利"的君主专制政治。"二千年之政,秦政也",它的根本特征是政权的基础是暴力,故谭嗣同一言以蔽之"大盗也"。

在这样的社会架构中,"尊王"已不可能通过"贬天子"来表达,政治认同则成为一种矛盾而痛苦的心理经验。作为儒者的代表,董仲舒的策略是"屈民以伸君,屈君以伸天"(《春秋繁露·为人者天》)。但是,"受命"并不只是意味着获得了政治权利,同时也意味着承担起道德义务:"受命之君,不敢不顺天志而明自显也;"(《春秋繁露·楚庄王》)"天道之大者在阴阳。阳为德,阴为刑。刑主杀而德主生,……王者承天意以从事,故任德教而不任刑。"(《举贤良对策》)

《礼记·大传》谓:"圣人南面而治天下,必自人道始矣。立权度量,考文章,改正朔,易服色,异器械,别衣服,此其所得与民变革者也。其不可得变革者则有矣:亲亲也,尊尊也,长长也,男女有别,此其不可得与民变革者也。"很明显,前者为"制",或曰"治";后者为"伦",或曰"教"。时过境迁,要皇帝向"圣"认同现在必须借助于天的权威。董仲舒不得不将孔子所罕言的天"人格化":"王者必受命而后王。王者必改正朔,易服色,制礼乐,一统天下,所以明易姓非继人,通以己受之于天。"(《春秋繁露·三代改制之质文》)"易姓非继人"的潜台词就是江山不是自己凭武力从别人手中抢夺来的;改正朔,易服色是为了"通以己

---

① 人是历史中的存在,民族在建构中发展,每一位读圣人之书,诵先王之道的华夏儿女都不能不意识到自己在这个过程中承担有某种责任。徐复观先生认为,饱经忧患的中华民族发展至今,"端赖在存亡续绝之交,由许多志士仁人,烈夫节妇所代表的博大深厚的民族精神激励人心于不死。其根源则在孔子的春秋之教。"参见陈昭瑛:《台湾文学与本土化运动》,正中书局1998年版,第284页。

② 《白虎通义·封公侯》:"王者始起,封诸父昆弟,示与己共财之义。"世官世卿制也削弱了君主的政治权力。

受之于天"。"受之于天"就得效法天道,天道的内容,则是"任德教"。如果这也可以称为儒学的"神学化",那么必须指出"天"在这里并非至高无上,而只是人文价值的载体,其功能则是为政统提供合法性,为道统提供权威性。

也许是有见于秦之二世而亡与燔诗书坑术士确实有关,汉武帝对董氏"明于阴阳所以造化,习于先圣之道业"颇推崇,决定在董氏起草的合作协议书上签字。① 史称"推明孔氏,抑黜百家,立学校之官,州郡举茂材孝廉"皆自仲舒始。同时,二千年的士大夫政治也拉开了序幕。② 政统道统的结合与排斥,不仅深深影响了中国社会,影响了无数人士与政客至帝王的命运,也深深影响了儒学的形貌与性格。今天,我们在讨论所谓文化认同与政治认同的问题时,还不能不感受它巨大的影响作用。由于古代中国所处的地理环境及人文环境的缘故,现代意义上的民族国家观念比较淡薄,对国家的认同(政治认同)被包裹在对社会正义这样的价值理念的理解(文化认同)之中。《尚书·泰誓》所引古人之言,"抚我则后,虐我则雠"比较典型地反映了这一特点。这种互相合作互利互惠的理性精神和实用主义,本质上与洛克、卢梭以来关于国家起源、性质的所谓契约论的精神气质相近相通,不同的是,它是真实地出现在我国的上古时代,并构成虞、夏、商、周"王道"时代基本的社会认知。它的特点是"竞于道德",政治尚未从礼俗中分离出来,世间的主要组织形式是部落和部落联盟。

周秦之变后,帝王以暴力建立了自己的"家天下"。作为传统文化主干的儒学虽然多少有些妥协地为之提供了"王者受命于天"的理论支持,但其所秉持的王道政治理念与此政权在本质上是冲突的。这使得儒家在思想理论层面所宣讲传播的主要是"道统",在民众造成的现实影响是"文化认同"高于"政治认同"。

---

① 董认为,"天之生民非为王也,天立王以为民也。"帝王则声称,"汉家自有制度,本以霸王道杂之,奈何纯任德教用周政乎!"霸王道杂之的制度反映了现实存在中的力量对比,但道义不也是一种力量么?

② 徐复观先生激赏真正的儒者"以人性为根基,以道义为血脉,以民为本,以民为贵",对抗专制统治。士大夫这种人格化的制衡方式之所以能够成立,根据在于"农业的帝国是虚弱的,横暴权力的基础不足",相当程度上有赖于民间自组织力量(绅权)自治。

但这并不意味儒学没有民族、国家的意识。当殖民主义者的坚船利炮把中华民族带入一个充满对抗的"国际环境",民族的危机使民众的国家认同被强烈激活。① 其所释放的巨大能量,为中华道统和政统的重建开启了新维度,为中华民族的复兴带来了新希望。②

就本文所讨论的《春秋》一书而言,我们可以看到,如果说针对诸夏内乱的尊王说比较着力于文化(道统)与政治(政统)间紧张关系的阐发,那么针对夷狄乱华的攘夷说则比较注重对文化(道统)与政治(政统)间依存亲和一面的论述。二者兼摄,才是儒家这方面思想的全貌,才是历史上道统与政统、文化认同与政治认同关系的真实情形。

---

① 这点在惨遭殖民地之痛的台湾、香港等地爱国人士身上表现最为典型。如为反抗日本统治而成立的"台湾民主国"大总统唐景崧,就在其就任宣言中指出,"仍应恭奉正朔,遥作屏藩,气脉相通,无异中土"。参见陈昭瑛:《台湾文学与本土化运动》,正中书局1998年版,第107页。
② 孙中山认为:"中国人实在是一盘散沙。人为刀俎,我为鱼肉。要救中国,想中国民族永远存在,必要提倡民族主义,用民族精神来救中国。"

儒道互补人格结构的可能、必然与完成
——对古代知识分子的文化心理学考察

对个体而言,知识分子人格结构是由所属文化之结构体系模塑而成。但是,如果把文化视为一宗历史的存在,从发生学上对它自身的结构加以把握,我们又不得不对这一文化所属的自然环境,尤其是处于这一环境系中的人这个文化创造主体的心灵之中,才能获得其全部意义。一个文化的价值系统集中体现在该文化的精英集团身上。士大夫被汤彤先生视为中国社会的主干。马克思·韦伯也所见略同,肯定士大夫在中国社会结构中所具有的功能和居有的地位。① 本文也认为士大夫乃是一个文化精英集团,并以他们为对象,从文化心理学角度对人格结构进行考察,从而把握中国传统文化及其文化承担者的特点。

(一)

尽管士农工商并举,士却非独立的经济集团。他们来自社会其他阶层,通过一套共同认同的思想文化体系立足社会。作为知识分子,他们兼有西方历史上政府官僚和宗教僧侣的双重职能,既参与现实政治运作,又主持精神生活方面的事务,如伦理教化等。这两种职能实际分属于二个不同领域(现实与理想,物质与精神,行政事务与意识形态),二者综合不分是造成他们思想性格分裂的一个前提。

士阶层形成于春秋战国时期。中国独特的历史环境决定了他们迥异于希腊那些文化事务专家的特点。前者忙于社会秩序的建立,后者的

---

① 参见中国思想研究委员会编:《中国思想与制度论集》,段昌国、刘纫生、张永堂译,台北联经出版事业公司1981年版,第291页。

兴趣则在对自然秩序的认识。

中国的文化是那种从原始民俗传统中发展起来的原生文化。旧的公社组织形式被保持,血缘基础不曾打破。在思想领域,传统的观念也沿袭下来,与之相应的道德规范仍被视为天地所赐之民彝,不得忤逆。因此当春秋战国时期世衰道微,"上下无礼,战虐并生",出自司徒之官(冯友兰谓之文士)以助人君明教化为职责的儒家学派乃继承文武周公道统,欲挽狂澜于既倒。它的领袖人物孔子、孟子和荀子不仅提出了系统的理论匡正时弊,将远古道德教化的工具(礼)推向政治上层建筑,并且创立了这一使命之现实承担者士大夫的精神结构。

儒家那种政治思想可简单表述为德治主义:(1)政治权威须以道德为基础;(2)政治运作应以道德为根本;(3)政治目标应是道德秩序的确立。"大道之行,天下为公"是他们对理想社会的描构。其所创立的士大夫精神则是这一目标的实现保障。"士尚志"就是要依据这一政治思想批判改造现实社会。孔子要求士大夫"忧道不忧贫,谋道不谋食",认为"不仕无义,行义以达道"。孟子进一步展开,"居天下之广居,立天下之正位,行天下之大道。得志,与民由之;不得志,独行其道,富贵不能淫,贫贱不能移,威武不能屈"。并且也规定了士的用世道路,"士之仕也犹农之耕也"。用荀子的话来说,主要是"格君心之是非"。这种将身家性命与天下视为一体,志道行道的士大夫精神体现了当代社会学家所谓的知识分子本色即社会责任意识和社会使命感,也体现了先秦儒者那种如欲平治天下,舍我其谁的理想主义的自信与豪情。

从德治主义出发,儒家认为君主应是内圣外王的统一,即以修身为本,从人格修养中推衍出仁政和王道。对于知识分子来说,治国平天下与修身更是互不可分,毋宁说国治天下平乃是修身的最高境界,仁的最高标志。所以,孔孟之道不仅是一种严整的政治哲学,也是一套完备的人生主张。

应该指出,士大夫精神所崇尚的道,就社会层面而言,是儒家那套政治理想的最高观念。而作为一种意识形态,它与专制社会的上层建筑只是因为其宗法色彩而贯通起来,成为官方钦定的道德教化和行政管理的手段工具,并没成为封建社会政治制度的理论基础。因为事实上,正如现代政治学所指出的,"任何政治团体以及团体领导者有关团体决策的行为,基本上是不道德和非理性(指实质理性而非工具理性)的。自利是一切团体、阶级、国家行为的最高指导原则"[1]。中国古代封建制度更是以行政权力支配社会为特点。而士大夫精神却要求士以道为最高价值圭臬,以儒家设计描构的文化秩序规范现实的政治秩序。这样,当士以官僚和僧侣的双重身份介于社会,必然导致他们和统治者的紧张关系和自身心灵中的观念冲突。

确实,士是官僚政治的主要来源,治天下之人多出于学校。但系统的属性主要地不是决定于元素,而是决定与结构。我国封建社会是官僚政治和专制政治双轨并存,但前者不过是后者的"副产品和补充物"[2]。最高决策权属于皇室一系,所谓国家大事就是如何维持帝王家族万世一系。严酷的现实不仅决定了士大夫在经世致用的过程中必然与现存政治秩序冲突,并且也决定了他们在这冲突中的必然失败。下面让我们来看看由儒家士大夫精神熏染出来的古代知识分子在走向社会,追求自己人生目标受挫之后的人格心理会有怎样的变化。

弗洛伊德心理学告诉我们,个体人格由本我、自我和超我三个系统组成。本我是人作为生物长期进化的产物而先天具有的本能欲望等。它不受逻辑法则约束,也不具有诸如道德等方面的因素;它是建立人格的基础。超我是个体成长社会化的产物,属于某种观念系统如价值观道德观等的内化。自我则是人在与外界交往中形成的一个新的心理系统,是超我与本我的统一融合。本我、超我都是只有抽象思维才能把握的隐性存在,表现于外的是自我,即现实的人格形态。

从中国思想史的进程看,春秋战国时期中国文化已产生出人的自觉意识。但它是在对社会道德的树立中萌生的,直接以伦理为内容。这也表现在孔孟思想所隐含的人格设计之中。孔子说,"富与贵是人之所欲也,不以其道得之不处也;贫与贱是人之所恶也,不以其道去之不去也"。显然,他看到了人性的好恶欲求,但又把社会的道德规范置于其上。"无求生以害仁,有杀生以成仁"证明他乃是把道德上的完成视

---

[1] 转引自刘纪曜:《中国文化新论思想篇(一)理想与现实》,台北联经出版事业公司1982年版,第220页。

[2] 详参王亚南:《中国官僚政治研究》,中国社会科学出版社1981年版。

为最高人格目标。孟子也不在欲上认性,而将伦理道德说成人的固有本质,"仁义礼智非由外铄我也,我固有之"。他承认耳目之官(感性)的存在,却突出强调心之官的思维作用,因为它是善性之所存。因此他将前者称为"小体",后者称为"大体""天之所与者"。他认为,大人、圣人和君子就应该"先立乎其大者",即像孔子一样,把社会道德规范放在第一位,把道德上的完成定为最高人格目标。仁,作为理想人格的终极描述,在主体的心灵中是有着具体社会内容的,那就是克己复礼。所谓克己复礼就是在观念系统的指导下,通过理性意志的调节作用,使主体自己全部的身心活动都符合特定社会道德规范的要求,并以此心态待人接物安身立命。

按照弗洛伊德的人格理论和心理学上知情意的三分法,我们可得出儒家这个以求仁为目标的人格结构图:

= 表示结合关系
↓ 表示制约关系

一定人格结构是具有一定认知能力的生命个体在由童年到成年的社会化过程中由社会教育模塑而成。儒生专攻四书五经,幼而学仕而行,儒家的政治哲学和人生主张就以信息库的形式储存于他的认知系统之中。其大者既立,精神的超越功能(Transendent Function)①自然地在大脑中使之在与意志系统和情感系统的联系中形成与此相应的一种结构,从而达成平衡。由于仁是内在动力目标,我们不难把握这种平衡的结构方式:认识系统与意志系统结合,(由于观念的性质)形成强有力的理性力量,对情感系统加以控制,使之符合礼的标准而进入仁的境界。孟子说的"以志帅气",正是这个意思。

不过,这种求仁的人格结构中虽然在精神的超越功能组织下,认知系统、意志系统和情感系统之间建立了自己的联系和平衡,但由于儒家

---

① 荣格用语。指精神在组成部分中获得和谐完整的一种永恒趋势。参见〔美〕赫根汉:《人格心理学导论》,何瑾、冯增俊译,海南人民出版社1986年版。

对人性理解的片面,导致了以下缺陷。

按照人本心理学所理解的人性理想状态,智慧(认识系统的功能)是人们认识客观世界,实现自己生存发展的力量,所以其首要的一点就是确立自我意识。而在这个结构里,充塞于观念系统的是外在甚至与个体对立的伦理道德,成圣成贤的理想人格目标成为行为的动机,生命自我的丰富性则被窒息扼杀。再说意志。意志是人之能动性的表现,其功能的发挥总是以业已形成的动机或观念前提。它一般表现为在行为目标制定过程中的独立性和果断性,以及目标实现过程中的坚持和自制性。由于观念系统中被强调的动机是仁,使作为人的一般需要的方面受到抑制。所以,在这个结构中,意志的品质突出的只是与既定决策相结合的自制性和坚持性,而把元认识过程(理性的自我反思)所需要的果断性和独立性抛弃了。最后,就情感来说,首先作为感性存在的人之欲求,它应是动机的最深刻的提供者;其次才是基于动机目标,对认识活动和行为进行调节监督的评价者。但仍然由于观念系统的缘故,在这个人格结构中仁取代感性欲求成为最高动机目标,情感作为动机提供者的功能被湮没,在"知——意"联盟的控制下沦为道德价值的自觉维护者,这些缺陷造成了儒家求仁人格结构强理性控制的特征,并导致理性和感性的矛盾。

尽管如此,在一定条件下和一定时期内这个结构却能保持其平衡与完整。自我实现是机体的基本倾向,而修身齐家治国平天下也是一种形式的自我实现。这种更高层次的需要使古代知识分子能够忍受对感性需要的抑制——一定意义上诸需要层次间的矛盾服从于高层次需要与外部环境间的矛盾。但正如前文业已分析过的,这种人格结构所产生的人格目标是不可能实现的。对知识分子个体来说这就形成心理学上的所谓挫折。无法克服的挫折导致紧张状况出现,使原有人格结构的平衡受到冲击,并要求主体对满足目标的能力乃至目标本身进行重新评估。这种必然的挫折加上人格结构固有的矛盾,使他们的心理趋于崩溃瓦解。

心理平衡如果长期达不到恢复或重建,就回导致大脑功能的紊乱,进而导致生理心理的异常。所以,任何的不平衡都将激发旨在恢复平衡的行动。从理论上看,知识分子们的心理平衡有可能以三种形式得到恢复,与外部社会取得适应和谐。第一,走向道德上的自我满足。这是孟子所倡导的独善其身,以身殉道。它是在不对原人格结构加以改变的条件下强化自我约束。因为它对意志力量要求过高而对广大知识分子来说没有普遍意义。第二,畸变。这是与前一种相对立的另一极端,即由于自我抑制而造成的心理能量的积压,在强理性的控制力量受到削弱时走向感性放纵。它与中国古代社会环境和文化气氛围不合,因而对大多数知识分子来说也不太可能。第三,结构重组。即根据自身和社会已有思想素材和现实条件的要求,对知情意三种人格力量重新设计,消弭主体内部感性理性的矛盾,并与现实环境取得协调。

历史证明这是惟一的可行之途。挫折引起的心理效应之一是动机转换。受挫折之后,潜意识的调节功能自然启动。[①] 于是,以文化无意识形式积淀于心,以主观自我为本,否定外界社会存在的意义,寻求心灵自由解脱的道家思想被唤醒激活,与原本具有的材料一起整合成为一种新的人格结构。

为充分说明儒道在人格结构上互补的必然与可能,我们还得从主体对辅助文化的选择和现实对新人格设计的要求两个层面,对儒道两家思想作些对比分析。

作为归属楚文化的道家对中原礼俗持否定态度。按其内在体系,道家思想可分为两个层次三项内容:形而上和形而下;道、术、生。道是形而上的宇宙论,并构成整个体系的自然主义基本原则。术是本于道的君人南面之术。生则系指由道推衍出来的人生问题;它包括养身摄生和求心灵超脱精神自由两方面的内容。术和生都归于形而下的范畴。随着思想史发展的逻辑展开,道家思想的核心在庄子的努力下由重术转向重生,并在理论体系上趋于完备成熟。

儒家把人交给社会,道家则力图使人与物齐,返璞归真回自然。老庄从禀生之术和原生之质来理解人性,其理想人格的典型就是能保全实现那一原生之性而与道同体的至人、真人。因此,对于这一人格目标的实现来说,道的价值是至高无上的,它内在于心,而外在于人的伦理纲

[①] 参见〔美〕赫根汉:《人格心理学导论》,何瑾、冯增俊译,海南人民出版社1986年版,第74—75页。

常则没有什么积极意义。可见,在人性论和社会观上儒道两家观点有如针尖麦芒相对立。

但是,这种对立乃是同一个建立在小农宗法经济体制之下的文化系中的辩证矛盾,在更高层次上它们又存在相互贯通之处。它们都肯定人的价值,又都缺乏对人性的完整把握,看不到人类生活具有自然和社会的二重性,片面将其中的一个方面突出为人类本质。同时,在对待人的业已社会化的感性需要这一问题上,儒道两家都不能正确地视之为人类本质力量的确证,或以之为与社会道德规范相对立的恶;或将它限制在纯粹自然化的低级水平上,而看不到它作为人类发展的动机性意义。另外,在理论形式上,两家都继承了殷周以来确立的天人合一模式。例如,就其人格目标实现的过程描述和终极描述而言,儒家的贱形尽性是把人融入具体现实的伦理概念之中,通过修治齐平进入上下与天地同流的境界;道家的返璞归真则是把人导向抽象超验的道的法则中,通过清心寡欲向内体道而与物齐同。

道家的这种人格结构可表述如图:

内在于人心的道就是禀生之本、原生之性,即老子所谓的"朴"。对这种自然之性的保存和体认就是人格目标的实现过程(成为真人、至人),具体来说就是向内静观玄览,顺任因循自然之情。因此,任何的巧伪智慧都不仅是多余的,甚至是有害的。所以,这个结构中,情感系统与意志系统相结合,形成强烈的对道的回归意向,控制统摄着认识系统,从而使这种对人格目标的追求成为纯粹个体的神秘的心智活动而没有任何社会意义。虽然其消极因素十分明显,却具有使人从外在生活及其限制中超脱出来,把本来向外追求实现的种种欲求和冲动引向与内在而超越的道的契合。这样的特性,正符合挫折情境中知识分子的心理需要,也为统治者所能接受。

不过,这一切都只是纯粹从理论角度进行静态观察而得出的儒道互补在人格结构层面上的可能与必然。它在现实中的真正实现必然表现为一段漫长而艰难的思想进程,并切需要种种社会历史的条件和机缘;诸如士阶层作为知识分子群体以道的承担者身份对政治的参与,与统治集团矛盾冲突的展开和失败,以及思想理论逻辑诸环节的准备和过渡等等。正如生命是一个过程,文化的演进也需要时间……

(二)

春秋战国,诸子百家并称为士,或文或武或侠或隐。天下未定,儒家学说尚未受到官方的青睐,儒生也没有实现建立在政治文化参与基础上的与现实社会的联接。作为一个知识分子团体,他们虽有济世之志,但仅作为一个学术性组织而游说四方,士大夫精神也只是作为个体的品格而存在。因此,其学说的社会影响无从显露展开;相应地,作为一个群体,其人格结构尚处于社会的闭锁状况。孔夫子自己一生棲棲惶惶,晚年也只能以天命来抚慰心理平衡的丧失。

秦灭六国,吕不韦纂《吕氏春秋》是知识分子有意识地向新统治者提供治国方略。只有法家契合以自利为轴心的政治原则。它的成功奠定了几千年中国封建专制整体的基本格局,一时间儒学的教化功能被忽略。到汉朝,"高帝征召天下贤士大夫到京师,分派大小官僚,给予田宅"。这是士人因自己所拥有的知识而集体为官的开始。知识代表理性,它不仅是行政效率不可缺少的,也为政治权威的建立所必需。儒家与宗法社会的渊源使得它终于为统治者看中,"及仲舒对策,推孔氏,抑黜百家,立学校之官,州郡举茂材孝廉"。

但这种与政治的婚姻并不标志着蜜月的开始。董仲舒在为大一统帝国构筑相宜的意识形态时,既要服从专制政体的需要,又要维持儒学的原则:文化秩序第一,政治秩序第二。其体系"屈民而伸君,屈君而伸天"的特点反映了所处环境的窘迫和思想性格的矛盾。为了寻找对帝土政治运作的调整约束手段,他只好借助于灾异符号——借天意以行义道。

董仲舒以后,经学与仕途结合起来,"要做官非学儒不可,士人都变成了儒生了"。知识分子全面活跃,儒家的影响涉及社会领域各方面。在以五经博士为老师的太学里,士人数也越来越多。以经断狱说明儒学熏灼当时的地位,汉赋的繁荣则从另一个侧面透露出知识分子参政议政的热烈。士大夫逐渐形成其特定含义,系指由经学入仕的官僚而与皇室贵族相区别。余英时先生在《汉代循吏与文化传统》一文中列举大量史料证明,"循吏的推行教化确是出于自觉的实践儒家的文化理想——建立礼治或德治的秩序"①。

但是,好景不长。士人拥戴王莽依据周礼所载先秦典章制度来托古改制是知识分子干预朝政的高峰。但可悲的是,王莽虽被服如儒,本身却是专制政体上衍生出的怪胎一个。知识分子寄行文武周礼之道于天下的厚望于他,无异于把西山的几抹夕照看成了东方天际上的一片朝霞。

它的失败是必然的,儒术独尊并没有改变汉承秦制的基本事实。文化秩序和政治秩序的紧张性到东汉末年愈加强烈。太学生人数已多达三万余,作为早期儒生个体品格的士大夫精神至此已成为他们共同的旗帜,他们的社会责任感和历史使命感也进一步强化起来。其时,政治腐败,外戚宦官迭握朝政。做朝官的主要是外戚党徒,做地方官的主要是宦官党徒。由于信念和利益的双重冲突,官僚名士太学生以及地方官学生、私门学生结成集团,举着儒家思想的旗帜,以宦官"虐遍天下,民不堪命"为理由,愤然反抗。在他们的领袖李膺、陈蕃等人身上就集中体现了那种国而忘家公而忘私,和不惜以身殉道的士大夫精神。他们怀抱澄清天下之志,评议朝政,臧否人物,形成与皇室贵族相抗衡的阵势。

孔孟士大夫人格设计与专制政体对知识分子的角色要求之间的不统一,使党锢之祸成为必然。知识分子不具备与权势者抗衡的现实支点。经过几个回合的较量,代表皇权的专制集团大获全胜。延熹九年、建宁二年、熹平元年、熹平五年,恒帝灵帝接连下诏,捕杀囚禁流徙名士、太学生数千人;并规定,凡党人门生故旧、父子兄弟及五服之内亲属都免官禁锢。至此,天下善类摧殆尽,先秦儒者"为王者师"的理想彻底破灭;他们所设计的求仁的人格结构也随之解体。

---

① 余英时:《士与中国文化》,上海人民出版社1987年版,第138页。

(三)

魏晋,失去了与现实正常联接纽带的知识分子又被抛进了残酷的军事政治纷争之中。他们曾经拥有的旗帜被砍倒,成为漂泊无依的个体,强烈的失落感弥漫在心头。而感性的生命力则猛烈地冲击着人格结构中业已松动的价值观念,并力图从强理性的控制下挣脱出来,构筑以自我为中心的新人格。这是消除旧结构中理性和感性的矛盾,平衡心理的需要,也是在变化了的历史条件下在社会中安身立命的需要。①

这就是玄学,这就是玄学所面临的问题。它经由王弼、嵇康阮籍,而最后由郭象解决完成(关于这一思想发展的逻辑过程,笔者另有专文论述),王弼首创得意忘言的方法论,会通儒道,为新学术的拓始创立条件;嵇康阮籍将名教自然之辩的实质挑明为理性与感性的对立,完成由外在的道德伦理问题向内在人格结构层面这一玄学方向的转变;郭象则以他的《庄子注》综合儒道,调和理想和现实以及理性与感性的矛盾,将一种新的知识分子人生哲学最后完成。

正如王弼将《老子》五千言一言蔽之为"崇本末息",郭象将《庄子》全书概括为"逍遥游放"四个字。这反映了他建立自己体系的宏旨乃在确立一种知识分子在现实中求得自由自在的人生哲学。这实质是一种新的人格目标和人格结构的设计。"无心顺有与化为体"则是他这种设计的具体内容。"无心"就是主体通过自我意识的调节而获致的一种无我的精神状态,其直接含义就是取消对世界的价值评估和自我的理论省察。"顺有"则是以无我之新体,置身社会环境之中,接受并认为同现实以及现实对自己的安排和变化。"化"是指存在于玄冥之境,体现于万物之中的独化之理;"与化为体"就是主体在无我的心态中,通过对万事万物和自我性分的体认与顺应,达到与独化之理契合,从而实现自我,在现实中获得精神自由。

这是不同于儒家和道家,却又对二者具有包容性的自我实现形式,并且克服了它们的某些弊病。儒家讲修齐治平,视身家天下如一体,将

---

① 因此,笔者反对将魏晋玄学与文艺复兴比附,称为"人的发现"之类的观点。

人格目标定为对社会的介入干预,从而陷入个体与社会不可调和的矛盾冲突之中;道家则将个体从社会中抽离出来、将二者割裂,人格目标的实现成为一个向内体道的神秘主义自然主义的修炼过程。郭象这条无心顺有与化为体的自我实现路径则既在社会中又有个体性。根据自己创立的独化论,以现实个体为逻辑出发点,所以他对个性的理解就比较全面,他的主体设计也就既包含社会性也包含自然性的内容。

我们知道,智慧是机体与环境之间的协调器,是实现机体发展的工具或力量。因为郭象理解的情感带有封闭性(特定社会规定下的个体),所以其智慧力量主要地不是向外界以满足永无止境的需求;又因以信息库形式储存于大脑中的观念系统(它也是认知主体的一个组成部分),已不再以儒家伦理道德或道家心清寡欲等思想为核心,而是以在社会和个体的现实存在中体认独化之理为最高宗旨。所以,其调节目标是指向主体身心状况与外界条件之间的平衡与和谐的维持。这个人格目标既不会压抑主体内在的感性欲求,也不必然与外界政治秩序相冲突。它不仅消弭了求仁的人格结构中理性与感性的矛盾,也克服了道家人格设计的自然主义倾向,因而建立了知识分子与社会重新联接的方式。

一般来说,意志力量相对认知系统和情感系统,总带有第二性存在的性质。① 在儒道两家的人格设计中,它就分别与动机提供者(儒家是知,道家是情)相结合而对行为加以调节,并在这种调节中反映出人格结构整体的特征。因为宗旨是"无心顺有与化为体",郭象设计的意志力量既不会与僵硬的道德化认知系统结合而压抑感性,也不会与褊狭的情感系统结合而走向神秘的养身修炼,而是根据主体的不同状态和境遇无心顺有,或与情或与知结合,致力各种平衡关系的协调,求得与化为体或逍遥游牧。知情意三者的关系如图:

---

① 也有心理学家认为动机是由意志系统提供的。

儒道互补人格结构的可能、必然与完成

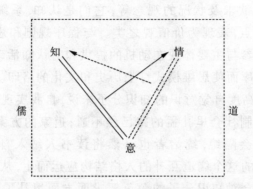

很明显，这实际就是儒道两家人格结构的综合，故不妨称之为儒道互补的人格结构。下面我们再从动态功能来考察郭象的这个设计，看它是怎样为知识分子在封建社会里安身立命的。

虽然前文已不止一次述及，这里还是有必要将人格结构、心理结构和思维模式这三个概念及其关系稍加说明。它们都由知情意这心理三要素构成，都以大脑皮层及其周缘系统为物质载体。但人格结构主要是从综合的抽象和静态的角度对它们间的关系进行表述。心理结构偏重于知情意在具体情况中的相互作用、平衡方式及原则等。心理过程是知情意三者间复杂的相互作用(三者本是互相包含渗透的)表现于外的则只是认知的形式；所以，可以说思维模式是人格结构和心理结构的功能性行为。人工智能思维模式的成功可以使我们对思维模式做这样的理解：

思维元素即大脑皮层及其周缘系统；它是人类思维的物质基础也是数据库和程序规则的物质载体(情感力量和意志力量也得借助于它来实现自己的功用)。程序规则是思维规律，如认识由感觉到表象、概念而到判断推理的一般程序和逻辑法则等。数据库则指储存于大脑中，表现和实现主体欲求及状况的观念等,它们是认知,系统和情感系统,意志系统的结合点,表现为价值观之类。与程序规则和思维元素不同,它对心理过程的参与主要体现在动机的提供和对认知活动本身的调节上。正是通过数据库而使思维模式打上历史和文化的烙印。

对于具有高度自觉意识的知识分子来说,自我实现是其最深刻持久的冲动。但专制社会里孔孟的路已经不通;道家的方案也不行,因为人毕竟不能与社会隔绝,统治者也必然将读书人纳入自己彀中,为己所用。郭象完成的这个儒道互补的人格结构应运而生,从知识分子的心理需要和专制社会对知识分子的角色要求两方面填补了真空。它的秘密究竟隐藏在那里呢?

现代认知心理学认为,现实的认知活动一般是由心理结构中的认知子系统将外界刺激作用反映到主体内部,经认知子系统的初步加工之后分别送到意志和情感两个系统里,在那里根据数据库里的价值标准对该客体刺激进行解释、赋值,再反馈回认知系统而表现为行为。郭象无心顺有的观念系统就具有在任何情况中都能保证主体达到与化为体这一人格目标的功能。一般来说,根据仕途的成功和失败,古代知识分子可分在朝和在野两大类;他们的人生也可相应的分为出世和入世两种境遇。入世就是出仕为官,投身政治事务的参与中求得自我价值的实现。当不能在现实中顺利地找到进身之在阶,他们只能转而到自然山水中寻找寄托,以诗文遣怀。无论在朝在野或入仕归隐,他们都有一个心理平衡的问题,儒道互补的人格结构的妙用就是可以随着知识分子命运穷通贵贱的变化发展,在仕隐进退之中内在的完成由儒而道由道而儒的转换,适应自己的生活方式,维持心灵上的平静和与环境的张力,并赋予这种平衡以神圣的意义。

当他们身处顺境,得志于仕途,其人格结构中儒家精神那一层面的因子被激活而居主导地位。相应地,心理场中知与意两个系统按照儒家所设计的那样接通,构成核心的一极,激发他们到社会参与中实现自我的行为。但由于道家补结构的存在,无心顺有的观念又使他们维持一定程度上的超脱意识,即使投身政治也不至于产生理想主义的使命感,把人格目标定格在"志于道",从而导致与政治秩序发生冲突;而是在认同现实的基础上,从客观的规定出发,宅心玄远,把价值判断限制在一定范围内。

　　当他们身处逆境,失意于官场,其人格结构中道家精神的那一层面的因子被激活而居主导地位。相应地,心理场中情与意两个系统又按照道家所设计的那样接通,构成核心的一极,激发他们忘情世俗纵情田园山水,求得精神解脱的行为。但由于儒家补结构的存在,无心顺有的观念又使他们维持一定程度的理性意识,使他们不至于以身殉道,或走向完全与现实隔绝的神秘主义修炼。

　　人们对客观事物的刺激的反应不仅仅决定于客观刺激本身,还取决于该刺激对人所具有的意义。儒道互补的人格结构之所以能够将知识分子在现实社会中对各种际遇,诸如事业的挫折、对现实的愤怒,以及内在生命力的冲动都全部加以缓解淡化和接受,其全部的奥秘就在数据库那"无心顺有与化为体"的观念中,它的直接语意就是"忘掉你自己吧,一切必然,只要顺应环境就不难获得心灵上的安宁和自由"!

　　集体无意识是从我们祖先传授下来的,是有机体机构中先天的脑结构中的遗传性,它预定个体按人类所以思维和行动的方式来思维和行动。这是荣格的理论。我不想把文化和基因联系起来,也无意将传统文化心理结构的形成推向远古,甚至也不愿对自己挖掘出来的这个文化历史事实加以评论。这里,在要结束本文的时候,想提醒人们注意的是,成于专制社会的这个儒道互补人格结构,已沉淀于千百万中国人的心理之中,构成所谓国民性的理论内核。今天在我们致力于国家由传统社会向现代社会转变的时候,它仍然在一定程度上执行着认知框架的功能。

嵇阮的人生哲学与人生道路

名教与自然的关系问题是贯穿魏晋玄学的一条主线。但必须指出的是,它包含有关于社会组织的政治哲学和关于人格建构的人生哲学这么两方面的内容。随着魏晋社会条件的变化,竹林时期玄学的主题已经由对自然之道与社会关系的探讨转换成对人格结构中情与礼关系的考察。学术界已有人注意到由社会向内心这种玄学方向的改变是由嵇康、阮籍完成并通过他们而体现出来,但是对于他们二人在寻求安身之命之道时建立的人生哲学进行深入比照分析的文章似乎还不多见。

一

人们常常嵇阮并举,不论思想史还是文学史。确实,二人为神契之文友,生活年代相近,政治理想相通,又同在竹林中饮酒赋诗,高唱越名教而任自然,从个体人格层面理解这对范畴及其关系,在一种理想境界里安顿被苦难世界放逐的心灵。但是,具体深入地看,他们同中有异,尤其在对任自然的理解上,嵇康将自然理解为人之感性生命,故提倡养身服食;阮籍则从人的精神意志层面来理解人之自然,因而走向了精神领域的自由解脱。

先说嵇康。他在政治上属于曹魏集团,其本人与魏宗室有姻亲关系,官拜中散大夫。就思想渊源来说,他自幼不涉经学,无所师承,喜博览而偏好老庄,不曾受过系统的儒家思想训练。但是作为身处官场中的读书人,嵇康对政治也是有自己的思考的:他从道家的观点和方法去追求唐虞之世那样完美的社会理想。他认为这种目标的实现关键在于"君道自然"策略的实施。如果以正始改制运动对他的思想发进行分期,那么在前期他所理解的自然名教是一个社会秩序及其根本原则的问题,跟王弼一样,他的论述是通过对理想帝王人格的这一形式表述出来的。他认为,帝王应该"以万物为心,在宥群生,以身以道,与天下同于自行,穆然以无事为业,坦尔以天为公"①。深信道家那套"大人玄寂无声,镇之以静自正。"

嵇康创造性的理论活动是在司马氏专权以后。这时现实黑暗,嵇康所企盼的太平之业变成茫远缥缈的梦想。但他并未与现实妥协,像钟会、贾充等人一样倒向司马集团,而是执著于对完美社会境界的追求,愤然抨击现实的堕落。他以那个大朴未亏的理想国为参照,指出现实与自然的背离。他依照道家宇宙发生论的逻辑思路,虚拟了一个与卢梭自然状态相类似的大朴未亏世道。在这个洪荒之世,"君无文于上,民无竞于下,物全理顺,莫不自得,饱则安寝,饥则求食。怡然鼓腹,不知为至德之世也。"②与此相对照的现实却是,"君位益侈,臣路生心,竭智谋国,不吝灰沉,赏罚虽存,莫劝莫禁。……刑本惩暴,今以胁贤。昔为天下,今为一身。下疾其上,君猜其臣"③。嵇康认为,这种世道从根本上违反了民众"好安而恶危,好逸而恶劳"的自然性分。不难看出,他正是从民众的这种自然之性来肯定那个洪荒之世,"不扰则其愿得,不逼则其志从"。在这种社会里,人人都充分地顺应体现着自然之法则,并在此基础上达成天然的和谐关系,"安知仁义之端,礼律之文"!

由此他分析了所谓仁义礼律与人的自然之性是相悖的。道家以朴为性,从保性全真出发否定仁义道德对人生的意义。深受道家乃至道教思想漫染的嵇康在现实的社会中对司马氏的假名教感受痛切,他从理论高度得出结论:"六经以抑引为主,人性以从欲为欢;抑引则违其愿,从欲则得自然,然则自然之得,不由抑引之六经;全性之全,不需犯情之礼律。"④

儒家正统的人性论总是把伦理纲常说成是人的天赋之性,并且将道德的践履视为通向人格完成的必由之途,而对人的感性生命却有意加以忽略淡化,甚至视为人格完成过程中的障碍性因素。嵇康从道家的立场

---

① 《嵇康集》答难养生论。
② 《嵇康集》难自然好学论。
③ 《嵇康集》太师箴。
④ 《嵇康集》难自然好学论。

出发,根据自己对现实的感受,在人的存在论层面挑明了六经与人性的对立关系,并由此建立了自己的人生哲学。他认为,人性是建立在感性欲求这个基础上的,六经是桎梏人性伸展的力量,因此,对于人的生命存在和发展来说,违反人情的仁义礼律不仅是多余的,甚至是有害的。他明确主张冲破这一束缚,反对"立六经以为准,仰仁义以为主"。

在嵇康这里,人性是有其具体而明确的内容的,但社会并没有提供使这一自然之性正常发展的外部条件。在说教和现实的巨大反差中,他看到了名教与自然的尖锐对立。《文心雕龙》说"嵇志清峻",清则不浊。峻则不滑。从宦海官场中退出来,沿着自己的心路历程进行探索,嵇康提出了"越名教而任自然"的主张,他是怎样理解人性的呢?"不虑而欲,性之动也;识而后感,智之用也。性动者,遇物而当,足则无余,智用者,从感而求,倦而不已。"①

对人的基本理解决定了一种哲学,尤其是人生哲学的性质。嵇康将人性分为固有的性动之欲和经验中的智用之欲。对于遇物而当的前者,他视为自然之理予以肯定;对于倦而不已的后者,则视为害性之欲而加以否定。虽然这种人性论不能与西方人文主义相提并论,但因有了对性动之欲的明确肯定,使得他"越名教而任自然"的口号有了充分的社会内容,即反对儒家道德理性主义将人生伦理化,把个体感性存在在人格结构中的意义凸显出来。

理论的构筑取决于社会整体的发展状况,也取决于理论家个人的知识素养。嵇康自幼不涉经学而托好老庄,常修养性服食之事,对东汉以来道教的导养之理十分注重,对恬淡无欲养精爱气的所谓真人十分心仪。"凡人之生也,天出其精,地出其形,合此以为人。"② 道家把人看成形与精神的合一体。这精神即灵魂,它实际是古人在对人之身心活动不甚明了时代所作的一种不很科学的表述,并不全同于今天精神这一范畴。他们认为灵魂是可以脱离肉体的独立存在,并且甚至将它与肉体对立起来。道教所谓修炼,就是"守气合神,精不去其形,念此三者以为

---

① 《嵇康集》答难养生论。
② 《管子》内业。

一"①。如此则可重返本原,常住永生。显然,在这修炼中最为重要的是精神,而不是形气。而实际上,所谓的精神不过是形气(肉体)存在和活动的状态或表现。这种理论在认识上的失误也影响了嵇康,使他将智用之欲视为修性保神的对立因素。他说,"夫嗜欲虽出于人而非道之正,犹木之有蝎而非木之宜也"。因此要求人们,"智用则收之以恬,性动则纠之以和。"这个"恬"与"和"的标准当然是道家的朴,所谓的人的自然状态或本来状况。这与儒家所尊奉的"从心所欲而不逾矩","发乎情而止乎礼义"是不同的,一个是将人性导向某种社会规范,一个则是将人性局限在它的原始状态里。无论如何,无欲可以说是嵇康养生任自然理论的第一个条件。

嵇康本人性烈而才峻,执著于自己的理想信念。如果说要他克制自己对物的欲求尚且不难的话,那么要他承认丑恶的现实就不那么容易了。所以,他养生任自然的第二步就是劝勉人们努力从周围的社会环境中超脱出来,况且从逻辑上讲,人的自然之性原本圆融自足。他说:"夫称君子者,心无措乎是非而行不违乎道者也。何以言之?夫气静神虚者,心不存于矜尚;体亮心达者,情不系于所欲。矜尚不存乎心,故能越名教而通物情。物情通顺故大道无违;越名任心故是非无错也。是故言君子,则以无措为主,以通物为美。"②

所谓无措和通物,是就生活的社会层面和生命存在这两个方面而言的。无措即无所措意,着重于使主体活动维持在无所追求的纯自然状态之中,这是越名任心的关键。通物则是相对于内在生命体验而言,即从自己的自然性分而不是社会给人的尊卑贵贱来确定生活的态度和意义。尽管这是从养生的角度立论,但我们还是可以看出嵇康对司马氏所标榜的名教是多么蔑视,又是多么无奈。

无欲可以审贵贱而通物情,无措又使人能不系于是非。他这样描绘自己的理想人格:"爱恨不栖于情,忧喜不留于意。泊然无感而体气和平,又呼吸吐纳,服食养身,使形神相亲,表里俱济也。"③ 这是养生之

---

① 《太平经》圣君密旨。
② 《嵇康集》释私论。
③ 《嵇康集》释私论。

途,更是自我满足的人生之境。由此我们不难看出,道家思想在嵇康的政治生涯结束后的失意日子里,顺理成章地给他准备了重整心理平衡的途径——走向纯粹自我生命的保养和精神的调适。他自我安慰说:"世之难得者,非财也荣也,患意之不足耳!"意足则志得,志得则有至乐。①

儒家道中庸,强调情与礼的中和之美,虽然有以伦理吞并人情之失,但把人性视为自然性与社会性的统一却有其合理性。道家将生命的意义和价值完全从社会的价值系统中抽离出来,虽有对儒家之失予以批判和否定的积极意义,但却不是设想如何使这个价值系统更加人性化,而是将儒家思想的合理性也否定了。嵇康的所谓意足则志得,便是将一个只有在社会实践中才能获得的身心全面发展的自我实现问题,简单地归结为主观意识的心理转换,因而抽掉了它原本具有的丰富内容。

但是,嵇康毕竟是尚奇任侠的嵇康。他并不是自己人生哲学的忠实施行者,去沿着无欲无措而意足志得的任自然三部曲平稳平庸地走完自己的人生之旅。他的内心世界是分裂而痛苦的,服食养身只是其中一个侧面。性格即命运,他的好友道士孙登似乎也深知这点。他曾对嵇康说:"君性烈而才俊,其能免乎?"② 其实嵇康本人又何尝不了解自己?"吾不如嗣宗(阮籍)之贤,而有慢驰之阙,又不识人情,暗于机宜。无万石之慎而有好尽之累,久与事接,疵衅日尖,虽欲无患,其可得乎?"③ 在这封寄给友人的尺牍之中可知他又何尝有一日做到了"泊然无感体气平和"?又哪里找得到"通物无措"君子形象的身影?

这种人格上的分裂除开性情因素,还有理想信念上的影响。在《卜疑集》里,嵇康直面社会人生和自我生命,在痛苦的反思辩难之后,对存在的价值作出了自己的选择,虽然这一选择与社会现实是那样冲突和不可调和。宏达先生才是他心底真正价值的最高体现者。这位宏达先生"恢廓其度,寂寥疏阔,方而不制,廉而不割,超世独步,怀玉被褐,交不苟合,仕不期达"。这样的描绘不由得叫我们联想到行吟泽畔的三闾大夫,听到屈子那苍老悲愤的声音,"世人皆睡我独醒,举世皆浊我独清"

---

① 《嵇康集》答难养生论。
② 《魏志》王粲传注引《康别传》。
③ 《嵇康集》与山巨源绝交书。

……

黑格尔知道,"哲学所做的调和工作不是现实的调和,而是理想世界的调和"。嵇康所做的工作则完全是了这调和自己的内心世界,使自己努力实现与现实的妥协谐调。但"内不愧心,外不负俗"的他失败了,在与现实的抗争中被司马氏以"言论放荡,非毁典谟"的罪名杀害!

二

下面结合嵇康来看阮籍。

应该说抽象思辩的哲学是追求一般而排斥个性的,但是当思维从本体论的理论探讨转向对人生问题的真切关怀时,它就不可避免地要打上哲学家自身性情和经验的烙印。对人性的不同理解使嵇阮的人生哲学和人生态度都表现出各不相同的色彩,而这种对人性理解的差异又源与身世个性的不同。阮籍与嵇康不同,属于中国历史上颇有代表性的那类知识分子,走的是一条读经书求仕宦的典型道路。他祖辈世代皆为儒学,自己也从小就有以经学济世的志向。

步入仕途后,他的社会思想从其著作《乐论》之中得到反映。他认为,乐之所始本于自然之道,乐以和为总则。圣人制礼作乐正是为了"通天地之气,静万物之神,固上下之位,定性命之真",使社会秩序稳定和谐,"男女不易其所,君臣不犯其位"。圣人之世正是这样天地合德,万物合性,刑赏不用而民自安。后来圣人不作才道德荒坏,政法不立。因此就需要有君子来遏恶扬善,佐扶圣命,以刑教礼乐维持尊卑上下。这幅政治蓝图虽然不无道家思想色彩,但基调却还是儒家的三王之治。

很明显,阮籍多少有几分以遏扬善的君子自居,去佐扶圣命一展生平抱负;但其主张在那个动荡的社会里未免迂阔不合时宜。他后来又像同时代的其他思想家一样,援道入儒,希望从老子道法自然的方法论里找到匡正名法名教之弊的原则。在作于正始年间的《通老论》里他写道:"道者,法自然而为化,侯王能守之,万物将自化。"据此,他认为帝王应"明于天人之理,达于自然之分,通于治化之体,审于至慎之训",按照本天地因阴阳的不易之则,以建天下之位以定天下之制,如此便可"君臣垂拱,完不素之朴;百姓熙怡,保性命之和"。可是,"不管是曹氏集团还司马集团,都没有理会他的去伪归朴的说教。相反的,贪欲越来越大,争夺愈来愈烈,诈伪愈来愈甚"[1]。阮籍这个踌躇满志意欲在仕途施展才华、实现人生价值的知识分子必然地失败了。

这是封建社会读书人的普遍命运。当它以个人奋斗受挫的形式出现在阮籍身上时,无疑给他身心以极大的刺激。有人把文学和哲学著作里所表现的世界图景分为三类:原本如此的实在世界,应当如此的理想世界,感觉如此的经验世界。如果说师心遣论的嵇康在形而上的冥想中执著追求自己的理想世界,那么诗人气质极浓的阮籍所沉湎的则是自己的感觉及感觉中的经验世界。刘勰在《文心雕龙》中说他"命气为文"正是这个意思。嵇康一以贯之以道家思想为主体,阮籍则是在读经致仕的儒家人生道路受挫之后才接受了道家思想。如果说在撰写《通老论》时他还是立足社会层面,以经世致用为目,那么此时此刻他对庄周齐同万物变化洞达而放逸之人生观的接受,则完全是为着"聊以娱无为之心"了。魏晋时的阮籍是历史上第一个从心理平衡需要出发,而将道家人生论引入心灵重建人格的儒家知识分子。

阮籍与曹魏政权的关系不像嵇康有那么深的家世渊源,他在政治斗争中陷得不深;其性情苛特倜傥放荡而不似嵇康尚奇任侠。所在他很自然地以庄周为模则,而没有走向与司马氏的正面对抗,只能无可奈何地在清醒的痛苦中佯狂顺世,了此一生。可以说他的性格和命运对封建社会知识分子来说有极大的普遍性,因而作为他身世经历之产物的人生哲学,也就比嵇康那套养生术更有典型意义。

与嵇康那立足理想主义立场对现实进行严正批判的态度不同,阮籍在自己受挫之后,走向了自己曾经信奉的纲常名教的反面,按照自己的感受,以近于浪漫主义、虚无主义的态度轻而贱之。史载他嗜酒放旷,或闭户视书累月不出;或登临山川经日忘归。这是他在特定条件下对特定社会环境的特殊适应方式。魏晋之属,天下多故,名士少有全者。身仕乱朝的阮籍常恐罹谤遇祸,只有把内心的痛苦转换成精神自由的追寻,以庄子逍遥之旨聊以自慰。《达庄论》和《大人先生传》就是他这种心理调节的努力在理论上的反映。嵇康前后思想是道家一贯。前期关

---

[1] 丁冠之:《阮籍思想辨析》,载《中国哲学史研究》1980年第2期。

心社会,希望唐虞之世再现,后期关心人生,热衷养生服食羽化登仙。但是阮籍后期的任自然与他一直眷怀的济世之志却是大相径庭。他的任自然是通过精神上体认万物为一的大道,达到顺己顺物之性,而获致心灵上的逍遥。其理论目标已由谋天下转向谋一身,思想本体论也彻底地由儒家转向道家,以"天地与我并生,万物与我为一"的自然主义精神,为其人生哲学的支柱和灵魂。

他认为:"天地生于自然,万物生于天地。……自然一体,则万物经其常。""人生天地之中,体自然之性,身者,阴阳之积气也,性者,五行之正性也。情者,游魂之变欲也。神者,天地之所以驭者也。"① 万物生于自然。人之身性情神无不本之自然。值得注意的是阮籍没像嵇康那样接受道教的形神论,而是将人理解为身性情神的统一,尤其是将神理解为"所以驭者",即一种使人超拔于物之上的理性意识来加以强调。两相对照,阮籍的说法更为符合我们今天的认识。之所以如此,大概得归功于他的儒学修养。儒家思想理性充溢,不可能容纳养生服食的神仙方术,孔孟都注重精神境界的提升,不从气上认性。同时,那种道德化的天人合一模式很容易置换进自然万物与我并生的内容。

万物由其自然秉性而获得其规律性。据此阮籍要求返其所得其情,具体到人就是要"与阴阳化而不易,从天地变而不移。生究其寿,死循其宜,心气平治,不消不亏"。显然这里探讨的纯粹是个人安身处世的人生问题。在他的理解中,生命就是生与死的距离,存在价值和意义就在于顺应自然之性,从而在精神上超越生与死。这与庄子"命物之化而守其宗"的思想一脉相承。阮籍笔下的至人(理想人格)深明于此,故恬于生而静于死。而要做到这点或者说达到这一境界,也有三个步骤可走:守本,无外,逍遥。

"潜身者易以为活,而离本者难与永存。"本这个范畴在阮籍的理解中指人的天然之性,它是人的真正本质,与自然界的总的和谐之则相统一。守本表现为人生准则,就是要顺乎自己的自然之性。不要自割性情系于世俗。名教就这样被阮籍划在自然之本的外面而被否定。对于这个人之本,阮籍没有像嵇康那样条分缕析详加研讨,这主要是因人他着

---

① 《阮籍集》达庄论。

重从一种精神存在的层面来理解人的本质。所要解决的矛盾是如何建立起新的心理平衡逍遥浮世的问题。这固然阻止了他滑向道教的粗鄙的养生服食之途,但也妨碍了他对人作为感性存在这种本质规定的深刻把握,使所谓本的理解偏重于自然界抽象的精神契合而失去其原本具有的丰富内容。因此,他的任自然口号虽与嵇康同样充满叛逆性,但对名教的批判却远不如嵇康有力。不过也正因着这社会学意义的淡化,使得阮籍的人生主张离政治较远而适合更为普遍的古代知识分子的人生经验。

"至德之要,无外而已。大均淳固,不贰其纪。清静寂寞,空豁以俟。善恶莫之分,是非无所争。"① 守本的理论前提必然要求确立无外的行动准则,这是实现逍遥的关键。如果说嵇康的无措作为养生论的一个环节而着重于主体心态之调适,那么阮籍的无外则着重于主体与客体(社会)关系的处置,它要求主体从现实中超脱出来,固守其内在的本然之道。阮籍是不是真正泯灭了心底是非善恶观念呢?他说:"明著是非者危与身,修饰显洁者惑于生。"越名教本身就是深明大义的选择,由他的自然观看,名教显然是非善是恶。这种矛盾反映的是在现存秩序面前不愿投降可又无力反抗的莫可奈何的精神状况,这一点阮籍和嵇康是一样的。

同样的起点并不意味着就会走向同一目标。对于阮籍来说,能守本而无外就已经做到逍遥浮世了,没有养生服食那些麻烦。他所谓的逍遥完全是主体的一种精神境界。这种境界也是通过大人先生这样一个文学形象描摹说明的。他这个理想人格虽然也是作为传统社会中所谓士君子的对立面而塑造的,但是嵇康的宏达先生属于混浊世界中德行修美的真正有道君子,大人先生则是一个充满神秘色彩的世外仙人,一个超拔于现实之上的自由生命的象征。他所反衬出来的不是所谓士君子的虚伪,而是整个社会人生的虚幻。这位横空出世魁然独存的大人先生"以万里为一步,以千岁为一朝,行不赴而居不处,求乎大道而无所寓","以为中区之在天下,曾不若蝇蚊着帷,故终不以为事"②。不难看出这

---

① 《阮籍集》达庄论。
② 《阮籍集》大人先生传。

与虚无主义只有一步之遥了，它反映了"使气为诗"的阮籍即使在进行理论思考时仍然执著追求自己的理想。

嵇康虽然养生服食却依然执著追求自己的理想信念，阮籍追求精神逍遥却不能不将自己先前的追求彻底忘却甚至否定，因为二者在逻辑上就是不可调和的。现实是无情的，阮籍只能通过对一切价值形态之有效性的否定来否定现存价值形态。他的理论目标因此也只能是没有现实根基的"与造物同体，天地并生"的东西，并不足以抚慰那颗孤苦无告的心灵。他清楚知道绝群遗俗的大人先生不属于这个世界，"从此去矣，天下莫知其极"。从他的咏怀诗我们听到他仍在呻吟："夜中不能寐，起坐弹鸣琴，徘徊将何见？忧思独伤心。""朝阳不再盛，白日忽西幽，人生若尘露，天道竟悠悠。"

中国文化没有西方那种超越世界，生命只能落实于此岸。儒家认为个人的生命在与社会的和揩中获得最高价值。因此，当个体人格不能被社会接纳承认时，它也就失去了与绝对价值的联系。阮籍早年所走的人生道路和他的人生追求正是儒家人格设计的展开。但现实割断了先秦儒者所设计的个体与社会的联接途径，士这自封的"王者师"不过是权力拥有者手中的工具。于是，阮籍这样的知识分子终于发现自己不过是孤悬天地间的漂泊个体，深刻意识到自己作为自然生命的价值，面对的是自己无法进入的异己的永恒存在。他也曾在失落中叩问存在的意义，希望振翮凌风。但在贵志则贱生的尖锐冲突面前，他不敢也不愿忿激以争求。像嵇康灯蛾扑火似的将生命化作闪光的烈焰表示对黑暗的唾弃，而是在追求清虚廖廓冰心玉质恬淡无欲的境界的同进，作出了充满庸人气的选择，并自欺欺人地说什么"谁言万事艰？逍遥可终生"。现实中阮籍既不愿像贾充钟会投向权势者，又反对抗志以显高，迫使自己相信"不避物而处，反睹则宁；不为物累，所由则成"。如此，自然也就只能"纵酒酣昏遗落世事"的自我麻醉了。

个体是无法与封建专制对抗的，人总要活下去。嵇康阮籍的人生哲学和人生态度都不一样，相同之处是他们各自的人生态度与人生哲学都不统一。能够统一的是些什么人呢？

理想的圣人人格与理想的士人人格
——郭象玄学新解

汤用彤等学者将新人格本体的探寻视为玄学的核心。应该指出,魏晋思想学家们试图建立的人格包括理想的圣人人格与理想的士人人格两类。帝王常常象征着一种秩序一种制度,所以理想圣人人格设计乃是关于社会组织运行的政治哲学;理想的士人人格则表现为对古代知识分子如何在现实社会中安身立命问题的思考。郭象在吸收前人思维成果的基础上,对这两种人格都做出了自己的设计,代表了玄学的最高成果。

自然独化的本体论

郭的这两种人格理论是统一的,它们统一的基础是自然独化的本体论。他的独化说从整个宇宙万物的存在及存在方式这个角度立论,将玄学中与名教对举的自然创造性地诠释为"自身如此"或"自以为然",以此确立万物性分,再落实到社会人生如何寻找其自身和谐走向安定和逍遥。所谓独化,就是说世间万物都是独自产生、存在和变化,与任何外物都没有关系;万事万物自我规定,并且在此必然的规定性中万物之间具有一种神秘的和谐。"神器独化于玄冥之境而源流深长也。"(《庄子注·序》)这里的玄冥即玄妙地契合之意,它是独化说的有机组成部分。独化说是有无之辨的产物,又是对这两个范畴的超越。

> 无则无矣,则不能生有;有之未生,又不能为和。然则生生者谁哉?块然自生耳。自生耳,非我生也。我既不能生物,物亦不能生我,则我自然矣。

> 万物万情,趣舍不同,若有真宰使之然也。起索真宰之迹,而迹

终不得,则明物皆自然,无物使然也。……是以涉有物之域,虽复罔两,未有不独化于玄冥也。《齐物论注》

显然,郭象这里是将自生当成独化说的逻辑起点,因为由自生很容易就得出自性的结论,从而打通事物的发展之途。他从反面否定了有生于无的观点,又从正面阐明了块然自生的结论,就是为了引出自性这个范畴。他说得很明白,"我既不能生物,物不能生我,则我自然矣。自己而然,则谓之天然。"并且,也是在《齐物论注》,他还以自性反证独化之理:"天机自尔,坐起无待,而独得者孰知其故而责其所以哉?若责其所待而寻其所由,则寻责无极,卒至于无待,而独化之理明矣。"自然而独化即为道之行,是为同一命题的两个方面。自然乃是事物的自我规定:"自然即物之自尔也。……明乎物之自然,非有使然也。"(《知北游注》)何晏、王弼提及的自然,主要是相对于社会存在而言的自然和谐状态或性质,它包含着事物本真之性的意思;嵇康、阮籍的自然是从个体存在这一角度理解的,自然即人的本性。而在郭象的独化论体系中,自然不再是某种存在之物或存在之物的性状,而是万事万物存在的原则,即自我规定。正是这种对自然的创造性诠释,使得他将理想的圣人人格与理想士人人格的设计统一起来,满足了时代对理论的需要。

独化的定义带有存在即本体的存在哲学性质。万物独化于玄冥,这个玄冥不是独化之物以外的什么东西,而是对万物独自存在变化这一状态的一种表述。这种微妙的契合就像庄子表述的那样个道一样,无处不在。对这种玄冥的肯定和强调,就将世间业已存在的事事物物都给予了合理的说明,存在即合理。名教也是自我规定,根本不存在与什么自然之性的冲突。他说:"仁义自是人之情性,但当任之耳。恐仁义非人情而忧之者,真可谓多忧也。"(《大宗师注》)并且,"人安能故有此自然哉?自然耳,故曰性"(《山水注》)。这种性是天性所受的本分,不可逃亦不可加。相信人的本质内在于心,人的使命在于实践实现它,然后获得人生的意义,乃是中国文化的一个通则,不管它表述为天人合一还是体用一源。郭象也不例外,他由独化引出自性,也是为着对人生道路作出自己的设计。自性是自我规定,但这个规定并不自由,"人安能故有此自然哉"!是谁在规定着这个"性"呢?郭象机智地否定了真宰,又巧妙地引进了玄冥——微妙的契合本就内在于独化的概念之中。这独化并不是附属于某个主语后的宾词,而是对整个宇宙万有生存过程的一种表述,本身就是一个绝对。独化之独说明郭象以个体的起始问题代替了世界的发生问题。人们说独化论有神秘主义倾向,是因为在这种表述中郭象通过玄冥一词掺进了决定论的思想成分,而又没说出决定者是谁,各然其所然的物物之间存在某种"前定的和谐"。他含糊其辞地说,"自尔,则无所稍问其故也,但当顺之"。他十分肯定的只有一件事:人们不能中易其性。他认为理有至分,物有定极,各称其事,"顺物则所之皆适",适性就不能"营生于至当之外"。因为"物各有足,足于本也,付群德之自循,斯与有足者至于本也。本至而理尽矣"(《德充符注》)。

他的大前提是万物"各以得性为至,自尽为极"。独化于玄冥的这个世界乃天地之会,决无妄然之理。人的世界也是必然的,人的自由也并不存在于社会现实规定之外;所以,人们应该足于所本,安于自性,换言之,也只有人人都各安其性,社会和有稳定和谐,"贵贱履位,君臣上下,莫非尔极"。

根据任性当分的原则由独化而自性而逍遥顺理成章水到渠成。逍遥的奥秘在于万物足于其性而任之,并无一个普适的标准,因此人应足于天然而安其性分,从外在社会的种种差别中超脱出来,你贫贱他富贵并没有什么不合理,它们的存在不是整体和谐的破坏而是其证明,或者干脆就是整体和谐自身,即玄冥的表现。"天地阴阳对生,是非治乱互有,独化之物相互依存,道通为一",据此,他借庄子寓言中的至人阐明了自己对于作为人之自由的逍遥的理解;"乘夫天地之正者,即是顺万物之性也;御六气之辨者,即是游变化之途也;如斯以往则何往而有穷哉:所遇斯乘,又将恶乎待哉!此乃至德之人玄同彼我者之逍遥也"(《逍遥游注》)。也就是说,人的自由是绝对的,完全决定于自己精神的体悟。总之,外在世界的玄冥具有绝对的必然性与合理性。

中国古代哲学家不曾建立起类似于西方哲学家那种形式上严整的系统,但其内在的逻辑结构还是十分严密的。根据独化——自性——逍遥的逻辑结构及其原则,郭象挖掘了玄学中名教自然之辨的深层蕴含,他将无心顺有与化为体作为至德之人的最高本质规定而对理想的圣人人格和理想的士人人格进行设计。无心就是主观上无所执著,无所用心;顺有是客观上顺应事物的性分(包括自身境遇等);如此,精神上就可进入"内不觉其一身,外不识有天地,旷然与变化为体而无所不适"的逍遥之境。

理想圣人人格的设计

郭象设计的理想圣人人格,在社会层面解决了自然与名教的关系问题。自然即自己而然。君主专制政体也是自己而然独化而成,是一个玄冥契合的整体。显然,在根本上郭象对以名教为轴心的封建社会秩序是持肯定态度的。但同时,他并不认为君主个人可以专权擅要,因为在他看来,这个既存的社会实体具有自身所受之自然性分,自有其内在机制以维持其和谐与完善。这是他对理想圣人进行设计的基本前提。圣人作为最高统治者应以无我心态而顺之的"有",就是以名教为核心的社会结构及其运行的法则和机制。因此,他反地帝王自立一物而有对于天下(干扰其运行机制),帝王之道的关键秘诀就是"任万物之自然,使天性各足"。他在《应帝王注》中写道:"万物皆得性谓之德。夫为政者奚事哉?得万物之性,故立德而已也。得其性则归之,失其性则违之。"

肯定圣王的社会地位,而又限制他在社会行政机制运行中的影响力,是古代知识分子的政治哲学所力求达到的理论目标。王弼生活的时代,制度的批判与建设作为现实的需要同时并存而又相互矛盾,所以他的政治哲学只能在有为与无为之间摇摆不定,只能含含糊糊以崇本息末作为为政之策,过于抽象迂阔。郭象生活的时代名教之治被强化,社会政治斗争也是愈演愈烈。贾后乱政、惠帝痴呆、八王之乱,他认为社会如此偏离常态(失性)"皆由君挠之以至斯患"。他相信天下不可以没有圣人,"天下若无明王,则莫能自得。今之自得,实乃明王之功也。反之性而凌之必乱,因其性而任之则治",这是他区分明王的标准。他说,"所贵圣王者,非贵其能治也,贵其无为而任物之自为也"(《在宥注》)。

由这无为而治的原则,他将统治者的政策方法分为直道和曲法,"无心付之天下者,直道也;有心而使天下从己,曲法也"。郭象以无心而付之天下为所肯定的直道,显然与汉末的清议传统,所先秦儒家的士大夫精神有相承之脉络,是试图在专制集团的视野之外另立一个价值尺度。

所不同的是,他不像先秦孔孟一样,高悬一个正义之道,寄望于士阶层以承担实现之,而是像王弼一样偏重于制度的建设,以之调节帝王的行为,将制度的和谐作为制约的前提。"尧舜者,岂直尧舜而已哉,必有神人之实焉。"所谓神人之实就是无心而顺物,对于帝王来说,这个物就是产生于独化之理的社会内在的整体和谐。他说:

> 百姓百品,万国殊风,以不治治之,乃得其极。若欲修己治之,虽尧舜必病,况君子乎?今尧舜非修之也。万物自无为而治,若天之自高,地之自厚,日月之明,云行雨施而已,故能夷畅条达,曲成不遗而无病也。《论语体略》

> 夫圣人之心,极两仪之至会,穷万物之妙数,故能体化合变,无往不可;磅礴万物,无物不然。世以乱故求我,我无心也。我苟无心,亦何为不应世哉!然则体玄而极妙者,其所以会通万物之性而陶铸天下之化,以成尧舜之名者,常以不为为之耳。《逍遥游注》

王弼认为圣人所体之无是自然界的最高本体。郭象从独化论出发,要求圣王所顺之有就要"会通万物之性而陶铸天下之化"。如此,哲学层次的本体论就不再只是一个孤悬思维高空的崇本息末的抽象原则,而落实为成就尧舜之业的具体方法了。"圣人常游外以冥内,无心以顺有。……虽天地之大,万物之富,其所宗而师者,无心也。",只要如此以化为命,无心而任乎自化,就可进入旷然无不一,冥然无不在的圣王境界,而天下也就自然"众各自适,群生自足"。

可以说郭象是以一个玄冥的社会整体代替了王弼的本体之无,因而使得帝王的无为而治就有了确定的依托,郭象的政治理论也就有了确定的内涵。应该说,郭象对那个帝王所应顺应的有并没给出明确的界定,只是十分抽象地就现实存在的社会组织及秩序立论。他只是说君臣上下犹手足内外,同是天理之自然,各相御用,倘若他们都各囿限于分内,那么体现于这个社会之中的玄妙契合之理就可体现出来。郭象以制度限制君权正是通过对帝王之性分的规定来实现的。君主诚然为时之所贤者,但他应阖然与至当为一,而不能矜己以率人。他认为帝王与天下是"相因而成者",如果君主一意孤行专制天下,则"一身既不成而万方有余丧"。正如在董仲舒那里居于最高地位的是那个神秘的阴阳五行框架自身,郭象这里帝王也不是最高的绝对,他必须服从制度,因为它是自生独化的和谐整体,自有其结构法则和功能。这种规定坚持了儒家一贯倡导的有限君主论,但又引进了一些法家思想,即着重从制度层面确立君臣职分的名法之治。郭象要君主"不役志以经世,而虚心以应物"。从根本上说,他限制绝对君权乃是为了给知识分子发挥自己的作用,实践明道救世的愿望争一席之地。他的权力分配不完全凭据德行,而是能力。"夫王不材于百官,故百官御其事,而明者为之视,聪者为之听,知者为之谋,勇者为之捍。夫何为哉?玄默而已,而群材不失其当,则不材乃材之所至赖也。"(《人间世注》)国治民安是管理的最终目标,实现它,对帝王来说就是充分依靠贤能者的作用,他自己则应无为玄默。如果"在上者患于不能为,而代人臣之所可,使咎繇不得行其明断,后稷不能施其播殖,则群才失其任而主上困于役矣"(《天道注》)。显然,这里不存在法家那种尊君卑臣的倾向,君与臣共同构成社会和谐整体的有机部分。这是能者在位贤者在职的士人政治于东汉失败后的微略回响。余英时先生在《士与中国文化》敏锐地觉察出,"王何之无为主要在反对生政以扰民,子玄之无为则是当政者鼓励民之自为,亦即要求个体之积极自由也"。

但是,作为一个知识分子,他虽然对现实作了千百种妥协迁就,但仍以极大的热忱在现实苦难的十字架中寻找理想蔷薇花的芬芳,力求确立一个对社会政治进行谐调的"道"。但封建专制的实质就是无法无天不受限制,所以,郭象的这套政治哲学从未曾付诸实施,他所设计的那种理想圣王也从未曾在历史上出现。

理想人士人格的设计

无心顺有与化为体这个理想人格的最高品质在知识分子个体身上的体现与要求与理想圣王是不同的。无心不是指不矜己以率物,而是指主体通过自我意识的调节而获得的无我的精神状态。所顺之有则指所处社会条件和自身境遇,如富贵贫贱死生寿夭等;化就是体现于所顺之有中间的独化之理,无心顺有与化为体就是在无我的心态中,通过对物我性分的体认,在社会生活中达到对独化之理的领悟,从而在精神上获得逍遥。这是自我生命的现实完成,也是心灵自由的理想追寻。这里,无心顺有与化为体内涵上各有侧重,逻辑上前后联系,体验中又互相贯通。无心实质是对主体的重新设计,是关键和主要的环节。值得注意的是,这种对主体的设计乃是通过主体自身具有的意志和意识的自我调节功能而实现的。无心即忘我。忘我的第一个要求是"遗身"。它是自得其性的首要条件。"无已故顺物,顺物而至矣。"前圣先贤都是这样遗身而后存的无我之我,他们"忘天地,遗万物,外不察乎宇宙,内不觉其一身,故能旷然无累,与物俱应而无所不应"(《齐物论注》)。自忘与自用不但不相矛盾,还互为条件。先得忘掉自己落入现实社会之中的生命存在(显然,郭象也曾体会到内在诸层次需要的躁动),然后才能将内在于自身的道体现出来。他以社会这个玄冥之境里的外在规定代替人自身的本质,所存之身实际已或多或少被异化掏空。所以,他的忘我必然再现为无情,即不执著于主观欲求和客观可欲之物,排除由此而生的一切情感好恶,用他的话来说就是解除所系之情而纯任天真。"无情,故浩然无不任。无不任者,有情之所未能也。"(《德充符注》)

　　这里的无情是要求人们各安性合,不求性外之情,物情虽无极而性命各有定,应该知足,得止由止,"冥然以所遇为命而不施心于其间,泯然与至当为一而无休戚于其中"。他相信名教乃因百姓之大性而为之制,在礼与情之间也有玄妙之契合存在,"礼者,世之自行而非我制"。礼与情的关系正如穿牛络马,虽然寄乎人事,却属天命之固当。所以他又说,"夫知礼意者,……称情而直往也"。意思是说,礼与情在根本上是一致的,率性而为,发而皆中节,颇类孔子所谓从心所欲而不逾矩的境界。这里,从积极的方面理解,他是将情当成礼的基础;从消极的方面看,却又是直接将礼塞进了情的内涵之中。如何在现实中把握好彼此的界限,是一种极高的智慧。郭象自己则当然是以社会的规定即性分,来作为判定合理与否的标准了。

　　无心还包括忘义的规定。义者宜也,忘义就是忘是非,这是为了确立一种立足于性分的新的价值观。孔孟阐扬的士大夫精神以道为最高行为标准,义之所在,不倾于权,不顾其利。魏晋以来,知识分子备遭凄风苦雨的摧折,再也不敢为道义而冒渎于权,以致丢失性命了。郭象寄望于制度调节,并身体力行,在变化了的条件下走一条入世随俗的现实主义道路,当然也就是没有豪情高唱以道事君了。相应地,他在价值观上也保守妥协起来。"以得我为是,失我为非"可见,忘我乃是任性当分的逻辑结果和必然要求,是非之境自泯则性命之致自尽。郭象设计的士人人格不再是先秦那种格君心之是非的价值守护者了。

无心的极致是忘年。如果说遗身是从性分上体认物我独化之理,那么忘年则是这种体认所获得的结果或达到的境界了。忘年就是齐同生死,死时安死,生时安生;生时安生,死时乐死,生时乐生;"死生虽异,其于各得所愿,一也"。从独化玄冥的角度看,死生之异若四时之行,皆自然之理,"情尽命至天地乐矣"。死生之变犹以为一,人间之世尚还有什么解不开放不下的呢?穷达寿夭是非荣辱自然也就蜕然无系了。他说得再明白不过了,"区区者各有所遇而不知命之自尔。……一生之内,百年之中,其坐起行止,劲静趣舍,情性知能,凡所有者,凡所无者,凡所遇者,皆非我也,理自尔耳"(《德充符注》)。总之,无心是为着顺有,顺有就是任性当分,也就可以与化为体了。如果说无心的主体是承认和接受社会对自己身份和命运的决定,那么顺有则是将这种外在规定化为其内在需要,并在自觉的服从顺应中求得精神上的自由。"虽死生穷达,千变万化,淡然自若,不乱于中和之道。"这,就是他对理想士人人格的终极描述。

郭象的理想圣人和理想士人人格结构因为以社会对人的规定为基础,所以它在社会实践中展开的行为也就十分灵活富有弹性,即随主体穷通贵贱的变化而变化。当他们得意地居庙堂之高,则到官场宦海中求发展,不至于走向与权势者的激烈对抗;当他们处江湖之远而找不到晋身之阶,也就心安理得地到自然山水中寻找精神寄托。王夫之在《诗广传·大雅四十八注》中说古代知识分子"得志于时而谋天下,则好孔孟;失志于时而谋其身,则好庄列"。应该说这两种人生态度在人格结构上并没太大的不同,而它的最初建立者,则要算郭象了。

禅宗的意义世界

——从文化学角度对中国化佛教的解释

文化的目的或作用是在特定时代与地域界限内尽可能好地解答问题。产生于人类一定发展阶段之上的佛教,无疑可视为古代印度人的一种存在方式,一种人生哲学。因此,探讨它的中国化至少需要把握这两个层面的含义:一是,它所蕴含的印度文化的思维内核是怎样为中土思想家所改铸纳入中国文化的思维模式的;二是,作为一种关于人生价值及其实践的理论,它是怎样为中国社会所理解、接受而产生现实影响的。

一

佛学与中国文化的联接点是玄学。玄佛的完全合流是通过晋宋之际的竺道生完成的。提到道生,不应只想起阐提成佛和顿悟成佛这两个新奇论题,更应认识到在这二个观点的前提中蕴含着的中国思维模式对佛教的印度文化精神的改造。佛教是植根于奥义书传统之中的。其基本精神是"梵我不二","我即梵"。作为宇宙之大原的梵与作为自我本质的小我(Atman)是同一的,除此最高真实之外,一切存在都只是虚幻的假象。这种对世界的基本理解和体验导致印度文化对现世人生的淡漠甚至否定,而把回归梵天、超越此岸视为最高的人生目标。佛教的哲学本体论缘起说继承了这一精神,以空消解了万物存在的真实性。与此相对照,作为中国文化基本精神的"天人合一"则具有丰富的现实内容。"天之大德曰生",这是生命的原则,也是人的原则。天与人的存在都是无可怀疑的,二者的合一意味着社会(儒家)或自然(道家)的活动和过程落实在一种主体的精神境界上。

佛教认为"万法无常,诸行无我"。道生在注解《维摩诘经》时并不满足于去说明佛教那非有非无的万物皆空的本体论,而是试图说明"无我本无生死中我,非不有佛性我也"(《弟子品》)。在他的解释中,佛性既是超越言象的真如本体,又是参证这一本体的清净之心,从而确立了人的存在,并在此基础上提出,"以体法为佛,不可离法有佛也"(《不二法门品》)。这样,佛教的所谓"涅槃"就成为"在生死中即用其实"的主观精神境界,破除了弃绝此生的对彼岸世界的追求。

道生孤明先发的主要意义不在于天才地预知到大乘佛教存在"一切众生皆有佛性"的观点,而在于当他独立地提出这个命题的时候,将佛教的本体论前提纳入到中国文化的思维框架内,为心性论的研究打开通道,从而将顿悟成佛的心性论植根于中国文化的土壤之中。深受玄学熏染的道生主张"得意忘象",注重慧解即主体心智作用。所谓得意的过程就是理解的过程,而理解又是以"先见"即自身的文化沉淀以及对世界的感受为基础。道生最初提出自己的佛性思想时被视为异端,但当四十卷本的《大般涅槃经》译出而其思想被证实,又赢得极大赞誉。其实,这样的戏剧性不仅表明他聪哲若神,更说明在这种慧解的后面他得到了中国固有文化背景的支持。他在讲解六卷本《泥洹》时说的一番话多少透露出他敢以独见忤众的根据所在:"禀气二仪者,皆是涅槃正因。三界受生,盖唯惑果。阐提是含生之类,何得独无佛性?盖此经度未尽耳!"[①]气禀论是汉代以来的通说,"二仪""含生"诸范畴与"涅槃""三界"并用,说明道生的思想中有着中印文化交汇的鲜明特征。事实上,正是以"一切众生悉有佛性"和"顿悟成佛"为起点,外来的佛教在中国才走上了以心性论为主流的新路。真正巧合的是印度大乘佛教中也存在"一切众生悉有佛性"的思想,因为道生的思想乃是基于中国文化深厚传统的独立创造。不少学者注意到了道生之说妙有渊旨,因而视之为承上启下使中国佛学整个地改变方向的关键人物。[②]

---

① 转引自赖永海:《中国佛性论》,上海人民出版社1988年版,第58页。
② 参见余敦康:《论竺道生的佛性思想与玄学的关系》,载《中原文物》1985年特刊。

二

华严、天台和禅宗这些中国化程度较深的佛教都继承了"一切众生悉有佛性"的基本思想。但宗教不仅仅是一种哲学,佛教要在新的文化中扎根生长还必须满足该社会中人的人生需要。因此,禅宗的一枝独秀还需结合中国社会各阶层的状况,对其宗教实践形式以及体验内容进行综合分析。

道生曾说"反迷归极,归极得本"(《涅槃经集解》),但真正从宗教实践角度联系中国社会实际对这个"极"和"本"进行深入探讨并取得现实成果的正是禅宗。禅宗奉菩提达摩为初祖。这位印僧携至中土的是四卷本《楞伽经》。该经以佛陀与大慧菩萨对话的形式讨论了开悟的内容等问题,主张以心为宗而注重禅定,因而十分适合"博通全书,尤善老庄"的慧可二祖依附玄理做自由的阐发。这位"外览坟索,内藏通典"的和尚,四十岁出家时已是知名学者。在独立钻研中他敏锐地注意到此经"明白地解释了佛法和人心的关系","将佛性和人心看成一事"①。所以,在遇见达摩后他更自信地提出以此四卷本《楞伽经》与虽属新译、却将人心(识藏)和佛性(如来藏)断为二橛的十卷本对抗,作为立宗之经。

印度佛教将佛性视为宇宙人生之终极以及体悟这种终极的智慧或能力。实际上,四卷本《楞伽经》那些经文,如"若无识藏名如来藏者,则无生灭。……如来者,现前境界,犹如掌中视阿摩勒果",并不等同于慧可所理解的"将佛性和人心看成一事"。大乘中期有命题"一切众生有如来藏",唯识宗以阿赖耶识为世界本原、成佛根据。在这种观点里,人的价值在于分有般若圣智,而这种东西的存在又是为着去体认真如本体。因此,人在根本上不过是一个认知单位。而中国文化中,尽管历来相信"心之官则思",这个心却从未失去其个体存在的规定性,因而其内涵也从来没有如印度佛教对般若圣智或阿赖耶识之类的规定那样抽象、绝对和神秘。用宋儒的话来说就是"心统性情",其原则的普遍性与作为经验个体的感性丰富性是统一不可分的。但也正因慧可的这种"误

---

① 吕澂:《中国佛学源流略讲》,中华书局1999年版,第307页。

解"乃是基于自身的文化背景和对自身生活的体验,从而给文化史的发展带来了新的契机,给人生的发展开辟了新的可能。它将人心与佛性看成一事,不仅使个体的地位大大提高,还将印度佛教对佛性作出的规定置于解体的边缘:实践中自性与真如的界隔不再是泾渭分明了。慧可自己就曾说"观身与佛无差别,何须更觅彼无余"?至此,大乘禅定这一安心求证的外来文化被逐渐注入中国人对世界的感受,并根据其自身需要而加以改造乃是必然之势了。达摩坚持教禅一致,借教悟宗。这不仅在形式上使修禅流于烦琐,不便在生活中施行,内容上也使它桎梏在印度佛教系统内而与中国人的精神世界扞格不入。慧可讲经时那种通变适缘遂缘便异的自由解释,可视为中国禅师分离教与禅的最初尝试。它意味着禅宗的开创者一开始就认为证悟并不必然要以佛陀的经教为中介,其后继者所谓"单传心印,不立文字"则正表明他们于印度经义之外对禅的中国基础或内容的找寻。

僧灿是继达摩和慧可之后的禅宗三祖,据传曾作《信心铭》,不仅要求修行者"万法齐观"以"复其本然",在形式上使禅定趋向简便,而且明确将安心定义为"任性合道,逍遥绝恼",内容上与道家传统靠拢。据净觉撰《楞伽师资记》,四祖道信也是依楞伽坚守"诸佛心第一"之禅宗路径的。他基于文殊说般若经一行三昧而提出"念佛心是佛,妄念是凡夫"。这种人心与佛性的统一越来越落实于心之一念,成为一种主观的精神境界。慧能之师弘忍开创的东山法门更以"守本净之心"为旗帜,在《修心论要》里突出心的根本地位,"此守心者,乃是涅槃之根本,入道之要门,十二部经之宗,三世诸佛之祖"。虽然五祖法门大启使禅宗影响大增,他仍跟其先师先祖一样,在将佛性纳入人心之后,虽也强调心之灵明,但基本上却仍是以印度的清净之心作为把捉的对象。因此,他们的宗教实践仍不离修持打坐,心心念佛,与现实生活相去甚远。因此,净觉在《楞伽师资记》里断言,"若有一人不因做禅而成佛者,无有是处"!

"身是菩提树,心如明镜台;时时勤拂拭,莫使惹尘埃。"神秀这位上座大弟子的偈语可视为对慧可以来楞伽禅系风格的精当概括。但对《金刚经》更为重视的五祖弘忍其时已在酝酿着突破,感到正法难解。因此对神秀偈子评价不高:"只到门前,尚未得入。"而慧能在他的偈子里却阐明了正法,成为五祖的衣钵传人,是使佛教中国化最终完成的里程碑似的人物。

"菩提本无树,明镜亦非台;本来无一物,何处惹尘埃。"神秀以清净佛性如一物而内在于心,故他之所修必然表现为由定生慧的渐教,这是本体论决定认识论(心性论)的逻辑必然。据《坛经》所载神秀对戒定慧的定义是:"诸恶莫作名为戒,诸善奉行名为慧,自净其意名为定。"这与《增一阿含经》所述佛教之通诫完全相同,在实践中也不出所谓八正道之外。如此修行,不过是以心(识藏)去发现另一个心(如来藏)。慧能的这幅偈子表明了禅宗与印度佛教的决裂。"菩提本无树"否定了佛性作为独立本体的存在;"明镜亦非台"否定了佛性之在人心中的存在。"何处惹尘埃"的反诘里包含的是对人之自性清净的肯定,自然之心成了禅宗对人的本体规定,一切来自宗教对世界对人生的外在价值规定都被清除。正如弘忍后来训示神秀时所说的,"如如之心,即是真实,若如是见,即是无上菩提也"。所以,慧能说,"心地无非自性戒,心地无乱自性定,心地无痴自性慧"。他的逻辑前提已经完全不同,"一切万法,皆从自性起"。

宗教的意义通过具体的生活而在社会中显现出来。宗教生活与世俗生活形式上的接近反映了主体精神世界的改变。把超验神秘的佛性从人心中清除后,"凡心即佛"了。禅宗并没有因此而给心灵套上锁链,因为泛化后的佛性仅只一个抽象的原则:"一切法不离自性";自性于人就是人性。它意味着从佛性去说明万物的僧侣主义被反转为由自性来说明佛性的自然主义,意味着作为对佛性体悟的禅已与现实中人的生活直接统一起来。见性成佛是一个活泼实在的生命过程:无须坐禅,不必读经;要行就行,要坐就坐。随缘任运,立处即真。与华严宗的"一真法界观"和天台宗的"一心三观"等观法相比,一切形式上的束缚都被解除。简易可行(这使得它易为以实用理性为特征的中国人所接受)是由于它将世界理解为世界,将生活理解为生活;佛教揭示的所谓万物的无相之相(实相),被理解为诸法本来如此的真相。由慧可到慧能,禅宗的确立实属"千里来龙,至此结穴"。

三

学术界把佛教的道家化视为佛教中国化的实质是有相当根据的。但这二种思想是通过什么中介,又是在怎样的社会基础上实现其统一融合的呢?

佛教汉代初入中土被视为当时颇盛的神仙方术,佛陀被当成祈福禳灾的神灵。作为其理论构成的三世轮回说被用来比附传统的灵魂不死观念。人看不见其视野之外的东西,外来的文化也只能按照自己的理解加以接受。在当时的社会和思想条件下,佛教朝向禅宗的发展显然是难以想象的。而玄学之所以成为中国文化在一个较高层面与印度佛教的联接点,固然由于它在理论思辩上达到了新的高度,与佛教发达的理论思维相近;但更为关键的是,玄学乃是立足天人之学传统对生命存在的新的深入思考,在变化了的历史条件下(相当于先秦两汉)拓展了中国哲学中人的理论疆域,从而给来自印度的宗教人生论走向中国人的心灵开辟了广阔前景。晋宋之际的竺道生兼有玄学家和佛学家双重品格,他的一些观点,如"体法者冥合自然,一切诸法,莫不皆然。所以法为佛性也"(《大般涅槃经集解·狮子吼品》);与唐代成熟后的禅宗思想贯通一致,如"心随万境转,转处实能幽;随流认得性,无喜亦无忧"(《临济语录》);就证明佛教的中国化不仅是以玄学为起点,而且从那儿开始后就一直没有离开这条轨道。

道家思想从庄学开始兴起就已由宇宙本体的探索转向了对人格本体的追寻,从理论上提出了"人的本体存在与自然存在的同一性"①。但既然是人生哲学,就当落实于现实中特定社会群体。中国哲学中所论人的命运都是士人命运。孔孟如是,荀况、韩非如是,后来贾谊的感伤、司马迁的疑惑,也莫不如是。大一统帝国建立后,武帝罢黜百家独尊儒术,经学仕途直接挂钩,士人幼而学壮而行的是儒家那条修身齐家治国平天下的路子。老庄当然也在士人之列,但所开创的道家思想除了于一定隐者有所影响,并未与士人生活切实联系起来。汉末的党锢之祸以

---

① 李泽厚:《中国古代思想史论》,人民出版社1985年版,第185页。

后,儒家的士人政治思想被证明不见容于封建专制者,知识分子通过经学仕途的挂钩而建立起的与社会的联系也被切断,"刚大方直之气折于凶虐之余,而渐图所以全身就事之计"(见朱熹《答刘子澄书》)。正是在儒家那种社会本位(伦理本位)的人格理论瓦解之后,魏晋思想家吸收道家自然本位(生命本位)的人格理论,与儒家思想中的某些人格因子相结合,最终由郭象创造出适应新条件下士人需要的儒道互补人格。它的根本特征用郭象的话来说,就是"无心顺有与化为体"(见《庄子·逍遥游注》《大宗师注》),它克服了伦理本位人格结构中理性对感性的过分约束,既可满足士阶层对自己独立人格意识的追求,又不致产生与统治集团的原则冲突。①

有学者通过对魏晋南北朝佛学的研究,证明厌世的士大夫这类"具有中国传统素养的佛教学者","对于推动佛教与中国传统文化思想相结合,使佛教思想信仰中国化方面发挥了主导作用"②。其实,这个事实也同样存在于以后佛学演变的历史之中。隋唐确立的科举制乃是专制权力集团对知识分子进行思想和人身控制的行政手段,不妨视之为对士作为一个知识分子群体之文化属性(社会价值的承担者)的消解。重进士而轻明经表明统治者感兴趣的是儒学中与宗法制相契的操作性伦理纲常,将"士"作为经过某种专业训练维持专制整体有效运作的技术性官僚。有唐一代,"不由吏部仕进者几希",天下英雄尽入帝王彀中。这些由四书五经熏染出来的士大夫在官场宦海的现实际遇又如何呢?柳宗元在《送文郁师序》中明白写道,"吾恩当世以文儒取名声为显宦,入朝受憎娼讪黜摧伏,不得守其土者,十恒八九"。白居易的感慨为这段话提供了一个活例证,"入仕欲荣身,须臾成黜辱"。对于这些有着高度自我意识而又十分抑郁不得志的士大夫们来说,佛学将道家对现实那多少有些消极的认同转化为对一种精致本体的积极追求,使之获得更为强烈的心理体验和精神满足。白居易"每夜坐禅观水月,身不出家心出家"显然有着相当代表性。宋儒周必大说,"自唐以来,禅学日盛,才智

---

① 详见陈明:《理想的圣人人格与理想的士人人格》,载《齐齐哈尔师范学院学报》1990年第3期。

② 方立天:《佛教中国化历程》,载《世界宗教研究》1989年第3期。

之士,往往出乎其间"。今天也有论者发现,"唐宋以来的士大夫与唐宋之前的士大夫相比,似乎有了一个既明显又深刻的变化,心理上更封闭,性格上更内向,思维方式上越来越侧重于内省式的直觉体验。尽管表面上仍大讲儒学,但实际上的内在生活情趣却在向禅宗靠拢"①。其实,这种转变从魏晋之际就已经开始。如果在一定程度上可以把佛教的中国化看成是中国知识界对自己时代和自我命运理解的结果,那么可以说,正是这种转变构成禅宗产生的最为深刻的内在动因。当然,这种转变本身乃是中国社会发展变化的组成部分(如科举制对经学士族的挤压瓦解作用)。

西方哲学基于一种对世界的对象性认识,从柏拉图、黑格尔、到胡塞尔存在一个绝对理念论的传统。与这种科学认知方式不同,中国、印度的东方智者们将他们的哲学就建立在其对世界的感知的基础上,人生问题始终占据着核心地位。中印之间的区别在:印度哲学在对梵的肯定中以人生为苦,以解脱为目标;中国圣贤则坚信人之初性本善,尽性即可知天而追求自然生命的完成。这种基于文化意向的不同使得士大夫们在落拓偃蹇中必然寻求内在心理能量的表达释放。所以,从逻辑上讲,在慧可将佛性与人心视为一体后(不要忽视慧可读书士了的身份),慧能"自性即佛"的禅宗本质完成就几乎已经注定了。

四

那么,禅宗是怎样帮助中国文化人在现实的抑郁中乐天知命发扬其内在生命呢?没有什么宗教能将人类的苦难化解为无形,但虔诚的信仰却确实可以给某些个体带来内心世界永恒的宁静;因为人是有意志力的。铃木大拙就由自身亲证强调禅的开悟与意志力有关,并以此解释所谓"一念观察相应般若"。实验心理学家在发现人可以通过某种方式"迅速地获得对我们自己脑波的意志控制","就好像知觉学习世界正引导我们进入一个内心的自我发现的世界"时,马上联想到这"像瑜珈和

---

① 葛兆光:《禅宗与中国文化》,上海人民出版社 1986 年版,第 205 页。

禅宗佛教的内心自我发现"。①

禅宗的修行法门是"无念为宗、无相为本、无住为本"。《坛经》的解释是,"无相者,于相而离相;无念者,于念而不念;无住者,为人本性,念念不住"。这"三无"要而言之,就是对一切事情虽经历感知却都"不生憎爱,亦无取舍,不念利益",因为"取相则障自本性",与"一切法皆在自性"相违背。禅宗特别注重"于此时,在目前,孤独明澈,充分觉知"的个体,颇类海德格尔对亲在(Dasein)的强调。但禅宗的自性不是要把人与事(外界)统一起来,并在这种统一里维持主体的价值尺度,而是要人自觉地从事项中分离而出,否定其对主体自性有任何意义。禅宗显然无视人作为类和个体都只有通过与自然并在自身自然规定性基础上的物质能量交换才能实现其存在和发展这一事实,在它的理论中,人的自性是自给自足的,与宇宙整体的和谐相呼应。人只要"用智慧观照于一切法,不取不舍,即见性成佛"(《坛经》)。

佛学以思辩的精致著称。即使不立文字的禅宗也没脱离"慧解脱"的理路,只是所悟者乃是一切法不离自性。慧能在《坛经》中阐述道,"法性起六识;眼识,耳识,舌识,身识,意识。六门、六尘。自性含万法,名为藏识。思量即转识。生六识,出六门,六尘,是三六十八。由自性邪,起十八邪;若自性正,起十八正。若恶用即众生,善用即佛"。这里使用的名词概念来自唯识学,但阐述的义理却属禅宗。在唯识论的认识论中,"识所所了别,唯有它自身所挟带的影像(缘境),同时客观物象都是随识的改变而改变"(见虞愚《唯识学的认识论》)。也就是说,主体所处理的并不是客观存在之物(唯识学谓之外境),而是被眼耳身诸识纳入既定认知框架的"相分"(亦谓内境),它已经被"制造或裁剪过一番,来适应自己的期待"(见熊十力《新唯识论(语体本)》)。这种制造和剪裁类似于现象学所谓意向性建构,在这个心理世界中生活世界的意义被规定了。

慧能的这段话也不同于我们今天的认识论,它讨论的只是主体内部的思维活动或过程。世界对于禅宗思想家来说就是他们所感受的样子,

---

① 〔美〕加德纳·墨菲、约瑟夫·柯瓦奇:《近代心理学历史导引》,林方、王景和译,商务印书馆1980年版,第433页。

即"一切法不离自性"。因此,当他们把这种理解赋予普遍性时,必须确立其观察世界的意向性结构,以赋予客体相应的价值。可以说意义世界的建构,其实就是一个"内境"结合的过程。它在认知框架内的形成实际并不如唯识学所谓是经如来藏识通过思量而无中生有的过程,而是认知主体根据某种指导性原则,对外界刺激感受进行赋值("制造或裁剪"),然后进一步认知处理(指向"自己的期待")的过程。所不同的是,唯识宗是以真妄判定内境外境的区别;所谓识有境空就是认为我们的意识之外别无一物,以此"圆成识性"为宇宙真如,通过对它的体认而达到对痛苦的解脱。禅宗则以正邪作为化外境为内境的原则。它反对于境上直接起念(这才是主体与客体的真实联系),那叫邪念。无念之念,方为正念;不离自性即是正。自性原则不仅是对客体的规定,更是对主体自己的要求。可见,禅宗不是将内境外境作为一真一妄两极对立、以主体消解客体,而是通过自性范畴将二者统一。所谓"自性含万法"实际乃是"万法含自性"。尽管它也曾用"三界无别法,唯是一心作"来突出心的地位,禅宗的藏识并不如阿赖耶识那样是个"种子"仓库,里面的祭坛上只供奉着"万法不离自性"的信条。当"思量"根据这一原则展开具体的人生(表现为一系列认知活动)时,它把守的并不是由阿赖耶识打开的大门,而是固定了眼耳身诸识认识世界的角度,并赋予所感知的外物一种绝对价值;使之成为进一步体味意义的"内境"。来自外界的一切刺激和来自内心的一切感受都被合理化,共同统一于特定社会所认可的度(个体所认为的"应当"显然是历史条件的产物)。要弄清楚禅宗对"自性"的理解,分析其社会意义,就像评价"存在即合理"的命题一样困难。在其最初出发点上,禅宗只是想构筑一个"平常心是道"的意义世界。由此出发,青青翠竹皆是法身,郁郁黄花无非般若;贪嗔烦恼并是佛性,笑欠声咳皆为佛事。郭象"无心顺有与化为体"进一步发展为马祖道一的"触类是道任心而修",更为清通简易也更为自在洒脱。这就是"即心即佛"的新的宗教的实质。

确实,禅宗的根本要义在于求得一种新观点用以观照人生和世间万法。从它对开悟的原则和方法的阐述来看,似也确实找到了通向其意义世界的路子,给无数禅宗和尚、举子仕人带来诗意盎然的法喜禅悦。禅师修禅完全是属于个体的活动,其体验终止于内心,其影响不出于宗教一界。士大夫则是整个社会的主干,文化的承担和创造者,禅宗的文化意义主要也是通过他们体现出来。作为一种宗教形式的人生哲学,禅宗思想并不是士大夫观念系统的全部内容,而只是作为儒家主干思想的补充。逃禅一词,准确地表明了禅宗不过是他们于现实之外构筑的精神世界,所关涉的只是作为个体(而非社会角色)的人的生活问题。它的存在使得处于绝对王权控制下而又有着自己人格追求的知识分子维持一种微妙的心理平衡;这对封建社会的正常运转和古代文化的延续创造都是十分必要的。

《唐虞之道》与早期儒家的社会理念

有专家认定山西襄汾的陶寺型龙山文化为陶唐氏的文化遗址。虽说"器以藏礼",但考古学报告提供给我们的只有该文化的物质生活状况,对其社会组织状况则只是十分抽象的宏观定位。① 湖北荆门出土的《郭店楚墓竹简》有《唐虞之道》篇,它所携带的信息,能否使"军事民主"、"氏族制度"诸范畴,落实为中国上古社会的具体内容,从而开启思想史研究的新视角?

(一)

《唐虞之道》出自战国时期儒家之手,滤除意义添加,所谓唐虞之道者,一为禅让之制,一为爱亲尊贤之策。先说禅让之制。

> 唐虞之道,(禅)而不传。尧舜之王,利天下而弗利也。(禅)而不传,圣之盛也。利天下而弗利,仁之至也。

禅让之事见于上古之书《尚书》,又为太史公采入《史记》。战国时诸子曾有讨论。荀子从自己性恶(争夺之心人皆有之)的设定出发拒斥其事(见《正论》);韩子承认其事,但认为这是因为远古之时,"贵"为天子无异服苦役(见《五蠹》);孟子根本不认为天下属于天子,因而无所谓让,他用哲学语言,把禅让说成"天与之",天则是民意的反映,"天视自我民视,天听自我民听"(见《万章》);墨子则以禅让之事作为自己"尚贤"主张的论据而反复申述。

平心而论,四人中以韩子的致思进路最符今人之理性,近人郭沫若、

---

① 详参王文清:《陶寺遗存可能是陶唐氏文化遗存》;高炜:《试论陶寺遗址和陶寺类型龙山文化》。均载《华夏文明》第1期,北京大学出版社1987年版。

钱穆、徐旭生均是从人类学提供的上古生活图景,把禅让理解为一种"选举制度"。①

制度经济学家认为,在较大群体内建立秩序、提供公共产品的途径乃是"出于无政府状态下各首领的自利目标"。② 将制度经济学的方法引入儒学研究是基于这样一种理解:儒学不是西方哲学史意义上的哲学体系,即并非由哲学家的玄思编织而成的关于客观世界的知识之网,而是对历史经验和伦常日用之道的理论总结和思维抽象。

"凡有血气,皆有争心"。我们不妨也将古人理性化,设定其在任何时候都会对能更加满足其愿望的事情作出择优选择,作为利益单位的各部落均存在对于人力资本、非人力资本以及自然资源排他性占有的欲望或冲动。因此,各部落普遍倾向于建立一种能满足自身利益最大化之条件的秩序。这无疑使各部落间的秩序目标处于矛盾对立之中,并且唯有凭借武力建立一种统治关系才有可能实现。

那么,各部落内部所具有的武力潜能又有多大呢?《战国策·赵策下》谓:"古者四海之内分为万国,城虽大无过三百丈者;人虽众无过三千家者。"虽然由夏禹之时的万国到战国七雄,弱肉强食乃势所必至,但这毕竟表现为一个漫长的历史过程。据皇甫谧《帝王世纪》,夏禹之时有万国,殷初减至三千,周初又减至一千七百七十三,春秋初仍有一千二百之数。这些蕞尔小邦,在金属工具尚严重短缺的冷兵器时代显然尚不具备攻城掠地的实力,是以"上古竞于道德"——如果不能威加海内独享天下之利,各方就只有偃武修文,平心静气地讨论共处之道,以求取某些必不可少的公共利益,如治水,如抵抗异质文化入侵等。《史记·五帝本纪》索隐述赞曰:"高阳嗣位,静深有谋,大小远近,莫不怀柔。"柳宗元撰《封建论》认为,具有分权分利性质的封建制乃是出于"势之理":"盖以诸侯归殷者三千焉,资以黜夏,汤不得而废;归周者八百焉,资以胜殷,武王不得而易。循之以为安,仍之以为俗,汤武之所不得已也。"周公之时,"封建亲戚,以藩屏周",可见上古同姓宗族扩展自身,提升军

---

① 郭、钱文见《古史辨》七(下),上海古籍出版社 1982 年版。徐文见《文史》第 39 辑,中华书局 1994 年版。
② Mancur Olson 观点。参阅《民主的经济意义》,载《公共论丛(第 3 辑)》,三联书店 1997 年版。

事潜能并无更多的手段。据《史记·夏本纪》,夏桀之败,在于其"不务德而武伤百姓,百姓弗堪……(汤)代夏朝天下"。百姓,即指众姓族单位。朝者,召也,召集人而已。当然,这不能排除与异族间发生战争的可能性。

邹昌林的研究认为,"处理国与国、君与臣、人与人之间的相互关系"之"交接礼仪"的"基本精神是让"。他指出,古礼的第一次整合就是以交接礼仪为中心实现的,反映了部落融合的史实。① 均势,导致了和平共处或者说莫敢犯众怒的格局。

共主只是召集人,其权力只能以同意为基础;其使用,只能以提供公共产品(public goods)为目的。此即所谓公天下者也。梁启超指出:"夏殷以前所谓诸侯,皆邃古自然发生之部落,非天子所能建之废之。"②

从《尚书·尧典》看,《尧典》中四仲中星的昏躔位置,经现代天文学计算属公元前24世纪天象,当文献所载之尧之时也。由于岁差到公元4世纪才由虞喜发现,故可排除《尧典》基本内容的伪造可能。

尧所做的几件大事是:(1) 协和万邦;(2) 敬授民时;(3) 汤汤洪水,命鲧治理;(4) 举舜于"侧陋",平稳完成权力交接。舜所做的几件大事与此类似:(1) 播时百谷;(2) 浚川、平治水土;(3) 象以典刑,去四凶;(4) 举二十二贤才。这里"去四凶"似有阶级斗争之嫌,但实际是指处罚公共秩序的破坏者——共工氏等均是部落首领,"此三族,世忧之",乃联盟之公敌;鲧则是由于没能完成联盟的治水任务。

《韩氏易传》谓:"五帝官天下。""官天下"就是"公天下","公天下"自是选贤与能,以提高公共权力的运作水平。尧本人"其仁如天,其知如神"。《唐虞之道》载,"尧之举舜也,闻舜孝,知其能养天下之老也;闻舜弟,知其能嗣天下之长也"。郑玄注《礼记·祭法》曰:"有虞氏以上尚德,郊祖宗,配用有德者而已。"孟子生于乱世,又不知道什么叫生产力发展水平,同时还需望诸侯们身率以正,将此理解为"天意",不亦宜乎!

由此看来,禅让虽只是一种选举制度,但这个制度却是当时整个权力/规则系统之一环,集中体现了该系统的公共性质。

---

① 邹昌林:《中国古礼研究》,台湾文津出版社1992年版,第二章。
② 梁启超:《先秦政治思想史》,东方出版社1996年版,第49页。

由自利的群体达成互惠的秩序,实际有着人性的内在根据。《左传》成公二年、成公十六年和昭公十年的命题"义以生利";"义以建利";"义者,利之本也"正是对此"悖论"的深刻领悟。因为离开"利"无所谓"义","义"不过是整体利益的代名词。离开利,义无从定义;义是一种"利他"行为。如果不合作,平土治水这样的大型公共工程,就无法付诸实施。"当尧之时,水逆行,泛滥于中国。蛇龙居之,民无所定。使禹治之,然后人得平土而居之。"①

正因有此共识,"让"才在相当长时段内被认为是"德之主"、"礼之主"。(《左传》昭公十年、襄公十三年)尧、舜"兴天下之同利,除天下之同害,而天下归之"。对尧、舜个人来说,出任共主一职回报不高。人类学家在原始部落中,发现有一种"努力工作,雄心勃勃,富于公共精神的角色"。这种所谓"大人物"的资格是"施舍","其权力完全取决于能否充当好大施舍者的角色"。② 另,《史记·五帝本纪》载尧在考虑权力交接时曾考虑到,"授丹朱,则天下病,而丹朱得其利",这里的利,是否即是一种"大人物"似的实现感、荣誉感呢?但当时个体尚未从所属群体中分离出来,联盟是以部落为单位,而部落所获的回报并不低,可以生活在一个和谐的环境之中——"天下之大利莫如定,其大害莫于争"。

总之,"由氏族联合而成部落,各氏族有其独立的力量,相互有制衡,酋长难以有绝对之权力。部落联盟、各部落亦有独立的力量以相互制衡,部落盟主亦难有绝对权力。……古代民主的成分还是或多或少的遗存在思想和制度之中"。③

(二)

再说"爱亲尊贤"之策。它能够反映上古社会组织的具体构成和机制,因而更值得重视。《唐虞之道》曰:

尧舜之行,爱亲尊贤。爱亲,故孝;尊贤,故让。孝之方,爱天下

---

① 见《孟子·滕文公下》。
② 参见〔美〕马文·哈里斯:《文化的起源》,黄晴译,华夏出版社 1988 年版,第七章。
③ 张纯、王晓波:《韩非思想的历史研究》,中华书局 1986 年版,序。

之民。让之口,世无隐德。孝,仁之冕也;让,义之至也。六帝兴于古,咸由此也。爱亲忘贤,仁而未义也;尊贤遗亲,义而未仁也。……爱亲尊贤,虞舜其人也。

相近的思想见于《礼记·哀公问》中孔子论"古之为政"的一段话:

> 古之为政,爱人为大。所以治爱人,礼为大。所以治礼,敬为大。……是故君子兴敬为亲,舍敬是遗亲也。弗爱不亲,弗敬不正。爱与敬,其正之本与!

亲和贤是当时社会上分属两个不同角色序列的人物。亲,指血缘上相关的人物,作为自然人,表现为家族内部的父母弟兄等。贤,指有才能的人(《说文》:贤,多才也)。尊贤由尊尊演变而来。尊为祭祀用酒具,祭祀时由族中年长者所执,血缘关系较父母近亲为疏远,对他的敬重,是出于"义"。亲亲("爱人")是自然情感,故应作为氏族政治的基础。尊贤则是从"爱人"出发的理智考量——须选择"德行道艺逾人者"负责公共事务,为社会提供公共产品才能把爱落到实处。"道"由"情"生,表现了人类进入文明门槛之初自然与人文两种关系的内在连接。

尧舜等古圣先贤爱亲而尊贤,显然是成功者,"六帝兴于古"可证。而《唐虞之道》的作者指出,六帝之兴"咸由此",则表现了某种制度经济学家似的深刻洞见。

《唐虞之道》将孝与让对应于亲亲与尊贤,同样十分深刻,实际启示了儒家礼乐制度和仁义思想的发生线索。我们知道,"夏商以前所谓诸侯,皆邃古自然发生之部落"。自然发生者,适应环境自愿选择之谓也。人的需要,古今相同:生存和发展。生存方面主要有防范异族侵略,保证生存安全;发展方面则是维持内部资源有效配置,提高生产能力。《史记》称尧为考验舜,曾使舜居河滨,"一年而所居成聚,二年成邑,三年成都"。聚、邑、都均为社区单位。《周礼·地官司徒》云:"九夫为井,四井为邑,四邑为丘,四丘为甸,四甸为具,四县为都。"

这里为称颂舜之"所存者神",不免有些夸张。但聚落内部的秩序跟部落间之组织形式(部落会议)相近而呈现出公共性质应可推定。马克思《摩尔根〈古代社会〉一书摘要》第176页写道:

> "氏族制度本质上是民主的。氏族、胞族、部落均是自治组织。当若干部落合并为一个民族,其所产生的共同管理机构必和该民族的各组成部分的原则相协调。"①

聚落内部权力/规则系统呈公共性质主要取决于两大因素:规模与结构(生产力发展水平当然是更为基本的因素。但作为普遍前提,本文不拟特别讨论)。关于规模,日本学者宫崎市定的这段文字可以提供一个轮廓:

> 上古时代被称作万国或一千八百国的无数个邑,到了汉代根据其大小被分为三级。上者为县,中者为乡、聚,下者为亭。从本质上说,县、乡、亭三者几乎是没有什么不同之处的聚落。……一亭的户数一般是二百至五百户,尤其以三、五百户的例子最多。②

在山西襄汾陶寺型发掘的陶唐文化遗存,占地约3平方公里(长2公里,宽1.5公里),与宫崎市定的发现可印证。

这样的规模是由其结构方式决定的。"中国古代国家是以家族和宗族为内涵的,是一种家族城邦。每一国家都是由一个或几个宗族构成的。作为国家的象征,一曰宗庙,二曰社稷。国人即邦人,不仅仅是居于国中人,而且是属于族邦之人"。③ 这使得聚落或城邦内部的人际关系具有紧密性、长期性特点。紧密性主要指基于血缘关系的强烈情感色彩;长期性则指个体的社会化以及生老病死均在族群内部完成。这二者决定了个体与个体间、个体与群体间利益关系的高度一致。当时的生存竞争是以族群而非个体为单位,"氏族的全部力量,全部生活能力,决定于它的成员的数目"。④ 竞争的目标则是"惟竞存其族"。⑤

在这样的共同体中,许多中国和日本的学者都强调中国早期社会的"共同体性质",如吕振羽,西屿定生等。李学勤认为井田制并非儒家杜

---

① 〔德〕马克思:《摩尔根〈古代社会〉一书摘要》,人民出版社1965年版。《周礼·地官司徒》载有"聚民"、"养民"和"安民"的诸种举措。
② 参见《关于中国聚落形体的变迁》,载刘俊文主编:《日本学者研究中国史论著选译(第三卷)》,杜石然等译,中华书局1993年版。
③ 参《华夏文明》第3集《中国古代国家形态概说》,北京大学出版社1992年版。
④ 〔俄〕普列汉诺夫:《论艺术》,曹葆华译,三联书店1964年版,第58页。
⑤ 参姜玢编选:《革故鼎新的哲理——章太炎文选》"族制",上海远东出版社1996年版。

撰,而"是一种农村公社"。① 秩序(权力、规则)显然只能是在"符合最多数人的相对最大利益"的原则之下,随着族群内部需要的出现而自生自发地产生出来。我们不妨从两个层面理解"自生自发"的意思,其一是它不存在强迫性,因为它具有自然正义的基础(满足生存与发展需要),人们接受"大人物"作为"委托代理人"的地位,旨在通过分工合作以获取更高的效率。马克思主义者认为阶级的生产从分工开始。但我们不能认为二者完全同步,因为分工本身只意味着效率的提高而不是剥削。即使分工导致了不同利益集团的形成(由于委托代理人躲避监督,以权谋私),该利益集团要确定其优势格局,前提是须在对抗中获胜,故需要一个财富的积累和集中的过程。从《礼记·曲礼下》"拟人必于其伦"一段文字看,西周社会倾向于把"世官"理解为"分工"。《管子·小匡》提出"制国以为二十一乡,商工之乡六,士农之乡十五",可见,战国时期仍以"世职"作为"分工"的最佳保障途径。其二是它与当时的社会状况密切相关而深深打上历史的烙印,即它必然与当时情境中人们的风俗习惯、心理情感相协调。因此,正如文献所呈现的,家长制体制的放大与完善,就成为"自生自发"的主要内容。

哈耶克关于"自生自发之社会规则"的阐述,可以为"爱亲尊贤"的历史合理性提供理论支持。他指出,自发秩序"是一个缓慢进化过程的产物,而在这个进化的过程中,更多的经验和知识被纳入它们之中,其程度远远超过了任何一个人能完全知道者";"毋宁是一种集无数代个人经验的大规模的文化进化过程的产物"。② 所谓放大,是指将这种关系由家庭之内扩展至家庭与家庭之间(家族宗族均为拟家庭结构)。所谓完善,就是将家长权力的合法性定位在"义"与"慈"的基础上。从较广阔的历史背景看,"父权"与"君权"的贯通,表明君权获得了合法性支撑,父权的价值理念也被继承。——正如丕郑在《国语·晋语》中所说,"民之有君,以治义也。义以生利,利以丰民"。这种权力组织形式的演变,不仅以情感为基础,也以情感为保障,自是只有以血缘共同体为社会背景才是可能的。在以共同体为结构的社会中,民众对自己的"委托

---

① 李学勤:《失落的文明》"井田制",上海文艺出版社1997年版。
② 参阅〔英〕哈耶克:《自由秩序原理》,邓正来译,三联书店1997年版,译者序。

代理人"进行监督的必要性较小且较方便,无需另立成本较高的制度以保障之。即使被称为法家的管仲,其相齐时创制立事的原则也是"俗之所欲,因而予之;俗之所否,因而去之"(《史记·管晏列传》)。秦帝国确立的"与人民大众分离的公共权力"才是与民间社会系统针锋相对的。宋儒谓"三代以下无善治",正是对这一进程的抗议。这种"退化的历史观",乃是为了求取一个正义的未来。尧、舜之"让",已用行动说明他们"以天下为一家,中国为一人"。

《尚书·尧典》对具体的政治纲领及政治实践有明确论述,不妨引为参证:

> 帝尧,曰放勋。钦明文思安安,允恭克让,光被四表,格于上下。克明俊德,以亲九族。九族既睦,平章百姓。百姓昭明,协和万邦。黎民于变时雍。

重要的是后面这段。"克明俊德","俊德"又作"峻德",峻者大也。"克明峻德"就是将潜藏于己的德,一种"得"自图腾的遗传性质素唤而醒之,成为自觉的责任意识和工作目标(在《大学》中是与"亲民"承接)。贾谊《新书·道德说》云:"所得以生,谓之德。"德者,得也。《国语·晋语》亦谓"同姓则同德,同德则同心;异姓则异德,异德则异类。……娶妻避同姓,畏乱灾也"。由近似于"马那"(mana)的神秘遗传物质,演变为"天生德于予"的伦理之德,是儒家完成的"理性化""人文化"工作之重要方面,构成所谓天人合一的基本内涵。① 裘锡圭认为,道家的"精气说"亦与此类似。② "这种性质并非实质的,为同图腾团的一切人及物所公有"。③ 在中国,"姓即图腾","姓者,生也。人生禀天气所以生者也"(《白虎通·姓名篇》)。所以,尧将个体内在之德("得")彰显出来,反求诸己,即能感通同姓即同德之人,而使自己的大家族(九族之人)亲密和睦。"九族既睦,平章百姓","百姓",孔疏谓指"百官族姓",即与自己没有血缘关系,却属于同一部落联盟的众多部落。"平章百姓",即是"把

---

① 参陈明:《儒学的历史文化功能》,学林出版社1997年版,第74、75页。
② 裘锡圭:《文史丛稿》"稷下道家精气说的研究",上海远东出版社1996年版。
③ 李玄伯:《中国古代社会新研》,上海文艺出版社1988年版,第129页。

本部落联盟内尧之近亲九族之外所有不同姓氏的血族团体区分明确"①,"修其教,不易其俗;齐其政,不易其宜"。舜任命契作司徒,"敬敷五教"。②"百姓昭明,协和万邦",部落联盟内部的族自治机能得到改良激发之后,最后的工作就是在各部落联盟之间进行协调,建立互利互惠的理性合作关系了——这对"允恭克让"的尧来说,并不太难。

(三)

前面的分析使人们看到,从人类学角度讲,以禅让和爱亲尊贤为基本内容、以公共性为政权本质规定的唐虞之道在逻辑上是可能的。

恩格斯说,国家的本质,是与人民大众分离的公共权力。我们不妨以这种公共权力的发生、确立及蜕变作为线索和参照,对虞、夏、商、周四代的社会演变进行大致定位,以此分析《唐虞之道》的现实意义。

杨向奎先生曾认为,"以德、礼为主的周公之道世世相传,春秋末期遂有孔子以仁、礼为内容的儒家思想"。③《唐虞之道》则表明,孔子不仅仅"宪章文武",同时也"祖述尧舜"。尧、舜的"亲亲""尊贤"与周公所制作的"礼"、"乐"在精神与功能上属于同一个系统,毋宁说后者是前者在新历史条件下新的表现形式,是维新式的制度变迁。

《礼记·明堂位》:"周公践天子之位,以治天下。六年,朝诸侯于明堂,制礼作乐,颁度量,而天下大服。"《礼记·乐记》曰:

> 乐者为同,礼者为异。同则相亲,异则相敬。乐胜则流,礼散则离。合情饰貌,礼乐之事也。礼义立,则贵贱等矣。乐文同,则上下和矣。仁以爱之,义以正之,如此则民治行也。

在这里,亲亲的原则在功能上被明确为"为同",并被赋予了"乐"的成熟形式;尊尊(贤)的原则在功能上被明确为"为异",并被赋予了"礼"的成熟形式。这说明,至少到周公所处的春秋初期,整个社会的权力规则系统还是由具有公共性质的礼乐制度维系着。这意味着虞夏商周四

---

① 金景芳、吕绍纲:《〈尚书·虞夏书〉新解》,辽宁教育出版社1996年版,第18页。
② 《左传》文公十八年:"使布五教于四方,父义、母慈、兄友、弟恭、子孝,内平外成。"
③ 杨向奎:《宗周社会与礼乐文明》,人民出版社1992年版,第279页。

代的社会结构在发展上是一脉相承的,它们之间既不存在所谓文明与野蛮的分野,也无所谓从原始社会到奴隶社会或从奴隶社会到封建社会的转折,而维持着整体上的同一性,基本的社会组织形式均是自治性血缘单位或血缘单位之共同体(部落、诸侯、邦国)。

小康之世,天下为家,传子代替了传贤,《尚书正义》孔疏:"大道之行也,天下为公;即帝也。大道既隐,各亲其亲;即王也。"宋儒程颐依据君子与小人组成比例之不同,把尧舜之世、三王之世、小康之世区分为大治、中治与小治,总而言之,则"皆属于治世,符合外王理想。"因为,依荀子的标准,"义胜利者为治世;利克义者为乱世"。① 今人亦有谓大同与小康相贯通者②,可以说公共权力与人民大众的分离已经开始。如果用《淮南子·人间》"五帝贵德,三王用义,五霸任力"来描述这一过程,则可以说直到周公之时,这种分离的程度并未达到质变的临界点。"有虞氏贵德而尚齿,夏后氏贵爵而尚齿,殷人贵富而尚齿,周人贵亲而尚齿"(《礼记·祭义》)。四代所贵虽异而尚齿则同,表明政治的变化维持在宗族血缘的界限之内,都是以"亲亲""尊尊"的原则为治。即使利益冲突发展到了"阶级斗争"的程度,礼乐制度的公共性也并不因之瓦解,反而被强化,因为对抗是在族群间展开,这更需加强内部凝聚力,而以血缘为基础和边界的礼乐制度正是一种以此为目的的"内部制度"。

当时的"主要矛盾"是部族对部族的征服和掠夺,而不是邦国内部因瓜分剩余产品而起的"阶级对抗"。古希腊梭伦改革,废除债务奴隶,就是为了保证本邦人(同一氏族者)无论其财富多寡都能成为统治集团之一分子,从而确保以邦为单位的对于奴隶和异邦人的优势地位。因此,奴隶社会的古希腊,政治上却实行民主制;中国"刑不上大夫,礼不下庶人"与此相类。舜征有苗,"子孙为隶,不夷于民",这种战俘奴隶的存在(人殉疑多以此),不能为氏族内部权力的公共性提供反证。祭政合一,以宗庙、社稷为"国家机器"颇能说明当时权力系统的公共性质:"宗庙尚亲,朝廷尚尊;乡党尚齿,行事尚贤。"(《庄子·天道篇》)《诗经·大雅·绵》述古公亶父建设国都,只有"立社""筑庙"诸事,所立之官也主要是主

---

① 参阅余敦康:《内圣外王的贯通》,学林出版社1997年,第431页。
② 参阅晁福林:《试论夏代社会结构的若干问题》,载《夏文化研究论集》,中华书局1996年版。

管建筑的"司空"和负责教化的"司徒"二职。《左传》成公十三年谓"国之大事,在祀与戎",祭祀与征伐,均是宗族全体人员的"公共事务"。

结构性变革从春秋末年开始。清沈尧曰:"诸侯世国,则有封建;大夫世家,则有宗法。"被称为礼乐制度的宗法血缘组织系统是以当时主流社会群体的"内部"基本利益相对一致为基础的。由于经济发展的不均衡性,该群体内外因利益关系的分化而瓦解成为目标不同、实力各异的诸集团单位,"捐礼让而贵战争,弃仁义而用诈谲"(刘向《战国策书录》),不仅在权力层形成"政由宁氏,祭则寡人"的格局,国与国之间也开始"诸侯力征"。

对现实已然的评价和对未来应然的描画以及由此凸显出来的不同利益立足点,将儒、道、墨、法诸家区分开来。

墨家具有空想主义与经验主义的双重品格。他认为,各诸侯公族"贼人以利其身"的"交相攻","皆起于不相爱"。"既以非之,何以易之?曰:以兼相爱交相利之法易之"(《墨子·兼爱中》)。"兼爱以易别",就是"视人之国若视其国;视人之家,若视其家;视人之身,若视其身。天下之人皆相爱"(《墨子·兼爱中》)。他把"爱人者人亦从而爱之,利人者人亦从而利之"的经验命题抽象化①,设计了"尚同"的政治体制。人民统一于卿长、卿长统一于国君、国君统一于天子;"天子之所是,必皆是之;天子之所非,必皆非之"(《墨子·尚同上》)。天子的爱心如何保证?曰"天志":"顺天之意,谓之善刑政。顺天之意者,义之法也。"(《墨子·天志中》)

墨家代表弱势社会群体的利益诉求,但这个宗教性的专制体制既悖人情又乖世道,缺乏现实的可操作性:"兼爱"与儒家的仁相近,但却离开了"家"这个现实出发点(孟子说,"墨子兼爱,是无父也");"尚同"与法家的"势"相近,但却又不以君主的位置为轴心(荀子说,"使天下法若此,则尊卑无别也")。尽管语云"儒墨共道尧舜而取舍不同",从"亲亲""尊尊"的先王之道看,墨者虽均有所见,但因不识礼乐制度养人之欲、给人之求的功能相对最优,而主"毁古之礼乐",终不免两失之。

---

① "囚徒困境"说明,人的理性合作需要信息渠道的畅通作保障,而现实中不能提供这样的保障。

《汉书·礼书》在讨论礼的功能时,述及儒墨之别,指出正是对礼的推崇与否定"是儒墨之分","儒者使人两得之者也,墨者使人两失之者也"。"反天下之心,天下不堪,其去王也远矣。"(《庄子·天下》)作为至善至美的乌托邦,李泽厚认为墨家构建的是一个反映小生产者利益和愿望的"乌托邦"。① 墨子的空想所具有的主要社会功能是对现实进行批判。

道家思想包含了许多时期许多学派的观点和方法。就其对当时社会的关注,论者以为似是从共同体小农的立场出发展开,杨兴顺、任继愈等即持此说。俞伟超认为,"中国古代从原始氏族向奴隶制过渡以及进一步发展到封建制时,存在过家庭公社和农村公社形态;这种过渡经历了很长的时间;这个内容,包括公有制的残余形态,可上下贯穿几千年"。② 笔者认为,从其内部结构分析,这种共同体更是儒学的社会基础。《礼记·月令》反映的正是共同体生活模式,而崔寔的《四民月令》则说明东汉社会仍具共同体性质。

从《庄子》看,道家关于社会秩序的演变与重建的观点,又似介乎儒墨之间。值得注意的是,庄子颇推崇三代:"自三代以下,天下莫不以物易其性矣。"(参阅《骈拇》、《天道》诸篇)正是在对文明异化退化的警醒这一点上,道家对儒家具有互补的意义。"民之饥,以其上食税之多,是以饥;民之难治,以其上之有为,是以难治"。它表达的是这样一种希望:"小国寡民,安其居,乐其俗,邻国相望,民至老死不相往来。"(分见《老子》七十五章、八十章)这种"清虚自守"的倾向以及"虚无为本,因循为用"的策略,与中原方逐鹿的时代氛围是不太相谐的。所以,在某种程度上可说当时道家思想的影响十分有限。

班固说法家出于理官。理官像是技术官僚,它不代表什么特定阶层言说,商鞅入秦,对孝公"首申以帝道,次言以王道,终说以霸道",乃得售其智。③ 而只对自己的"雇主"提供技术支持以有效实现其目标。大批试图取威定霸的诸侯王存在,使不在显学之列的法家独领风骚。

---

① 参李泽厚:《中国古代思想史论》墨家初探本,人民出版社 1986 年版。
② 俞伟超:《中国古代公社组织的考察》,文物出版社 1988 年版,前言。
③ 见《史记·商君列传》。

法家也确是以君主为轴心构建政治结构,但与墨家不同,这个轴心是掌握了大量社会资源且欲"独制天下而无所制"的现实存在物。法家首先以公和私将君主与其他利益集团的利益关系区分并对立起来:"自营为私","背私为公"(《韩非子·五蠹》);"民弱国强,民强国弱,故有道之国,务在弱民";"政作民之所恶,民弱;政作民之所乐,民强"(《商君书·弱民》)。达到这一目标的工具是二十等爵制。简单说来,二十等爵就是用一条行政链条,把所有的人束缚于其上,通过爵位升降,实现对士、农、工、商各阶层人士的支配。若想由卑而尊,为君主勇敢作战吧;若想由富而贵,给君主捐钱入粟吧。君主就是用"尊"与"贵"的身份等级,实现了对社会人力资源、物力资源的绝对支配。"用非其有,使非其民","竭天下之财以自奉",当然只能凭借暴力作为实施的基础。

《史记·礼书》称法家以人工制度消灭取代自发秩序的法家行为"不合圣制",因为它"尊而不亲","于仁道泯焉"(《韩诗外传》卷四)。虽然"孝公行之,国以富强",但挑战社会固有的组织结构与秩序规则是要付出极高成本代价的,秦二世而亡即是证明。贾谊《过秦论》云:"周王序得其道,而千余岁不绝;秦本末并失,故不长久。""序得其道",是指礼乐的制度安排与社会结构相适应。还须指出的是,贾谊是从政治学和战略学的理性分析中得出这个结论的。

孔子"祖述尧舜,宪章文武",并不表明儒家即是氏族贵族集团的代言人,准确地说,他们是凝结在礼乐制度中的那种文化精神的继承者。礼崩乐坏,在儒家看来意味着这种精神应该获得新的阐释,但其作为新的制度安排的合理性基础乃是不可替代的。儒者认为,由亲亲所孕育的和谐原则与由尊尊所孕育的秩序原则二者有机统一就是礼乐文化的基本精神。

孔子从礼乐制度中提炼出仁的概念,仁虽基于亲亲,但不止于亲亲,毋宁说是一种价值理性原则;孟子则从人性论角度对仁与义诸关系即以仁为本,统摄"四端"①,给出了论证;而《唐虞之道》及其作者群则在此基

---

① 《孟子·公孙丑上》在论"四心"与"四端"之后说:"夫仁,天之尊爵也,人之安宅也。莫之御而不仁,是不知也。不仁不智,无礼无义,人役也。"智是相对于仁而言,能否扩充之;同样,义是礼的精神,礼是义的实现。

础上系统阐述了儒家社会理论之精神与原则："仁者人也,亲亲为大;义者宜也,尊贤为大。"从思想内容看,《唐虞之道》与《礼记》中庸、乐记、表记、礼运诸篇如出一辙,有理由推定它们出自同一作者群体。《缁衣》与之同时出土,可资佐证。这无疑将大大提升《礼记》的思想史意义。当然,它也说明,仅将所谓思孟学派理解为心性哲学乃是十分片面的。

众所周知,在"早熟的"中国文明中,形成了"天地,万物之本;夫妇,人伦之始"的观念。《礼记·昏义》载:"男女有别,而后夫妇有义。夫妇有义,而后父子有亲。"男女有别是自然现象,由"别"所生之"义"就成文化现象了,由此导出男尊女卑的具体秩序(尊尊)则是当时生产生活方式决定的。同样由于男性的主导地位,父子关系构成家庭的主轴,父慈子孝既是自然的情感,也是人作为文化生物延续自身的要求,和谐的原则(亲亲)于焉而生。这种"内生秩序"由潜向显外化的逻辑过程就是:由父子有亲引申出爱心,由爱心建立起亲亲的原则;由夫妇有别引申出敬意,由敬意建立起尊贤的原则。

在概念内涵由具体到抽象的演进中,规则的意义也在丰富。以仁释亲亲原则,亲亲就不再只是自然朴素的情感,而要求"博施于民而能济众","不专于己念施与"。以义释尊尊原则,尊尊也就不再仅仅针对地位高于自己的自然人,而是尊重贤者之职,能者之位。

分而言之,亲亲的基础是情感,尊贤的基础是功利。对于一个群体来说,这两种需要对其生存发展缺一不可,故这两种不同序列的角色关系也普遍存在于各文明社会之中,具有普遍意义。尽管统一于人的内在需要,这两种原则又是存在某种矛盾冲突的。导向公平的情感原则强调太过,则必定效率低下;导向效率的功利原则强调太过,则社会物化为机器。正如"乐记"所说:"乐者天地之和也;礼者天地之序也。和,故百物皆化;序,故群物皆别。乐由天作,礼以地制。过作则乱,过制则暴。"

以"亲亲"、"尊尊"贯穿始终的《礼记》及其所阐释的《周礼》,可视为礼崩乐坏后儒家学派对"天下乌乎定"的一种回答。《礼记·表记》根据这两条原则,对虞、夏、商、周四代的政治特点进行了具体评述。它既是尧、舜、禹、汤、文、武、周公为治的历史经验,又是战国儒者所呼唤的现实理想,既仁且哲。——儒家之"哲",在于其有见且尊重家族作为社会基本结构单位这一历史事实。这一事实可从本文所引宫崎市定、俞伟超诸氏文字得到证明。

墨者无见于此,亲而不尊,显学终归歇绝;法家与之为敌,尊而不亲,辉煌转瞬即逝。儒学以其在"亲亲"与"尊尊"间寻求平衡的智慧,不仅在民间深入人心,帝王也不得不援以为治,补充霸道之所不济。作为一种推崇自发秩序的政治哲学,"儒者以道得民"。费孝通论王道与霸道云:"儒家希望政权和社会本身所具的控制力相合。前者单独,被称为霸道;相合后方是王道"。①

"殷因于夏礼,所损益可知也。周因于殷礼,所损益可知也。其或继周者,虽百世可知也。"(《论语·为政》)氏族社会公共权力的目标是建立"有秩序的和谐",它反映在禅让之制及爱亲尊贤之策当中。在利益关系分化、社会矛盾激化的战国时代,孔门及其后学"独取先王之法,诵而传之",无非是在"诸侯异政,百家异说"之中,澄明彰显政制建设的合理性根据之所在,以求取社会正义与效率的统一。一切规则存在的最终根据不外乎两点:提高效率,维持公平。他们的勇气与理念,不仅构成传统中最具思想魅力和道德价值的组成部分,宋明理学,仍围绕这一论题展开。朱熹笔下,仁是"流行",意为亲和沟通;义是"对待",意为名分区别。周敦颐则谓:"礼,理也;乐,和也。"程伊川说得更明白:"推本而言,礼只是一个序,乐只是一个和。只此两字,含蓄多少义理。"也是我们今天从事儒学之有效性建设的精神支撑与逻辑起点。

在排比了《尚书》、《国语》和《左传》中大量的文献材料后,梁启超在其《先秦政治思想史》中得出这样的结论:"商周以前,民本主义极有力;西周之末尚然;东迁以后渐衰;至春秋末,几无复道此者。"②

应该说这一多少令人沮丧的描述只是针对现实中霸道政治对王道政治的取代而言。在思想界,儒、墨、道等主要学术流派所秉持的政治理念均表现出鲜明的民本色彩或倾向。

---

① 见吴晗、费孝通等:《皇权与绅权》,天津人民出版社1988年版,第16页。
② 参梁启超:《先秦政治思想史》,东方出版社1996年版,第40—44页。

民本政治的新论证
——《尊德义》解读

王夫之在《读通鉴论》中说,"法备于三王,道著于孔子。"法而进乎道,自然必须经历一番基于现实境况而展开的理论思考和阐释。我认为,以孔子、曾子、子思、孟子为主要代表的儒学主流所致力者,即在于通过这样的努力促使民本主义的理念与原则重新成为现实政治运作的基础。本文即拟在此思想脉络中对郭店楚简《尊德义》加以解读。

一

为方便后面的讨论,先简单勾勒《尊德义》的论证理路或思想轮廓。该文本系综合李零《郭店楚简校读记》[①]、裘锡圭整理《郭店楚墓竹简》[②]和廖名春先生未刊稿《〈尊德义〉释文》而成。根据自己的理解所作调改则以括号标示。

(1)尊德义,明乎民伦,可以为君。去忿戾,改忌胜,为人上者之务也。——开宗明义,以民为本为主,君为末为客。因为民之伦本于天道,故"为人上者"须"慎求之于己","以至顺天常"。从君主角度论政,并不就是马基雅维利主义者。现代政治学或以权力运作为研析对象,或以制度建构为讨论主题。而从人性的实现及生命的福祉与政治活动的关系展开思辩,则是古典政治学的特征。亚里士多德的《政治学》如此,《尊德义》亦如此。

(2)赏与刑,祸福之基也,或前之者矣。爵位,所以信其然也。征

[①] 载陈鼓应主编:《道家文化研究》第17辑,三联书店1999年版。
[②] 荆门市博物馆编:《郭店楚墓竹简》,文物出版社1998年版。

侵,所以攻□也。刑罚,所以□与也。杀戮,所以除害也。不由其道,不行。——肯定行政手段具有重要的功能,但强调,正因"不可亵刑而轻爵",这一切必须以道作为其运作实施的根据。

(3) 仁为可亲也,义为可尊也,忠为可信也,学为可益也,教为可类也。教非改道也,教之也。学非改伦也。学己也。——仁、义、忠、学、教五者是以道为治的手段或原则,所谓"以道为治,道亦术也。"此五者或为《非十二子》中荀子所指责的五行(仁、义、礼、智、信)之所本。

(4) 禹以人道治其民,桀以人道乱其民。桀不易禹民而后乱之,汤不易桀民而后治之。圣人之治民,民之道也。后稷之艺地,地之道也。莫不有道,人道为近。是以君子人道之取先。——以历史事实说明人道的客观性。对它是否尊重,是决定民之治乱的关键。仁、义、忠、学、教由此获得历史和逻辑的基础。

(5) 察(诸)出,所以知己。知己所以知人,知人所以知命,知命而后知道,知道而后知行。由礼知乐,由乐知哀。有知己而不知命者,无知命而不知己者。有知礼而不知乐者,无知乐而不知礼者。善取,人能从之,上也。——全文枢轴:契近道的途径,道反转而为治的内在关节点。

(6) 为故,率民向方者唯德可,德之流,速乎置邮而传命。其载也无厚焉,交矣而弗知也,亡。德者,且莫大乎礼乐焉。治乐和哀,民不可惑也。反之此,枉矣。——道是形上本体,德是道在现象界的落实或呈现,即见诸人性者。以德为中介,道成为礼乐的根据,礼乐成为道在政治层面的实现手段或方式。

(7) 刑不逮于君子,礼不逮于小人。攻□者复,依惠则民材足,不时则无功也。不爱则不亲,不(抚)则不怀,不赖则无威,不忠则不信,弗勇则无复。咎则民轻,正则民不吝,恭则民不怨。均不足以安民,勇不足以蒇众,博不足以知善,决不足以知伦,杀不足以胜民。——爱、抚、赖、忠、勇是"导之以德";"均、勇、博、决、杀"是"导之以政"。

(8) 下之事上也,不从其所命而从其所行。上好是物也,下必有甚焉者。夫唯是,故德可易而施可转也。有是,施小有利而大有害者有之。有是,施小有害转而大有利者有之。行此度也,然后可逾也。因恒则固。察曲则无僻,不党则无怨,尚思则无惑。——"教之化民也深于命,民之效上也捷于令"是由于人同此心,心同此理,"咸有一德"。德与施,均是为治之方,但根本上说,率民向方唯德可,是即"因恒"。

(9)夫生而有职事者也,非教所及也。教其政,不教其人,政弗行矣。故终是物也而有深焉者,可教而不可疑也。可教也而不可迪其民而民不可止也。尊仁、亲忠、敬庄、归礼、行矣而无违,养心于慈良,忠信日益而不自知也。民可使道之,不可使知之。民可道也而不可强也。桀不谓其民必乱,而民为乱矣。爰不若也,可从也而不可及也。——深化前一章的论题,教之效率高于政,效果优于政。修道是行为的践履,而不是知识的探求。

(10)君民者治民复礼。民除害智,□劳之报也。为邦而不以礼,犹户之无枢也。非礼而民悦哉,此小人矣。非伦而民服,世此乱矣。治民非生而已也,不以嗜欲害其义。报民爱则子也;弗爱则雠也。民五之方格,十之方争,百之而后服。——礼与伦是基于天道与人情的社会和个体的行为范式,"治人伦以顺天德"是君主为治的不二法门。

(11)善者民必富,富未必和,不和不安,不安不乐。善者民必众,众未必治,不治不顺,不顺不平。是以为政者教导之取先。教以礼,则民果以劲。教以乐,则民弗德争将。教以辩说,则民势陵长贵以妄。教以艺,则民野以争。教以技,则民少以吝。教以言,则民以寡信。教以事,则民力啬以面利。教以权谋,则民淫昏远礼无亲仁。先之以德,则民进善焉。——"修道之谓教",此教是有特定内涵的,须"先立乎其大者"即德。否则滥加施与,非但不足以劝善,反沦为恶之助。

(12)故为政者,或论之,或议之,或由中出,或设之外。论列其类,凡动民必顺民心。民心有恒,求其永。重义集利,言此章也。——在道的大前提下讨论君主的性智养成及政策选择诸问题,强调一个"顺"字,顺之则昌,逆之则亡。所顺者何?天道,民心。

二

由于利益集团间力量对比的变化,社会结构在春秋战国时期开始重组,反映在制度层面就是礼崩乐坏。在儒家看来,以礼乐为主干的先王之道乃是体现着社会正义的政治智慧,因而仍应为君主们所执取谨守。当然,他们的诉求只能寄望通过逻辑的力量来实现。通观全篇,《尊德义》的论证可谓义正辞严。这主要是其论点有一个由道与德、德与恒、教与政诸概念及其相互关系组成的理论架构为之支撑。

道与德。先秦时期道的概念主要在儒家和道家的思想系统中得到较为充分的表述。一般认为,儒家所说的道偏重于述指伦理与政治的规范,是一种价值的应然;道家所说的道则是对形上本体或普遍规律的描述。如果按照人类学家的说法,作为儒道二家核心范畴的道实际应该是"图腾制度的原则",与马那(mana)没什么不同。①

"姓者,性也"。李玄伯先生"姓即图腾"的判定可以视为人类学逻辑的实际运用。他也认为"马那实即中国所谓性,与图腾马那实即同性"。②

如果按照初民的自我意识,将图腾崇拜理解为初民自身及诸多生命体的生发之源,自身及诸生命体通过遍行万物而永恒的神奇物质马那获得其本性,并据此而得以实现对图腾本体的回归这两大原理,则我们不能不承认,儒家和道家关于世界和人类及其相互关系的思考即所谓天人之辨很大程度上乃是在这样一个基座上展开的。

道家的理论体系基本上可说是直接由此脱胎而出,将图腾崇拜对部族生命的解释推演至世间万物,形成所谓生成论的宇宙观,并按照"归根"的原理确立起万事万物的存在原则。其运思思路是一方面以道代替图腾,并将它作为具体之物的规定性抽空为无,提升至"形而上";另一方面则以德③代替马那,作为现象界万物的规定性和发展根据。"道生之,德畜之。…夫莫之命而常自然";"夫物芸芸,各复其根。归根曰静,是谓复命"(分见《老子》第五十一章、十六章)。道与德之间"莫之命而常自然"的素朴循环,反映的是初民生活与生命的单调与纯净。

这里值得注意的是德(现象、子)与道(本体、母)的关系,即生成论意义上的源于道与存在论意义上的归于道。这两点实际几乎可视为古

---

① "老子、孔子并没有创始道的哲学概念。此种图腾文化的原则在这些哲学家兴起之前早已经存在了。"参胡适等:《中国哲学思想论集·总论篇》,台北牧童出版社 1968 年版,黄文山文。
② 参李玄伯:《中国古代社会新研》,上海文艺出版社 1988 年版,第 128 页。
③ "德者得也"的说法本于图腾崇拜观念,因而与道家的理论话语十分相契。这一语境中,"得"只具有事物发展之根据("所得自于图腾者")的意义,尚不能作包含社会属性的 Virtue 即美德解。

代中国各种学术和思想所共同认可并崇信的前提性文化公设。这种文化公设不是出自某一天才大脑的思维创造,而是基于整个族群最初生活的体验,因而成为共享的不言而喻的"集体无意识",具有无可置疑的逻辑力量。如果说道家观念系统源自对图腾原则及其思想义蕴所做的线性继承的话,儒家的观念系统则是对图腾原则及其思想义蕴进行转换性创造后的转俗成真。在图腾崇拜的观念中,崇拜者(人)与崇拜对象(物)间的联系只具有自然生命的意义,而极少具有人文意义的蕴含(当然,老子以"道法自然"的原则对现实中的某些现象进行批判所释放的人文意义应另当别论)。儒家异于是。他们从自己的现实关注出发,吸收继图腾崇拜之后兴起的祖先崇拜、功烈崇拜和圣贤崇拜诸宗教形态所凝聚的人文价值颗粒(如"祖有功,崇有德"),与时俱进,不断深化对"本体"的理解,从而大大拓展了道与德两个概念所固有的理论空间。①

在这个过程中,最重要的事件是殷周之际的"小邦周克大国殷"。②"有命在天"的商纣政权的失败使得天(道)与人(得)的血缘纽带(得自图腾的马那与得自天的"命"应该都属于某种遗传质素)断裂了,因为天没有眷顾自己的"亲"殷商。于是,"天命靡常,惟德是辅"观念应运而生。

既然由得而来的德不再只是单纯的 Nature,更是作为 Virtue 的懿行,那么,从天人合一的大前提逆而推之,天具有义理的属性就是题中应有之义了。再把想像的翅膀张开,这个义理之天作为万物之所自生,其品物流行自然也不再可能是如道家说的那种"莫之命而常自然"的生,而必定是有意识地"命"或"令"了。

这一基于对现实现象作出合理解释的需要而进行的理论改造,其结构性意义在于,反映在道家道德说的图腾原则其重心是落在道(图腾)之一维,由于这个道不具有社会生活的规定性,以它为起点和终点的道

---

① 唐君毅将原始天神信仰与孔孟之天道观念比较,认为"二者之同点即天神与天道皆为万物共同之本原,遍在万物而永恒者,且同为至美而启示道德命令者。"他所谓的"天神信仰"含义颇模糊,但他以天作为儒学的最高概念又比黄文山的道更贴切一点。参"论中国原始宗教信仰与儒家天道观之关系兼释中国哲学之起源",载胡适等:《中国哲学思想论集·总论篇》,台北牧童出版社 1968 年版。

② 张光直先生对此有分析。参张光直:《中国青铜时代》,三联书店 1983 年版,第 307 页。

一德一道之循环便是一个封闭的自然生命系统或过程。而在"天命靡常,惟德是辅"的天人学说中,重心已被移置至德(人)之一维,由于这个德具有社会生活的规定性,以它为轴心的道—德—道之循环就因开启了一条通向现实的门径而成为一个开放的社会生活系统或过程。①

应该指出始终未能"理性化"的,在我看来,是与人的贯通,即不管是以天摄人还是以人释天,天人合一乃是变中之不变。因此,我们不能简单套用韦伯的解咒(disenchantment)概念来阐释这一思想观念的变迁。实际上儒者并无意解构天的威权,反而有意无意地希望借助有其神魅为自己所崇奉的价值原则作护法。因为在当代社会的思想环境和知识背景中,对天道的敬畏某种程度上即意味着对客观规律的服从。《尊德义》正是以此展开其论证。"尊德义"的深意在于"明乎民伦"。②民之伦就其不以君主的意态为转移而言它是客观的,就其具体内容本之于天而言它是神圣的。正因此,它要求"为人上者""去忿戾,改忌胜","治人伦以顺天德"。民本君末,底定于斯。

德与恒③　　"德者得也",指得自图腾的某种遗传质素。"同姓则同德"。部落社会,相同的血缘和地缘自然意味着较多的交往,较深的情感和较多的共同利益。对此形成自觉,自然显发为善意和德行。所以,德在早期也与 Virtue 具有一定内在关系,其具有与"刑"相反的政治内涵即是证明,如《左传》僖公二十五年的"德以柔中国,刑以威四夷"等。这是得(德)外在于图腾原则的社会性发展。在殷周之变后,当它被思想家整合到天道人情的观念系统之中以后,德的这种历时性递进关系(由得而德)被转换成共时的相互缠绕关系,即作为 Nature 的得与作为 Virtue 的德互相论证互相定义而又亦分亦合。

一般而言,儒家多在 Virtue 的义项上道家多在 Nature 的义项上谈论德。道家讲"失道而后德,失德而后仁",实际是以道(小国寡民的时代

---

① 儒道的这种差异从它们对不朽的理解可以看得十分清楚:儒家讲立德、立功、立言;道教(其哲学基础为道家学说)则追求肉身成仙。
② 民伦亦谓人伦。《成之闻之》:"天降大常,以理人伦。"
③ 有论者将恒解为"德性",篆文恒字作从心从舟,徐锴《说文系传》云:"二,上下也。心当有常。"恒作常解在战国文献中较普遍。参郭沂:《郭店楚简〈成之闻之〉篇疏证》,载《中国哲学》第20辑。

为其象征)为理想的;而深具社会意识的儒家所关注的则是如何在现实中化 Nature 为 Virtue,建构一个"好"的世界。因此,在他们的著述中①,德具有某种中介性,一方面与天勾连,另一方面与人的主观意识相关。《诗》云:"天生烝民,有物有则。"郭店楚简中《性自命出》篇说:"性自命出,命自天降。道始于情,情生于性。始者近情,终者近义。"据此,可勾画出这样一种逻辑关系:天—命—性—情—道(由情转义)。《尊德义》中德与恒的关系即嵌于这一链条之中,但稍简略一些,即它的恒约略对应于性与情,德约略对应于道。造成这种措辞有异的原因是,《成之闻之》重点即在探讨性命关系,《尊德义》则旨在将这种理论运用于政治实践。如果说在道与德的分疏中确立了《尊德义》所倡扬的民本主义第一原则民本君末,那么其对德与恒的界说则规定了民本主义如下两个内容,即政策上的德治主义与手段上的圣王理想。《尊德义》的(5)(6)(7)(8)诸章讨论了这两点。二者实际是相通的,因为德治首先是圣王以德治之。作者首先要求君主通过对道的体认,形成德的自觉:"察诸出,所以知己。知己所以知人,知人所以知命,知命而后知道,知道而后知行。"出者,见也,(《玉篇·出部》)"象草木益滋上出达也"(《说文》)。《性自命出》说得十分明白:"见者之谓物"。它一方面是与己相对的外物,另一方面又是"天生万物""天垂象,见吉凶"的大化流行之"神迹";于人,则是喜怒之情志。由此而要达成对自己性分的体认,必然要借助宗教性(包括图腾崇拜)思维框架才可能完成。证成"仁者与万物同体"的性智,就有可能"以中国为一人"而"率民向方"了。因,在民众方面,"民心有恒","上好是物,下必有甚焉者"。圣王理想带有强烈的先知觉后知,先觉觉后觉的天才论色彩。恒(性、情)虽本于天,但还不等于德(义、道),尚有待于后天之"修",即《性自命出》所说的"教,所以生德于中者也"。恒是生德的内在的根据,但本身尚非粹然之德行。借用董仲舒的比喻,恒是禾,德是米。但须指出,"始者近情,终者近义",情(恒)与义(德)之间虽有距离,但更多的是潜与显的关系,而并非后儒性善性恶的对立或天理人欲的紧张。这大概因为《尊德义》是写给"为人上者"

---

① 宋儒不在此列,他们直接将理作为万物之本,原因是其"变化气质"之情太切,而又找不到现实中的支撑点。

读的。平民百姓是最感性的,"报民爱,则子也;弗爱,则雠也"。什么叫爱? 让他们的生活富、和、安、乐、众、治、顺、平。

圣王理想当然属于精英政治。实际上五帝三王的帝道王道均属于精英政治(形式上属于贵族共和)。这是历史造成的,因为在当时历史条件中这或许是使政治运作接近于合理的相对最具可行性的选择。

教与政 按荀子的说法,王是尽制者,圣是尽伦者。如果说教是于伦上尽心,政显然就是于制上尽力。二者的本质之别在于,"人伦"是一种自然发生的社会秩序,而"制度"是一种人工建构的国家制度;前者基于自愿的遵守,后者常常依靠强力的维持。儒者认为,五帝三王就是以教治天下。①我本人倾向于相信这是由特定历史条件达成的真实②,周公制礼作乐是其光辉顶点。但春秋以降,便礼崩乐坏而霸道兴起了。

孔子是崇教而抑政的:"道之以政,齐之以刑,民免而无耻。道之以德,齐之以礼,有耻且格。"(《论语·为政》)由于时代不同,《乐记》认为,"礼乐刑政,其极一也"。《尊德义》的观点居中,它既说"教其政,不教其人,政弗行矣",也认为"先之以德,民进善焉"。这里反映的不只是时代先后,也是论题存在差异。《尊德义》的重点不在批评霸道政治,而是从自己的理论框架中讨论教与天道、人情的内在性及其在现实中的贯彻落实,即"以道治民,道亦术"的问题。它的最大贡献是在前述天—命—性—情—道的理论架构中提出了"德者,且莫大乎礼乐"的命题,一方面为礼乐确立了形上学根据,另一方面也实现了内圣与外王的贯通。

现存《礼记》各篇章中对礼乐的讨论主要偏重于论述其功能。如《乐记》的"乐者为同,礼者为异";"乐者天地之和也,礼者天地之序也";"先王之制礼乐也,将以教民平好恶而反人道之正也"等等。《礼运》中"礼必本于大一,分而为天地,转而为阴阳,变而为四时,列而为鬼神,其降曰命,其官于天"的说法,虽然近于对礼的形上学根据的议论,但其品味又颇似孔子自己所轻视的"赞而不达于数,数而不达于德"的巫史之言。《坊记》的"礼者因人之情而为之节文",暗含着情与礼的冲突,即倾向于将情等同于欲,而不是《性自命出》"道由情生"的思路。这不只是关涉

---

① 欧阳修在《新唐书·礼乐志》中说,"由三代而上,治出于一,而礼乐达于天下。"
② 笔者《〈唐虞之道〉与早期儒家的社会理念》对此曾有讨论。

到天与人道与人究竟是以性还是以情相连的问题,更关涉到现实中如何对情作出正面还是负面定位的问题。

《尊德义》的"德者,且莫大乎礼乐"与《性自命出》一致;《语丛一》更指出"德生礼,礼生乐"。这种见解是有历史根据的。①《左传》僖公二十七年载赵衰之语云:"诗书,义之府也。礼乐,德之则也。德义,利之本也。"将人性判定为恶,从逻辑上讲应该是比较晚近的事,因为作恶是在人的行动能力得到提升,人的利益冲突趋于激化的条件下才成为现实。《尊德义》的主旨是希望君主"治人伦以顺天德"。礼乐本于德,又可以化"得"成"德",因为恒待教而后成德:"君民者,治民复礼。为邦而不以礼犹户之无枢;非礼而民悦哉,此小人矣;非伦而民服,世此乱矣。"在《尊德义》的作者看来,礼乐、德义、利,三者确实是相关的。所以,以《乐记》的"礼乐皆得,谓之有德"为"德者且莫大乎礼乐"作印证应该是合适的。这一与《礼运》所揭示的"向上一路"颇异其趣的说法,反而更能与《乐记》中对礼乐功能的阐释相得益彰。据此,广为人知的"礼本于天地"的命题内容上已变得更加充实而有层次,理论上也更加系统严密。

三

关于春秋战国学术繁荣的原因,《汉志》谓皆出于王官;《淮南要略》则认为起于救时之弊。船山"法备于三王,道著于孔子"的说法不仅契于"述而不作"的夫子自道,也能弥合王官说与救世说之间的罅隙,即诸子百家是以古之道术为思想资源设计自己补偏救弊的方案。

《荀子·礼论》云:"人生而有欲。欲而不得则不能无求,求而无度量分界则不能不争。争则乱,乱则穷。先王恶其乱也,故制礼义以分之,以养人之欲,给人之求。"这是一种清醒深刻的理性主义的观点。礼义作为一种规则,它是人们在利益的矛盾冲突中,为避免最坏结果(乱则穷,穷则争胜亦无所得)而达成的理性合作(确立各社会集团的利益界线)。如果把社会总财富视作蛋糕一块,则每一社会成员,个体或集团,

---

① 《汉书·礼乐志》谓:"知礼乐之教者能作,作者之谓圣。"《成之闻之》谓:"圣人天德,言慎求之于己而可以至顺天常矣。"这或许可以提供进一步研析该命题理论根据的线索。

显然都倾向于扩大其应得的份额。这种行为目标是互相排斥的,所以实际上只有居于强势地位的成员才有可能做到这点。社会因此而合乎逻辑地处于某种紧张之中,即总是具有发生结构性改变的趋势。从"物之不齐,物之情也"的理性认知出发,礼有差等,因而表现出对造成分配差异之原因的某种尊重,但儒家反对任何集团凭借强力把这种差异推至极端。"礼之用,和为贵",这种和就是效率与公平的兼顾和平衡:"乐和同",与仁相对,本于亲亲,体现的是公平原则;"礼别异",与义相对,本于尊尊,体现的是效率原则。因此,儒家认为"义者,宜也"——正义不是抽象的理念或僵化的结构,而是相对的和谐,即相关涉的方方面面均觉得某事物、某状况或某原则是可以接受的。

《表记》把五帝三王时期分别称为大同之世和小康之世,显然倾向于认为那是一个正义得到实施的社会,虽然它们的原则一为天下为公,一为天下为家。但冷静分析,当时那种正义的达成实际并非如儒家所说的是由于五帝三王的人格素质的力量,而是由于在当时的历史条件下,道德(Virtue)确实不仅在部落内部是最有效率的[1],而且在部落间的竞争中也是颇具竞争力的。[2] 因为在生产力水平极度低下的时代,人的行为能力极为有限,没有足够的资源可资依凭以建立和维持一种独享天下之利的权力系统或秩序系统(管理的成本很高、治理与掠夺就更困难了)。韩非子对战国以迄的历史描述是,"上古竞于道德,中古逐于智谋,当今争于气力"。对此,儒家也许并无异议。但法家的行为出发点是如何帮助特定利益集团在"市场"的博弈关系中克敌致胜;儒家则是如何为这个"市场"建立起合情合理的规则系统以各保证游戏良性进行下去。所以,面对帝道、王道、霸道的递嬗,法家考虑的是如何适应这种必然之势以求取成功,儒家则为这种变化导致的价值理性的损害痛心疾首,致力于将"竞于道德"的原则注入到"争于气力"的当今之世。

历史实际可分为势与理两部分。帝道、王道、霸道每况愈下,这是必然之势;"尚同","以无事取天下","仁者爱人",这是应然之理。二者同

---

[1] 部落社会的最小利益单位就是部落。因为其成员间利益关系高度一致,其为集体利益而行动所获得的收益总是超出其为之付出的成本,故利他即利己。
[2] 《韩非子·五蠹》认为,五帝的产生,是由于其造福于民因而"民悦之,使王天下"。

样真实,同样具有人性的根据。如果说法家重势轻理,墨家重理轻势,儒家则寻求理势的折衷和谐。这种现实主义和理想主义相结合的品格是它在千百年来居于文化主干地位的重要原因之一。而这种品格的形成与孔子"独取先王之法而诵之"的学术旨趣和斯文自任的现实担待关系至深。①

基于这样一种学术旨趣和现实担待,儒者在堪称文化"轴心期"的春秋战国时代的工作所具有的意义已为几千年来中国人的生活所证明。《尊德义》无疑属于这一工作过程中完成的作品。我们不妨简略地把它的内容分解为价值主张与理论话语②,即对其主张之有效性和必然性的论证两部分。民本政治付诸实施后其在现实中的价值生成显然是有利于当时社会结构中的弱势群体的,与当时大行其道的《商君书》服务于专制君主个人意志的霸术相比,它显然更接近于正义。③

值得稍加探究的是其理论话语,即它在对这种价值观的论证中(1)所呈现的性状,(2)所取得的成就,(3)所具有的意义。关于(1)(2),我们在前文已作讨论。关于(3),我们不妨引入德国哲学家卡尔·雅贝尔斯的"轴心期"和美国社会学家帕森斯的"哲学的突破"诸概念作为背景参照来加以观照。三王时代在某种意义上属于"史前"时期,三王之法连同先民的观念意识就其未曾经过理性返思而言,它只是一种经验形态的存在;就其作为诸子百家在学术层面努力的重点而言,儒家所取得的成就无疑是最大的。

如果说《中庸》集中体现了儒学对早期思维观念的总结和提升,《大学》集中体现了儒学对早期政治经济经验的总结和提升,那么应该把

---

① 《孟子·离娄下》:"王者之迹熄而《诗》亡,《诗》亡然后《春秋》作。"公羊学家认为,孔子作《春秋》为万世立法。

② 称之为话语,是因为在现代人眼中,形上学之类并无知识上的客观性。但笔者并不怀疑其作为存在性知识的价值。吉登斯在《现代性与自我认同》中发现:在前现代社会,传统虽或许是无理的独断的,但却反而维持了精神和生活的确定性;现代社会相信理性能够提出真正合理的原则,可是理性所开放的怀疑一切,导致"现代性的反思性削弱了知识的确定性"。参〔英〕安东尼·吉登斯:《现代性与自我认同》,赵旭东、方文译,三联书店1998年版,第23页。

③ 文献是后人了解历史的凭借,但无其文未必无其事,无其事未必无其意。另一种情形则是,其文其事具备,其意则未必明,如"仪礼"的义蕴,就是由《礼记》阐明的。儒学的很多概念和命题在《左传》《国语》《尚书》中都可以找到,但将它们背后潜隐的逻辑彰显出来,使之成为系统的理论,则是后人工作的结果。

《尊德义》视为这二部经典的先驱。前文述及"察诸出,所以知己,知己所以知人,知人所以知命,知命然后知道,知道而后知行"与《大学》的"格物致知正心诚意"有内在勾连,兹不赘言。"教,非改道也,教之也。学非改伦也,学己也",与《中庸》的核心观念对照,前者暗合于"修道之谓教"及"自明诚",后者暗合于"率性之谓道"及"自诚明"。①

《大学》与《中庸》被后人分别视为政治学与心性论的经典文本,而同与《尊德义》渊源深密,应该提示我们,不能将二者分而析之。因为正如《尊德义》所显示的,儒学的天道、心性、德教、礼乐、仁义是一个形上形下相贯通理论实践相衔接的有机整体。

如果《尊德义》确实出自孔子之手②,《大学》系曾子所撰,《中庸》系子思所撰,则我们可以看到儒学主流思想的义谛一脉相承,并无所谓心性论的旁逸斜出,独木成林。③

虽然心性论在孟子、宋儒和新儒家的著述里得到了比较充分的阐扬,但其在儒学理论体系中的基本定位并没有也不应有什么改变。子思本人用世之心甚切,且世事洞明,毫不迂阔。据《子思子·鲁缪公》载,"孟轲问牧民何先?子思曰:先利之。曰:君子之所以教民者,亦有仁义而已矣。何必曰利?子思曰:仁义,固所以利之也。上不仁则下不得其所;上不义则下为乱也。此为不利大矣"。这种思路与荀子之论礼如出一辙。至于曾子,孟子曾说,"曾子、子思同道"。

孟子自己则是因为所处的时代霸道之势已然确定,一介书生不能挽狂澜于既倒,其议论着重于批判,故立言以指责君主贪残不仁不义。董仲舒,在《贤良对策》中,即将天道心性论重新贯彻落实:"天令之谓命,命非圣人不行。质朴之谓性,性非教化不成。……是故王者上谨承于天意,以顺命也;下务明教化,以成性也。"这不正是《尊德义》及《中庸》《大学》的理论话语么?如果说有什么差异,那就是《尊德义》是在政与教的

---

① 之所以称"暗合"而不言"影响",是因为我认为它们之间的一致性是基于一种共同的历史记忆或思维经验。
② 廖名春说。见所撰《〈尊德义〉释文》(未刊稿)。
③ 许多研究郭店楚简的文章似乎奉行如此解读逻辑:它们的年代居于孔孟之间,它们的思想即应属于孔孟思想间的逻辑环节;孟子是心性论的鼓吹者,它们即应由此加以理解和定位。从王阳明的《〈大学〉问》中可以看到,"明明德"与"亲民"是有机联系的,体现着内圣与外王的贯通。

关系中以天道之客观性论证"教导之取先"的必然性,《贤良对策》则是在王与民的关系中以天道之神圣性论证"成民之性"是王者的使命。可见将思孟之学心性化而另建儒学思想谱系是不能成立的,就跟韩愈说道统至"轲之死,不得其传"的论断一样。

我认为,把儒学首先作为文化,作为古代中国人对于社会组织原则和个体生命意义诸问题的理解,而不是按照现代学术分类将它作为一个描述记录某种客观事实的知识系统,或许有助于我们与传统展开卓有成效的对话,有助于我们提升自己生存的智慧和勇气,从而承担起我们原本就义不容辞的历史责任。因为,民本政治中所彰显的政治正义,不仅是古代儒者的渴望,也是人类社会永远的追求。

象占:原始思维与传统文化
——从文化人类学角度研究《易经》的尝试

《易经》之所以成为中国文化的源头活水并非由于它"人更三圣,世历三古",而是因为作为一部凝结着原始思维的占卜之书,它仿佛一座桥梁,一头连接着巫文化的彼岸,一头伸入人文文化的核心,将二者结合起来,对中国文化特色的形成产生了巨大影响。要真正评价分析它在文化史上的地位,首要的前提就是将它置于原始文化的背景之中,达成对其最初含义的准确把握。

近代人类学的成就之一就是认识到,"巫术与宗教不仅是教义或哲学,不仅是思想方面的一块知识,乃是一种特殊行为状态,一种以理性、情感、意志为基础的实用态度。它既是行为状态,又是信仰系统;既是社会现象,又是个人经验。"[①] 马林诺夫斯基深刻地洞悉了巫文化对于早期人类生存斗争的意义与必然性。以图腾制和祖先崇拜为主要内容的原始宗教无不是主体的愿望需要与原始思维相结合的产物。商人以玄鸟为始祖而加以崇拜,就是因为不了解生育乃婚媾所致,而以为是某种动植物精灵进入妇女体内才繁衍出子孙。显然,这种鸟图腾还反映了商人对部落兴盛的渴望与乞求。

要建立一个原始文化的参照系来分析《易经》这个具体的巫文化孑遗,就必须承认并确立原始思维作为这一结构的基石。人类学开山泰勒在其划时代的《原始文化》中几乎用二分之一篇幅论述的万物有灵论,就是由原始思维所提供的用以解释身体和精神之间的相互作用和人与外部世界之间的相互关系的一种理论。万物有灵的观念在早期生民中

---

① 〔英〕马林诺夫斯基:《巫术、科学、宗教与神话》,李安宅译,中国民间文艺出版社1986年版,第9页。

对意识和行为的支配性是压倒一切的,并从而构成原始思维最主要的特征。另一方面,法国人类学家列维-布留尔提出的他所谓"互渗律"的著名概念,也为学术界普遍接受。它是指原始人的一种信仰。这种信仰认为在两件事物和两种现象之间存在着某种同一,或彼此间存在某种直接影响;尽管实际上二者间并无空间上的联系和明显的因果关系。还应予补充指出的一点就是,由于初民个体尚未能从其所属的群体中分离出来,万物有灵论和互渗律中所含的特定内容等乃是作为一种集体精神(布留尔谓之集体表象)而为个体所得有。所以,彼时彼地的属于某一群体的诸种宗教观念和意识,"在该集体中是世代相传;它们在集体中的每个成员身上留下深刻烙印,同时根据不同情况,引起该集体每个成员对有关客体产生尊敬、恐惧、崇拜等等感情。……它先于个体,并久于个体而存在"。① 引入人类学的这些成果,才能将《易经》这类古老文化遗存赋予鲜活的生命,即与特定群体的生存活动联系起来,从而在那些看似毫无逻辑、晦涩费解的事件表述之中建立起内在的整体的联系;这种联系原本存在于原始人的心理体验之中,虽很难从字里行间看出来。

黑格尔曾嘲笑过认宗教为教士虚构的可笑说法。现代人类学更认为对于原始人类来说,巫术是件十分严肃的事。巫术本身并不与科学对立,它与科学一样是一个具有内在一致性的严谨思维体系,只不过它是建立在原始思维的感知和想象的基础上。占卜,早在新石器代末期的龙山文化中就已出现。陈梦家先生在《殷墟卜辞综述》里将商代流行的宗教意识概括为天帝崇拜、自然崇拜和祖先崇拜三项主要内容。"殷人重神,率民以事神",《礼记·表记》所言不虚。一方面国王被视为群巫之长,上帝鬼神与人之间的最高代理人;另一方面,由于原始宗教尚未建立明确严整的形式,"民神杂糅,家为巫史",凡事问神,无所不占。《易经》作为一部在大量占卜记录基础上编纂而成的占卜之书,用八八六十四卦的占筮体例将许多蒙昧时期生民的各类占卜资料规范成册,为我们今天沿波探源寻找中国文化之根提供了材料。

由于万物有灵论和互渗律信仰,古人眼中关于世界的图景是有机的。万物有灵,灵灵相通,所有的事物既是物质的又是精神的,并且互

---

① 〔法〕列维-布留尔:《原始思维》,丁田译,商务印书馆 1981 年版,第 5 页。

相感应联系。殷人不仅把日月星辰风雨雷电人格化而加以祭祀崇拜,而且将自己的休咎吉凶与草木山川飞禽走兽的异动联系起来。象占就是他们试图通过对这种异动的揣测来把握自己的命运。象占一词,是李镜池先生在摄取《汉书·艺文志》对杂占定义的基础上新定的,"意思是指所有物象之变化或显现,人们见了,以为跟他有密切关系,因而探究神旨,推断吉凶的一种占验"①。以物象明人事,或取天地阴阳之象,或取万物杂象,如此之类,乃古今筮书通例。上古太史之官就是负责"掌日月星辰变动,与常不同,以见吉凶之事",而《易经》之中尤为多见。高亨先生对450条筮辞逐一列表分类,其中取象之辞占有绝对比重。难怪《系辞下》要说,"易者,象也;象也者,像也"。当然,它还包括八卦之象。

《易经》取象以形式区分,有二类,就物取象和就人(事)取象;以性质区分,亦有二类,特殊物象和一般物象②。所谓特殊物象系指具有某种神秘观念意义的物象,如图腾动物、虚拟动物等。如旅卦上九"鸟焚其巢,旅人先笑后号咷,丧牛于易"中的鸟就属此类。跟《国语·周语上》所载"周之兴也,鸑鷟鸣于山;其衰也,杜伯射王于鄗"一样,这类特殊物象固然也是以原始思维为基础,但它反映的主要是某种特定的宗教意识,须引入某种具体宗教观念才能明白"周之兴"与"鸑鷟鸣"及"鸟焚巢"与"旅人丧牛"之间的联系。(鸑鷟,凤之别名也,周人视为祥瑞。旅人,王国维考证为商先祖王亥,而鸟为商图腾。)对我们来说,以普通物象为占更能说明《易经》认知方式的原始思维特征(实际在该书中表现也更多),因而更能反映其实质,更值得我们研究。

纪百事之象,候善恶之征。桑谷共生,大戊以兴;雊雉登鼎,武丁为宗。把这种由"天象垂"而到"吉凶见"的远古记载一概斥之为骗人的迷信是有欠公允的,正如将先前的巫卜祝与当代的巫婆神汉等量齐观是无知肤浅的一样;因为它们所产生的社会背景和心理意识基础都是完全不同的。下面我们先以《易经》中几条典型的象占筮辞为例,对它所凝结的原始思维和原始宗教观念作些探讨。

(1)见龙在田,利见大人。(乾九二)

---

① 李镜池:《周易探源》,中华书局1978年版,第123页。
② 参见高亨:《周易古经今注》,中华书局1984年版,第51页。

(2) 舆脱辐,夫妻反目。(小畜九三)

(3) 黄离,元吉。(离六二)

(4) 枯杨生稊,老夫得其女妻。(大过九二)

(5) 眇能视,利幽人之贞。(归妹九二)

取象曰比。章学诚谓"《易》象通于《诗》之比兴"。让我们先看看这首诗:"宛彼鸣鸠,翰飞戾天。我心忧伤,念昔先人。明发不寐,有怀二人。"(《诗经·小雅·小宛》)朱熹《诗集传》认为"二人"即是父母。这首诗由小鸟写到对父母的怀念,这里的"兴"并非现代意义上的修辞格,而是对内心情感意识活动过程的真实描述。照闻一多先生的解释,就是因为在古人的认知结构里图腾崇拜的原始宗教观念使得鸟类与其祖先建立了固定的内在联系。《易》象之所以能昭示吉凶悔吝其秘密同样也要到原始思维中找寻。前面列举的几条筮辞,其形式可表述为:象占等于取象之辞(A)加断占之辞(B)。A可以是事象,如舆脱辐等,也可以是物象,如枯杨生稊;B可以是吉凶之辞,如贞凶等,也可以是吉凶之事,如利见大人,总之是一种对未来状况的预测。

在现代人看来,车轮从车轴脱裂而出,怎么也不会联想到小两口将反目成仇;枯树上发出新芽无论如何也不会意味着糟老头必得娇妻。因为它们之间如风马牛不相类,毫无逻辑上的关联。确实,要将A、B二者联系起来,使之意义上前后贯通相属,对于占筮者的认知结构必须有着特殊的要求。而事实上,观物取象本来就是原始思维驱动的结果。原始思维所运用的思维材料在互渗律的影响下,与我们今天所运用的思维材料(感觉、知觉、表象概念等)相比,已经被附加了许多神秘的属性。被他们感知的所有东西都已包括在那些神秘因素占优势的集体表象的复合之中。因此,那里不存在简单的只是名称的名称,也不存只是数字的数字,互渗使他们将属于这个数的某种神秘性质和意义结合一起来进行想象性推导。[①] 进一步说,在原始思维中没有纯粹的物理事实,也没有主客体的严格区分,也没有对其属性的规定限制,自然也就没有现代意义上的因果律。所以,取象之辞中的"见龙在田"和"黄离"之类,在占筮者眼中也具有超越其自身所具有的性质,即主体投射于其上的观念内

[①] 参见〔法〕列维-布留尔:《原始思维》,丁由译,商务印书馆1981年版,第201页。

容,从而与他们的命运关联起来。

取义曰兴。在这种原逻辑(prelogic)的认知活动中,想象起了关键性作用。想象并不是脱离一切的毫无根基的任意拼凑。恰恰相反,它在一定意义上较理性的计算更能反映生命存在的内部秘密和无意识中的文化本质。尤其在原始文化中,它总是带有强烈的意向性,与主体的个体经验、心理需要和文化背景相关联。中国是个农业社会,通过兴修水利等社会内部结构的组织而进入文明社会,带有所谓早熟性。从传说中的黄帝时候起,观象授时就是社会的头等大事,而天文历法与巫术是密不可分的。日月星辰之变关系着农业生计,因而自然地成为吉凶之兆,天与人被视为同源同构之物。古文天字就凝结了这种观念,由一个正立的人形而对其头部加以强调。再从原始宗教看,自然崇拜和祖先崇拜的双重叠合也反映了同样的意识。可以断定,在华夏先民的集体表象中,自然呈现出这样一幅图景:人格的意志与物质的品格相融为一;草木山川日月星辰的枯荣流变正是天帝生命的显现,而人也置身于这一生生不息的阴阳大化之中,并互相感应。任何一个自然现象都被看成一个象征,被纳入一个普遍的精神世界里加以解释,而能将它们联系起来的不会是逻辑而只能是想象。《史记集解》曾引孟康的话云"五星之精散为六十四变",故星占作为象占之一种,在《易经》中占有突出地位显然是不难理解的。"见龙在田,利见大人"就是一例。龙系指东方七宿;田为天田星。天田共有二星,属于角属。角星北面为天子籍田。角有二星,左为法官,右为将帅,一文一武。由"龙"现于"田"这一星象得出"利见大人"的断占,显然是想象力在天人同源同构观念以及互渗律驱使下启动而形成的结果。同样,也只有在这种认知框架中,"眇能视"才能与囚徒脱囹圄这浑不相属的事件挂搭起来。离为一种猛兽,只因其色黄,而黄在经验里或为吉祥之色,占筮者便得出"元吉"之贞。高亨先生此解无意中揣测到了古人的思维路径。占筮者把特定的宗教观念和互渗律放在联想律下面,并把由此而产生的主观想象视为现实的必然性,这就是象占的秘密。从这里我们可以看到,原始思维是怎样通过支配着想象力而制约着古人的认知活动,以及《易经》是在怎样的基础上与原始的宗教观念联系起来。有学者指出,"原始思维是一种被神化了的形象思维",正可与《易经》相互印证。

由象占可以引出这样一个问题,象占在《易经》中是否具有独立意义?抑或只是蓍占爻辞里的一种比喻?或者,如尚秉和先生理解的那样,爻辞所述之象乃卦符所含之象的展开?诸如此类的争议几乎已经延续了千年以上,我们今天无意再厕身期间。其实,只要我们承认《易经》是一部由巫史之官在大量占卜记录基础上编纂而成的典籍,这些问题就不难回答了。八卦是筮法产生之后才有的。蓍占只是众多占卜形式之一,并且,从思维发展的逻辑进程看要晚于象占。其次,揲蓍之法最初得出的只是奇偶之数,由奇偶之数而定吉凶[①];不必要也不可能导致取象之辞的出现。周原出土的甲骨所刻数字卦上不见取象之辞的痕迹,体例与殷人卜辞大同小异[②]。而《易经》六十四卦中,除载有取象之辞、说事之辞的卦外,直接得出断贞之辞的也不在少数(如解初六,大壮九二)。蓍占主要是因为它乃以天文历数为根据,而又是由官方巫史所创,加之运用便当才逐渐获得其权威地位,成为巫文化总结时所皈依的基本框架。它显然不能抹煞象占的独立性,正如不能否认龟卜的独立性一样。司马迁在《太史公自序》中所言"三王不同龟,四夷各异卜,然各以决吉凶"乃是历史的事实。那些奇偶数字所代表的马牛龙鸡之类的八卦之象,只能是在《易经》成书之后的应用过程中附会发展的产物。至于以乾为天以坤为地则更是相当成熟之哲学观念的形象表述了。此外,相同的取象之辞重复出现也证明卦外自有其象,卦初原本非象。

肯定筮辞、象占在《易经》中的相对独立性,并不否定它与卦系间的联系。恰恰相反,我们要在这里着重讨论作为共同构成这一典籍的两系统之间的内在联系,及其在思维方式层面由象占到卦系的发展。我们认为,作为以筮辞形式排列于六十四卦之下的象占记录,当它于西周年间被纳入蓍占的框架时,它便成为《易经》这个大系统里的断占之辞了(但并不排除占卜时占筮蓍仍以实象说吉凶),而卦画则取代原来的取象之辞的位置和功能,成为新的取象符号。换言之,由卦画与筮辞(含取象之辞和断占之辞)二个系统重组的《易经》是象占在结构上的放大和功能上的加强。我们不妨将前者称为实象之占,后者为虚象之占。由实象

---

① 参见《文物》1984 年第 3 期张政烺文。
② 参见《中国哲学》第 3 期徐锡台、楼宇栋文。

(物象事象)发展到虚象(卦画卦爻),既是《易经》成书的现实过程,也是巫文化发展完善的逻辑步骤。中国文化的早熟为人所周知,我们不妨把这部巫文化典籍视为它早产的馨儿。

卦画是揲筮的结果,最初只是一组(三或六个)奇偶数字的重叠排列,与占筮者及其所占事情之间不存在什么因果联系,不具备客观确实性,正如取象之辞与断占之辞的关系一样。人们之所以相信八卦能显示吉凶,是因为他们相信天地间有一种神秘的力量,同时将蓍草视为圆而神的灵物,加上筮法源于天文历数,使得他们认为方以智的卦画能"体天地之撰,类万物之情,通神明之德"。显然,这无论在思维方式,心理基础,还是所反映的宗教意识都与前文所论实象之占相同。不同之处在于,相对于实象之占的取象之辞与断占之辞的关系而言,卦画卦爻是非实在具体的虚象,它与吉凶的关系不能简单地由依据经验诉诸想象来沟通,而是由编纂者固定下来。原始的思维方式以及宗教观念等也就不能直接发生作用了。同时,六爻最多也只有六十四种组合方式,在占卜之书的相对贫乏和所占之事的想对丰富之间不能不产生矛盾。于是,巫觋祝卜们对卦画卦爻与吉凶之关系的诠释就有必要进行挖掘创造,并变得复杂灵活起来。卦画卦爻作为符号的抽象性象征性则为激活的人类理性思维能力提供了施展的空间。《易传》对卦爻的阐释以及八卦之象等学说的产生都是后人于此进行这种努力的成果。它们分别开创和代表了易学的义理和象数的不同学术路向。

实象之占的解释虽然借助于想象,但宗教意识从根本上决定了它的取值域限。象之由实而虚使它从一种具体的殊相上升成为一般的共相。加之卦符的推衍有其相对固定的规则,排列组合自成体系。当人们以之来概括说明世界的变化发展,更使它有了对更多事物的包容性,"开物成务,冒天下之道",成为所谓"宇宙代数学"。虚象系统的产生和所具有的功能及其运用,反映了当时人们对世界的基本理解。从这个范式里,万事万物获得了秩序性和统一性。它所蕴含的最基本的观念内容是:不同层次和类别的事物是相互联系贯通的,同源同构的;这种观念的前提是万物有灵论和互渗律,其基础则是华夏特殊的小农社会生活经验。占筮时,根据认知情境的不同,卦画所象之像可以灵活转换而获得应有理解。但万变不离其宗,宗就是这个系统的结构和规则。可见,由实象之占到虚象之占,原始思维创造了初民意识中的世界图景,找到了自己对世界理解的最好表现形式;也为巫文化向人文文化过渡铺平了道路。到虚象之占时,巫术的内容渐趋淡化,哲理的因素逐步厚积。八八六十四卦的重心也由对不可知的虚构出来的神秘天意的贞占,转向对现实的支配着这一世界的规律的探究。正因此,《易经》既是巫文化发展的巅峰,又成为人文文化发展的起点。

文化人类学中有原生文明和次生文明的区分。前者指从当地民俗传统中发展起来的文明;后者指外界文明为主而吸收当地文明传统而形成的文明。希腊文明是在摧毁了当地的爱琴文明的基础上建立起来的(希腊民族自身也是通过合并形成的),属于次生文明。而中国,众所周知,由野蛮入文明走的是所谓亚细亚式的维新道路。王国维侯外庐等前辈学者已曾就建立在血族关系基础上的公社制度对后来宗法政权形式的影响等作过精深的考证和阐发。如果引进原生文明概念(占卜之书成为群经之首正是最好标志。荣格指出,"在西方,这种思维从赫拉克利特时代起就不见之于哲学史了"),我们就可以从更广阔的背景上考察我国巫文化与人文文化发展的连续性,加深对自己传统的认识。因为没有恩格斯所称颂的那种商品经济的大进军将氏族贵族及其宗法制摧毁,相应地,人们的观念世界也没有受到新文明的清算。旧邦新命使固有的集体表象不仅延续下来,还使它在新文化的创造中发生作用并在这种作用中强化,由集体无意识转化成为社会意识形态。如果说作为一个占卜的操作系统,《易经》逐渐只为一小部分巫觋拥有于民间,那么,作为一个关于世界意义的解释系统,它的基本思维模式和观念内容则几乎为全部的思想大家所重视。

春秋战国是我国人文文化的奠基时期,这也是世界文明发展的轴心时期。诸子百家通古今之变,究天人之际,儒道无疑成为后来文化发展的主干。二家的开创者就都与《易经》有着不可分割的联系。老子"道生一,一生二,二生三,三生万物"的宇宙发生模式,就与成卦之筮法深相契合,正如揲蓍之法与天文历数深相契合一样,因而被宋人邵尧夫赞为"得易之体"云云。台湾学者吴怡教授认为,"没有孔子的思想,十翼就没有生命;没有十翼,《易经》也只是古代的占卜之书而已,绝不会对中国的文化、哲学、社会人生产生那么大的影响"(参见《周易研究》创刊号《国际周易学术讨论会综述》)。这道出了儒家思想在《易经》由巫文化向人文文化过渡过程中的重要性。但我们还想深入一步提出这样一个问题,既然《易经》对中国文化、哲学、社会、人生有重大影响,那它与儒家思想又是怎样一种关系?我们以为,《易经》是原始思维的产物,它提供的主要是一种思维方式所决定的关于天地人生的最根本的关系或模式,用荣格的话来说叫"无内容的形式"。它不仅为道家所传袭利用,也为儒家所继承发展,从根本上奠定了中国文化的基本格局。太极一元论,阴阳二元论,乃至重功能轻实体、重直觉轻分析的思维特征等无不与《易经》所含的原始思维及巫文化因子有关。朱熹称颂"至哉易乎!其道至大无不包,其用至神而无不存",也只有在这层意义上才能获得理解。

我们的研究者们在论及《易经》和《易传》的关系时,常过分强调后者对前者的否定抛弃,强调前者对后者影响的消极性,而对这种影响究竟是什么却缺少更深层次的挖掘。这主要是因为对《易经》的狭隘理解,即没有将它作为原始巫文化的典籍凝结着原始思维的颗粒,没有看到我们的文化乃是一种直接由原始文化生长起来的原生文明,因而仅仅简单地将它视同一般迷信之作而已。这里,我们从天人合一这个基本的文化特征的形成来谈谈原始宗教观念对传统文化的影响。天人合一的理论模式成型于先秦。哲学史家还有人上溯至周公,将"皇天无亲,惟德是依"的敬德保民政治思想视为天人合一观念的最初萌芽。其实真正的发生学意义上的天人合一观念并不能在哲学或政治学领域中找到,而只有在原始宗教乃至原始思维的特征之中才能找到。万物有灵论认为神灵存在于万事万物之中,互渗律使人相信一切事物互含互摄,农业社会的生活背景更突出强化了人与天与自然之间的联系。作筮之巫咸就是殷商大戊时的传天数之官。虽然最早的成卦之法已不可考,但《系辞·大衍章》所载巫法及其解释足可证明,八八六十四卦的形成与原始宗教支配下追求天人同构的意识肯定有其内在的相关性。新近有论者干脆断言"六十四卦和三百八十四爻是以日月五星和二十八宿为骨架构筑起来的"[①]。立论虽嫌偏颇,却把握住了《易经》的一个重要理论特征。武丁

---

① 乌恩薄:《周易—古代中国的世界图示》,吉林文史出版社版,第46页。

后殷人宗教的成熟形态祖先神与上帝神合一,也是这种意识的反映。小邦周代大国殷后,周公的改革也未能挣脱这个模式,只是使天与人合一的基础由亲族关系更换为德行的高下。这是理论哲学家在天人合一这个原始宗教框架里写下的第一笔,从而给这个"空套子"或者说"无内容的形式"赋予了现实的内容。到《易传》对卦爻辞进行新的注释时,这种伦理色彩更构成了明确的图画,但同样,其基本的结构形式却未发生根本的变化,应该指出的是,这里我是在亚里士多德的意义上使用形式一词,它具有原则规定、致思发展性向等规定性。

《系辞上》有这么一段话,"易有太极,是生两仪,两仪生四象,四象生八卦,八卦定吉凶,吉凶生大业"。对于它历来有不同解释,或以为是论述天地起源(郑玄、虞翻),或以为是画卦之说(朱熹),还有人认为是揲筮之法(胡渭、李漌)今人对此有一精当议评,这几种解释"都有一定根据,不仅彼此不相矛盾,而且还可以互相参证,郑玄、虞翻的天地起源说,解释了这段话实际所指的内容;朱熹、胡渭、李漌的画卦说和揲筮说,解释了这段话所依据的巫占形式……如果分开来说,显得扞格不通,合起来说,反倒切合《易传》原意"①。确实,原始思维的特征并没有随着《周易》巫术内容的淡化而趋于消弭,而是沿着社会发展那条所谓亚细亚式维新道路悄悄步入了人文文化的门槛。心理学认为思维定势的实质就是运用已有的认知结构解决新的认识问题。先秦产生出的本体论、认识论以及阴阳学说等思想成果表明,原始思维的许多特征已积淀于后人心底,不自觉地制约着人的思考和行为,把不同时代的思维内容纳于固定框架之中,《易传》肯定"易与天地准,故能弥纶天地之道",说明它不可能创造出一个新的解释系统去替代这个"言乎天地之间则备矣"的世界图式。只是将它不断加以扩大充实,"易之为书也广大悉备。有天道焉,有人道焉,有地道焉。兼三材而两之,故六;六者非它也,三材之道也"(《系辞下》)。尔后,无论汉学,玄学还是宋学,都证明天人合一乃是历代思想家所共同遵循的、用以建构自己理论体系的思维原则,并构成中国智慧的核心内容。正因此,中国文化才与西方文化乃至印度文化区别开来。

---

① 任继愈编:《中国哲学发展史(先秦)》,人民出版社1983年版,第629页。

近人王治心先生写过一本《中国宗教思想史大纲》。今天再版,使我们得以在书里读到这样的话;"我们一读中国的古籍,无论经、子、史,无一不有关于巫术的色彩"。确实,我国巫文化对人文文化的影响是广泛而深远的,这种影响主要表现在思维模式上,这种影响又主要是经由《易经》而实现的,这就是本文的结论。

"大学之道"：为学还是为政

——《大学》新读之一

孔子自谓"述而不作"。①《中庸》亦称："仲尼祖述尧舜，宪章文武"。王夫之在读《资治通鉴》时亦得出结论："法备于三王，道著于孔子"。②这三者互相印证，互相补充，我认为基本揭示了孔子思想的性质（"道"）及其历史根据（"法"），从而也提供或限定了我们读解孔子有关文献的基本思路或框架。

本文即尝试据此对《礼记》之《大学》一篇进行分析。所谓新读云者是相对朱子《大学章句集注》而为言。我认为，《大学》是对三王之法的概括总结和提升。朱子最大的误读处是其将《大学》之书的主题或性质判定为对"古之大学所以教人之法"的讨论。如此处理或许十分便利于他将所谓三纲领八条目作为申述其哲学心得，表达其时代感受的注释文本。但是，这却不仅使得孔子在此扮演的角色无形中由"圣人"降格为"史家"③，也使得该文本的原主题"大学之道"的内涵或意义很大程度上被覆盖遮蔽。

一

了解"古之大学"及其"所以教人之法"的基本情形究竟如何，应该是我们评估朱子所给出的定位能否成立首先所必须加以考察的。根据《礼

---

① 《论语·述而》。
② 《读通鉴论》卷一。
③ 孔子在帛书易传《要》篇中说，"赞而不达于数，则其为之巫；数而不达于德，则其为之史。史巫之筮，向之而未也，好之而非也。吾求其德而已，吾与史巫同途而殊归者也"。孔子自己的学术定位不在史家。

记》中《学记》、《王制》、《文王世子》诸篇再加上其他一些材料,我们即不难对此勾画出一个大致梗概。

(一)《王制》:

> 天子命之教,然后为学。大学在郊。天子曰辟雍,诸侯曰泮宫。
>
> 乐正崇四术,立四教,顺先王《诗》、《书》、《礼》、《乐》以造士。春秋教以《礼》《乐》;冬夏教以《诗》、《书》。王大子、王子、群后之大子,公卿大夫、元士之嫡子,国之俊选,皆造焉。

(二)《周礼·春官·大司乐》:

> 掌成均之法以建国之学政,而合国之子弟教焉。凡有道者有德者,使教焉。以乐德教国子:中,和,祗,庸,孝,友。以乐语教国子:兴,道,讽,诵,言,语。以乐舞教国子舞《云门》、《大卷》、《大咸》、《大磬》、《大夏》、《大濩》、《大武》……

(三)《文王世子》:

> 凡学,世子及学士,必时。春秋学干戈,秋冬学羽籥,皆于东序。春诵,夏弦,大师诏之。瞽宗,秋学礼,执礼者诏之。冬读书,典书者诏之。礼在瞽宗,书在上庠。
>
> 凡祭与养老乞言,合语之礼,皆小乐正诏之于东序。
>
> 凡三王教世子必以礼乐。乐所以修内也,礼所以修外也。……师也者,教之以事而谕诸德者也。
>
> 仲尼曰:学之为父子焉,学之为君臣焉,学之为长幼焉。父子、君臣、长幼之道得而国治。

(四)《祭义》:

> 祀乎明堂,所以教诸侯之孝也。食三老五更于大学,所以教诸侯之弟也。礼先贤于西学,所以教诸侯之德也。耕籍,所以教诸侯之养也。朝觐,所以教之诸侯之臣也。五者,天下之大教也。食三老五更于大学,是故乡里有齿而老穷不遗,强不犯弱,众不暴寡,此由大学来者也。

(五)《大戴礼记·保傅》载《学礼》云:

帝入东学,上亲而贵仁,则亲疏有序,如恩相及矣。帝入南学,上齿而贵信,则长幼有差,如民不诬矣。帝入西学,上贤而贵德,而圣智在位,而功不匮矣。帝之北学,上贵而尊爵,则贵贱有等,而下不逾矣。

帝入太学,承师问道,退习而端于太傅,太傅罚其不则而达其不及,则德智长而理道得矣。

(六)《学记》:

君子如欲化民成俗,其必由学乎。古之王者建国君民,教学为先。

古之教者,家有塾,党有庠,遂有序,国有学。比年入学,中年考校。一年,视离经辨志;三年,视敬业乐群。五年,视博习亲师。七年,视论学取友,谓之小成。九年,知类通达,强立而不反,谓之大成。夫然后足以化民易俗,近者说服而远者怀之。

大学始教,皮弁祭菜,示敬道也。《宵雅》肄三,官其始也。入学鼓箧,孙其业也。夏楚二物,收其威也。未卜,不视学,游其志也。时观而弗语,存其心也。幼者听而弗闻,学不躐等也。此七者,教之大伦也。

大学之教也,时。教必有正业,退息必有居。学,不学操缦,不能安弦;不学博依,不能受诗;不学杂服,不能安礼;不兴其艺,不能乐学。

大学之法,禁于未发之谓豫,当其可之谓时,不陵节而施之谓孙,相观而善之谓摩。此四者,教之所由兴也。……

君子既知教之所由兴,又知教之所由废,然后可以为人师。……学者有四失,教者必知之。……善教者使人继其志,君子知至学之难易,而知其美恶,然后能博喻;能博喻然后能为师;能为师然后能为长;能为长然后能为君。故师也者,所以学为君者,是故择师不可不慎也。《记》曰:三王四代唯其师。

大德不官。大道不器。大信不约。大时不齐。察于此四者,可以有志于学矣。三王之祭川也,皆先河而后海,或源也,或委也。此之谓务本。

(七)《周礼·地官司徒·师氏》

师氏,以三德教国子:一曰至德,以为道本;二曰敏德,以为行本;三曰孝德,以知逆恶。教三行:一曰孝行,以亲父母;二曰友行,以尊贤良;三曰顺行,以事师长。掌国得失之事,以教国子弟。凡国之贵游子弟学焉。

保氏,养国子以道,乃教之六艺:一曰五礼,二曰六乐,三曰五射,四曰五驭,五曰六书,六曰九数;乃教之六仪:一曰祭祀之容,二曰宾客之容,三曰朝廷之容,四曰丧纪之容,五曰军旅之容,六曰车马之容。

(八)《白虎通·辟雍》:

古者所以年十五入大学何?以为八岁毁齿,始有识知,入学学书计。七八十五,阴阳备,故十五成童志明,入大学,学经籍。百工居肆以成其事,君子学以致其道。……小学,经艺之宫;大学者,辟雍乡射之宫。

天子立辟雍何?辟雍所以行礼乐,宣德化也。辟者璧也,象璧圆,以法天也。雍者,壅之以水,象教化流行也。诸侯曰泮宫者,半于天子宫也,明尊卑有差,所化少也。……乡曰庠,里曰序。庠者庠礼义,序者序长幼也。《礼·五帝纪》曰:帝庠序之学,则父子有亲,长幼有序。

如此征引虽颇嫌烦琐,但有关所谓古之大学的发生沿革、校舍、学制、师资、教材、教法、招生对象及培养目标等等,均可以从中搜寻出一些端倪或大概。

了解一事物之所由以发生,颇有助于我们把握该事物的本来属性。从文字上说,学与教古为同一字,后来才分化为二。事实上,"学"之成立的前提是有所以学和所从学,而此二者均统一于"教"。《广雅·释诂三》:"学,效也。"《玉篇·子部》:"学,受教也。"而教,《说文》:"上所施下所效也。"古动词常有十分确定具体的内容。据《书·说命》:"学于古训,乃有所获。"可知所从学的对象是人,所以学的内容则是某种知识或据价值。又据《书·舜典》:"汝作司徒,敬敷五教。""古训"应该是口口相传的早期生活和政治的经验,而以后者为主(因"教"原本就有上与下、施与效之别)。"五教"之类即是其主要内容,即父义、母慈、兄友、弟恭、子孝。古之大学中的教师作为这种知识或价值的承传者,在《周礼》的记载中主要是司徒之官及其所属之师氏、保氏。而在更早的时代,则应该是德高望重却并不具备什么头衔的长老。尧命舜作司徒是完成这一转变的一大枢轴。《论语谶》谓,"五帝立师,三王制之",可资印证。《说苑·君道篇》记郭隗之语:"帝者之臣,其名臣也,其实师也。"《贾子·官人》云:"与师为国者帝。"可知行教之师,最初乃是辅佐君王以道化天下的政治顾问。"夏后氏养国老于东序","东序"应该就是后来所谓"大学"所以发育而出的最初的胚芽。①

当然,"养老乞言"由政治的实际运作衍变为功能相对独立的道业传承,前提条件是政权稳固,有明确的治道选择,需要大批相对优秀而又属于"我族"的权力继任者,因而必然表现为一个与历史进程相适应的漫长过程。这一点如果成立,则大学的师资也就明确了。《五经通义》云:"三王教化之宫,总名为学。夏曰校,校之言教也。殷曰庠(庠者庠礼义),周曰序(序者序长幼)。周家人兼之。"所谓周家人兼之,应统是指周人在乡设庠,在里设序,即学校之设越来越普遍,越来越趋近民间,实用意义上的教化(以教为政)色彩越来越重。但是,由辟雍泮宫的制度化,我们也可看出,以贵族子弟为招收对象,以政治人才为培养目标的国家之学"太学",在形制上不断得到发展完善的同时,其培养目标的政治化特质和培养过程的教育学特征两个方面都同样被强化,并获得了长足的发展。

《大学》中论及的大学也当是指周而言。它主要的师资一是师、保,二是三老、五更。师氏主职是"掌以谏诏王",兼职"以三德三行"教国子;保氏的主职是"掌谏王恶",兼职"养国子以道","教之六艺、六仪"。师氏还掌国"得失之事",可以使太学生"识旧事"。保氏另一责任则是"以师氏之德行审喻之"。分而言之,师氏主讲"德"与"事",保氏主授

---

① 个人认为,将大学读为太学似应作为一种值得考虑的选择;"太"为对长者的尊称,太学者,受长者教从长者学也。因此,所谓大学、小学之分颇叫人生疑。

"艺"与"仪"。①

三老、五更也各有所擅长。《白虎通·乡射》："王者父事三老,兄事五更者何? 欲陈孝弟之德以示天下也。"实际"示天下以孝"只是事情的一方面,因为成为三老,五更并不只是年龄(齿)足够即可。还是《白虎通·乡射》："不但言老,言三何? 欲其明于天地人之道而老也。五更者,欲其明于五行之道而更事也。"②《文王世子》注云："三老、五更各一人也,皆年老更事致仕者。"史籍一般说"养老于东庠",东庠究竟是以养老而成学,还是以学而得养老,即养老与立学间关系渊源颇有深意可寻。但三老、五更无论作为王者之师还是作为传道授业解惑之师,相对于"国之贵游子弟"来说,无论从历史或者逻辑的角度看,其出现在先应当毫无疑义。而其见享于太学,似乎并不能只看成是一种荣誉或一种姿态,同时应也承担有一种工作一份责任,盖以颐养为主而兼教职备咨询者也。他们的知识结构表明他们主讲的课程可能近于今日所谓之"历史"、"哲学"与"伦理"诸内容。

此外,应该还有专职教师若干,即《文王世子》所载之教乐的大师,教礼的执礼者,教书的典书者,教舞的领舞者。作为国家之学的辟雍、泮宫的生源显然与乡里的庠序不同(庠序之俊士当然亦可升等为太学生),而主要是前引《王制》所谓之"王大子、王子、群后之大子,公卿大夫、元士之嫡子"。另外,还有部分由庠序层层选拔出来的"国之俊选"。

培养目标则很明确,"造士",以使"王道流转,周而复始",如辟雍所象征者。

由于存在一个"父子、君臣、长幼之道得而国治"的逻辑前提,古之大学的课程即是"学之为父子,学之为君臣,学之为长幼"。三者之中,君臣一项所具技术内涵相对丰富复杂一些,与日常经验也有一定距离,故以此为训练目的的课程所占比重较大。"春夏学干戈,秋冬学羽籥。"郑注云,"周立三代之学,学书于有虞氏之学,典谟之教兴也。学舞于夏后氏之学,文武中也。学礼乐于殷之学,功成治定与己同也。"

---

① 庠序之师由乡师兼任。《周礼·地官司徒·乡师》："各掌其所治乡之教,而听其治。"
② 所更之事究竟为"五行"抑或"五品",诸家持论不同。亦有人称,"三公老者为三老,卿大夫长者为五更"。

教室与课程相关。周之前的虞、夏、商诸先王均有各自的代表性政治特征或成就,周人以有虞氏之学校东序名学干戈羽籥之所,以夏之学校上庠名学书之所,以殷之学校瞽宗名学礼之所。而大司乐治建国学政的"成均之法",据董仲舒说,"成均,五帝之学"。郑玄认为所以以之命名,是由于"其遗礼可法"。周人萃取古圣王之政治经验和智慧的兴学宗旨,于此可得间接之印证。必须强调指出的是,据《正义》"天子立虞夏殷周四代之学,诸侯止立时王一代之学"的说法,《礼记》所谓大学属于天子之学,与一般乡遂庠序不可同日而语,乃以培养"接班人"所需的政治技能训练为惟一宗旨。

具体的教材,按"顺先王诗书礼乐以造士"的说法,应该就是后来孔子所以教门人的《诗》、《书》、《礼》、《乐》诸经。①《诗》是古人歌谣选集;《书》是档案文献选编;《礼》是社会行为手册;《乐》是与诗、礼相关的知识与乐谱。据《史记·滑稽列传》载,孔子曾说:"六艺与治一也。《礼》以节人,《乐》以发和,《书》以道事,《诗》以达意……"

清胡渭《大学翼真》卷末有一个总结:"古之大学所以教人者,其文则《诗》、《书》、《礼》、《乐》,其道则父子、君臣、夫妇、长幼、朋友,其法则博学、审问、慎思、明辨、笃行,故孟子谓庠序学校皆所以明人伦。"胡氏此书大旨虽本于朱子,但这段议论并不能为朱子的论题提供支持。朱子所谓"所以教人之法"最多可以有三种解读:一是教师自己的教学方法;二是教师要求或指示给学生的学习方法,三是教师所要传授给学生的知识。这三者在我们前面所征引的文献资料尤其是《礼记·学记》中都能找到相对应的内容。稍加对照就能发现,那些内容与《大学》"明明德"的主题及所谓"三纲领""八条目"的结构并无直接内在的勾连。《大学章句》开头便引程子之语"《大学》,孔氏之遗书,而初学入德之门也",并补充说:"于今可见古人为学次第者,独赖此篇之存,学者必由是而学焉,则庶乎其不差矣。"因此,他所谓"所以教人之法"作"教师要求或指示给学生的学习方法"解比较接近原意而不为诬枉。我认为,问题就在这里——它只截取了古大学之"学"这一个片段的意义,把与"教"相连

---

① 马端临《文献通考》引称:"乐正崇四术以取士,则先王之诗、书、礼、乐,其设教固已久。……盖自夫子删定、赞系、笔削之余,而各传习,经术流行。"

且所教所学内涵具体明确的"学"抽象化空壳化,从而不知所当归宗。①

这或许与宋儒的问题意识有关。程颐曾序其兄程灏墓石云:"周公没,圣人之道不行;孟轲死,圣人之学不传。道不行,百世无善治;学不传,千载无真儒。无善治,士犹得夫善治之道以淑诸人,以传诸后……"从这里可以看出,宋儒普遍关心的一个问题是道与学的关系。他们采取的应对策略是以人传学,以学存道。学,构成他们致思的中枢环节。而在"法备于三王,道著于孔子"的历史言说中,关键处则是道(价值)与法(操作)的互动关系。二者的差别是,在前者,道是指向"人"指向"学";在后者,道则是既本于"法"亦归于"法"。要而言之,其与社会政治领域的关系,前者是曲通,后者是直接。具体落实于《大学》,其首重"明明德",所讨论的乃是一个促使"明德"由潜而显其明的政治实践问题;而在朱子的论域里,他却用自己气质之性、义理之性诸概念,将它处理为人格结构内部性与气的关系,将此问题转换成为了一个如何恢复性之本体即如何确立"明德"的修养问题。

也许,朱子追随程子将《大学》主题读解为"为学次第"确有其不得不然者,因为他们所面对的问题是如何以学存道、以道淑人,砥砺士子人格。但十分遗憾,对于"所以学为君"的"大学之道"来说,它虽然已蔚为气象,但却只能称作是旁逸斜出之异地风光了。

二

"大学之道"四个字,说明孔子言论的着眼点与《礼记·学记》、《白虎通·辟雍》之类的史笔文字有所不同,这种概乎言之所表达的主要是孔子个人对古之大学的宗旨、功能及主要特征的理解。但由于孔子抓住了古之大学"所以学为君"、以先王为政之道的传承重建为诉求的本质,加上其对于虞、夏、商、周诸古圣先贤的为治之实有着深刻的了解②,对于春秋以降礼崩乐坏的社会变动有着清醒的认识,所以他的总结(朱了所

---

① 当然,对于"六经注我"的大哲学家朱子来说,截去"所学"和"所以学"是置换进自己的思想意志的逻辑前提;也正因为朱子是"六经注我"的大哲学家,他从自己的社会情怀出发,为表达自己对时代问题的感受而造成的误读才成为一个具有思想史意义的积极事件。

② 如《礼记·表记》中对虞、夏、商、周四代之政的议论。

谓"三纲领")与解析(朱子所谓"八条目")才能超越简单的文献学意义,不仅提炼出了王道政治的基本模式,而且指出了在变化了的历史条件下如何承继其精神的方法和途径,使得《大学》短短的文字成为了儒家乃至整个中国文化中地位独特的经典。

当然,这也是本文对《大学》的理解和定位。下面即通过对"大学之道,在明明德,在亲民,在止于至善"的分析,来对此加以验证。①

先说"明明德"。德者得也。从发生学的角度说,得,首先是得自于图腾。在图腾崇拜中,先民一般都相信作为自然存在的某种动植物与自己具有某种特殊关系,生命个体源于它又复归于它,在生命的过程中,个体即通过一种叫 mana 的神秘物质与之相联。所以有人类学家认为,"天生德于予"中的德,"道在我躬"的道,与 mana "没有什么不同"②。这是颇有道理的。

但由得自图腾的神秘物质(得),转进为具有社会价值属性的品性(德)是经历有一种人文的发展和提升的。"德"的与"天"沟通,与"明"搭配就是这一过程中值得关注的现象或事件。农业经济的生产方式中人们靠天吃饭,所以自然之天很容易就被赋予一种化育万物的慈父形象和仁者品格。当天被视为万物根据的时候,人的"则天而行"的愿望和期望很自然就被人应当顺应内在于人的"得"或"德"这样一种逻辑理路来加以论证和说明。

二者同物异指,互相联系又互相区别。如果说,"得"主要表征人之与天的关系,是一种神秘的规定,则"德"主要表征人与人的关系,是一种良善的行为。由于人事实上并无先验的善之禀赋。根本上只是自利自为的生物存在,所以其行为的善恶实际是很难把握预测的。王道政治时代之所以"竞于道德"是因为当时的历史情势使然。后来时移世变,社会博弈的游戏规则由于种种原因而逐渐向"争于气力""逐于智谋"方向演化。"天下熙熙皆为利来,天下攘攘皆为利往"。人们选择或采用何种手段策略行动,主要取决于其所能带来的自我及其所属群体的福利增量之大小。在早期社会,博弈是以部落为单位展开。就部落之间的竞

---

① 致知格物的问题拟在"《大学》新读之二"中讨论,兹不赘。
② 黄文山:《图腾制度及其与中国哲学起源之关系》,"中央"研究院《民族学研究集刊》第9集。

争而言,冷兵器时代的攻城掠地风险非常高,而"让"反而容易使自己成为天下"共主",从而成为眼光长远的部落领袖们所采取的策略选择。①《论语·尧曰》即谓:"宽则得众,信则民任,敏则有功,公则悦。"当然,孔子没有对这些命题所以有效的条件或条件性给出说明。

在部落内部,由于个体之间血缘相同,组织的规模也较小,付出与回报容易维持对称均衡,所以"以道为术"更加能够为部落带来较高的行动效率,从而使得选前述策略的部落在竞争中获得优势位置而胜出。《左传》成公二年云:"四王之王也,树德而济同欲焉。"《正义》曰:"禹、汤、文、武四王之王天下也,立德于民而成其同欲。"如果说"我生不有命在天乎"的"命定论"有助于赋予君主一种神性,有助于提高管理效率从而获得其存在合法性的话,那么"皇天无亲,惟德是辅"的"命正论"则必将因其在现实的社会运作过程中显示出更高的效率而完成对前者的取代。② 当然,这种取代并不意味德与天的联结即因此便告中断,而只能说是人文和理性的色彩更浓更重一些了。

这就是"德"、"明德"、"明明德"所以产生的基本语境。"德"就其得之于天而言,它是"应然"的可能性;就其施之于人而言,它是美善的根据。所谓"明德"就是将这种本之于天的应然之美善落实为行为。《诗·鲁颂·泮水》:"穆穆鲁侯,敬明其德;明明鲁侯,克明其德。"这些诗句所指涉者偏于人(君主)与天的关系(能够顺应天之意旨)。《书·康诰》"明德慎罚"中的"明德"意义与此有所不同,但仍一脉相承。《左传》称:"明德慎罚,文王所以造周也。明德,务崇之之谓也。慎罚,务去之之谓也。"这里的"明德"一词,显然按韦昭的理解更合适。③ 韦昭注《国语·周语上》"先王耀德不观兵"谓:"耀,明也。明德,尚道化也。"指的是以道化民的行政措施。

如果说"明德"和"克明其德"意义如彼,那么,"明明德"又当如何解读才于义为允切适当呢?简单地说,"明德"主要是相对天而为言,即君

---

① 笔者《〈唐虞之道〉与早期儒家的社会理念》对此曾尝试探讨。陈明、朱汉民主编:《原道》第5辑,贵州人民出版社1999年版。
② 由于认识水平及其他缘故,这种取代直到"小邦周克大国殷"后才成为主流意识。
③ "德"与"罚"均是指事而不是指人。孔颖达《正义》将"务崇之"解为"务崇益道德",未如"尚道化"妥帖。《尚书》孔传将"明德"解为"显用峻德",未妥。《大学》传文中即明明道出,"皆自明也"。

主根据上天好生之德以道化民众;"明明德"则主要是相对古圣先王而为言,即贵族弟子效法古圣先王的施政之方,将作为有"成命"在身的贵族弟子先天所具的德性通过行为呈现出来。

贵族子弟之德异于寻常人等至少在当时是社会的共识,虽然它实际是由后天的建构才得以形成的。《诗·大明》云:"有命自天,命此文王。"这种特殊之德亦谓"明德",一般作美德解。实际其来历亦与"尚道化"相关:"明明在下,赫赫在上。"郑笺云:"明明者,文王、武王施明德于天下 其征应炤晢于天,谓三辰效验。"上天可以察知之谓"明"。由"明明"之见信于天而使"明德"之"明"语意上生成美好之义,即由善而转换成美自是自然而然。《书·君陈》:"至治馨香,感于神明。黍稷非馨,明德惟馨。"对于王室子弟来说,这种既美好又神圣的"明德"已是与生俱来的资质了。①

但此"明德"作为一种资质,就如同当初得之于天的德一样,仍然是有待于通过行为来加以证明或"懋昭"的。《诗·昊天有成命》所述颇适合用以诠释此情境。"昊天有成命,二后受之。成王不敢康,夙夜基命宥密。"《郑笺》云:"昊天,天大号也。有成命者,言周自后稷之生而已有王命也。文王武王受其业,施行道德,成此王功,不敢自安逸,早夜始信顺天命,不敢懈倦,行宽仁安静之政以定天下。"虽然已有"王命",但仍须"行宽仁安静之政以定天下","成此王功",兑现其与天之间的契约,以巩固天命。《正义》云:"《中侯·苗兴》称尧受图书,已有稷名在录,言其苗裔当王。是周自后稷之生,已有王命,言其有将王之兆也。《传》训命为信,既有所信,必将顺之。"因为商纣曾经"居天下之大位,而又殷之正嫡,以其为恶之故,天乃绝而弃之,使其教令不通达于四方,为四方所共叛,而天命归文王。是为天命难信也"。《大学》的传文也引《诗》来说明这点:"殷之未丧师,克配上帝。仪鉴于殷,峻命不易。"

可以说,"明明德"首先是要唤醒自己的神性自觉(责任感或使命感),顺信天命以行,具体而言就是要承继先王志业,以道化民。②《大学》

---

① 相近的一词是"保明德",如"膺保明德",那主要是继体之君相对先王而言。而"明明德"则更切合于太学中的贵族子弟。
② 阳明《〈大学〉问》:"自明其明德,复其天地万物一体之本然而已耳。"

传文在对"八条目"逐条疏解后即总结道,"是故君子先慎乎德"。宋汪烜编《曾子全书》时将此篇定名为"明明德",应该说不无道理。毫无疑问,这里的"明明德"本于《尚书·尧典》的"克明峻德"。郑玄将"克明峻德"注为"能明峻德之士任用之,以睦高祖玄孙之亲",而将"明明德"注为"显明其至德也",首先表明《大学》所记确实为"三王之法",其次表明,由《尚书》到《大学》,"三王之法"已转换成了"孔子之道"。因此,"明明德"才从行政中选任贤德的用人制度,转换成为对内心道德律令的顺应服从。

"亲民"一词意义明白确定,即以民为亲,泛爱民众,从而使之亲己、相亲。《周礼·大宗伯》:"一宾礼亲邦国;以嘉礼亲万民。"郑注一为使亲附,一为使相亲。爱父母子女是容易的,因为这是天性自然。但是对于君王来说,却不能限于"父慈、子孝、兄友、弟恭",还必须追求"民亲"。《国语·周语》:"不亲于民而求用焉,人必违之。"注曰:慈保庶民,亲也。《晋语》"夫礼,国之纪也。亲民之结也";"国君无亲,以国为亲";"夫固国者,在亲众而善邻"。分而言之,如果说"明明德"对于受教于太学的贵族子弟来说偏重于培养一种神性的自觉(责任感或使命感)的话,那么"亲民"则是将这种自觉转化落实为相应的行为操作。由《国语》可知,亲民乃春秋以来主流的政治理念,宋儒将其改为新民,只是其人格修养说的拓展,即由个体到群体的日新其德,从历史实际与文本脉络看,理据都不充分。

亲原本指父母。《说文解字》段注云:"亲,父母者,情之至者也。"作为情感,它既是最朴素的自然,又是最高的人文。孔子说,"君民者,子以爱之,则民亲之"。孟子在区别使用时,将它置于仁、爱之前以明"用恩之次":"亲亲而仁民,仁民而爱物。"大学之教就是要使贵族子弟接受"亲民"的理念。儒家对这一理念到春秋战国时代已有了十分系统的论说,因为事实上它也是三代先王为治的实际组成部分。《礼记·经解》"天子者,与天地参,故德配天地,兼利万物"。这样的说法既是对先王为政之实然的追记,也是对天子这一现实角色应然的要求。儒家相信,圣人应当是"以天下为一家,以中国为一人"。

"德配天地"的神秘说法,对君主来说制约的意义与歌颂的意义各占一半。儒家对"亲民"的解释论证或说明体现在这两个命题上,即"孝弟者仁之本"和"爱与敬,政之本"。孔子在《礼记·哀公问》中说,"古之为政,爱人为大。弗爱不亲,弗敬不正。爱与敬,其政之本欤!"爱与敬这两种情感来自于家庭这种基本的生活单位。《孟子·尽心上》:"人之不学而能者,其良能也。不虑而知者,其良知也。孩提之童,无不知爱其亲者。及其长也,无不知敬其兄长也。亲亲,仁也。敬长,义也。无他,达之天下也。"最后一句"无他,达之天下也",是说为政的最关键处就是将亲亲之仁与敬长之义作为创制立事的基本原则。《礼记·祭义》说"立爱自亲始,立教自长始",可使孟子的话更具体明白。"亲亲"与"孝","敬长"与"悌"显然是对待关系。爱与敬是仁的内涵,分而言之,仁是爱;合而言之,仁兼爱与敬。按照"仁者以其所爱及其所不爱"的"仁者爱人"这一定义,我们可以把上述思想描述为"孝—仁—政(亲民)"的三级结构。"孝"是自然情感;"仁"是对这一情感提升与放大形成的原则;"政"是圣君之所为,"知其情,辟于其义,明于其利,达于其患";"民之所好好之,民之所恶恶之"。当然,这也仍是对古圣先王为政之道的总结,从《诗经》和《尚书》里可以找到这样的范例。《书·君陈》载成王称颂周公,"惟孝,友于兄弟,克施有政"。《正义》云:"父母,尊之极。兄弟,亲之甚。缘其施孝于极尊,乃能施友于甚亲。言善事父母者必友于兄弟,推此亲亲之心,以至于疏远,每事以仁恕行之,故能施有政令也。"一个"推"字,正好道出了由"别亲疏"的礼向"泛爱众"的仁之抽象升华过程中所具有的现实蕴涵。

以爱敬之心施政,不仅是天下百姓之幸,也是王室自家之福。《诗·既醉》:"威仪孔时,君子有孝子。孝子不匮,永锡尔类。其类为何?室家之壶。君子万年,永锡祚胤。"前四句《毛传》认为意思是"以孝道相转化,则天长赐汝王以善道"——人间的孝道已与天相勾连。关于后四句,《毛传》说:"以此善道,施于室家之内,以此室家之善广及于天下,此所谓长与之也。能使善道之广如此,则君子成王当有万年之寿。"《正义》曰:"以孝行与族类者……言其相亲,然后以此相亲之道与其族类,亦使之室家相亲,故言乃及于天下也。"君主本人得寿,政权稳固,百姓也安居乐业,可谓双赢。不过,更值得关注的则是,这种"以其所爱及其所不爱"的"亲民"之政,已经从逻辑上将《大学》文本中"齐家、治国、平天下"的政治目标和实施手段统摄其中了。

"止于至善"的"至善",朱子认为是"事理当然之极",虽然打开了向上的形上学一路,却脱离了实践的政治学论域。① 不过,他认为"止"应该从"追求"和"维持"的双向去诠释,很准确。我认为,作为一种期望达到并稳定维持下去的政治目标,"至善"的内涵也只能到古圣先王的政治成就中求得理解定位。叔向说《诗·昊天有成命》的最后一句,"於,缉熙!亶厥心肆其靖之"云:"缉,明也。熙,广也。亶,厚也。肆,固也。靖,龢也。广厚其心,以固和之。"韦注:"言二君能光明其德,厚其心,以固和天下也。"叔向对文、武二王如何"成其王德"是这样总结的:"其始也,翼上德让而敬百姓。其中也,恭俭信宽,帅归于宁。其广厚其心,以固龢之。始于德让,中于信宽,终于固和,故曰成。"

　　"固和"毕竟没有道出"至善"的内在状态或情形。我认为,所谓至善之境就是让天下自然形成的组织结构系统自行运转(或曰以文化秩序代替政治秩序)而民"有耻且格"。这种自然形成的组织结构系统当然就是指家族及其相应的亲属制度与政治制度。对于具体各种社会角色,即如《大学》所谓"为人君,止于仁;为人臣,止于敬;为人子,止于孝;为人父,止于慈;与国人交,止于信"。从《尚书·尧典》所述帝尧实现王道的途径或过程我们可以确证这一释解。"帝尧……克明峻德,以亲九族。九族既睦,平章百姓。百姓昭明,协和万邦。黎民于变时雍。""黎民于变时雍"显然最适合用以诠解"至善"一词。《正义》曰:"万国之众人于是变化从上,是以风俗大和,能使九族敦睦,百姓昭明,万邦和睦,是安天下之当安者也。""安天下之当安者"就是"止天下之当止者",就是"修其教,不易其俗。齐其政,不易其宜",而"因天下之自为"。

　　不仅如此:由九族亲睦到百姓昭明到万邦协和,正与"亲民"所含之齐家治国平天下追求的目标依凭的手段实现的途径均一一相对应。而"克明峻德"与"明明德"的差异也只在语境不同:"克明峻德"是指尧以仁为性,故能则天而行,是记实;"明明德"则是在对"克明峻德"的所以然之故进行分疏后,希望在太学受教的王室弟子也能追踵古圣先贤,形成对自己生命的神性自觉(确立起责任感或使命感)。这样,我们就可

---

　　① 简而言之,朱子之"明明德"可解为(君主)个体"去蔽复初";其"亲民"可解为(百姓)群体"去染革旧";其"止于至善"可解为将天理之当然持之以恒——全是道德修养之事。

用《大学》最后那句点题的话来对这"大学之道"作一本质概括:"有国者不可以不慎……国不以利为利,以义为利也。"

孔子及其门人归纳总结的"明明德","亲民","止于至善"的王道政治模式,三位一体,逻辑完整,意义贯通(这一点将另文展开论述)。如果说《大学》与《尧典》及其他涉及上古记载之诸文献间的契合呼应关系乃是确定无疑的,那么它的意义决不能只在文献学的范围内去寻找。本文强调圣人之言的历史情境性,并不只为探求圣人原意,而是试图在文本与情境的互动关系中把握其所以如此如彼之用心,即"圣人之所以为法",从而将经典所具有的意义上的丰富性充分彰显出来,作为我们今天继往开来的精神支点和逻辑起点。

王道的重建:"格物致知"义解
——《大学》新读之二

颜元称:"格物之格,王门训正,朱门训至,汉儒以来,似皆未稳。元谓当如史书'手格猛兽'之格,'于格杀之'之格,即孔门六艺之教是也。"① 或许受明魏校《大学指归》启发,钱穆先生的《大学格物新解》引入同属《礼记》之《乐记》及其所蕴含的思维、意义相与发明,并将格物之"物"亦纳入致思范畴以求究格物致知的底蕴,大大拓展了学人的索解思路。身为文字学家的裘锡圭先生即意识到,要解决这个问题,不能仅仅依靠训诂学的一般方法,而必须"以先秦时代认识论的发展过程为背景,对古人关于知与物的关系的思想作比较全面的考察"②。

遗憾的是,钱、裘二文对格物的具体诂解,也跟习斋所谓"汉儒以来"及习斋本人一样,带入正经时给人的感觉仍是"似皆未稳"。本文试图把思路进一步放大,从包括有《大学》、《中庸》、《乐记》诸篇在内的《礼记》全书中所反映的春秋战国时期的儒家思想与虞、夏、商、周的礼乐文化传统亦"述"亦"作"的基本关系出发,既充分重视"三王之法"在内容和形式上的特征,又细心体察孔子之道在语境和情怀上的曲折,把《大学》置于传统与现实、现实与理想的紧张关系中作整体上之同情的把握。

因此,本文把《大学》之三纲八目(即朱子所谓正经部分)在意义上处理为"述"与"作"的二层结构:"明明德、亲民、止于至善"是对三代圣王为治之实的概括和总结;"格物、致知、诚意、正心、修身"则是在礼崩乐坏的时代对王道政治理念和策略的阐释与重建。

---

① 《习斋馀录·言行录》。
② 裘锡圭:《文史丛稿》,上海远东出版社1996年版,第3页。

"孔子曰:唐、虞禅,夏后、殷、周继,其义一也。"① 虞、夏、商、周政权传承方式不同(这在当代政治观察家眼中常被认为是判定一种政权性质的标志或标准),但孔子却认为"其义一",意思是它们同属"王道",因为它们都是礼乐以为治而具有正当性:"殷因于夏礼,所损益可知也;周殷于殷礼,所损益可知也。"叶适讲得更具体:"治天下国家,唐虞三代皆一体也;修身以致治,尧舜禹汤文武皆一道也。"② 所谓王道,就是行政权力的建构与运作以社会公益为起点和枢轴;霸道则正相反,其建构与运作以一家一姓的私利为起点和枢轴。由于生产力水平低下,军事手段不足;又由于个人尚未从早期共同体中离析出来,社会以家族、宗族、部族为基本单位,利益尚未分化,所以,族群之间的结构关系或曰秩序,主要是建立在礼让、协商的基础之上;族群之内的结构关系或曰秩序则主要以"亲亲"和"尊尊"为原则,即建立在血缘关系以及内部分工的基础之上。《韩非子·五蠹》和《礼记·昏义》中的有关记叙正好对应于这两层关系或两种秩序:

上古竞于道德。中世逐于智谋。当今争于气力。

男女有别,而后夫妇有义;夫妇有义,而后父子有亲;父子有亲,而后君臣有正。

分属政治、家庭、自然三个不同层面的君臣、夫妇、男女诸关系维持着某种连续性的现实根据在于,三种角色的主体之间在血缘和利益上保持着某种连续性或曰共通性。因此,我们可以说当时人与人之间的关系或社会组织的原则呈现为某种复合型态,即政治性利益关系原则与血缘性情感关系原则合而又分,分而又合。至于"国际"关系,"竞于道德"四个字标示了一种自利而利人,利人而自利的理性合作境界。

令人称奇的不是秩序居然就如此地发生,并发展生成出一种王道政治、礼乐文明,而是这种王道政治、礼乐文明居然成为一种传统、一种信念延续下来并持久地释放出影响。人类学家张光直先生论证了中华文明的连续性,并认为这种类型的发展才是"普遍的"、"世界的"。③ 确实,

---

① 《孟子·万章上》。
② 《习学记言序目卷八·礼记》。
③ 参见张光直:《中国青铜时代》,三联书店1999年版。

从原始社会的部落城邦,到分封制背景下的诸侯王国,再到统一的帝国时代,中华文明在民族主体和活动区域上表现出十分难得从而备受瞩目的连续性。因此,某种意义上我们可以把虞、夏、商、周经春秋战国到嬴秦王朝的政治演化,理解为社会重心由血缘性情感关系原则主导向政治性利益关系原则主导的运动与变迁。一般相信,这种运动与变迁的根据在于生产力的发展、军事技术的改进和人性中所固有的种种特质。

儒家应该说也是清楚这一切的。但出于司徒之官的这一学派对于"唐虞之隆,殷周之盛"十分了解向往,并相信其在现实中仍然具有重建的理由与根据。"齐一变至于鲁,鲁一变至于道。"① 在由王道到霸道的转折关头,面对"争城以战,杀人盈城;争地以战,杀人盈野"的"气力之争",孔子及孔门弟子"祖述尧舜,宪章文武","思存前圣之业"。他们的这一努力在两个层面展开:周游列国,劝说王侯;开坛设教,著书立说。《礼记·大学》中称:大学之道,在明明德,在亲民,在止于至善。古之欲明明德于天下者,先治其国。欲治其国者,先齐其家。欲齐其家者,先修其身。欲修其身者,先正其心。欲正其心者,先诚其意。欲诚其意者,先致其知。致知在格物。物格而后知至,知至而后意诚,意诚而后心正,心正而后身修,身修而后家齐,家齐而后国治,国治而后天下平。自天子以至于庶人,壹是,皆以修身为本。

"修身"作为"为政"("齐家、治国、平天下")的起点,直接的目的是要获得"明德",使自己有以明之。"德者,得也"②,"天生德于予"③,"我固有之也"④,不是"万物皆备于我"么,又为什么要"修"而后得?"尧舜之道,孝悌而已矣"⑤。德者之得,乃得自图腾,最初应是对某种具有遗传学性质和伦理学性质的神秘物质的描述(当然,二者间的关系尚有待分疏),如 mana 然。共同的血缘关联,自然产生亲近感,也必然具有利益上的一致性。帝尧"克明峻德"就是循此以行,循此以行即是"亲九族"、"平章百姓"。"圣人能以天下为一家,以中国为一人",就是孟子所

---

① 《论语·雍也》。
② 《广雅·释诂三》。
③ 《论语·述而》。
④ 《孟子·告子上》。
⑤ 同上。

说的"仁者以其所爱及其所不爱";对于不同的民族,"修其教,不易其俗。齐其政,不易其宜"。① 于是,"万邦协和"。

时势造英雄,这种"竞于道德"的格局之形成与维持是有条件的。但儒者的基本倾向是"好善而忘势",相信"五百年必有王者兴"的孟子认为,三代仁政,系乎君主之人格。"君子之守,修其身而天下平"。"尧、舜,性之也;汤、武,身之也。五霸,假之也"②。"性之",是以仁为性;"身之",是"利而行仁";"假之",则是"强而行仁"。这种名实渐乖的每况愈下,借用冯友兰的天地境界、道德境界和功利境界可以诠释得深刻而尖刻。当然,这正是"得"需要修而后成"德"的根本原因。

"文武之政,布在方策。其人存则政举,其人亡,则政息"。③ 所以,"自天子以至于庶人,壹是,皆以修身为本"。作为修身的起点,格物,其旨归在于成就一种德性。"致知在格物"的知,郑注读知,意为"谓知善恶吉凶之所终始也"。比较含糊。相对而言,徐音读智,更合文义。《荀子·正名》曰:"所以知之在人者谓之知。知有所合谓之智"。据此,郑注知,则与"八条目"的"正心"一语意义重复。"心之官则思",正相应于"所以知之在人者"。把致知作正心解,又以之与格物相衔接,是郑注自迷而又误导后人的病灶之所由起。朱子如是,而将作为求取获得之意的致④,释为推致,终至将"致和"解为"(将吾之知)推之而至于尽也",不知所云。它的直接后果,就是把致知与格物混作一事,最终将其化约为即物穷理:"致知之道,在乎即事观理,以格夫物。格者,极至之谓,言穷之而至其极也。"⑤

格物,郑注:"格,来也。物,犹事也。其知于善深则来善物,其知于恶深则来恶物,言事缘人所好来也。"此解比较近于"积善之家,必有馀庆;积不善之家,必有馀殃",但置于全句脉络,不相伦类。致知既失解,由此而来的格物自然也只能附会牵强。某种意义上,前揭裘锡圭文之"引入先秦时代认识论的发展过程,对古人关于知与物的关系作全面考

---

① 《礼记·王制》。
② 《孟子·尽心上》。
③ 《礼记·中庸》。
④ 《论语·子张》:"君子学以致其道。"
⑤ 《大学章句》。

察",就是为了帮郑氏训格为"来"之说补缀疏通。所不同的是,裘氏把郑氏笔下的"物犹事"的"事"重又还原成"物",他认为此物乃祯祥之类。宋翔凤正是如此解读郑氏之说:"是格物者,诚、修、齐、治、平之效验也。"① 依"德者能招致物、能使物来至"的瑞应说,"河出图、洛出书"乃是"受命者"因其天赋异禀所引致,"物格"直接就成为"止于至善"的祥瑞,这岂不是倒始为终?"修身"又还有什么必要?还有什么意义?"德能致物"在古代思想意识中确实源远流长,并且也常常与圣王受命及德政感天联系在一起。但那主要是一种说明"皇矣上帝,临下有赫"能够赏善罚恶的天人学说,所关涉的是人的行为与天的相关性。宋翔凤此论若要成立,则必先预设其主词为受命之君或相应身份,并已取得成功的业绩。这显然与"修身"的主体不合,而不适宜套用作对属于修身序列的"致知""格物"诸概念的解说。

  本文认为,作为表述主体和客体某种神秘关系,通过某种神秘的心理过程成就某种"性智"的格物之格,当作感通解。易言之,格物,即是于物上体悟冥会,从特定的物我连接中,由所命自天的在物之性而"反求诸己",形成或强化修身者对在己之性的自觉。其内在目的,可套用上博简《性情论》的话,"所以生德于中者也";其外在目标,则是以此"性智"② 作"亲民、止于至善"的行为之基。这一由感通所致之知,即是孔孟诸儒所念兹在兹的生生不已之德,仁民爱物之心。需要强调的一点是,它的社会内容是人文性的,它的思维形式则带有宗教性。

  《字汇·木部》:"格,感通也"。清徐灏《说文解字注笺·木部》:"格,训为至,而感格之义生焉。"《说文》:"格,木长貌。从木,各声"。"木"是有生命的存在,其向阳、向上的特征应是其训升训至之所本,亦是感格一义之所由以出;进一步引申,则又可得因感而生、因感而至以及因感而通诸义项。《汉语大字典》在该义项下引文献二条。《尚书·说命下》:"先王作乐崇德,以格神人"。其中"格于皇天"之格,孔传训"至","格于皇天"解为"功至于天"。斟酌文义,当以《汉语大字典》近是。《君奭》有

---

① 宋翔凤:《大学古义说》。
② 熊十力:《新唯识论》用语:"性智者,即是真的自己觉悟。此中真的自己一词,即谓本体。"这里作为价值理性与工具理性的混合物解。

同样的用法：

> 我闻在昔成汤既受命,时有若伊尹,格于于皇天;在太甲,时则有若保衡;在太戊,时则有若伊陟、臣扈,格于皇天,巫咸×王家;在祖乙,时则有若巫贤;在武丁,时则有若甘盘。

《君奭》是讲"先世有大臣辅政",使其君"不坠祖业",以晓谕成王"官之所急,莫急于得人"。从文脉讲主角应为"大臣"。孔传于"格于皇天"仍一如注《说命》,作功劳"至天"解,似可推敲。从文义看,伊尹、伊陟、臣扈、巫咸、巫贤、甘盘等人是"辅政"者,倘他们已是功至于天,则成汤诸王又当如何称颂? 较为合理的解释应该是,这几位名臣贤良,具有感格天意之能,因而"率惟兹有陈,保义有殷。故礼陟配天,多历年所"。

"有陈"(上达天听)应该是"格于皇天"的表现;"礼陟配天,多历年所",则应该是其结果。从句式看,"格于上帝"与"陟王家"相对,后者主词为巫咸,则前者主词亦当为伊陟、臣扈之属,而非他们的"功业"。而巫咸、巫贤父子的独特身份,又为我们的推测平添了几分可能。巫,据《国语·楚语》的记载,其特点就是"能上下比义",沟通"民"与"神"。《史记·殷本纪》有"伊陟赞言于巫咸,巫咸治王家有成",以及"帝祖乙立,殷复兴,巫贤任职"等记载。王逸《楚辞注》亦谓"(巫)彭、咸,殷贤大夫"。

孔传中还有许多训格为至的地方,虽然曲折可通,但若置换为感通,则更显顺惬中肯,如"其有能格知天命?"① 至于"格人元龟,罔敢知吉"②,在孔传里训为"至"时已是作为形容词使用,意为"至道之人",于词于义都颇嫌扞格滞碍,而以"感格"代之则文从字顺,豁然开朗。"其有能稽谋自天?"③ 与"其有能格知天命"句式相同,与"格知"对应的"稽谋"亦为由近义词而组成的复合词,稽者计数,考核;谋者计议、筹策。因此,格知之格,亦当为知的近义词。知者知道、了解,则格者为感而通之,感而悟之,可谓庶几。不仅如此,感格之义本就有宗教思维背景,用作"元龟"的谓词,准确而传神,与卜占之类正复相同。

将格物作"于物上感而通之"解,关键之处是,将其置于"欲修其身

---

① 《尚书·大诰》。
② 《尚书·西伯戡黎》。
③ 《尚书·召诰》。

者,先正其心。欲正其心者,先诚其意。欲诚其意者,先致其知。致知在格物"的原著脉络中,是否逻辑上更加严密,文义上更加圆通?此前的"王门训正,朱门训至"以及习斋的训"击打"等等,逻辑上就颇扞格。至于意义,则多属他们自己心底的"块垒"。

只要不是把六经视为师心自用的注脚,"八条目"的文脉不难把握。"心未正当正,意未诚当诚,知未至当致",但必须指出,这里不只是一个先后顺序,同时也是一个关系链条,因为有某种特定政治目标需要实现,"身修"乃是以某种"性智"的确立为标志的。因此,正心、诚意诸环节并不能按照一般的主、客二分的认知模式去理解,毋宁说在这个正、诚、致、格的链条中主客间的同一性乃是被预先设定了的,即以天为包装的某些特定的情感、观念与价值。因此,客体的客观规定性被忽略、歪曲或消解,而主体的主观能动性也被限制或规定。它主要导向特定的目标,因而必然设定特定的"对象",并对认知结构及认知诸环节进行设计诱导。这一特征,比照荀子和孟子的所谓认识论思想可以看得很清楚。跟孟子一样,荀子也以心为认知器官,但他关注的是作为硬件("所以知之")的方面:"心未尝不藏也,然而有所谓虚;未尝不两也,然而有所谓一;未尝不动也,然而有所谓静。"① 凡此种种,都是要保证对客体的镜子般的映照,以求"万物莫形而不见"。而他所谓的认知对象,从所举例看则均系牛、羊、筷子、树之类的自然之物。可以说虚壹而静,是"工欲善其事,先必利其器"。

跟荀子不同,孟子更关注的是作为"软件"("知有所合")的方面:"心之官则思。思则得之,不思则不得。此天之所与我者,先立乎其大者,则其小者不能夺也。"② "大者"即礼义,被孟子以天的名义置于主体内部,并被规定为"心"(所以立也)的首要对象。因此,认识主要地便成为一种自我去蔽显性的存在性体验或追寻——尽心:"尽其心者,知其性也。知其性,则知天矣。"显然,"格物致知"的思路近于孟子而异于荀子。"正心"、"诚意"正好补充了孟子的认识论中没有对认知过程作出交代的缺环;与"虚壹而静"的"先利其器"的方法不同,"正心""诚意"这

---

① 《荀子·解蔽》。
② 《孟子·告子上》。

些心理或意志的"调适",不是为了去更好地认识客体,而是导向行为,自觉坚定地展开某种活动——齐家、治国、平天下。因为"正心"、"诚意"的标准,正是由"格物"而获致的"性智":"物格而后知致,知致而后意诚,意诚而后心正"。事实上,孟子、《大学》所关心的本来就不是如何获得关于对象的知识,而是如何通过"外物"的"暗示""启发",确立某种指导行为的价值观与意志力。如此,"格物",不仅在逻辑上与"致知、诚意、正心"一脉相引,文义上亦与"明明德、亲民、止于至善"遥遥相应。

由此可知,《大学》所讨论的既不是抽象的认识论问题,也不是什么"为学次第"的问题,而是关于王道政治之重建的某种系统理论;其关键处则是"格物致知"。因为是要确立某种价值理念,而这种价值理念原本就是主体的某种属性(社会的某种需要),所以,在这个过程中应予特别关注的不是特定主体与客体之间的认知关系,而是当时历史情境中社会存在(人)所具有的价值取向、自然存在(物)所被赋予的文化色彩这样一种意义结构。正是由于这样一种源自上古的意义结构在历史上长期占主导地位,到春秋战国时期仍然具有广泛的影响作用[①],格物成就出其所谓之"性智"才具有理论可能性,这种"性智"与所谓王道事业联系在一起也才具有某种现实意义。从认识层面讲,它有点神秘主义;从实践层面讲,它有点理性主义(因为不是从感性出发);从社会层面讲,它有点理想主义。而这一切,正体现了仁的特征。

格物所由以发生展开的这个意义结构,其内容上是社会诸利益关系、思维模式的综合,功能上则是连接个体与社会、历史与未来的中枢。"格物致知"为何必要?如何可能?过程怎样?目的又是什么?这些问题的都与其密切相关。

格物的必要性首先来自儒家学派对整个社会组织结构由王道型向霸道型转变这一历史事实的否定性价值评价。儒家并不反对统一。"天下乌乎定?定乎一。"但是,孟子认为,唯有"不嗜杀一人者能一之"。[②]《大学》据称出自曾子门下,"曾子、子思同道",故其与孟子应亦相去不

[①] 虽然制度层面已是礼崩乐坏,但观念人心与社会结构层面它依然保有顽强的支撑。否则就无所谓儒学或儒家了。

[②] 《孟子·梁惠王上》。

远。孟子明言:"在我者,皆古之制也。"其实这也是孔子的立场:"如有用我者,吾其为东周乎!"① "信而好古"的后面实际是对社会弱势群体的同情,对社会根本利益的关切,以及对重建秩序之和谐与正义的期盼。但是,或许因为古先王的人格魅力过于迷人,先秦儒者对人性充满信心,在"争于气力"的当今之世,仍然相信"人存政举",因此,呼唤"豪杰之士"行王道成为他们孜孜以求的行动方案。

前文已述及古先王的礼乐为治是与人类文明特定的时代及时代条件关联在一起的。法家对这一切的解释思路十分理性。但是,儒家则与之相反,它秉承主流的观念意识,在天人合一和内圣外王的架构中将其表述为"圣人天德"的发显。郭店简《成之闻之》载:"圣人天德,曷?言慎求之于己,而可以至顺天常矣。"所谓天德,最好的诠释就是《孟子·尽心上》"尧、舜,性之也"的"性之"二字,也就是《孟子·离娄下》的"由仁义行,非行仁义"。如果说一般人还有一个"从其大体为大人,从其小体为小人"的选择问题的话,"性之"、"由仁义行"的圣人则"含德之厚,比若赤子",所适自无往而非道。

郭店简《语丛》云:"人之道也,或由中出,或由外入。"《中庸》又谓:"自诚明,谓之性;自明诚,谓之教。""由仁义行",是"由中出"、"自诚明";这是圣人,因为他是"性之"。一般人,"行仁义",则是"由外入"、"自明诚";需要"教",需要"格物致知"。"自天子以至于庶人,壹是,皆以修身为本"即此之谓也。论者谓"入之是普通人的修养方式","他们需要修习圣人制作的道德规范,由外向内追寻,方可成道"。笔者以为这里有几点值得推敲。"入之"翻译为"由外向内追寻"大致是不错的,但把"由外向内追寻"释为"学习圣人制作的道德规范"则未必尽然;再就是把"成道"作为追寻的终极目标,似乎有把修身的意义局限于心性论的格局之嫌。实际上从《大学》看,"身修"是齐家、治国、平天下的枢轴。成己还只是独善其身,成物才是兼善天下。"外入"一词,颇可用以讨论如何以"外物"为中介或机缘,将"天命之性""取出"或"发掘""强化"的问题。郭店简《性自命出》云:

---

① 《论语·阳货》。

凡人虽有性，心无定志，待物而后作，待悦而后行，待习而后定。喜怒哀悲之气，性也。见于外，则物取之也。

　　凡性为主，物取之也。金石之有声，弗叩不鸣；人虽有性，心弗取不出。

　　从该简中天、性诸概念的含意看，《性自命出》与《中庸》、《大学》及《孟子》在学派或曰知识谱系上应该有所不同。《中庸》是"天命之谓性"，这与《性自命出》的以"喜怒哀悲之气"为性是旨趣迥异的。但是，在较为抽象的意义上，双方有一个共同之处，即物与性具有某种特殊关系，即"感"，"凡动性者，物也"，颇值得关注。如果说仁者与物同体是天人合一的存在论表述，那么，物负载有天地之德的神秘信息可以"教人"，则是天人合一的认识论意义。顾炎武《日知录·致知条》说："惟君子为能体天下之物。""体天下之物"，可以从两个方向理解，即德性之显发与德性之形成。在《继之者善也，成之者性也条》中，亭林先生引《孔子闲居》证之："天有四时，春秋冬夏，风雨霜露，无非教也；地载神气，神气风霆，风霆流形，庶物露生，无非教也。"所教者何？天地至公无私之心也。① 《易传·系辞上》："天生神物，圣人则之。"物之能格乃是以人与物同本于天，万物具有某种"前定和谐"为前提的；物之必格乃为解蔽去伪，以形成对在己之性的自觉，"顺而成之"。它与圣人"则物"的区别在于，"则物"乃是"则物而行"，行，已属于或近于"成物"；格物却只是"则物以定性"，属于或近于"成己"。因为"圣人天德"，而凡人则尚需"修身"。郭店简《尊德义》说，"善取，人能从之，上也"，颇可用作格物之注脚。"成物"是王道，"成己"是"成物"的基础或前提。在天之道，在人之性，在物之理，三者异名而同指。当"哲人其萎"，"性之"的圣王不再，王道的大业只能由凡人承担，而"人心有伪"，"性弗取弗出"，于是，修身就成为"齐家、治国、平天下"的起点与支撑。格物，也就因而成为修身的当务之急。因此，完全可以把物格所致之"知"与"万邦协和"的"至善"视为道、性、理的"隐"与"显"的关系。这种内在的贯通在《中庸》及其他许多儒家尤其是所谓思孟学派的著作中有充分的阐释。这个儒家，乃

---

① 最好的表述见董仲舒的《春秋繁露》；孔子与子夏讨论的则是三王之德。

至中国文化中主流性的意义结构,颇可说明格物在理论上如何可能。

"凡感之为道,不能感非类"。那么,"人物既生,共相感应"① 的基础是什么呢?曰天,天人合一。中国人的世界观是发生论的,天乃群物之祖:"有天地然后有万物;有万物然后有夫妇;有夫妇然后有父子;有父子然后有君臣。"② 儒家的"太极"、道家的"道"是某种比天地更根本更抽象的存在,但其属性上作为包括人在内的万物之本体则是共同的。正因此,在直接沟通天人的巫觋从历史舞台淡出后,天人之间的可通性并未被否决,而是被抽象继承下来。观念层面,由命定论到命正论的转换就是一个经典性例证。③ 而人格方面,绝地天通之后,虽然与天沟通的权力某种意义上可以说被垄断,但有德之人仍然能够"与万物相感"。"同类相从,同声相应,固天之理也"④。从《礼记·乐记》里我们不仅可以找到这种思维模式的完整记录,同时还可以看到,这种思维模式已被先王自觉地用作为治之方:

> 凡音之起,由人心生也;
>
> 民有血气心知之性,而无哀乐喜怒之常。应感起物而动,然后心术形焉。

"音",因负载有"心"的信息而形成所谓"心术",并因这些信息的性质而被分别命名为所谓"奸声"、"正声"。这种"正声"、"奸声"形成以后,又能反作用于内蕴喜怒哀悲之性的"心",按照"万物之理各以类相动"的"规律",具体情况就是"奸声感逆气"、"正声感顺气",所谓"倡和有应,回邪曲直各归其分"。所以,"先王本之情性,稽之度数,制之礼义",总之,就是要"反情以和其志,比类以成其行,奸声乱色不留聪明,淫乐慝礼不接心术"。因为"慎所以感之者",如果说气上认性的《乐记》之所述更多的是偏于如何防止"奸声"感"逆气"以成恶的话,那么,以天

---

① 《周易正义·咸卦》。

② 《易传·序卦》。

③ 所谓命定论,简单地说就是指天命是基于某种血缘而与某一政权结构相维系,换言之,某一政权结构是因为某种血缘的缘故而从"天"获得其合法性("命")。所谓命正论,简单地说就是指天命是基于某种德性而与某一政权结构相维系,换言之,某一政权结构是因为某种德性的缘故而从"天"获得其合法性("命")。

④ 《庄子·渔父》。

之所命为性的思孟一派儒者的格物致知则更多的是寄望于"以智亲智，以仁亲仁，以义亲义，以德亲德"而成善。郑注"其知于善深则来善物，其知于恶深则恶物，言事缘人所好来"一词，以此为背景，删去后半截，或可解可通。

所待致之知的性质，决定了格物作为一个"认知"过程虽然形式上主观相须，交互作用，但重心却在主体一方，并最终归结为所谓"即本体即工夫"的"功夫论"。因为其本质上不过是一种自我认识，或理念的自我深化，既以自我的认知机能为基础，更以自我的先验意识为前提。作为一种人格修炼（所谓先立乎其大者），毋宁说乃是该先验意识经心之官而由"自发"、"自在"向"自觉"、"自为"的彰显提升。道理很简单，那样一种"性智"至少在一般之物身上并不存在，它有待于特定的认知结构去"发现"，而"发现"的前提，则是主体已知道什么是自己所要寻找求证的。

事实上，作为在这一过程中所格之对象的物具体何所指，也是颇值得稍加探究的。《说文》："物，万物也。"《荀子·正名》："物也者，大共名也。"在这个"大共名"下，可分为：一、自然之物，即山川草木，鸟兽虫鱼；二、郑注"格物"之"物，犹事也"。① 三、志意情感，即所谓"心术"。我认为，在《大学》的文脉和思孟学派的著述中，训物为事并不十分有助于理解把握其思路②，故本文只取一、三义。相应地，本文称以自然之物为所格对象的格物为格物之第一义，称以志意情感为所格对象的格物为格物的第二义。

应该说在上古以来所形成的文化氛围或背景中，呈现在古人视域里的万物并无所谓纯粹的自然属性可言。③ 除开某些猛兽与食物被理性定义，其他的一切或者被赋予神性，作为吉凶祸福的昭示者，或者被赋予德性，成为善恶美丑的象征者。如果说《易经》中的各种占卜记录可以证明前者，那么《诗经》中的众多诗篇则可以证明后者。取象曰比，取义曰兴。章学诚早已指出《易经》的取象与《诗经》的取义在思维模式上

---

① 其注《礼记》，几乎均取此义。
② 同时，我赞成新康德主义哲学家李卡尔特的观点：事件之所以有意义，就是因为有志意情感在。
③ 原始思维的基本特征一是万物有灵，一是主客互渗。参泰勒和布留尔有关著述。

相通。① 确实,借描写他物以表达诗人情怀的所谓兴,此物 A 与彼物 B 之间的意义连接在古先人处原本是写实,就像取象而占时由彼物推出此物的悔吝吉凶一样。后来,比与兴虽然均渐渐成为纯粹的"修辞手法",但其审美价值的实现,也仍然有赖于民族的或人类的文化心理之结构积淀。或许基于文艺学的立场,论者往往只注意到这一思维模式中"主观思想感情客观化、物象化"的一面,实际这种思维还有更为重要的另一面,即客观物象的主观化、情感化、道德化。如果说宗教性的《易经》偏于取象,文学性的《诗经》偏于取义,那么,《大学》的格物则同时倒映有取象与取义的影子,因为其所依托的以比兴为特征的古代思维模式是相同的。

如《大雅·旱麓》的"鸢飞戾天,鱼跃于渊"句,传称是歌颂"大王、王季德教明察,万物得所"的。"笺云:鸢,鸱之类,鸟之贪恶者也。飞而至天,喻恶人远去,不为民害也。鱼跳跃于渊中,喻民喜得所。"又如:"美宣王"的《小雅·鸿雁》的"鸿雁于飞,肃肃其羽"句,传云"鸿雁知避阴阳寒暑。笺云:兴者,喻民知去无道,就有道"。

孔子论《大雅·烝民》"天生烝民,有物有则。民之秉彝,好是懿德"云:"为此诗者,其知道乎! 故有物必有则,民之秉彝也,故好是懿德。"② 《毛诗正义》补充说:"物者,身外之物,有象于己。则者,己之所有,法象外物。"《正义》此语,虽是论诗,移之于格物,亦无不可。因为它说明了格物在思维模式上的之所本,之所以然。

"古之学者,比物丑类。"③ 由此我们可以获得对孔子"诗可以兴"一语更深层的理解,即不只是兴发抒泄莫名情愫,同时也可以陶冶熔铸理想人格。"能近取譬"之所以能成为"仁之方",④ 就是由于在特定的思维背景和社会情境即特定的意义结构中,几乎所有物象都可堪比取,都可以"格"出某种人性化的象征或隐喻。例如,孔子对"岁寒,松之后凋"的领悟。《中庸》对"鸢飞戾天,鱼跃于渊"的理解,充分印证了毛亨传诗标兴不过是因循了中国文化的内在传统:"言其上下察也"。上下察的

---

① 参陈明:《象占:原始思维与传统文化》,载《哲学研究》1990 年第 6 集。
② 《孟子·告子上》。
③ 《礼记·学记》。
④ 《论语·雍也》。

结果则是"知善恶,亲民众"。这就是格物的例证。

如果说所格之物为自然之物时,由于主体和客体间性分上的同一性尚分别被包含在"己身"与"外物"内,因而格物还给人以某种认识论印象的话,当所格之物为"志意情感"的时候,格物的功夫论实质或特征就展现无遗了。由于目标是修身,时代在变化①,这就决定了它必然逐渐成为格物的主要内容或方面。就像《周易》的取象观念、《诗经》的比兴手法可以帮助理解格物的第一义,《孟子》及其他文献如郭店简《尊德义》中的许多思想都可以帮助理解格物的第二义。可以说,格物重心由第一义向第二义的过渡是社会演进的结果,其所蕴含的思维形式上的变化,反映了理论的深化与成熟。由前引《礼记·乐记》"夫民有血气心知之性,而无哀乐喜怒之常,应感起物而动,然后心术形焉"可知,所谓心术乃是指主体由内而发的"志意情感"。《乐记》的作者认为,为政者需防止"心术"与"淫乐慝礼"相接,以致性蔽德丧。郭店简《性自命出》称,"凡道,心术为主"。但格"心术"并不是"正心诚意",因为"正心诚意"是在形成对仁的自觉之后,为"齐家、治国、平天下"的行动做心理和意志上的准备,而是调动"自发""自在"的知善恶之心(如仁妻爱子之习),对"志意情感"进行体认,以达成对仁的自觉。陆象山的两段话正与此相发明:"孩提之童,无不知爱其亲。及其长也,无不知敬其兄。先王之时,庠序之教,抑伸斯义以致其知,使不失其本心而已"②;"古之欲明明德于天下者,在致其知,致知在格物。古之学者为己,所以自昭其德"③。《孟子·告子上》说:"仁义礼智,非由外铄我也,我固有之也,弗思耳矣。故曰求则得之,舍则失之。"这是另一种意义上的"自反"(反思、体认)。所以,《中庸》说"性之德也,合内外之道也"。郭店简《尊德义》中的一段语,颇可以作为这自昭其德的、合内外之道的格物形式之例证和阐释:"察诸出,所以知己。知己所以知人;知人所以知命。知命而后知道,知道而后知行。由礼知乐,由乐知哀。有知己而知命者,无知命而不知己者。有知礼而不知乐者,无知乐而不知礼者。善取,人能从之,上也。"

---

① 自然之物自身的属性日趋凸显,其象征性品格则日趋弱化。是亦解咒(disenchantment)。
② 《象山全集》卷十九。
③ 《象山全集》卷三十五。

对出自于身的志意情感进行体察反思的目的是为了了解自己,了解自己的自性,仁、义、礼、智等乃是人的共同本质,也是天道本体。所谓仁的自觉,在这里就是从天道本体的高度理解礼乐文化,建构自己的人格目标和实施规划。这点,在《孟子·尽心上》中有相似然而却更富理论性思辩性的表述:"尽其心者,知其性。知其性,则知天矣";"存其心,养其性,所以事天也。夭寿不贰,修身以俟之,所以立命也。"

"心之官则思",则"尽心"的努力仍由"心"来发动实施。以心尽心,则"性"逻辑先在且内置于心。如果说格物之第一义是"由 B(客体)及 A(主体)",格物之第二义就是"由 a(小我)及 A(大我)",即"以仁亲仁,以义亲义,以智亲智,以德亲德。"前一仁、义、智、德是自发的朴素的,后一个,则是积渐成顿,豁然开朗,所谓知天是也;知天,则其大者立矣。"外敬而内静者,必反其性。"① "仁远乎哉? 我欲仁斯仁至矣。"② 它的反面,则是"行之而不著焉,习矣而不察焉,终身由之而不知其道者。"③

"诚者天之道也。思诚者,仁之道也。"④ 诚者,成也,化育万物,各正性命;此天之德也。思诚者,成己以成物,此人之义也。知天之仁,知己之性,意味着孝悌至仁义的升华,意味着"以其所爱及其所不爱"的生命格局之扩大,意味着"以中国为一人"的王道政治实现的希望。《中庸》有云:"唯天下至诚为能尽其性。能尽其性,则能尽人之性。能尽人之性,则能尽物之性。能尽物之性则可以赞天地之化育。可以赞天地之化育,则可以与天地参矣。"郑注:"尽性者,谓顺理之使不失其所也。助天地之化生,谓圣人受命在王位致太平。""致太平"就是《尚书·尧典》所记录的帝尧"克明峻德,以亲九族。九族既睦,平章百姓。百姓昭明,协和万邦"。也就是《大学》开篇所归纳的王道三纲领:"明明德、亲民、止于至善。"由古圣王所谓性之自发性伦理政治,到通过格物而自觉开创的人文政治,王道由此获得了新的政治史和思想史的意义。⑤

---

① 《管子·心术上》。
② 《论语·述而》。
③ 《孟子·尽心上》。
④ 《孟子·离娄上》。
⑤ 总体上讲,王阳明与朱子在《大学》理解上的分歧,我认为阳明近是。因为在《"大学"问》中,明明德与亲民、至于止善不只是一个做学问或道德修正的问题,而与王道政治密切相关,即内圣与外王相贯通。这与上古先王为政之实正相符合。

四书五经是儒学最基本最重要的典籍。但作为四书之首的《大学》，人们对其关键词格物致知的释读却聚讼纷纭，垂千百馀年。遗憾的是，它们并不构成所谓因"视域融合"而形成的阐释学繁荣，而更近于盲人摸象，自话自说。对儒门来说，这实在让人觉着多少有些尴尬。本文从时代的递嬗、儒家的立场、宗教的背景、人格的建构诸方面对《大学》进行宏观把握，给出自己对"格物致和"的论说，从学术史角度，是试图通过厘定"八条目"与"三纲领"的关系，印证"孔子之道"与"三王之法"的精神连接；从思想史角度，则是希望扭转宋儒以来的心性学诠释进路，从"述"与"作"的苦心孤诣中寻绎先贤所以立言之意，作为今天继承和发展的支撑。

"以义为利"：制度本身的伦理原则
——《大学》新读之三

在对"治国平天下"的疏解中引出的"絜矩之道"概念，从一般意义讲是"己所不欲，勿施于人"；对于执政者来说，则是"民之所好，好之；民之所恶，恶之"。由此而展开的对于君权与天命、君主与民众、制度与社会诸关系的讨论计七百余字，占总个《大学》篇幅的1/3。其基本观点为"得众则得国，失众则失国"和"国不以利为利，以义为利也"。①

众所周知，随着"小邦周"对"大国殷"军事上的胜利，中国社会关于政权与天命的观念意识发生了著名的由命定论到命正论的转变。② 从商人的"我生有命在天"到周人的"皇天无亲，惟德是辅"，无疑是政治文明的历史性进步。因为，在统治者之血缘与社会的关系跟统治者之德性与社会的关系这二者之间有着根本性质上的不同——前者是命定论的神学政治话语，后者是命正论的道德政治话语，理论的重心则从"天"转移到了"人"。虽然这里的"德"仍然只是一个人格意义上的概念，但是，德性之内含义蕴与标准判断的社会属性，逻辑上意味着判定政权统治是否合法的尺度已在很大程度上转移到了社会手中。"'惟命不于常'，善则得之，不善则失之"、"得众则得国，失众则失国"表明，《大学》既是这一内含丰富意义深远之人文传统的继承者，也是这一传统的超越者。

这种超越体现在：(1) 在政治与社会的关系维度里，将"得命"的问题推进转换为"得众"的问题；(2) 将政治的内涵由君主的问题转换为政

---

① 由于宋儒心性论诠释进路的影响，儒家这一十分重要的政治学思想被长期忽视甚至曲解。
② 所谓命定论，简单地说就是指天命是基于某种血缘而与某一政权结构相维系，换言之，某一政权结构是因为某种血缘的缘故而从"天"获得其合法性（"命"）。所谓命正论，简单地说就是指天命是基于某种德性而与某一政权结构相维系，换言之，某一政权结构是因为某种德性的缘故而从"天"获得其合法性（"命"）。

府(制度与权力)的问题。(3)在这一基础上,"得国"、"失国"成为"得命"(合法)的标志与实质。如果说"皇天无亲,惟德是辅"这一命题潜藏着巨大的理论可能性和丰富性(因为执政者在向"皇天"寻求超验力量庇佑支持的时候,必须面向社会这个真实对象,而在处理这一关系的过程中,政治与政治学的一切问题都会深刻地显露出来),那么,这几点超越转换则是打开释放这种可能性和丰富性的起点。在这样的架构里,"德"虽然仍是关键环节,但其意蕴重心已开始从一种伦理道德向一种政治道德过渡,向某种政治义务或责任伦理趋近。与此相应,制度及其正义的问题,则被历史性地推到了致思的中心位置。

一 义者,宜祭之仪也

显然,"国不以利为利,以义为利也"的义是支撑理解这一命题之意义的关键词。如果说这里的国是指作为 state 和 government 意义上的国家及其行政运作,"利"是指或抽象或具体的社会性"功用"、个体性"财货",那么,"义"又该作何理解?它只是一般所谓的道德原则吗?它与"利"究竟是什么关系?与"国"及整个社会是什么关系?"以义为利"作为儒家的政治哲学命题,其理论和现实的意义究竟为何?

《说文·我部》:"義,己之威仪也。从我羊。"段玉裁《说文解字注》云:"羲之本训,为礼容各得其宜。"朱骏声《说文通训定声》"经传多以仪为之"可为佐证。杨树达进一步说明了义为仪之本字,其义为"礼容",云:"羊盖假为像,说文八篇上人部云,像,象也,从人,从象,亦声,读若养。故字变为样,今通言人之样子是也。像读若养,养从羊声,故制義字者假羊为像,然则文从我羊。实言我像,我像即今言我样,故以己之威儀立训矣。"据此可知,作为"義"的本字,"仪"所述指的是符合某种规范要求的形容举止。析言之,它具有主观和客观两方面的蕴涵:根据某一原则建立的角色系统;认同遵循这一角色系统的人(及其相关活动)。

在事神致福这一基本的意义上,礼与祭相通,事实上祭是礼的核心部分。如果这些文字学家的诠释进路大致可以成立,那么,要将义字所记录积淀的历史文化内含阐发出来,帮助我们加深对作为制度之伦理原则的"以义为利"的理解,第一步的工作应该就是,确定"羲"其最初所指涉的究竟应该是早期社会中哪一种类型祭祀活动之中的"礼容"？虽说"礼仪三百，威仪三千"，但作为社会生活主干且具有制度意义，同时对历史进程持续发挥影响作用的重要之"礼"，应该基本都是见诸载籍的。《清史稿》卷八十二记有祭礼 12 种，涉及对象 16 大类，分为 3 等。属于第一等的是天地、社稷、太庙、祈谷等。义作为与仁并举的中国文化结构中的中坚性概念，其萌芽必定以民族生命和生活的深层结构为其温床。如果其本字为礼容之仪，则我们可以合乎逻辑地推定，其所从属的祭祀活动应该在下列文献中找到。

《周礼·大宗伯》：

> 大宗伯之职，掌建邦之天神、人鬼、地祇之礼，以佐王建保邦国。
> 以吉礼事邦国之鬼、神、祇。以禋祀祀昊天上帝；以实柴祀日、月、星、辰；以槱燎祀司中、司命、飌师、雨师。以血祭祭社稷、五祀、五岳；以狸沈祭山林川泽，以疈辜祭四方百物。以肆献祼享先王，以馈食享先王，以祠春享先王，以礿夏享先王，以尝秋享先王，以烝冬享先王。
> 以凶礼哀邦国之忧⋯⋯
> 以宾礼亲邦国⋯⋯
> 以军礼同邦国⋯⋯
> 以凶嘉礼亲万民⋯⋯

《周礼·大祝》：

> 大祝掌六祝之辞，以事鬼、神、祇，祈福祥，求永贞。⋯⋯
> 掌国事，国有大故、天灾，弥祀社稷，祷祠。大师，宜于社，造于祖。设军社，类上帝。国将有事于四望，及军归，献于社，则前祝。大会同，造于庙，宜于社。遇大山川，则用事焉；反行，舍奠。建邦国，先告后土，用牲币，禁督逆祀命者，颁祭号于邦国都鄙。

《礼记·王制》：

> 天子将出，类乎上帝，宜乎社，造乎祢。诸侯将出，宜乎社，造乎祢⋯⋯
> 天子将出征，类乎上帝，宜乎社，造乎祢，祃于所征之地，受命于

祖,受成于学,出征执有罪,反释奠于学,以讯馘告。

我国古先民的祭祀文化是从"万物有灵论"的原始思维和信仰传统中演绎脱胎而来。① 其特点首先表现在崇拜对象的多样性上——三段引文足资证明;其次则表现在其对神格理解以及人神沟通方式的朴素性或曰经验想象性上。如:1)认为天神在上,祭天之法就是"燔柴于泰坛"——烟上扬,能将表示自己虔敬的祭物之腥臭和祈愿传递过去;认为地神在地底,祭地之法便是"瘗埋于泰折"——血下渗,能将表示自己虔敬的祭物之腥臭和祈愿传递过去。其他在天在地诸神之祭,类此。2)跟《周礼·大司乐》所载"以祀天神"、"以祭地祇"、"以享先祖"一样,《周礼·大宗伯》"以四献祼享先王……"的贾公彦疏云"对天言祀、地言祭,宗庙言享"。祭、祀与享的区别,简言之就在供品的生与熟。《说文》"祀,祭无已也。从示,巳声";"祭,祭祀也。从示,以手持肉";享则"象进熟物形",与烹、亨通用。《谷梁传·定公十一年》"生曰脤,熟曰燔";《周礼·大宗伯》"以脤燔之礼,亲兄弟之国。"贾疏"脤是社稷之肉;燔是宗庙之肉"。此可由宗庙六祭皆云享可得而证。又,《礼记·祭法》郑玄注:"凡鬼者,荐而不祭",荐就是只进熟食。② 为什么? 天、地属自然神,宗庙之主则是人鬼——二者进食方式被经验性地想象出具有生熟的不同。某种程度上我们可以说,多神信仰固然使得我们今天的研究在具体节目上变得非常困难,但对神格理解以及人神沟通方式的这种朴素性或曰经验想象性,却决定了其基本逻辑与人间生活的一致性。换言之,其数虽难陈,其义却并非玄不可测。

从祭祀对象、祭祀方式、祭祀目的和祭祀类别诸方面入手,应可收提纲挈领之效。祭祀对象:天神,地祇,人鬼。祭祀方式:用牲之生熟、用酒之浓淡及重臭味、重血腥、重肥鲜等等;祭祀目的:表达情感(思慕、怀柔)、祈求福佑(求丰年、求战胜)、驱灾御祸等等(当然,这一切常常混合在一块,只是偏重不同)。祭祀类别:主要是常规的依时而祭与非常规的因事而祭。至于政治等级对"祭法"的影响,主要在"尊者事尊,卑者

---

① 参见张光直:《中国青铜时代》,三联书店1999年版。
② 参詹鄞鑫:《神灵与祭祀》,江苏古籍出版社1992年版,第173页。又《谷梁传·桓公八年》范宁集解:无牲而祭曰荐。

事卑"之类的外在形式上(如"天子祭天地,诸侯祭社稷,大夫祭五祀"等),礼数虽异而理义并无不同,宗教学意义不受影响。

义(義)是会意字,上羊下我。《说文·我部》:"我,古杀字。"李孝定《甲骨文字集释》:"契文'我'象兵器之形,以其柲似戈故与戈同,非从戈也。"更多的文字学家倾向于认为该兵器是戌。① 吴其昌说:"(戌)本义既为斧钺之象形,斧钺可以刑牲,故引申之义为刑牲。"唐兰先生认为,戌"谓割牲以祭也。"祭必用杀,杀必用牲。从我(戌、杀)羊,作威仪解,故不妨从羊讲起。

《中庸》:"序事,所以辨贤也。"孔疏:"祭祀之事,司徒奉牛,司马奉羊,宗伯供鸡。"从《周礼》所载职官看,祭祀所用之牲牛、羊、豕、鸡、犬,除豕(司空职亡失载。或者豕性野,入牢圈养较为困难?)外都有专人执掌。鸡、犬所用俱为较小或较不重要的祭祀活动("鸡人"的主要职守似乎还是囚鸡有司晨之巧而于祭祀之日夜呼告时)。"牛人"、"羊人"则分别系于"大司徒"与"大司马"二大官职系统。《牛人》之职:"掌养国之公牛,以待国之政令。凡祭祀,供其享牛、求牛,以授职人而刍之。"《周礼·大司徒之职》:"祀五帝,奉牛牲,羞其肆。享先王,亦如之。"贾疏:"不言祭地者,祭地之礼与天同。"由此可知,祭天、祭祖和祭地,主要是以牛为牲。《羊人》之职:"掌羊牲。凡祭祀,饰羔。祭祀,割羊牲,登其首。……凡沈辜、侯禳、衅、积,供羊牲。"祭天、祭祖和祭地之外,重要并且以羊为主要用牲的祭祀是什么? 社稷,或者说,在社坛开展实施的一些祭祀。《墨子·明鬼》载二齐人争讼不决,庄公乃令其共出一羊,"盟齐之神社","刭羊而漉其血"于社主。《太玄·聚次四》:"牵羊示于丛社,执圭信其左股。测曰:牵羊于丛,不足荣也。"凡此种种无不表明羊与社之间渊源久远。《礼记·王制》:"天子社稷皆太牢,诸侯社稷皆少牢。"少牢即羊。诸侯的出现应是逻辑的先于天子的,因为政治权力系统也只能是先简单后复杂的自下而上生长。

《诗·小雅·甫田》:"以我齐明,与我牺羊,以社以方。我田既臧,农夫之庆。"郑玄笺注云:"以挈齐丰盛,与我纯色之羊,秋祭社与四方。""秋报社稷"是"国人毕作"的盛大庆典,所用祭品就是"牺"——毛色纯

---

① 参见林沄:《说"戚"与"我"》,载《古文字研究》第17辑。

一的羊。这种民间性、生产性习俗应该是植根于历史传统之中的,并构成后来制度化章程的依据。甲骨档案中与社相联系的祭祀,应该是军事性、官方性的,同样用羊。当然,"我",或者说戈,与羊结合成"義"的时候,应该是杀气腾腾的。甲骨材料"俎羊"、"五小羊俎"① 中的俎,就是盛放牲体的礼器。俎与宜原为一字,甲骨文、金文"皆象肉在俎上之形"。容庚先生认为,"宜"或"俎"是一种杀礼。② 祭本来就有"杀"之义。杀什么? 可能性最大的就是羊。《王力古汉语字典》谓宜、谊、义三字同声同韵,谊、谊同音。《说文》:"宜,所安也。"又谊,人之所宜也。音近义通,是同源字;在典籍中,谊、义本可通用。《礼记·中庸》、《尔雅·释天》均谓:"义者,宜也。"

我们也许可以进一步将这个"源"跟与军事和社关系紧密的宜祭勾连起来。《书·泰誓》:"类于上帝,宜于冢土。"孔传:"祭社曰宜。"《礼记·王制》:"天子将出,类乎上帝,宜乎社,造乎祢。诸侯将出,宜乎社,造乎祢。天子将出征,类乎上帝,宜乎社,造乎祢,祃于所征之地。"郑注:"类、宜、造皆祭名,其礼亡。"孔疏:"宜乎社者,此巡行方事诛杀封割,应载社主也。"《尔雅·释天》:"起大事,动大众,必先有事乎社而后出,谓之宜。"孙炎注云:"求见使佑也。"邢昺疏:"兵凶战危,虑有负败,祭之以求其福宜,故谓之宜。"出是动武兴兵,故须郑重其事,宜的适合、适宜之词义,应即基于此——由祭以求宜到既祭为宜。《曾子问》里说"诸侯适天子",就只是"告于祖、奠于祢"而不"宜于社",因为这不是战争军事。这一军礼的意义有迹可寻:《左传·定公四年》"君以军行,祓社衅鼓";传云:"师出,先事祓祷于社,谓之宜社。于是杀牲,以血涂鼓鼙,为衅鼓。"此外大概还有衅社主、军器等,基本的内容不外严军法、振士气诸誓师活动的一般议程。

宜祭的主角一为大祝小祝,另一为司马。《左传·定公四年》谓"祝,社稷之常隶",但其职责是奉社主以从。郑注《小宗伯》谓:(军祭)"盖司马之官实典焉。"《书·牧誓》正义亦谓:"司马主兵,治军旅之誓戒。"就

---

① 刘桓:《甲骨征史》"卜辞社稷说",黑龙江教育出版社,2002年。按:文章涉及的牛牲,多与燎搭配,估计所祭祀者为"四方"——它们与稷高度相关。换言之,社在这里的意义主要是作为一个场所而非一位神灵。

② 参见庞朴:《稂莠集》,上海人民出版社1988年版。

"義"字而言,羊人职隶司马之属,钺更是司马督军之器。《司马法》:"夏执玄戉,殷执白戚,……所以示不进者,审察斩杀之。"《左传·襄公三年》载,晋侯之弟扬干"乱行于曲梁",中军司马魏绛即"用钺""戮其仆……晋侯以其能。"宜祭"出为治兵,尚威武也。"除开"帅执事莅,衅主及军器"是司马的本分,其威仪在班师庆典中也隐约可睹:"左执律,右秉钺以先,恺乐献于社。"——"律所以听军声,钺所以为将威也。"(《周礼·大司马》)考虑到《牧誓》中是周武王自己"杖黄钺,秉白旄",我们或许应将《周礼》中的规定和描述划归一个职官业已细化的较晚时段。但是,俎、宜、"義"等所属之礼的军事性质却应该是确定而一贯的。——祭祀先王、先公的太庙氛围基调与此完全不同:"太庙之内敬矣!……洞洞乎其敬也,属属乎其忠也,勿勿乎其欲其享之也。"(《礼记·礼器》)

下面,我们就借助其所依托的军事和社神这两个古先民世界中极为重要的生活元素或事件,对"以义为利"的义作进一步的阐释。

二 公共性:义务、名义与正义

论者谓:"宗教神灵之事,吾土习以祖、社两祀为中心。"[①] 这当然是不错的,因为《礼记·祭义》和《周礼·小宗伯》都说"国之神位,右社稷而左宗庙"。但是,社的历史文化内含究竟如何?这个其所以然似乎并未得到很透彻的分析与说明。自古礼学家就曾为社是不是与天相对的地?或者是不是人鬼(句龙)发生争论。今天主流的观点倾向于将其理解为自然神。在我看来,社虽然在不同情境下被当成不同面目的神灵祭拜,但在根本上,其性质以及在现实中呈现出的意义并不是这两类神灵可以涵摄诠解,因为它是地缘认同符号、领土象征标志和地缘保护者的综合,包含有浓重的文化、社会和政治的元素或色彩。正是在这样的脉络里,我们说"以义为利"是政治制度本身的伦理原则。当然,也只有在这样的脉络里,作为政治制度本身的伦理原则,"以义为利"才能得到有力充分的阐发。

社与稷自古并举共祭。论者将其概括为常规之祭和非常之祭两类:

[①] 姜亮夫:《古史学论文集·示社形义说》,上海古籍出版社1996年版。

"周代的常规社祀每年凡三次:仲春祈谷、仲秋报谢、孟冬大祭,地址在公社。非常之祭无数,凡遇兵寇入侵、疫疠水旱、等则遍祀社稷山川之神以祈祷消弭灾祸;凡军战誓师、杀有罪、献俘馘,也祭于社。"[①] 大而化之,如果将常规之祭和非常之祭的区分看成是农事性的稷祭与军事性的社祭的区别,应该是虽不中亦不远。地生百物,故稷某种程度上可视为社的附属性存在。基于这样一种结构关系,社的自然属性或功能得以淡化,社会属性或功能则得以充分凸显展开:作为土地,它的意义主要不再体现在其与所生之百物的关系上,而体现在其与生活于其上的人群的关系上。

在主流理论框架里,作为文明标志的国家是以地缘关系组织对血缘关系组织的取代而告成立的。恩格斯对克利斯梯尼打破和改造雅典社会结构中残存血缘亲族组织改革的议论,梅因关于社会的进步乃是一个"从身份到契约"之转变的论断[②],说的都是这个意思。但正如张光直所指出的,中国社会的进程是连续的。换言之,非血缘组织的"国"由血缘组织的"家"发展而来,家国同源,君权来自父权。但是,指出这一点,对我们的问题来说仅仅意味着研究的开始:来自父权的君权自不会全等于父权,那么,这一嬗变的过程如何? 新生的义项何在? 二者关系怎样? 这些问题重大复杂[③],基于本文论题,姑仅从社会结构层面对作为最早地缘性组织的社稍作讨论。我们认为,以社为中心构成的祭祀圈(指共同奉祀某一主神的民众所居住之地域。以社为中心的祭祀圈意味着一种基于地域的相互关系。)乃是最早的地缘性组织,自然,公共权力最初的表现形态,亦当于此中寻觅。

杨希枚先生曾系列撰文"考订姓、氏二词古义,指出二者分别指称先秦社会的姓族(clan or gens)和氏族(political-local group)组织;前者系具血缘世系关系的亲族集团(kinship group),后者系邦国或采邑之类的政

---

① 詹鄞鑫:《神灵与祭祀》,江苏古籍出版社1992年版,第320页。
② 〔英〕梅因:《古代法》,商务印书馆1986年版,第五章。
③ 王国维在《殷周制度论》中所提"君统宗统相统一"的论断基本上是成立的,但三代王道政治权力却是由宗庙和社稷两大枢纽支撑并进行运作的。笔者《从王道到霸道——儒家三代叙事及其合法性研究》对这些问题有比较充分的讨论。

治区域性集团。"① 换言之,氏族是包含两个以上姓族的地缘性组织集团(当然,诸姓族间并非平行关系),属于政治单位。《诗·绵》注疏中的一些材料颇可与此印证发明。如《书传略说》载:

> 狄人将攻。大王亶甫召耆老而问焉,曰:'狄人何欲?'耆老对曰:'欲得菽粟财货。'大王亶甫曰:'与之。'每与,狄人至不止。大王亶甫属耆老而问焉,曰:'狄人又何欲乎?'耆老对曰:'又欲土地。'大王亶甫曰:'与之。'耆老曰:'君不为社稷乎?'大王亶甫曰:'社稷,所以为民也,不可以所为民亡民也。'耆老对曰:'君纵不为社稷,不为宗庙乎?'大王亶甫曰:'宗庙,吾私也,不可以私害民。'遂杖策而去。过梁山,邑岐山。周人束修奔而从之者三千乘,一止而成三千户之邑。

从这里我们首先可以看到:1)建立周朝之前,尚在戎狄间奔走的周人乃是一个由姬姓主导,同时包含多个姓族的氏族(political-local group)组织集团②;2)在这一氏族(political-local group)组织集团内,宗庙和社稷对应于"公"(一姓)与"私"(百姓),分别是从事宗族事务和公共事务的场所即权力中枢,是其利益、原则和组织的象征;3)大王具有宗族长老和政治首领的双重身份,尊重"公"的利益、原则而不以"私"害"公",是其作为政治首领取得统治合法性的关键。《礼记·祭法》:"王为群姓立社,曰大社。王自立为社,曰王社。诸侯为百姓立社,曰国社。诸侯自为立社,曰侯社。"王社何在?书传无文。但从孔疏引崔氏语云"王社在籍田,王自所祭,以供粢盛"、唐礼部尚书祝钦明谓"缘田为社,曰王社、侯社",似可推测社祭之创本为农事。

国之大事,唯祀与戎。据《逸周书·世俘篇》:禹之时天下万国,汤之时诸侯三千,武王伐纣时憨国九十九、服国六百五十二;到战国,角逐天下的已只剩齐、楚、燕、韩、赵、魏、秦的所谓七雄了。《韩非子·爱臣》从君主角度说出了战争对旧结构的冲击性:"战胜,则大臣尊。益地,则私封立";"诸侯之博大,天子之害也。群臣之太富,君主之败也。"可见,战

---

① 杨希枚:《先秦文化史论集》,中国社会科学出版社 1995 年版。
② 《史记·周本纪》谓公刘"修后稷之业……百姓从而归保焉。"事实上,这也是上古各方国的一般结构。

争不仅主导着社会结构的演进,简直就是历史进程本身。"公社所遭遇的困难,只是由于其他公社所引起。战争,成为一种重要的共同任务。这就是为什么家族公社最初是按军事方式组织成的……这是公社存在的条件之一。"① 在这样的背景下,作为军事竞争单位的"氏族"内部的整合协调不仅具有生产的意义,也具有生存的意义,其他勿论,将敌人打败乃是彼此间最大最急迫的共同利益。氏族内部各姓族之间的联系当然是多维复合的,但这根安全纽带却无疑是其最基本最重要的一种。"人们联合成为国家和置身于政府之下的重大的和主要目的,是保护他们的财产。"② 洛克契约论的猜想,在义理上与公共权力在中国历史中的起源完全吻合。

可以说,正是在军事这个跨血缘的公共事务中,王为百姓所建之大社作为地域认同象征体的意义,被强化放大。说战争的特质和需要孕育催生了这一切固然不错,但更为值得关注的是战争的结果。它所导致的社会结构自身的变化,使公共领域不断拓展扩大,从而对义这一新的组织机制和原则形成广泛而强烈的社会需求。③ 如果说王社逐渐湮没无闻是因为王室事务与籍田亲耕的旨趣日趋疏淡,那么,大社的影响越来越大地位越来越高则是因为其作为地缘认同符号、领土象征标志和地缘保护者诸公共性品格在现实进程中的意义越来越浓。④ 可以说,一般意义上属于国家的政治诸因素,在中国乃是从于社神问军事的宜祭发其端绪并由此分蘗生长成形的。《慎子》曰:"礼从俗,政从上。"其意义是,两种制度模式的权力中心一在下,一在上;其发生起点,一为自然成形,一为人力建构。《字汇》"政,以法正民曰政;以道诲民曰教"的说法可以印

---

① 参见马克思:《资本主义生产以前各形态》。
② 〔英〕洛克:《政府论》(下),瞿菊农、叶启芳译,商务印书馆1964年版,第77页。
③ 今人从四个方面理解战争对社会组织的作用:一、产生了因战功而出名的氏族或部落首领,他们获得了远高于一般人的社会地位,成为共同体各级的核心;二、原先不明显的财富分化因战争而不断拉大差距;三、产生了因战败而归入的依附氏族或部落;四、这种战争过程的副产品,便是血缘通婚范围的扩大,不同部落之间的通婚长远的产生了血缘的混合,产生了新的部族。详参王家范:《中国历史通论》,华东师范大学出版社2000年版,第31页。尽管有"王事唯农是务"的说法,但"废兴、存亡皆兵之由也",其政治上的意义不能与战争相比。
④ 直至发展作为中央王朝对地域和诸侯行使统辖权之象征的五色土社坛以及巡狩制度等。详参《白虎通卷三》及其注疏。另一方面,社作为农业神的功能逐步向谷神稷移卸。请注意今天在北京仍然可见的先农坛、天坛与五色土即社坛的位置布局。

证这两点。

但是,"以法正民"并不是政之起始义。《说文》:"政,从正,从攴。"而正与征通,攴义为扑,均属军事。(《逸周书·作雒》:"作师旅,临卫政殷。"《大戴礼记·用兵》:"诸侯力政,不朝于天子。"《书·立政》:"周公作立政。"王引之述闻:"政与正同。正,长也。立正,谓建立长官也。"《商颂·玄鸟》:"古帝命武汤,正域彼四方。"《明鬼》:"天下失义,诸侯力正。"《仪礼·射礼》:"为政请射。"郑注:"为政,谓司马也。")从军事里萌生的"政",其原则(义或宜)是两条:尚贤和尚公。尚贤是用人原则,为选拔优秀的将帅;尚公是行政原则,为整合不同的姓族(《礼记·文王世子》:"内朝以齿,明父子也;外朝以官,体异姓也";"仁者爱人,政者官贤")。义在这样的语境里,就个体言,它意味着一种对社会的理性责任(义务)。《立记·礼运》:"国有患,君死社稷谓之义。"如孟子以"亲亲"言"仁"、以"敬长"言"义"。《唐虞之道》类似:"爱亲忘贤,仁而木义也。尊贤遗亲,义而未仁也。"《语丛一》更显豁:"仁生于人,义生于道。或生于内,或生于外。"就社会言,它意味着一套角色体系、准则法度(名义)。如《礼记·表记》:"仁者,天下之表也;义者,天下之制也。"《荀子·疆国》:"夫义者,内节于人而外节于万物者也;上安于主而下调于民者也。"《淮南子·齐俗》:"义者所以合君臣、父子兄弟夫妻朋友之际也。"而作为此二者的根据,它意味着一种抽象的,作为"之所以为法"的原则(正义)。《礼记·礼运》:"先王修礼以达义";《左传·成公二年》:"礼以行义,义以生利,利以平民,政之大节也。"《淮南子·缪称》谓:"义者,比于人心而合于众适者也。"——再没有比这更贴切于 justice 这一概念的翻译与定义了。

《大学》中"国不以利为利,以义为利也"的义,即是指作为"之所以为法"的原则的正义。它的意思是说,政府或执政者应该以制度的正义性及其实现作为最大的社会福祉来追求和维护。

三 义与仪、义与利

"义"的义务、名义(规则)[①]和正义三个义项并不是同时产生形成的。它们是历史演进的产物,记录反映着各社会成员集团的组织关系和利益诉求。正如 justice 一词在希腊早期的文献中主要是用于人的行为,义务之义当然是最基本也最早出现的。作为某种超越其个体意义的社会责任,它意味着对自己的某种约束,"弗径情而行"。"国有患,君死社稷"就是典型例子。当一个一个的样子("仪"或"威仪")相对固定化、习俗化为具有分工性质的名义及规则,制度的意义就形成了。虽然"仪"的后面无疑从来就有某种"义"在,但由仪分离出义,或义从仪中分离而出,值得关注的并不只是人们思维水平的提高,更有现实中制度或规则运行出现的某种变化、异化,即仪对义的背离——用现代政治学语汇表述就是,"公共权力"不再公共性使用。由此激起人们对作为制度的精神原则即正义的强调,当然是顺理成章的。事实上,先王时代"仪"与"义"的和谐统一一直是现实政治运作过程中的主流性价值观。所以,这种强调和自觉主要表现为根据先王之道对现实中制度或规则运行状况进行批评调整,使之重归统一的努力和期望。

让我们回到历史的脉络里尝试求证。

作为正义的义可以理解为特定条件下得到公众认可的利益关系结构或状态。《尚书·洪范》说:"无偏无陂,遵王之义;无有作好,遵王之道,无有作恶,遵王之路。无偏无党,王道荡荡;无党无偏,王道平平;无反无侧,王道正直。"义、道、路这里是近义词。王道之所以为王道,某种意义上就在于它的正义性,"无偏无党"、"无反无侧"。在由儒家学者编撰的典籍中,虞、夏、商、周的制度结构在正义性方面基本上是得到认可的。诸子对于古史谱系(起始终结及主要事件)有极大的共识,差异只在对人物事件及其思想性格的解释。作为儒家对立面的法家,也不得不承认"上古竞于道德"(《韩非子·五蠹》)。"竞于道德",不是"大道之行,

---

[①] T.W.舒尔茨将制度定义为一种行为规则,这些规则涉及社会、政治及经济行为。从这种功能性定义中,我们可以看到规则和制度在很大程度上同义,切合礼、义等在历史上的作用。

天下为公"又是什么?①《荀子·大略》"上重义,则民义克利;上重利,则民利克义",而"义克利者为治世,利克义者为乱世"。早期社会里的"上",应该不只是一个人格概念,同时也是一个制度的、政治的概念。如果不对儒家说的这样一个王道时期作本质主义的理解,那么我们可以说,它述指的乃是一个以正义为运作轴心的政治(权力)结构,或政治结构围绕正义运作的状态。

儒家政治学说基本的立场、材料和灵感都来自这个阶段的政治实践。王夫之"法备于三王,道著于孔子"表述的正是这种关系。而在"三王"与"孔子"之间也并非空白一片,虽然现实政治的运作与王道的政治传统渐行渐远,但其价值理念依然为许多政治家所持守。从《左传》、《国语》的记载中我们可以清楚看到这一切。那些政治家在提到这一传统的时候,多以"闻之"、"夫……"为句式特点②,表明这些理念被用作具有当然之正当性的推理和评价的大前提。他们的共识是:"先王之法志,德义之府也;德义,生民之本也。"(《国语·晋语四》)我们不妨根据相关材料,对"三王之法"中义与利之关系的状况(或原则)做一个基本的考察。

"夫王人者,将导利而布之上下者也。"(《国语·周语上》)

"夫义所以生利也,祥所以事神也,仁所以保民也。不义则利不阜,不祥则福不降,不仁则民不至。古之明王不失此三德者,故能光有天下而和宁百姓,令闻不忘。"(《国语·周语中》)

"利而不义,其利淫矣。"(《国语·周语下》)

"言义必及利。"(《国语·周语下》)

"吾闻事君者从其义,不阿其惑……民之有君以治义也。义以生利,利以丰民。"(《国语·晋语一》)

"克(里克,晋大夫)闻之:夫义者利之足也……废义则利不立。(足,

---

① 参见陈明:《唐虞之道》,载《中国哲学》第20辑。
② 这一句式下的内容通常为三个层次:(1)作为经验总结或价值判断的陈述;(2)现实事件及对策;(3)该事件对策与前一命题的关系(相符或相背,从而表达出自己赞成或反对的态度)。如《左传·僖公十年》"臣闻之:'神不歆非类,民不祀非族。'君祀无乃殄乎?且民何罪?失刑、乏祀,君其图之!"又,《国语·周语上》:"夫兵戢而时动,动则威,观则玩,玩则无震。是故……先王之于民也,懋正其德而厚其性,阜其财求而利其器用,明利害之乡,以文修之,使务利而避害,怀德而畏威,故能保世以滋大。"

基础也)"(《国语·晋语二》)

"义以导利,利以阜姓。"(《国语·晋语四》)

"《诗》、《书》,义之府也;《礼》、《乐》,德之则也;德、义,利之本也。"(《左传·僖公二十七年》)

"礼以行义,信以守礼,刑以正邪。"(《左传·僖公二十八年》)

"不义,神、人弗助。"(《左传·成公一年》)

"名以出信,信以守器,器以藏礼。礼以行义,义以生利,利以平民,政之大节也。"(《左传·成公二年》)

"德以施惠,刑以正邪,祥以事神,义以建利,礼以顺时,信以守物。"(《左传·成公十六年》)

"利,义之和也。"(《左传·襄公八年》)

"邾文公卜迁于绎。史曰:'利于民而不利于君。'邾子曰:'苟利于民,孤之利也。天生民而树之君,以利之也。民既利矣,孤必与焉。'左右曰:'命可长也,君何弗为?'邾子曰:'命在养民。死之短长,时也。民苟利矣,迁也,吉莫如之!'遂迁于绎。五月,邾文公卒。君子曰:'知命。'(君子是依据传统价值做出"知命"的肯定判断)"(《左传·文公十六年》)

此外:

"义,利也。"(《墨子·经说上》)

"义者,善政也。"(《墨子·天志中》)

这么多引文,我想强调的只是:(1) 这里的义不是抽象的理念,而是具有效率、效用的规则、制度。(2) 这里的利,是公众之利。① 因此,这里的利与义是统一的。由此不难看出,虽然存在所谓"夏道尊命、殷人尊神、周人尊礼"的不同历史特征,但在反映其王道政治本质的义利关系上,其共同之处是义与利的统一。正如荀子早已发现了的,决定"治世"还是"乱世"的"义克利"或"利克义"的关键在于"上",即君主。② 当

---

① 时代越早,个体对群体的归属性就越强,其个体与群体在利益关系上也就越趋同一。学承远古的墨家直接以义为利,可能的解释是,那时的个体尚基本从属于群体,因而无所谓个体利益。而最早的个体利益也必然在强者身上发生。

② 人格不等于秩序。但在社会权力的起点,选择一位领袖即意味着选择一种秩序。领袖人格与权力类型的相关性,可以从韦伯对所谓神魅型、传统型、法理型权力概念的论述得到佐证。

"以义为利"：制度本身的伦理原则

然这并不取决于君主个人的一念之转(儒家有意无意地把问题的本质往人格方面诠解)，而是有着历史条件的硬约束。它的背景则是国家与社会的二元和谐统一，或者说，国家组织系统尚未从社会组织系统中彻底分离出来。① 虽然将所属集团之利益最大化的冲动植根于人性，但只有在其能量足以对现存权益分配系统进行改造之时，该冲动才有可能顺当实现。或许是为了将社会反弹尽可能降低(这样的行为在他人眼中自然地被视作不义)，在秦灭六国前的相当长时段内，强势集团虽行动与义相违逆，口头上却不得不假仁假义对王道传统表现出一定程度的敬意。

相对于西方文明，中国文明发展的道路是连续性的。在社会结构层面，它意味着由亲属制度发展而来的宗法制度由于没有受到如古希腊商品经济以及大规模人口流动带来的冲击洗礼，依然是社会存在的基础架构。因此，由围绕社稷展开的军事、农事诸公共性活动所形成的义的制度原则，一直没有条件遵循其内在逻辑充分展开，进而实体化为自成一体的制度体系。而是被收摄于由宗庙发端的仁的礼治制度体系之内，作为其功能性补充形态而存在。② 徐复观先生说，"在基本的意义上，伯叔甥舅的观念重于君臣的观念"③。述指的正是这样一种情状。因此，义作为仪的制度蕴含后来主要是由礼这一具体的制度名称或概念承担，义则被理解为仪之应然(原则或精神)。

《左传·昭公二十五年》载，赵简子问子大叔揖让周旋之礼，子大叔回答说："是仪也，非礼也。"《正义》的"礼是仪之心，仪是礼之貌。行礼必为仪，为仪未是礼"很好地说明了礼与仪的区分。它的后面，则是义与利的紧张——私利与公利的紧张。前文业已表明，义并非抽象的道德原则，而是各方利益的集合与均衡，故与义紧张的利，只能是私利。④ 论者

---

① 参见陈明：《唐虞之道》，载《中国哲学》第20辑。
② 《礼记·礼器》："一献质，三献文，五献察，七献神。"正义引熊氏语："献与衣服，从神之尊卑。其余处尊者，以其有功，与地同类，故进之在上。从国中之神，莫贵于社稷之类，直以功见尊，其实卑也。以是地则神，故不为尊也。"对义的制度化阐述论证直到荀子才得到独立而充分的展开。但出于称霸的需要，秦政所选择的却是其有术无道的门人弟子韩非、李斯的思想。详参《从王道到霸道——儒家三代叙事及其合法性研究》。
③ 徐复观：《两汉思想史》(卷一)，台湾学生书局1980年版。
④ 《史记·鲁周公世家》太史公曰："庆父及叔牙闵公之际，何其乱也！ 隐桓之事；襄仲杀適立庶；三家北面为臣，亲攻昭公，昭公以奔。至其揖让之礼则从矣，而行事何其戾也？"

指出:"春秋时利的社会内容主要指私利,并且主要是指新兴势力和私家大夫的个体利益,所以有'专利'、'蕴利'、'委利'等许多说法。"① 春秋无义战。因为新兴的强势集团要打破以贵族与贵族之间、邦国与邦国之间、贵族与平民之间力量相对均衡为基础的权力/利益分配结构,而这与大王亶甫时代在政治、军事和价值诸层面上的情形是完全不一样的。《国语·晋语一》:"昔者之伐也,兴百姓以为百姓也,是以民能欣之,故莫不尽忠竭劳以致死也。今君起百姓以自封也,民外不得其利,而内恶其贪,则上下即有判矣。"《左传·僖公二十七年》:"晋楚无信久矣,事利而已。"所谓的新兴地主阶级集团以自己的利益为轴心改变旧的利益分配结构,争取新的制度安排,就是这里描述的义与利紧张、仪与礼分离的社会背景。

平民百姓对这一制度改变的冲动与过程(现实中表现为社会的动荡与危机)并不欢迎认同,"起百姓以自封"无疑是将私(一姓之利)置诸公(众姓之利)上。思想家们对制度之正义性的探讨,也正是为着重建二者间的统一,为社会及其制度向常态的回归提供理论的准备和支持。义的正义这一义项即是在这样的意识中逐步萌生发育起来。不难预见,在这样的意识中逐步萌生发育起来的正义概念其内容首先必然是各方认可接受(宜:适当)的利益关系、结构(义者利之和)。变化是理论上的:逻辑上先于制度而抽象化、理念化——据此,制度得以创生、发育;价值上绝对正当而道德化、神圣化——据此,制度得以规范、调整。

"心能制义曰度。"(《左传·昭公二十八年》)

"礼以行义,义以生利,利以平民,政之大节也。"(《左传·成公二年》)

"义以出礼,礼以体政,政以正民。"(《左传·桓公二年》)

"民之有君,以治义也。"(《国语·晋语》)

"行义以达其道。"(《论语·季氏》)

"礼之所尊,尊其义也。失其义,陈其数,祝史之事也。知其义而敬守之,天子之所以治天下也。"(《礼记·郊特牲》)

"……仁者,义之本也。"(《礼记·礼运》)

---

① 黄伟合:《从西周到春秋义利思想的发展轨迹》,载《学术月刊》1990年第1集。

"礼也者义之实也。……礼虽先王未之有,可以义起也。"(《礼记·礼运》)

"仁生于人,义生于道。或生于内,或生于外。"(《语丛一》)

"义者,谓各处其宜也。礼者,因人之情,缘义之理,而为之节文者也。"(《管子·心术上》)

"法生于义,义生于众适,众适合于人心;此治之要也。"(《淮南子·主术》)

不妨用西方政治哲学的经典理论对引文中的思想加以总结:正义是一种善,一种符合共识的制度,"以公共利益为依归";① 它是一个历史性概念,即具有情境性。② 需要强调的是,其发生脉络全然内在于中国古代社会的进程,而不是某种抽象思辨的产物。"先王之法志,德义之府也;德义,生民之本也。能敦笃者,不忘百姓也。"某种意义上,它们不过是将义明确贞定为公众之利,用另一种概念和思维对王道政制之义利统一论的重申与阐释,即由早期的"义以生利"(义之制度意味较重,故利为公众抽象之利)发展转换为"义者利之和"(义之正义意味较重,故利为各别具体之利)。③ 跟孔子的"君子喻于义,小人喻于利"一样,它表达的是对制度以及执政者行为之"私利"化、"专利"化趋势的否定。

四 私与公、义与仁

明确了由"义以生利"到"义者利之和"的发展脉络及其义蕴内涵,再来看"国不以利为利,以义为利也",应该能使我们对《大学》获得一种全新的理解。因为从这里可以看到(1) 这一命题的政治学语境;(2) 其与王道政治及其传统的联系;(3) 儒家政治理论对于制度之正义原则的坚持。前面的文字至少应该足以证明第一点,这里再对第二、三点做些综合补充。

---

① 〔古希腊〕亚里士多德:《政治学》,吴寿彭译,商务印书馆1965年版,第148页。
② "正义具有一张普洛斯似的脸,变化无常,随时可呈现不同形状,并且具有极不相同的面貌。"〔美〕博登海默:《法理学》,邓正来译,华夏出版社1987年版,第238页。
③ 这里说"义以生利"与"义者利之和"的时代先后,是一种基于思想发展逻辑的理论推断。具体的历史分析这里无法展开。

本质上讲，相冲突的只能是利益而不会是什么观念。"凡人之性，莫不善义，然而不能义者，利败之也。"(《春秋繁露·玉英》)明白了"义者利之和"的道理，就可以清楚知道义利紧张乃肇端于一姓之利与众姓之利二者间的博弈，而与所谓百姓的道德修养、义与利的逻辑关系无甚干系。问题的关键则在于居于强势的"新兴地主阶级"在一姓之江山与百姓之福祉间做出了"专适天下以从己"的选择。解铃还须系铃人。面对这样的追求，文化是无能为力的。它表述的正义，在社会整体利益的协调与均衡中确立和实现自己的利益("比于人心，合于众适")，只是一种应然的理想，反映的是弱势者民间的愿望。当然，它指向的是统治集团。

　　"君民者岂以陵民？社稷是主。"(《左传·襄公二十五年》)

　　"哀公曰：敢问何如可谓贤人矣？孔子对曰：所谓贤人者，好恶与民同情，取舍与民同统，行中矩绳而不伤于本，言足法于天下而不害于其身，躬为匹夫而愿富，贵为诸侯而无财。如此则可谓贤人矣。"(《大戴礼记·哀公问五义》)

　　(周公曰：)"利而勿利也。"(注："务在利民，勿自利也")(《左传·桓公六年》)

　　"绝民用以实王府，犹塞源而为潢汙也，其竭无日矣。"韦注：善政藏于民。(《国语·周语》)

　　"为仁与为国不同。为仁者，爱亲之谓仁。为国者，利国之谓仁。故长民者无亲，众以为以亲。苟利众而百姓和，岂能惮君？以众故不敢爱亲，众况厚之，彼将恶始而美终。"(《国语·晋语一》)

　　"臣闻之：爱亲明贤，政之干也。……国君无亲，以国为亲。"(《国语·晋语四》)

　　"天子不言多少，诸侯不言利害，大夫不言得失，士不通货财。有国之君不息牛羊，错质之臣不息鸡豚，冢卿不修币，大夫不为场园，从士以上皆羞利而不与民争业，乐分施而耻积藏。"(《荀子·大略》)

　　"务在利民，勿自利也"和"为仁者，爱亲之谓仁。为国者，利国之谓仁。故长民者无亲，众以为以亲"这两句最能体现王道政治的精神，最能体现儒家对于公共权力的态度。《大学》在大段引用孟献子"畜马乘，不察于鸡豚；伐冰之家，不畜牛羊；百乘之家，不畜聚敛之臣。与其有聚敛之臣,宁有盗臣"的话后,接着说"国不以利为利,以义为利也。长国家而务财用者,必自小人矣"意思同样如此。① 因为"盗臣"侵害的对象是个别利益,"长国家而务财用"的"聚敛之臣"侵害的则是制度本身的正义性。如何防止这种侵害?孔子说是"好恶与民同情,取舍与民同统,行中矩绳而不伤于本,言足法于天下而不害于其身,躬为匹夫而愿富,贵为诸侯而无财"。《礼记·哀公问》则更简洁直接:"与民同利。"

仁有广、狭二义。广义的仁是主要是哲学意义上的,表现为孟子处抽象程度较高的恻隐之心和推己及人的"博爱";狭义的仁是政治学意义上的,与礼或义相对,指"导之以德,齐之以礼"的教化施治。在广义的意义上,仁是义的基础。在狭义的意义上,仁与义各有所施各有所长也各有所偏,二者是并协互补的关系。

"人者仁也,亲亲为大。义者宜也,尊贤为大。"(《礼记·中庸》)"亲亲为大",是宗庙系统的价值原则;"尊贤为大",则是社稷系统的价值原则。如果君主以亲亲的名义对百姓的家庭进行剥夺,是否正当呢?回答是否定的。在一般意识中,这似乎会对君主产生一个民与亲的轻重次序问题。其实不然。诚然,"周道亲亲"(《礼记·表记》)。但分封制下,贵族共和,天下皆其亲("同姓为兄弟,异姓为甥舅")。即便如此,大王亶甫之时,对公私关系已有自觉把握。春秋以降,孔子由孝悌升华粹取出仁,更已成为具有普遍性和抽象性的原则,而不再只是局限于一家一姓之爱的素朴情感。对统治者来说,这一原则要求其从恻隐之心出发推己及人,"以其所爱及其所不爱"(详参《孟子·尽心下》)。换言之,衡量君主的尺度不是如普通人一般能不能表现出狭义的仁,而是能不能由爱亲提升为爱百姓,以广义的仁作为施政的基础,确保公共权力的公共性使用——仁政的本质在此。所以《中庸》说:"夫政也者,蒲卢也。"正义云:"蒲卢取桑虫之子以为己子。善为政者,化养他民,以为己民,若蒲卢然也。"同样的道理也见于与孔孟约略同时的柏拉图笔下:"建立这个国家的目标并不是为了某一个阶级的单独突出的幸福,而是为了全体公民的

---

① 有论者根据这里与荀子的某些论述相同,而谓《大学》是荀学(如冯友兰氏撰有"《大学》为荀学说"。《三松堂学术文集》,北京大学出版社,1984)。实际它们同本于一个与仁同样源远流长的义的传统(且不说《大学》之思想时代上先于荀子)。

最大幸福。我们认为在一个这样的城邦里最有可能找到正义。"①

《左传·桓公六年》:"所谓道,忠于民而信于神也。上思利民,忠也。"《大学》说:"《诗》云:'乐只君子,民之父母。'民之所好好之,民之所恶恶之,此之谓民之父母。"《诗经》、《左传》是两个年代不同的传统。在《大学》里二者得到综合:思路是《诗经》的"爱民如子",诠释却是从利益角度对展开。② 从"为国者,利国之谓仁"可以看出,这一由诉诸情感到诉诸理性的转换,更应视为文化理念的自觉和明晰、丰富和深化。③ 基于对仁的广义理解,我们可以说儒家强调"教"对"政"的优位,强调仁的至上,主要是为了确保政制的正义性。如此,则儒家对政与刑的怀疑,自也能也不应简单化地理解为对尚贤、法治等效率原则的否定。准确的说,它是出于对这一原则脱离价值基础之滥用的忧虑。反之亦然:孔子对周公之制作的崇敬,对季氏之僭越的不满,与其说是出于对礼乐制度本身的热爱和崇奉,不如说是出于对礼乐制度所蕴含的制度正义性的珍视,以及现实政治结构与过程中正义性丧失的痛惜。

虽然没有充分的展开,这篇儒家最为重要的政治哲学文献却包含有两个致思维度:从君主个体性展开的心性/伦理学话语系统;从社会公共性展开的制度/政治学话语系统。不同的思路必然导致不同的政治方略,从而表现出以仁或义为特色的施政特色。在"格物致知"、"修齐治平"之后,《大学》对"国不以利为利,以义为利也"详加申述,说明孔门七十子后学处尽管在致思措意上存在深浅侧重的不同,却仍维持着某种平衡。④

"仁者人也,道者义也。厚于仁者薄于义,亲而不尊。厚于义者薄于仁,尊而不亲。……使民,有父之尊,有母之亲,如此而后可谓民之父母矣。

母,亲而不尊;父,尊而不亲。水之于民也,亲而不尊;火,尊而不亲

---

① 柏拉图:《理想国》,商务印书馆1986年版,第133页。
② "民之所好好之,民之所恶恶之"不是民本主义。"民为邦本"主要是一个国家结构概念,而它却主要是一条政治运行原则。它或许不全等于西方和现代意义上的民主概念,但其追求政治正义的精神却是相通的,对于今天民主制度的建设来说,无疑是一种支持力量。
③ "国君无亲,以国为亲"稍嫌偏颇,忽略了仁与义在另一层面上的联结。这与晋国的社会特点有关。
④ 《大学》"君子不出家而成教于国"的说法,显然只适用于宗法社会的初级阶段。

……"(《礼记·表记》)

"春作夏长,仁也。秋敛冬藏,义也。仁近于乐,义近于礼。礼者天地之别也;乐者天地之和也。……先王之道,礼乐可谓盛矣!"(《礼记·乐记》)

"使民,有父之尊,有母之亲",即亲亲之仁的原则与尊尊之义的原则并重。"礼义立则贵贱等矣;乐文同则上下和矣。仁以爱之,礼以正之,民治行矣。"(《礼记·乐记》)这里需要补充的应该是:教与政、礼与乐、仁与义等问题之所以成为大学乃至儒家政治哲学的基本概念和价值,从历史的角度说当然是与古代政治结构存在宗庙和社稷两个组织系统密切相关。但从逻辑的角度说,这一结构二重性本身也是基于人类生活是社会性与自然性的统一的内在特征。由此生发出公平(爱、仁)与效率(礼、义)这两种价值原则和组织系统,乃是十分正常的。因为对于人类生存发展来说,这二者是最基本的需要。因此,虽然深知"徒善不足以为政,徒法不能以自行",基于时代课题的不同,孟子对政治哲学的建构是以宗庙原则为中心,主要从仁入手进行人格设计;荀子则是以社稷原则为重点,从义入手从事制度建设。①

古典的政治哲学里,伦理和政治是紧密联系在一起的,认为伦理是政治的基础和目标,政治本身应该具有伦理价值。中西概莫能外。如果因为这种联系就我们就将儒家的王道学说狭隘地伦理学化,显然是荒唐的。可悲的是,宋儒及其传人对《大学》的解读正是如此。② 也许因为社会环境的不同,《四书章句集注》在历史上发生了的作用是巨大且积极的,已成为文化传统的有机组成部分。但是,他们无视其与孔子、《礼记》以及整个王道传统的内在关联,从一己之知识、信仰出发以偏概全,对于我们今天的工作来说,影响却是负面的,有必要加以澄清。朱子说:"义利之说,乃儒者第一义。"(《与延平李先生书》)这如果是从政治

---

① 由此形成的同异之论,笔者将另文探讨。
② 秦灭六国,霸道体制确立。儒者现实中能做的只能是批判与调整,力争在霸道中注入王道价值因素。虽然负道而行,其与政治的连接日趋脆弱淡远,与宗君合一到霸王道杂之相对应,周公到孔、孟,荀到董仲舒到程朱、陆王,儒学的议题渐次由礼乐转换为仁义,仁义转换为心性……
儒学政治理念在西魏北周曾由苏绰、卢辩有过短暂而精彩的实践。参陈明:《儒学的历史文化功能》之"西魏北周的胡汉融合与关陇文化的精神"。

哲学层面立说,正确。反之则大可商榷。从《大学》可清楚看出,所谓的义利之辩,实际是公利与私利之争,其所关涉的表面似是伦理学意义上利益与道德的关系问题,实际则是政治学意义上权力(制度)与正义的关系问题。

《尚书·大禹谟》的"众非元后,何戴?[①] 后非众,无与守邦",很好的说明了"首领与臣民间是一种双向式的权利和义务的关系"。[②] 冷兵器时代,战斗力等于兵员乘以数量,故"仁者无敌",故"上古竞于道德"。大王亶甫的言行表明,古贤王对围绕庙堂展开的姓族事务与围绕社稷展开的氏族事务及其原则的区分是清醒而自觉的。[③]《大学》通过"以义为利"对这一王道传统进行阐发,表达的既有对现实中不义政制的批判,也有对理想中正义政制的追求。

有必要强调,儒学在历史中的发展表明,它的思想观念不仅是社会变化的结果,同时也是社会变化的原因。

---

① 戴,《说文》:分物得增益也。孔疏解为奉戴,误。
② 〔冰〕思拉恩·埃格特森:《新制度经济学》,吴经邦等译,商务印书馆1996年版,第270页。
③ 《礼记·丧服四制》:"恩者仁也;礼者义也。门内之治,恩掩义;门外之治,义断恩。"这一对公共生活领域和私人生活领域的原则区分,标志着儒家政治哲学理论上的发展与丰富。另参郭店简《六德》及《大戴礼记·本命》。